牧　健二監修
佐藤進一
池内義資編

中世法制史料集

第一巻
鎌倉幕府法

岩波書店刊行

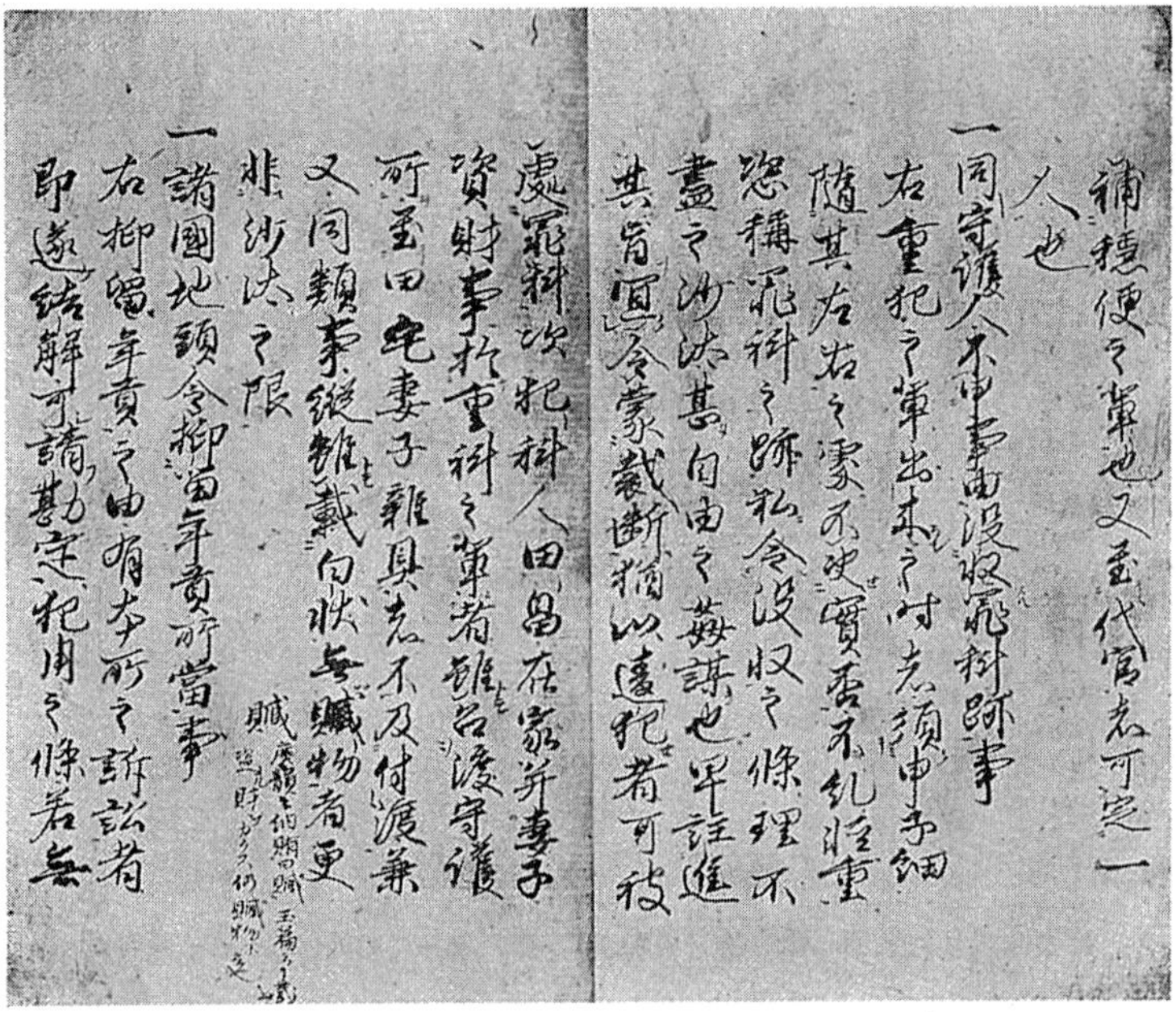
補穏便之策也又並代官ヲ可定一
人也
一 同守護人不申事由没収犯科跡事
右重犯之輩出来之時者須申子細
隨其左右之處不決實否不糺輕重
恣稱犯科之跡私令没収之條理不
盡之沙汰甚自由之姦謀也早注進
其旨宜令蒙裁断猶以違犯者可被
處罪科次犯科人田畠在家并妻子
資財事於重科之輩者雖召渡守護
所至田宅妻子雜具者不及付渡兼
又同類事縦雖載白状無贓物者更
非沙汰之限
一 諸國地頭令抑留年貢所當事
右抑留年貢之由有本所之訴訟者
即遂結解可請勘定犯用之條若無

鶴岡本御成敗式目（尊經閣文庫所藏） 第三條　本文五頁參照

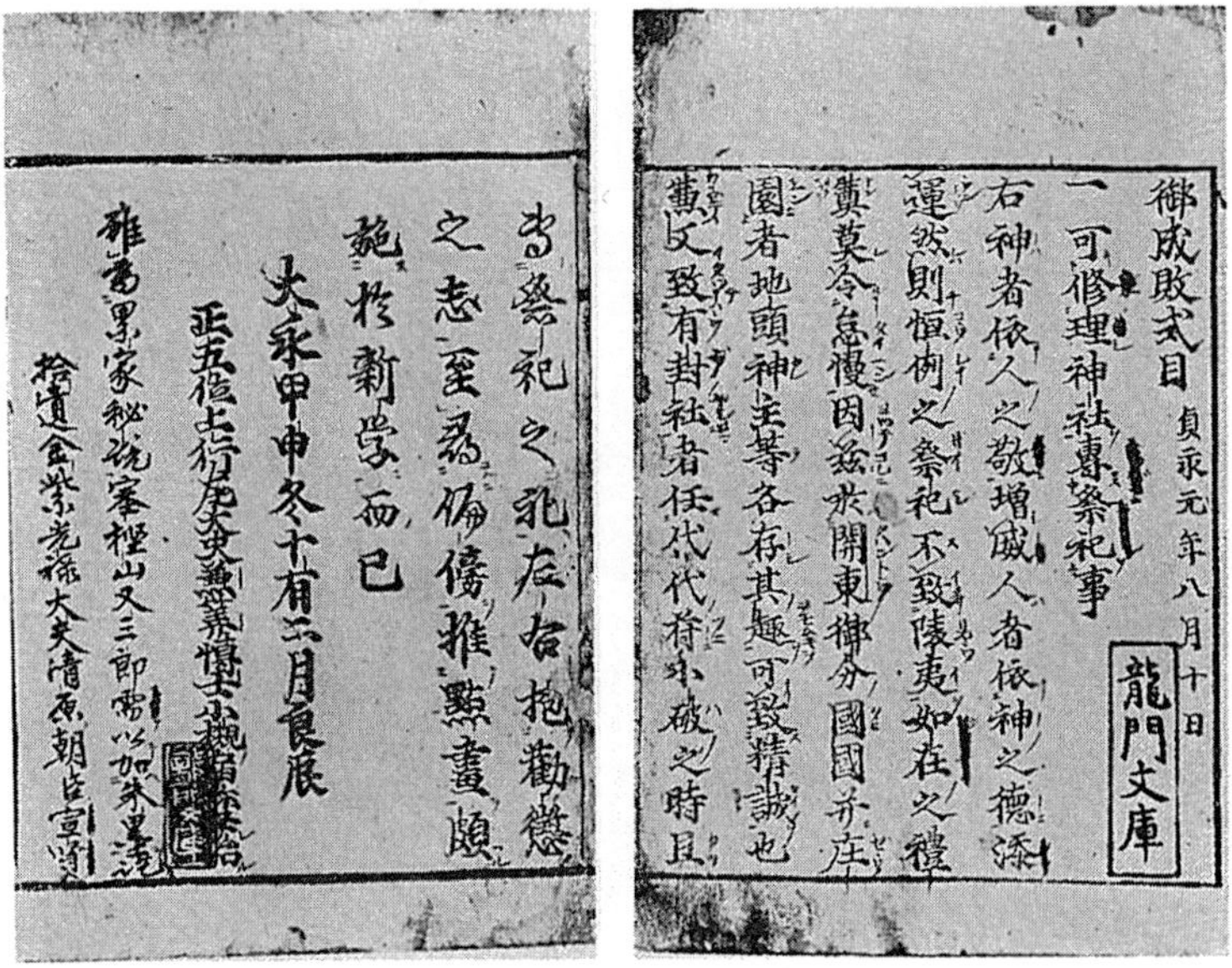
御成敗式目　貞永元年八月十日

一 可修理神社專祭祀事
右神者依人之敬增威人者依神之德添
運然則恒例之祭祀不致陵夷如在之禮
奠莫令怠慢因茲於關東御分國々并庄
園者地頭神主等各存其趣可致精誠也
兼又致有封社者任代々符小破之時且

當祭祀之礼左右施勸懲
之志至為循儒雅點畫頗
施於新学而已
大永甲申冬十有二月良辰
正五位上行大史兼算博士小槻宿祢
雖為累家秘説案栖山又三郎需以加朱墨
拾遺金紫光禄大夫清原朝臣宣賢

大永板御成敗式目（龍門文庫所藏）
右　巻首第一條　本文三頁參照
左　刊記并奥書　本文二五頁參照

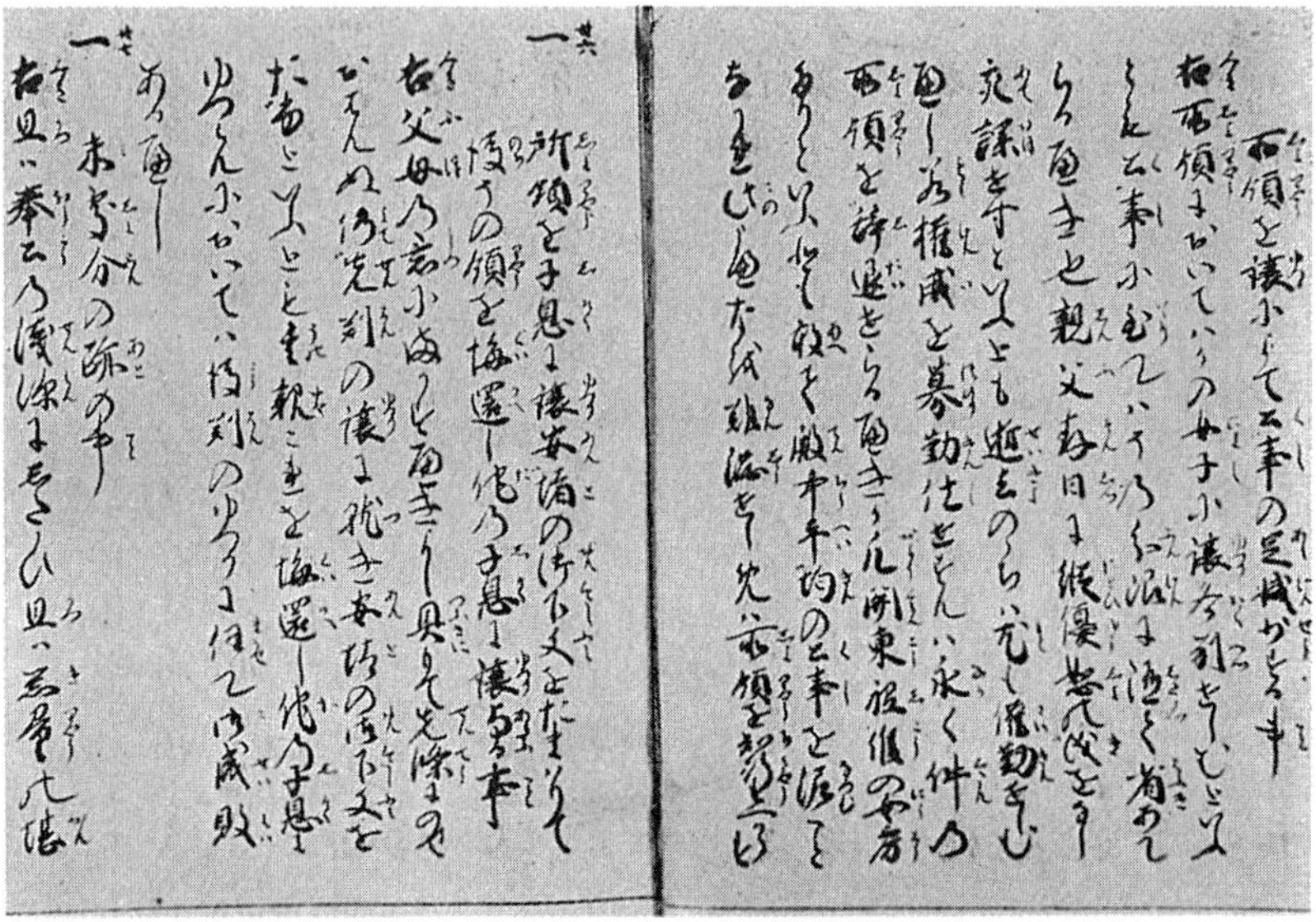

御成敗式目假名抄（曾根研三氏所藏）　第二五～二七條　本文四六頁參照

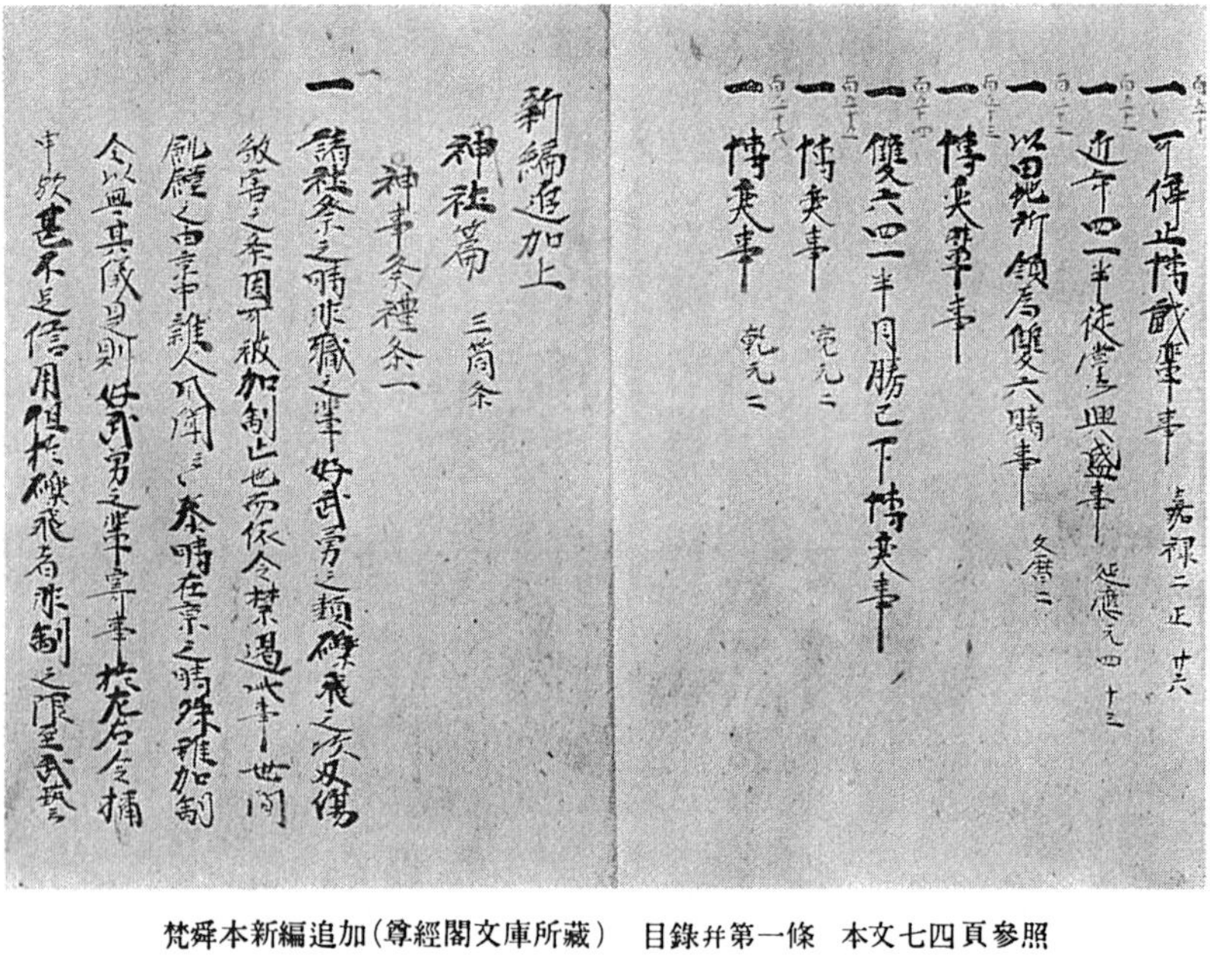

梵舜本新編追加（尊經閣文庫所藏）　目錄幷第一條　本文七四頁參照

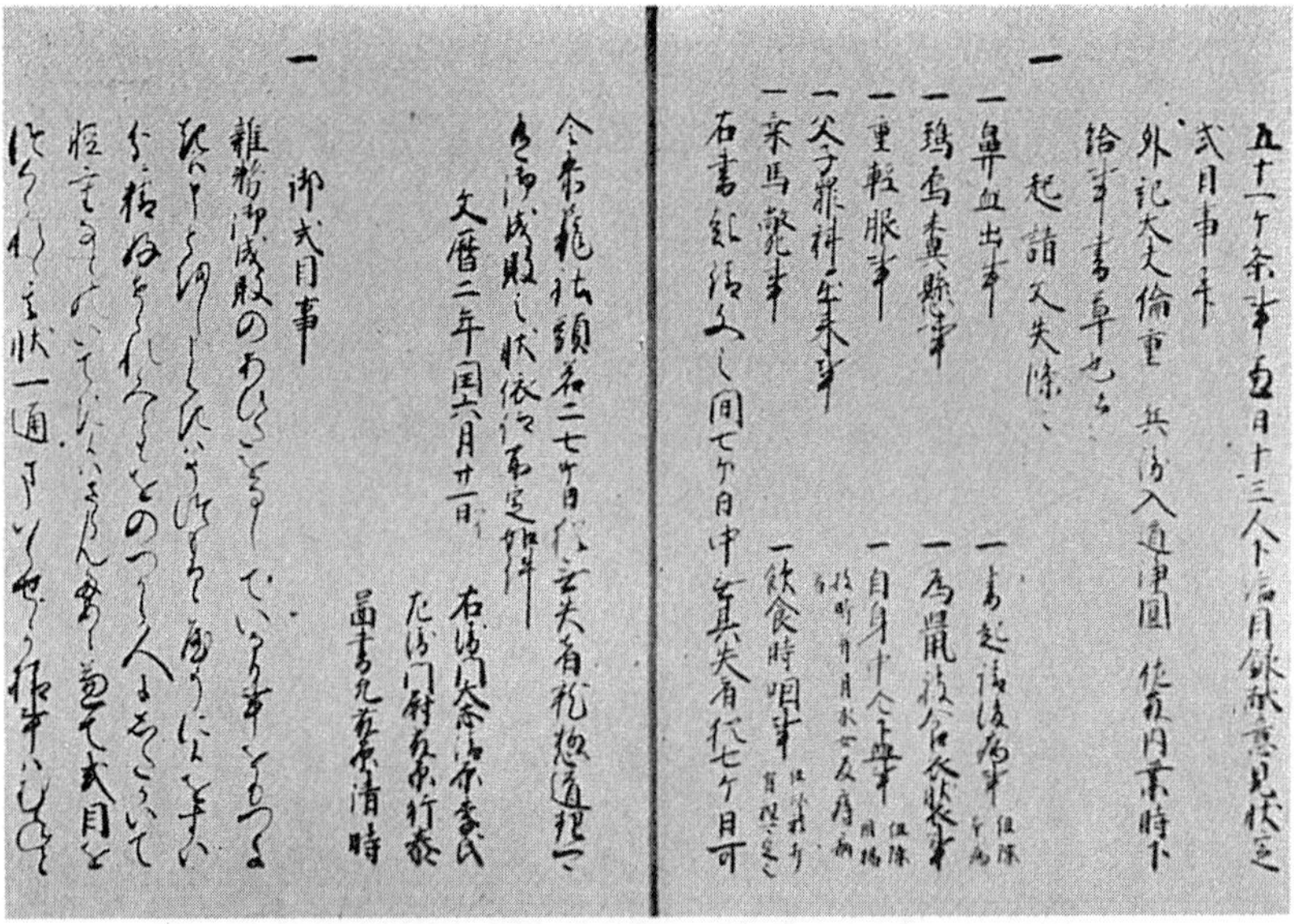

近衛家本追加（陽明文庫所藏）　第六三條　本文九五頁參照

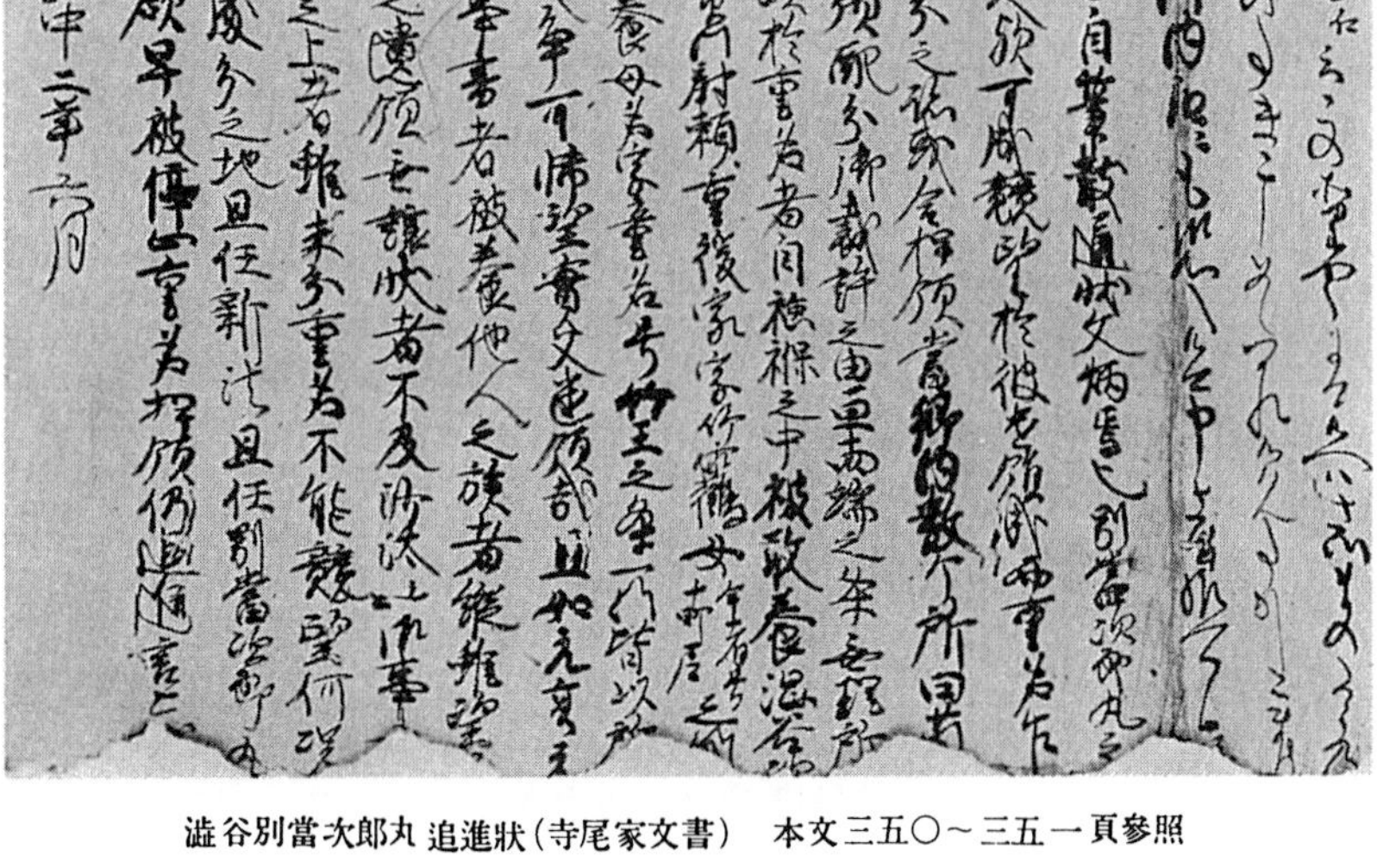

澁谷別當次郎丸追進狀（寺尾家文書）　本文三五〇〜三五一頁參照

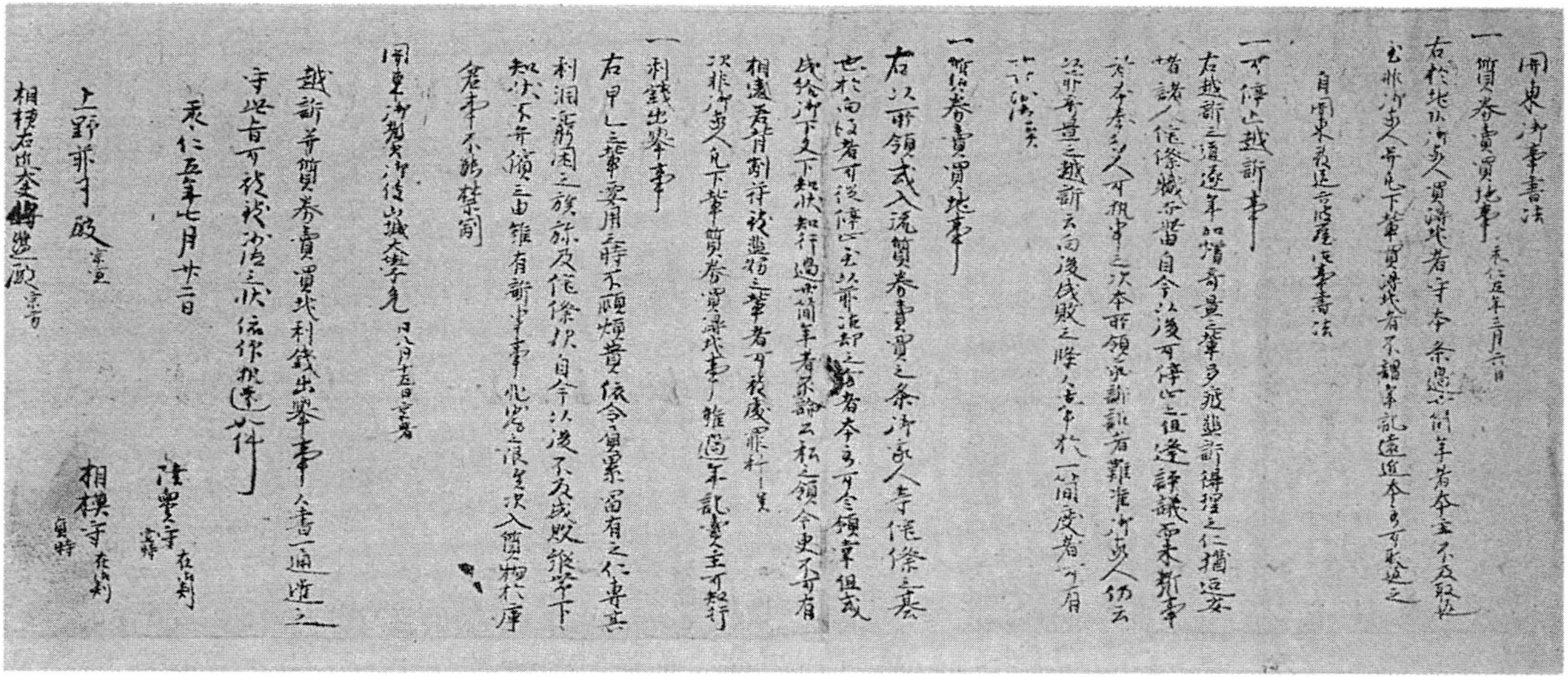

永仁五年徳政事書案（東寺百合文書 京函） 本文二九五頁以下参照

序

我國でもそれを中世と呼びならわしている鎌倉開府から關ヶ原役までは、諸家のあいだに法權が分散していたことが特色的であつた。その前半では、幕府の守護權が安定力であつたとはいえ、朝廷は其上に立ち、寺社權門諸家も亦、それぞれ彼等の獨自の支配を行いうべき領域をもつていた。我國初期の封建制なるものは、諸家の法權の均衡關係の上に成立していたのである。中世の後半に入り、社會の庄園的基礎が打破されると、先の均衡狀態は破れた。はげしい亂戰のあいだに成立したものは、諸大名の領地における強力な領主權であり、力は卽ち法であつた。他方、武士の亂戰と強壓とをさけながら、商工人は座をつくり、農民は總村をかためて、法權というには至らないまでも、特色ある法秩序を形成したことを見のがしがたい。織田豐臣二氏によつて、再び安定した國家の形成に向うたが、それはこの既成の事實を、一定の組織のもとに收容していくことによつて行われた。

このような法權と法秩序の分散狀態に伴うて、數多の法の系列を生じた。その主要なものをあげると、朝廷の公家法、鎌倉室町兩幕府の幕府法、庄園に對する寺社權門諸家の支配關係によつて生じた本所法、後期において各地に群起した分國法、庶民のあいだに成立した座法村法、更に織豐二氏の統制的立法であつた。

然るに、このように數多の法の系列を數えあげることが出來るとはいえ、中世における法の整うた外形を捉えるということは、今日決して容易なことではない。此等の法はいずれも慣習法を原則とし、成文法があつても、普通には慣習法の露頭であるのを例とした。諸法のうち幕府の御成敗式目が公平な裁判の準則として制定されたということは、最も注意さるべき事實であるが、今日まで傳えられた法文を見ると、たびかさなる傳寫のあいだに、各條ごとに文字を異にした諸本を生じ、その文字のいずれを採るかに依つて文意に相當の差を生ずるという狀態である。式目の追加を傳えている諸本も亦各種あるのみならず、原形のくずれた法條や、年代の不明な法文が相當あつて、復原しがたいものもある。公家法では律令格式は既に殆んど空文化し、却つてこの時代に定められた法文において見るべきものがあるが、之に關して此迄あまり注意が拂われていない。他方庄園の本所法について、法らしいものを知ろうとすると、多數の古文書や古記錄のうちから、まとまつた慣習をうかがわしめるような材料を、丹念に探索して其姿を浮び上らせて見る外に途はない。座法村法についても同樣である。大名の分國法に關しては、私は先に偶然、今は燒失した德島の阿波國文庫で、近江の六角氏の義治式目を發見した經驗上、まだどこから何が出てくるかも知れないような氣がするが、此迄に知られているものでも、傳本に異同があり、寫本のままでまだ印刷されず、從つて學界で廣く利用されるに至つていないものがある。織田豐臣二氏の立法に至つては、どれほどのものがあるのか、正直なところ見當がつかぬ。之を要するに、わが中世法なるものは、今日のところ、未だよく蒐集されず整理されず、印刷公刊においても、極めて不十分だと云わざるをえない。

こうした狀態の存在は、眞に我が中世史研究上の缺陥であつた。然るに玆に池內義資並に佐藤進一の兩氏は、御成敗式目にかんし、あまねく古寫本を求めて法文を校合され、又その追加については諸本を渉獵して之を網羅し、從來原形が不明であつた法令の斷片について、その原形を探究せられること多年であつた。兩氏の研究は各別個に行われて、それぞれ見るべき成果を得るに至つたのであつたが、共に同じ目的の研究を行い來つたことがわかるに及んで、兩氏相圖り成果を統合して之を公にするの途をえらばれた。是れ實に本書第一部幕府法の成るに至つたゆえんである。兩氏は進んで中世後半期における分國法及び織田豐臣二氏の法制についても、各自の研究を綜合して之を中世法制史料集の第二部たらしめ、更に佐藤氏の發意に基づき、氏は獨力で中世の公家法本所法座法村法の類をも編集するという最も困難なる事業を擔當し、以て之をその第三部たらしめ、中世法制史料集を大成せしめる計畫を樹立されるに至つたのである。

かくてこの計畫に基づき、玆に第一部幕府法の前編鎌倉時代が、本史料集第一卷として公刊される運びになつた。御成敗式目とその追加とを收めている。御成敗式目については、先に植木直一郎博士が傳寫諸本中の文字の吟味によつて、寫本に武家本と淸原本との別あることを指摘せられ、近くは石井佐藤兩氏により新に論議すべき用語のあることを注意せられたが、本書は此樣な史料的吟味のために、初めて諸本校合の道を切り開いたのである。更に式目追加の寫本の中には、年代も原形も不明な斷片的條文が相當多く、此迄中世史の學徒をなやまし來つたが、本書は從來餘り世に知られていない近衛家本追加などを利用して、大にこの缺陷を除去し、初めて編年體の追加集を提供したのである。何れも極めて煩雜な仕事であるが、多年の勞苦を積んで、兩氏はそれを成就されるに至つた。學界のため慶びにたえぬ。

本史料集第一卷の出版に際し、この事業が計畫されるに至つた由來とこの事業が有つべき意義とを述べて序となし、私も及ばずながら分擔の責を果そうと思う。

一九五五年五月六日

牧　健　二

例言

一　わが國中世の法制史料中もっとも基本的なるものを編集して中世法制史料集と題し、逐次刊行せんとする。

一　ここに中世法制史料集第一卷鎌倉幕府法として刊行するところは、鎌倉幕府の法令及びその附屬史料關係史料を編集したものである。

一　本書の全篇を次の三部に分つ。第一部　校本御成敗式目、第二部　追加法、第三部　參考資料。

一　第一部　校本御成敗式目は、鶴岡本御成敗式目を底本として、十五種の寫本、三種の板本、三種の註釋書を以て、御成敗式目の本文及び起請の文章に校異を施したものである。次にその凡例を掲げる。なお、底本及び對校諸本選擇の理由、校異の目的、方針等については解題を參照されたい。

(イ)　底本の古體・異體・略體文字の中、原形を存したものは次の八字である。（カッコ内は正字）

欝(鬱)　姧(姦)　庄(莊)　惣(總)　躰(體)　嶋(島)　罸(罰)　臈(臘)

(ロ)　底本の古體・異體・略體文字の中、正字に改めた主なものは次の通りである。（カッコ内は正字）

悪(惡)　逵(違)　伇(役)　渕(淵)　欤(歟)　関開(關)　料(科)　恒(恆)　弃(棄)　跂(企)　冝(宜)　継(繼)　决(決)　撿(檢)　顧(顧)　綑(綱)　号(號)　哉(哉)　殺(殺)　蹔(暫)　辞(辭)　湏(須)　准(准)　斫(所)　敍(敘)　搸(亟)　挨(族)　断(斷)　奠(奠)　才(等)　淂(得)　輩(輩)　旛(播)　畨(番)　尓(彌)　畢(畢)　凴(憑)　苻(符)　与(與)　乱(亂)

(ハ) 底本と對校諸本との間に存する文字の異同は正誤の如何にかかわらず悉く掲げた。但し、古體・異體・略體文字等通用と認められる文字については校異を省略した。前項所掲以外の主なるものを次に掲げる。（カッコ内は正字）

夷(夷)　𢒼𢒼(異)　矣(矣)　囙(因)　隠(隱)　汞(永)　穏(穩)　恩(恩)　㖃(嘩)　宮(害)　隔隔(隔)　割(割)　寛(寛)　逫還(還)　拠(據)　京(京)　旍(强)　勤(勤)　㓞契(契)　隟(隙)　兼兼(兼)　憲憲(憲)　虒(虎)　徬(後)　彑(互)　国(國)　坐(坐)　座(座)　濟(濟)　叓(事)　旹時(時)　执(執)　実(實)　修(修)　众(衆)　叒(州)　充(充)　书(書)　叙(敍)　㕣(召)　訟(訟)　兼(承)　允(允)　條条(條)　職(職)　随(隨)　聟(婿)　跞(跡)　莭(節)　攝摂(攝)　訴(訴)　属(屬)　慥(慥)　置置(置)　沉(沈)　程(程)　庭(庭)　泥(泥)　等(等)　头(頭)　逃逃(逃)　悳(德)　遁(遁)　秊(年)　凢(凡)　判(判)　訖(訖)　片(片)　邉(邊)　弁(辨)　法(法)　宝(寶)　亡(亡)　忘(忘)　慢(慢)　无(無)　猶(猶)　養養(養)　欲(欲)　率(率)　畧(略)　畱留(留)　流(流)　礼(禮)　励(勵)　莒(筥)　篭(籠)

(ニ) 對校諸本に存する本文訂正の書入は、明らかに本文と同筆と認められるものの外は採用しなかった。

(ホ) 底本と對校諸本との異同は、當該文字の左傍・上下もしくは當該位置に・點を付してその所在を示し、その内容を一項目毎に〇印を冠して當該位置の上欄に註した。

(ヘ) 底本と對校諸本との異同中、明らかに前者を非と認むべきものは、後者を以てこれを訂して「據何補(改)」等と頭註し、又後者を非と認むべきもの、及び一方の是非ほぼ確實なるものについては、「非」、「恐是」、「恐非」、「缺」等校訂者の私按を頭註に加えた。

(ト) 對校諸本の名稱は便宜イロハニ……等の略記號を用いた。その對照表を次に掲げる。

略記號	諸本の名稱	寫本板本註釋書の別	所藏者	備考
イ	菅本	寫本	菅孝次郎氏	編者（池内）所藏寫眞版による。
ロ	世尊寺本	寫本	東洋文庫	傳世尊寺定成筆
ハ	平林本	寫本	平林治德氏	康永二年書寫　古典保存會複製本による。
ニ	鳳來寺本	寫本	內閣文庫	
ホ	明應五年本	寫本	尊經閣文庫	
ヘ	明應七年本	寫本	同右	飯尾貞運書寫
ト	永正十七年本	寫本	東京大學附屬圖書館	
チ	運長本	寫本	同右	
リ	清家本	寫本	尊經閣文庫	船橋枝賢筆　同業賢加點
ヌ	船橋枝賢本	寫本	東京大學附屬圖書館	天文二十年書寫
ル	永祿本	寫本	同右	永祿八年書寫
ヲ	元龜本	寫本	石井良助氏	元龜三年書寫　傳今川家舊藏
ワ	傳素眼本	寫本	東京大學附屬圖書館	
カ	座田本	寫本	同右	
ヨ	天正十年本	寫本	同右	
タ	享祿板本	板本		東京大學附屬圖書館藏本による。
レ	群書類從本	板本		

ソ	唯浄裏書	註釋書	龍門文庫	三浦周行氏舊藏　史料編纂所架藏影寫本による。
ツ	蘆雪本式目抄	註釋書	東京大學附屬圖書館	
ネ	岩崎本式目	註釋書	東洋文庫	
ナ	大永板本	板本	龍門文庫	東京大學附屬圖書館架藏寫眞版による。

一　第一部の附錄として、〔一〕御成敗式目假名抄、〔二〕北條泰時消息、〔三〕北條泰時起請の三史料を附收する。〔一〕は御成敗式目讀解の參考として、又〔二〕〔三〕は御成敗式目の內容理解の參考として役立つであろう。その體裁については、次條第二部の凡例に從う。

一　第二部　追加法は既存の法令集、史書、年代記、古文書その他の史料に收められた鎌倉幕府の法令を編年排列したものである。次にその凡例を掲げる。なお本書においては、幕府法を廣義に解して、六波羅・鎭西兩探題、守護（大友氏）及び執權北條氏の發布にかかると認むべきものをも含めた。

(イ)　法令排列の順序は年次に依る。個々の法令の後にそれぞれの典據史料を掲げた。但し二箇條以上連續せる法令はこれを一括連記した後に典據史料を掲げた。上欄には各法令の事書及び校訂註を掲げた。又事書は［　］符を以て圍み、その右肩に條文の一連番號を付して閲讀參照の便をはかつた。

(ロ)　頻出する典據史料には左の略稱を用いた。

典據史料の略稱	典據史料の具名
新　追	新編追加（梵舜本）
式　追	式目新篇追加（續類從本）
近　本	近衞家本追加

近条　近衞家本式目追加條々
貞式　貞應弘安式目
新式　新式目（新御式目）
成追　類從板本御成敗式目追加
成追一本　類從板本御成敗式目追加一本
成追又本　類從板本御成敗式目追加又一本
貞本　藤貞幹本御成敗式目附尾
運本　運長本御成敗式目附尾
崎本　（肥後）藤崎八幡神社本式目追加
京本　京都大學法學部所藏達藏司本御成敗式目附尾
大本　大阪市立大學所藏式目追加（舊大阪商大本）
後式　後日之式條（三浦周行氏舊藏）
吉本　吉田家本追加
侍篇　侍所沙汰篇（類從板本）
武箋　武家雲箋（彰考館本）
新本　新井白石舊藏本鎌倉執權
諸式　諸式目
平本　平林本御成敗式目附尾

鶴本	鶴岡本御成敗式目所收
建追	建武以來追加（類從板本）
蘆抄	蘆雪本式目抄附尾
敦注	敦賀屋板式目注附尾
宣抄	船橋宣賢式目抄所收
枝抄	船橋枝賢奥書式目抄所收
三抄	三冊本平假名式目抄所收
近抄	近衞家本貞永式目抄所收
事紀	武家事紀
鏡	吾妻鏡（新訂増補國史大系本に據る）
鎌記	鎌倉年代記（一名北條九代記）
武記	武家年代記

右記史料の異本は何一本（例、新追一本）、又右記史料に於ける異本書入は何イ本（例、新追イ本）とよぶ。

右記史料の外はすべて具名を掲げ、必要に應じて〔　〕符を以て略稱を併記した。（例、東大寺文書〔東文〕）

なお、追加集には當該法令の番號を（例、新追三四〇）、文書の類には東京大學史料編纂所架藏影寫本の冊數（例、松浦文書二）を付記して原史料検索の便をはかつた。

(ヘ) 典據史料が二つ以上存在する場合は、その中最も據るべきもの一を選んでこれを底本とし、他を對校本とした。

底本は典據史料の最先に掲げ、且つゴチック體活字を用いてこれを明示した。底本の選定に當つてはおおむね左の標準によつた。
㈠法令の正文及びその系統のもの、
㈡法令としての形式體裁を具備せるもの、
㈢書寫年代古く、文字正確なるもの、
なお、對校本の中、武家事紀、式目抄諸本その他、後代の抄錄傳寫にかかり、必らずしも校勘の憑據に備え難いものは、特定の個所以外對校を省略してその書名を擧げるに止めた。

(ニ) 本文校勘上の典據とはなし難いが、內容上參考すべき史料は、典據史料の後に、［參考］として掲げた。但し、部分的にはかかる史料も對校に用いた場合がある。

(ホ) 底本の文字は、左記七字を除く外、すべて古體・異體・略體文字は正字に、變態假名は現行假名に改めた。（カッコ內は正字）
欝（鬱） 姧（姦） 庄（莊） 躰（體） 忩（怱） 惣（總） 罸（罰） 厨（廚）

(ヘ) 缺損文字は、前缺には［　　］、後缺には［　　］、一行中には［　　］、字數を推しうる場合は［　］［　］、□等の符號を用い、判讀しうる場合には□內に文字を入れ、疑わしきものには右傍に ? 符を付した。（例、……甲?……）

(ト) 底本と對校本との異同は、後者の誤りと認められるもの以外は原則としてすべて上欄に掲げることとし、當該文字の左傍、上下に・點を付してその所在を示し、（二行に及ぶときは最初の文字と最後の文字だけ）異同の內容をなるべく當該行の上欄に、一項目毎に改行註記した。但し、主として記事の輻輳を避けるため、左の如き除外例を設けた。

(一)古體・異體・略體文字等通用と認められる文字の異同はすべて省略した。
(二)箇字とヶ字、以（上、下、前、後）字と已（上、下、前、後）字との異同は省略した。
(三)之字の有無についての異同は、それが文意その他によつて明瞭な場合以外は省略した。
(四)記事過多の場合は、毎項改行とせず、○符を各項に冠して連記した。
對校本によつて底本を訂するには、「據何本改（補、移、削）」等と頭註し、底本・對校本何れとも是非明らかならざる場合は、「恐是（非）」、「或是（非）」その他然るべき私按を頭註した。

(チ) 全く校訂者の私見を以て本文を訂する場合は、「意補」、「意改」、「意移」、「推改」、「當衍」等の私按を、又未だ成案を得ざる場合は「恐有脱文（字）」、「恐（或）有誤字」、「恐（或）誤」、「恐衍」等の私按をそれぞれ頭註した。

(リ) 同一の法令にして、典據史料によつてその形式著しく異なり、遽かに底本を定め難い場合は、重複を厭わず幷び掲げることとし、後出の分の頭書條文番號下にその旨を註記した。（例、三〇一（三〇〇ト同ジ）……事）

(ヌ) 地名、人名、推定年次等、内容の説明に關する編者の註にはすべて（　）符を加えた。

(ル) 編者に於て、全文に句點、返點を施して、讀解の參考に資した。

一 第三部　參考資料は法令としての形式を必らずしも具備しないが、法令研究上參考とするに足ると認められる資料として、文書の文中に引載されたいわゆる法令の佚文史料、法令の具體的適用と考えられる御教書等を編集したものである。資料排列の順序はその含むところの法令の年次に依る。この部の凡例はすべて前出第二部に準ずる。

一 參考資料の末尾に、現存追加集に収められた傍例を一括收載した。排列順序は便宜上新編追加と吉田家本追加のそれに従い、上記二本以外に見えるものを最後に置いた。

一 第十五刷に當つて、吾妻鏡の幕府立法記事を、參考資料に追補した。吾妻鏡本文の校定は、原則として新訂増補國史大系本(上下二巻)に據つた。

一　巻末に補註として、第一部については、御成敗式目の本文校勘上の補足的説明及び史料、主として鎌倉時代の文書に引用された式目の本文を、又第二部、第三部については、法令の年次推定理由の説明考證、本文校訂に關する補足的説明、當該法令の直接關係史料主として法令の發布傳達に關する史料等を収め、本文當該部分にアラビア數字を付した。從つて、第一部については單に御成敗式目の規定の趣旨を援用したにすぎない史料、又第二部、第三部については法令の適用に關する史料は割愛した。

一　新編追加と吉田家本追加の目録を條文目次の後に附収した。現存追加集の中、法令を内容に依つて分類せるものはこの二本だけであつて、この目録自體が重要な法制史料だからである。

一　第一部、第三部及び補註は佐藤、第二部は池內が主として擔當した。

一　本書の刊行については、文部省より研究成果刊行費補助金の交付を受けた。

目次

序……1
例言……5
條文目次……17
附錄一　新編追加目錄……42
附錄二　吉田家本追加目錄……52

鎌倉幕府法

第一部　校本御成敗式目……三
附錄一　御成敗式目假名抄……三七
附錄二　北條泰時消息……五六
附錄三　北條泰時起請……五九
第二部　追加法……六一

第三部　參考資料……三三三
追補　吾妻鏡の幕府立法記事……三七六
補　註……四一一
解　題……四四九
あとがき……四八三
補　遺……四八七
補遺（一）并訂正……五〇三
補遺（二）……五一三
補訂後記……五二一

圖　版

鶴岡本御成敗式目
大永板御成敗式目
御成敗式目假名抄
梵舜本新編追加
近衛家本追加
澁谷別當次郎丸追進狀
永仁五年德政事書案

條文目次（編年）

一、各條の頭部に掲げたゴヂック體數字は本書第一部、第二部、第三部それぞれの條文番號、各條の下に示した數字は頁數。
一、年次の（　）は推定によるもの、〔　〕は本文中の記述によるもの。
一、附錄の部分。各條の頭部に（　）を付した數字は梵舜本新編追加、吉田家本追加兩書それぞれの條文番號（本文典據欄の條文書號と照應）、各條の下に示したゴヂック體數字は本書第二部の條文番號、＊を付した數字はもともと梵舜本新編追加に朱書してある條文番號、篇目の上の○は同じく同書に付いている朱圖、〔　〕は同書の目錄に闕脱し同書本文によつて補つたもの。

第一部　校本御成敗式目　貞永元年七月　日

一　可修理神社專祭祀事　三
二　可修造寺塔勤行佛事等事　三
三　諸國守護人奉行事　四
四　同守護人不申事由沒收罪科跡事　五
五　諸國地頭令抑留年貢所當事　五
六　國司領家成敗不及關東御口入事　六
七　右大將家以後代々將軍幷二位殿御時所充給所領等依本主訴訟被改補否事　六
八　雖帶御下文不令知行經年序所領事　七
九　謀叛人事　八
一〇　殺害刄傷罪科事付父子咎相互被懸否事　八
一一　依夫罪過妻女所領被沒收否事　八
一二　惡口咎事　九
一三　毆人咎事　九
一四　代官罪過懸主人否事　一〇
一五　謀書罪科事　一〇
一六　承久兵亂時沒收地事　一一
一七　同時合戰罪過父子各別事　一二
一八　讓與所領於女子後依有不和儀其親悔還否事　一三
一九　不論親疎被眷養輩違背本主子孫事　一三
二〇　得讓狀後其子先父母令死去跡事　一四
二一　妻妾得夫讓被離別後領知彼所領否事　一四
二二　父母所領配分時雖非義絶不讓與成人子息事　一五
二三　女人養子事　一五
二四　讓得夫所領後家令改嫁事　一六
二五　關東御家人以月卿雲客爲婿君依讓所領公事足減少事　一六
二六　讓所領於子息給安堵御下文後悔還其領讓與他子息事　一七
二七　未處分跡事　一七
二八　構虛言致讒訴事　一七
二九　閣本奉行人付別人企訴訟事　一八

三〇 遂問註輩不相待御成敗執進權門書狀事 一八
三一 依無道理不蒙御成敗輩爲奉行人偏頗由訴申事 一九
三二 隱置盜賊惡黨於所領內事 一九
三三 强竊二盜罪科付放火人事 二〇
三四 密懷他人妻罪科事 二〇
三五 雖給度々召文不參上科事 二一
三六 改舊境致相論事 二一
三七 關東御家人申京都望補傍官所領上司事 二二
三八 惣領地頭押妨所領內名主職事 二二
三九 官爵所望輩申請關東御一行事 二三
四〇 鎌倉中僧徒恣諍官位事 二三
四一 奴婢雜人事 二四
四二 百姓逃散時稱逃毀令損亡事 二四
四三 稱當知行掠給他人所領貪取所出物事 二五
四四 傍輩罪過未斷以前競望彼所帶事 二五
四五 罪過由披露時不被糺決改替所職事 二六
四六 所領得替時前司新司沙汰事 二六
四七 以不知行所領文書寄附他人事付以名主職不相觸本所寄進權門事 二六
四八 賣買所領事 二七
四九 兩方證文理非顯然時擬遂對決事 二七
五〇 狼藉時不知子細出向其庭輩事 二八
五一 帶問狀御敎書致狼藉事 二八
起請 二八

附錄一 御成敗式目假名抄 三七
附錄二 北條泰時消息
北條泰時消息 貞永元年八月八日 五六
北條泰時消息 貞永元年九月十一日 五八
附錄三 北條泰時起請 五九

第二部 追加法

國々守護人幷新地頭非法禁制御成敗條々事(一—六) 貞應元年四月廿六日 六一
一 京都大番事 六一
二 謀叛人追討事 六一
三 刄傷殺害人禁斷事 六一
四 地頭等可存知條々 六一
五 新地頭補任庄園公領事 六二
六 未被補地頭所々事 六二
七 諸國守護人幷庄々地頭等偏如不輸私領抑沙汰追出預所鄉司等事 貞應元年五月十八日 六二
八 付所領致訴訟輩事 貞應二年四月三日 六三
九 庄公田畠地頭得分十町別免田一町幷段別加徵五升事 貞應二年六月十五日 六四
去々年兵亂以後所被補諸國庄園鄉保地頭沙汰條々(一〇—一四) 貞應二年七月六日 六五
一〇 得分事 六五

一　郡内寺社事　六五
二　公文田所案主物追捕使有司等事　六六
三　山野河海事　六六
四　犯過人糺斷事　六六
可早守宣旨狀令禁斷條々事（一五―一七）　嘉祿二年正月廿六日　六七
一五　可令搦禁勾引人幷賣買人輩事　六七
一六　可停止博戯輩事　六七
一七　可禁斷私出擧利過一倍幷擧錢利過半倍事　六七
一八　諸國庄々地頭致非法濫妨事　嘉祿三年閏三月十七日　六八
一九　西國新補地頭幷本補輩事　寛喜二年十一月七日　六九
二〇　出擧事　寛喜三年三月十九日　七〇
二一　盜賊贓物事　（寛喜三年）四月廿日　七〇
二二　强盜殺害人事　寛喜三年四月廿一日　七一
諸國新補地頭得分條々（二三―二七）　寛喜三年四月廿一日　七二
二三　本年貢外半分事　七二
二四　本司跡名田事　七二
二五　桑代事　七三
二六　苧在家役麻樹木五節供以下事　七三
二七　地頭方厨事　七三
二八　諸社祭時飛礫事　寛喜三年四月廿一日　七四
二九　諸國新補地頭沙汰事　寛喜三年五月十三日　七四
三〇　諸國守護人地頭不承引六波羅召文下知事　寛喜三年五月十三日　七五
三一　諸國守護人奉行事　寛喜三年五月十三日　七六
三二　海路往反船事　寛喜三年六月六日　七七
三三　山僧神人等稱寄附神領押妨甲乙庄園等事　寛喜三年六月九日　七八
三四　所預置召人令逃失罪科事　（寛喜三年）七月　七八
三五　貞應嘉祿以後盜賊跡所領事　（寛喜三年）八月五日　七九
新補地頭所務條々（三六―四二）　寛喜四年卯月七日　七九
三六　佛神事田内加徵米事　七九
三七　三ヶ日厨事　八〇
三八　檢注雜事内地頭剰取事　八〇
三九　五節供事　八〇
四〇　新補地頭注出新田一向可進止否事　八〇
四一　山畑事　八〇
四二　畿内近國幷西國堺相論事　（貞永元年）閏九月一日　八一
條々（四三―五二）　貞永元年十二月十九日　八一
四三　預所名田可落公田否事　八一
四四　預所檢注以後地頭耕作田事　八二
四五　畠地子二ヶ度春夏地頭可取否事　八二
四六　御教書一兩條訴狀數ヶ條事　八二
四七　所載式目御家人事　八二
四八　本司跡事　八二
四九　出訴訟後可被止知行由訴申間事　八二
五〇　三ヶ度召符以後不參決事　八三
五一　點定物事　八三
五二　在京御家人大番役事　貞永元年十二月廿九日　八四

五三　依藝能被召仕輩所領事　（貞永元年十二月以前）　八四
五四　以田地所領爲雙六賭事　（貞永元年十二月以前）　八四
五五　就大風以前出擧事御使派遣事　天福元年四月十六日　八五
就六波羅注進十七ヶ條被加關東押紙內（五六―六五）　天福元年八月十五日　八六
五六　半不輸所々地頭方公事可勤仕否事　八六
五七　本司跡名田畠事　八六
五八　地頭所務內百姓犯科跡事　八七
五九　西國守護代等申國中所々犯人等事　八七
六〇　號先々不召渡守護所直送進犯人於京都事　八八
六一　大番衆令逃失召人事　八八
六二　爲守護人號犯科人跡沒收所領田畠事　八八
六三　京中强盜殺害人事　八八
六四　守護成敗事　八九
六五　畿內西國堺相論事　八九
六六　京都大番事　文曆元年正月　日？　八九
六七　西國住人等號神人構事於左右好寄物功物沙汰事　天福二年三月一日　九〇
六八　西國御家人所領事　天福二年五月一日　九一
六九　西國御家人所領知行輩事　文曆二年正月廿六日　九二
七〇　僧徒兵仗可令禁遏事　文曆二年正月廿七日　九二
七一　於渡部點定諸方運上物事　文曆二年五月廿三日　九三
七二　評定時可退座分限事　文曆二年閏六月廿一日　九四
七三　起請文失條々　文曆二年閏六月廾八日　九四
七四　僧徒裹頭横行鎌倉中事　（文曆二年七月十四日？）　九六
七五　念佛者事　（文曆二年七月十四日）　九六
七六　所職所帶幷境相論事　文曆二年七月廿二日　九六
條々（七七―八六）　文曆二年七月廿三日　九七
七七　丹後國新補地頭所務事　九七
七八　諸國新補地頭得分田畠加徵事　九七
七九　新補地頭得分白苧幷桑代事　九七
八〇　宿々早馬事　九八
八一　被下御教書於六波羅施行上可返給事　九八
八二　地頭於六波羅可遂問注事　九八
八三　六波羅成敗國々訴訟事　九八
八四　依諸人訴訟可成給六波羅施行否事　九八
八五　京都刄傷殺害人事　九八
八六　犯人斷罪事　九九
八七　諸國庄公預所地頭相論之時糺定兩方事　文曆二年七月廿三日　九九
八八　京都大番事　文曆二年七月廿三日　一〇〇
八九　京都問注時雖爲枝葉之詞可書付事　（文曆二年？）七月廿三日　一〇一
九〇　稱念佛者着黑衣輩事　文曆二年七月廿四日　一〇一
九一　諸國（庄？）公檢註事　嘉禎元年七月廿六日　一〇二
九二　廿ヶ年以後訴訟事　嘉禎三年八月十七日　一〇二
九三　諸人相論事　嘉禎四年八月五日　一〇三
九四　新補幷本地頭不敍用御下知事　嘉禎四年九月九日　一〇三

九五 廿箇年以後訴訟事 嘉禎四年九月九日 一〇四
九六 御家人任官事 嘉禎四年九月廿七日 一〇四
九七 諸堂供僧等事 暦仁元年十二月七日 一〇五
九八 御家人後家任亡夫譲給安堵御下文事 暦仁元年十二月十六日 一〇五
九九 陸奥國郡郷所當事 暦仁二年正月廿二日 一〇六
一〇〇 近年四一半徒黨興盛事 延應元年四月十三日 一〇七
一〇一 所召置京都犯人事 延應元年四月十三日 一〇七
一〇二 僧徒兵仗禁制事 延應元年四月十三日 一〇八
一〇三 諸社神人等付在京武士宿所或振神寶或致狼藉事 延應元年四月十三日 一〇八
一〇四 武士召取犯人住宅事 (延應元年四月十三日) 一〇九
一〇五 於篝屋打留物具事 延應元年四月十三日 一〇九
條々制符(一〇六—一一一) 延應元年四月十四日 一一〇
一〇六 關東御家人望補傍官所領上司事 一一〇
一〇七 物地頭押妨所領内名主職事 一一〇
一〇八 官爵所望申請關東御一行事 一一〇
一〇九 鎌倉中僧徒恣諍官位事 一一〇
一一〇 可令搦禁勾引人并賣買人倫輩事 一一〇
一一一 奴婢雜人事付、所生男女事 一一〇
一一二 奴婢雜人事 延應元年四月十七日 一一一
一一三 諸社神人狼藉事 延應元年四月廿四日 一一一
一一四 人倫賣買事 延應元年五月一日 一一三
一一五 人倫賣買事 延應元年五月六日 一一三
一一六 以山僧補預所并地頭代事 延應元年七月廿六日 一一三
一一七 重科輩被放免事 延應元年七月廿六日 一一四
一一八 鈴鹿山并大江山悪賊事 延應元年七月廿六日 一一五
一一九 依違背地頭咎所召置庄官百姓等事 延應元年七月廿六日 一一五
一二〇 諸國地頭等以山僧并商人借上輩補地頭代官事 延應元年九月十七日 一一六
一二一 改嫁事 延應元年九月卅日 一一六
鎌倉中保々奉行可存知條々(一二二—一二九) 延應二年二月二日 一一七
一二二 盜人事 一一七
一二三 旅人事 一一七
一二四 辻捕事 一一七
一二五 悪黨事 一一七
一二六 丁々辻々賣買事 一一七
一二七 成小路狭事 一一七
一二八 辻々盲法師并辻相撲事 一一七
一二九 押買事 一一七
一三〇 御家人之中郎等任官事 延應二年三月十八日 一一八
條々(一三一—一三六) 延應二年三月十八日 一一八
一三一 不可召仕町人并道々輩事 一一八
一三二 侍所雜仕等正月并尋常時行向諸人宿所事 一一八
一三三 鷹狩事 一一九
一三四 雙六四一半目勝已下博奕事 一一九
一三五 材木請賣事 一一九

一三六 在京武士乘車横行洛中事 一二九
一三七 在京武士乘車横行洛中事 延應二年三月十八日 一二九
一三八 對祖父母致相論事 延應二年四月四日 一三〇
一三九 以御恩所領入負物質券事 延應二年四月廿日 一三〇
一四〇 評定時可退座親類事 延應二年四月廿五日 一三〇
一四一 評定時可退座分限事 延應二年四月廿五日 一三一
一四二 人倫賣買停止事 延應二年五月十二日 一三一
一四三 敵對于祖父母幷父母致相論輩事 延應二年五月十四日 一三一
一四四 關東御家人以雲客已上爲聟君讓所領於女子事
延應二年四月廿五日 一三一
一四五 凡下輩不可買領買地事 延應二年五月廿五日 一三二
一四六 雜人訴訟事 延應二年六月十一日 一三二
一四七 兄弟姉妹和與物悔還否事 延應二年六月十一日 一三四
條々(一四八—一五〇) 延應二年六月十一日 一三四
一四八 新補地頭得分田畠加徵事 一三四
一四九 篝屋用途勤仕所々犯過人事 一三四
一五〇 以山僧補代官事 一三四
一五一 寺社地收公事 延應二年七月廿日 一三五
一五二 本司新司兩様混領事 仁治元年十一月廿三日 一三五
一五三 京都大番衆事 仁治元年十一月廿八日 一三六
條々(一五四—一五八) 仁治元年十二月十六日 一三六
一五四 本補跡所々檢斷事 一三六
一五五 厨屋雜事等事 一三六
一五六 人倫賣買事 一三七
一五七 諸社神人幷神官等令書起請文時於他領社不可書由事 一二七
一五八 可被行罪科由被載下御下知狀事 一二七
一五九 祖父母父母就所領有謀書由其子孫訴申時依告言科可有
罪科否事 (仁治元年) 一二七
一六〇 諸人訴訟事 仁治二年三月廿日 一二八
一六一 懸所從咎於主人否事 仁治二年三月廿五日 一二八
一六二 殺害人事 仁治二年六月十日 一二九
問注記調進同可存知條々(一六三—一六七) 仁治二年六月十五日 一二九
一六三 覆問事 一二九
一六四 可被問證人事 一三〇
一六五 文書調進事 一三〇
一六六 關東進問注記未到事 一三〇
一六七 令讀問注記各可被聞披子細事 一三〇
一六八 諸人訴訟對決時進懸物狀事 仁治二年八月廿八日 一三一
一六九 不蒙御免許企遁世後猶知行所領事 仁治二年十一月十七日 一三一
一七〇 所從事 (仁治二年以前)十二月廿五日 一三二
一七一 京都御沙汰時問注奉行人等緩怠事 仁治二年十二月 一三二
新御成敗狀(一七二—一九九) 仁治三年正月十五日 一三三
一七二 神社佛寺事 一三三
一七三 六齋日殺生事 一三三
一七四 鷹狩事 一三四
一七五 殺害山賊海賊夜討強盜竊盜刄傷放火毆人等事 一三四
一七六 年貢所當事 一三四
一七七 官爵事 一三四

一七八　人倫賣買事　一三四
一七九　惡口謀書懐抱他人妻扶持罪人逃失召人事　一三四
一八〇　出擧利分事　一三五
一八一　奴婢雑人事　一三五
一八二　百姓逃散時事　一三五
一八三　給田畠賣買事　一三六
一八四　所領得替前司新司事　一三六
一八五　中媒事　一三六
一八六　辻捕事　一三六
一八七　放牛馬採用土民作物草木事　一三六
一八八　犯罪事　一三七
一八九　亂牛馬事　一三七
一九〇　給府中地輩事　一三七
一九一　道祖神社事　一三七
一九二　町押買事　一三七
一九三　府中指笠事　一三八
一九四　大路事　一三八
一九五　保々産屋事　一三八
一九六　府中墓所事　一三八
一九七　令押作私物於道々細工等事　一三八
一九八　出祿事　一三八
一九九　双六四一半目增字取等博奕事　一三八
二〇〇　可被止鎌倉中僧徒從類太刀腰刀等事
仁治三年三月三日　一三九
二〇一　勝長壽院僧房鬪亂殺害事　仁治三年三月三日　一四〇
二〇二　勝長壽院僧坊鬪亂殺害事　仁治三年三月三日　一四〇
二〇三　鎌倉中諸堂別當職事　仁治三年十二月五日　一四一
二〇四　式部丞幷諸司助事　仁治四年二月廿五日　一四二
二〇五　訴論沙汰日結番事　仁治四年二月　日　一四二
二〇六　御恩事　寛元元年(二月)廿九日　一四三
二〇七　越堺下人事　寛元元年四月廿日　一四三
二〇八　諸人訴訟事　寛元元年五月十七日　一四四
二〇九　境越下人事　寛元元年七月七日　一四四
二一〇　諸國御家人跡領家進止所々御家人役事　寛元元年八月三日　一四五
二一一　故武藏入道殿時有御成敗事　寛元元年八月廿六日　一四六
二一二　故武藏入道沙汰時有御成敗事　寛元元年八月廿六日　一四六
二一三　訴訟評定事書施行事　寛元元年九月廿五日　一四六
二一四　男女子息事　寛元元年十二月廿二日　一四七
二一五　奉行人等可令存知事　寛元二年二月六日　一四七
二一六　擧錢利分事　寛元二年六月廿五日　一四八
追加條々(二一七—二二二)　寛元二年十月九日　一四八
二一七　訴訟人事　一四八
二一八　奉行人事　一四九
二一九　御下知狀幷問狀事　一四九
二二〇　掃部頭禪門幷前豐前國司及出雲路桑門成敗事　一四九
二二一　當領名主百姓等愁緒事　一四九
二二二　遂問注輩事　一五〇

二二三 催使事 一五〇
二二四 召人事 一五〇
二二五 糺問幷沙汰事 一五一
二二六 山野河海事 一五一
二二七 可搦山賊海賊事 一五一
二二八 惡口狼藉人事 一五二
二二九 緣者分限事 一五二
二三〇 訴訟人證文事 一五二
二三一 過代物事 一五二
二三二 背召符輩事 一五二
二三三 博奕事 寛元二年十月十二日 一五三
條々（二三四—二三八） 寛元二年十二月二日 一五三
二三四 富士下方內諸社供僧職事 一五三
二三五 同供僧神官等不參社由事 一五三
二三六 供僧等學念佛者所行由事 一五四
二三七 御公事間事 （寛元二年十二月十二日） 一五四
二三八 西國神人拒捍使等以平民甲乙人所從令補神人事 寛元三年正月九日 一五五
御成敗狀追加（二三九—二四一） （寛元三年二月十六日） 一五五
二三九 養子事 一五五
二四〇 寛喜飢饉時養助輩事 一五五
二四一 人倫賣買事 一五六
條々（二四二—二四四） 寛元三年二月十六日 一五六
二四二 養子事 一五六
二四三 寛喜以來飢饉時養助事 一五六
二四四 人倫賣買直物事 一五六
保司奉行人可存知條々（二四五—二四九） 寛元三年四月廿二日 一五七
二四五 不作道事 一五七
二四六 差出宅檐於路事 一五七
二四七 作町屋漸々狹路事 一五七
二四八 造懸小家於溝上事 一五七
二四九 不夜行事 一五七
二五〇 西國守護人奉行事 寛元三年五月九日 一五八
二五一 鷹狩事 寛元三年十二月十六日 一五八
二五二 可令禁斷海陸盜賊事 寛元三年 一五九
二五三 雜人事 （寛元三年） 一五九
二五四 國々夜討强盜蜂起事 寛元四年十二月七日 一五九
二五五 謀叛輩事 寶治元年六月五日 一六〇
二五六 謀叛輩餘黨事 寶治元年六月廿二日 一六〇
二五七 叛逆輩緣者幷所從等事 寶治元年七月十九日 一六一
二五八 諸國守護地頭等責取過分所當事 寶治元年十一月廿七日 一六一
二五九 諸國地頭等年貢進濟事 寶治元年十二月八日 一六二
二六〇 訴訟人座籍事 寶治元年十二月十二日 一六二
二六一 諸國地頭所務事 寶治元年十二月十三日 一六三
二六二 雜人訴訟事 寶治二年三月廿日 一六三
二六三 盜人罪科輕重事 寶治二年七月十日 一六四
二六四 御家人輩依本所成敗致訴訟事 寶治二年七月廿九日 一六四
二六五 主從對論事 寶治二年七月廿九日 一六五

六波羅問注條々（三一〇—三一六）　康元元年十二月廿日　一八五

三一〇　可被書問者署所事　一八五

三一一　兩方所進證文等各可封繼目事　一八五

三一二　同文書目錄亘細可被注進事　一八五

三一三　庄園領家事　一八五

三一四　可書正地頭交名事　一八五

三一五　條々各別可立篇目事　一八五

三一六　以問注記下沙汰人等令勘理非之時嫌申沙汰人催事　一八六

三一七　奴婢雜人年紀事　正嘉元年三月廿四日　一八六

三一八　鎌倉中幷國々雜人沙汰事　正嘉二年五月十日　一八六

三一九　出羽陸奥夜討强盜事　正嘉二年八月廿日　一八七

三二〇　國々惡黨警固事　正嘉二年九月廿一日　一八七

三二一　自嘉祿元年至仁治三年御成敗事　正嘉二年十二月十日　一八八

三二二　自嘉祿元年至仁治三年御成敗事　正嘉二年十二月十日　一八八

三二三　止山野江海煩可助浪人身命事　正嘉三年二月九日　一八九

三二四　西國雜務事　正元元年六月十八日　一九〇

三二五　故武州禪門成敗事　文應元年五月四日　一九〇

三二六　六齋日幷二季彼岸殺生事　文應元年五月廿三日　一九〇

三二七　六齋日二季彼岸殺生禁斷事　文應元年五月廿三日　一九一

檢斷條々（三二八—三三〇）　文應元年六月四日　一九二

三二八　國々守護人召進犯科人事　一九二

三二九　可召進關東犯科人事　一九二

三三〇　放免事　一九二

三三一　臨時役事　文應元年七月廿日　一九三

三三二　問注以後追進狀事　文應元年八月十二日　一九三

京上所役條々（三三三・三三四）　文應元年十二月廿五日　一九四

三三三　京上役事 付大番役　一九四

三三四　地頭補任所々內御家人大番役事　一九四

三三五　早馬事　文應二年二月廿五日　一九五

三三六　京下御物送夫事　文應二年二月廿五日　一九五

關東新制條々（三三七—三九七）　弘長元年二月卅日　一九六

三三七　可如法勤行諸社神事等事　一九六

三三八　可令有封社司修造本社事　一九六

三三九　可令停止神人加增濫行事　一九六

三四〇　放生會的立役事　一九七

三四一　同居隨兵役事　一九七

三四二　若宮流鏑馬役事　一九七

三四三　二所御參詣隨兵役事　一九七

三四四　可令如法勤行諸堂年中佛事等事　一九七

三四五　可令諸堂執務人修造本尊事　一九八

三四六　佛事間事　一九八

三四七　六齋日幷二季彼岸殺生禁斷事　一九八

三四八　鷹狩事　一九八

三四九　可專守式目事　一九九

三五〇　可定置評定衆幷引付衆及奉行人起請事　一九九

三五一　問注書下事　一九九

三五二　問注遲引事　一九九

三五三　京家問注記詮句事　二〇〇

三五四 五方引付事 二〇〇
三五五 御家人見參幷庭中訴訟聽斷事 二〇〇
三五六 御儲事 二〇〇
三五七 衡重彫牙象外居幷檜折敷事 二〇一
三五八 八月一日贈事々 二〇一
三五九 私消息用厚紙事 二〇一
三六〇 造作事 二〇一
三六一 修理替物用途事 二〇二
三六二 垸飯役事 二〇二
三六三 五節供事 二〇二
三六四 物具事 二〇二
三六五 衣裳事 二〇四
三六六 可禁制絹布類短狹事 二〇六
三六七 從類員數事 二〇六
三六八 可仰諸國守護地頭等令禁斷海賊次山賊等事 二〇七
三六九 京上役事 二〇八
三七〇 長夫事 二〇八
三七一 早馬事 二〇八
三七二 京上送夫事 二〇九
三七三 可停止諸人往反路次雜事等事 二〇九
三七四 鎌倉大番幷隨兵兩役事 二〇九
三七五 爲御使上洛輩不可相具訴人幷追從輩事 二〇九
三七六 可禁制群飮事 二一〇
三七七 可禁斷僧坊酒宴幷魚鳥會事 二一〇
三七八 兒任官事 二一〇
三七九 郎等任官事 二一〇
三八〇 不可召仕町人幷道々輩事 二一〇
三八一 在京武士乘車横行洛中事 二一一
三八二 鎌倉中乘輿事 二一一
三八三 可停止凡下輩騎馬事 二一一
三八四 侍所雜仕以下下部等行向御家人宿所被饗應事 二一一
三八五 相模國定使取夫功事 二一一
三八六 念佛者事 二一二
三八七 僧徒裹頭横行鎌倉中事 二一二
三八八 着編笠横行鎌倉中事 二一二
三八九 囚人食物事 二一二
三九〇 可停止鎌倉中迎買事 二一二
三九一 可停止立商人事 二一三
三九二 可令催勤鎌倉中諸保夜行事 二一三
三九三 可令禁斷人勾引幷人賣事 二一三
三九四 可停止博奕事 二一三
三九五 私出擧幷擧錢利分事 二一三
三九六 鎌倉中橋修理幷在家前々路掃除事 二一四
三九七 可禁制棄病者孤子等死屍等於路邊事 二一四
條々(三九八—四〇〇) 弘長元年二月卅日 二一五
三九八 百姓臨時役事 二一五
三九九 修理替物事 二一五
四〇〇 椀飯役事 二一五

條々（四〇一—四〇四） 弘長元年二月卅日 二一五
四〇一 百姓臨時役事 二一五
四〇二 不可召仕百姓事 二一五
四〇三 修理幷替物用途事 二一五
四〇四 椀飯役事 二一五
四〇五 諸國盜賊事 弘長元年三月廿二日 二一六
四〇六 河内國橘島庄地頭代申名主百姓等沽却名々庄田由事 弘長元年十二月廿七日 二一七
條々（四〇七—四一六） 弘長二年五月廿三日 二一七
四〇七 自公家被召渡輩事 二一七
四〇八 山僧請取寄沙汰事 二一七
四〇九 武家不相交沙汰事 二一八
四一〇 籠置惡黨無沙汰所々事 二一八
四一一 西國堺事 二一八
四一二 好召仕惡黨輩事 二一八
四一三 惡黨跡事 二一八
四一四 召人逃失預人咎事 二一九
四一五 洛中屋地幷近國買地事 二一九
四一六 惡黨張本事 二一九
四一七 河手事 弘長二年七月一日 二二〇
四一八 燒狩流毒禁制事 （弘長三年）九月一日 二二〇
四一九 切錢事 弘長三年九月十日 二二一
四二〇 諸國百姓苅取田稻跡蒔麥事 文永元年四月廿六日 二二一
條々（四二一—四二五） 文永元年四月　日 二二二
四二一 鎌倉中諸堂供料事 二二二
四二二 御分唐船事 二二二
四二三 東國沽酒事 二二二
四二四 農時不可使百姓事 二二二
四二五 百姓臨時所濟事 二二二
條々（四二六・四二七） 文永元年四月十二日 二二三
四二六 農時不可使百姓事 二二三
四二七 可止百姓臨時所濟事 二二三
四二八 町御免所々事 文永二年三月五日 二二三
四二九 重事直斷事 文永三年三月六日 二二四
諸人訴論事條々（四三〇・四三一） 文永三年三月十三日 二二四
四三〇 御評定日々當參奏事 二二四
四三一 事書事 二二四
四三二 鷹狩事 文永三年三月廿八日 二二五
條々（四三三・四三四） 文永四年十二月廿六日 二二五
四三三 以所領入質券令賣買事 二二五
四三四 以所領和與他人事 二二六
四三五 離別妻妾知行前夫所領事 文永四年十二月廿六日 二二六
四三六 蒙古國事 文永五年二月廿七日 二二七
條々（四三七—四四〇） 文永五年七月一日 二二七
四三七 見質事 二二七
四三八 本錢返幷本錢不返及年作等事 二二七
四三九 永年買地事付質券所取流所領事 二二八
四四〇 雖爲本所進止領御家人知行所々事 二二八

四四一　賣買質券所領事　文永五年七月四日　二二八
四四二　質券田地同作毛事　文永五年八月十日　二二八
文永四年式目三ケ條內（四四三・四四四）　文永七年五月九日　二二九
四四三　以所領入質券令賣買事　二二九
四四四　以所領和與他人事　二二九
四四五　國々狼藉事　文永七年八月廿九日　二三〇
四四六　自寛元々年至康元々年御成敗事　文永八年八月十日　二三〇
四四七　筑前肥前兩國要害警固事　文永九年二月朔日　二三〇
四四八　蒙御勘當時追討使外馳向輩事　文永九年二月十一日　二三一
四四九　諸國田文事　文永九年十月廿日　二三一
四五〇　諸國田文事　文永九年十月廿日　二三二
四五一　他人和與領事　文永九年十二月十一日　二三二
四五二　質券所領事　文永十年七月十二日　二三三
條々（四五三―四五七）　文永十年七月十二日　二三三
四五三　奉行人等淸撰事　二三三
四五四　問狀御敎書事　二三三
四五五　召符事　二三三
四五六　未處分所領相論配分事　二三四
四五七　諸人訴訟事　二三四
四五八　本御家人幷地頭補任所々質券賣買所々等注進事　（文永十年）八月三日　二三四
四五九　質券賣買所々注進事　文永十年八月三日　二三五
四六〇　國々惡黨事　（文永十年）八月三日　二三五
四六一　他人和與領事　文永十一年六月一日　二三六
四六二　依當知行仁罪科被召所領事　文永十一年六月一日　二三七
四六三　蒙古人禦戰事　文永十一年十一月一日　二三七
四六四　蒙古人防禦事　文永十一年十一月一日　二三八
四六五　蒙古警固結番事　文永十二年二月　日　二三八
四六六　長門國警固事　建治元年五月十二日　二三九
四六七　長門國警固事　建治元年五月廿日　二三九
四六八　蒙古牒使來着時事　建治元年六月十八日　二四〇
四六九　西國新關河手等事　建治元年六月廿日　二四〇
四七〇　異賊襲來可致忠節事　建治元年七月十七日　二四一
四七一　門司赤間以下所々關手事　建治元年九月廿七日　二四一
四七二　諸人越訴事　（建治元年十月以前）　二四二
四七三　異國征伐用意事　建治元年十二月八日　二四二
異國發向用意條々（四七四・四七五）　建治二年三月五日　二四三
四七四　所領分限領內大小船幷水手梶取交名可注申事　二四三
四七五　渡異國之時可相具上下人數兵具可注申事　二四三
四七六　醫陰兩道輩棄本道爲御家人養子知行御領事　建治二年七月七日　二四三
四七七　異國用心事　建治二年八月廿四日　二四四
四七八　諸人官途事　建治三年六月十六日　二四四
四七九　兵粮料所幷在京武士拜領所々事　建治三年十月廿五日　二四五
四八〇　鎌倉中御願寺事　弘安元年三月八日　二四五
四八一　石淸水放生會以前殺生禁斷事　弘安二年十二月十五日　二四五
四八二　石淸水放生會以前殺生禁斷事　弘安三年七月廿三日　二四六
四八三　鎭西警固事　弘安三年十二月八日　二四七

四八四 諸人訴訟事 弘安四年四月廿三日 二四七
四八五 津料河手事 弘安四年四月廿四日 二四八
異國警固條々(四八六—四八九) 弘安四年九月十六日 二四八
四八六 賊船事 二四八
四八七 異國降人等事 二四八
四八八 從他國始來入異國人等事 二四九
四八九 要害修固幷番役事 二四九
四九〇 恆例臨時公事間事 弘安六年四月 日 二四九
新御式目條々(四九一—五二八) 弘安七年五月廿日 二五〇
四九一 寺社領事 二五〇
四九二 御祈事 二五〇
四九三 可有御學問事 二五〇
四九四 武道不廢樣可被懸御意事 二五〇
四九五 內談三箇條可被聞食事 二五〇
四九六 申次番衆事 二五〇
四九七 殿中人々每日可有見參事 二五〇
四九八 可被止僧女口入事 二五〇
四九九 每物可被用眞實之儉約事 二五一
五〇〇 殿中人禮儀禮法可被直事 二五一
五〇一 在京人幷四方發遣人々進物停止事 二五一
五〇二 可被止雜掌事 二五一
五〇三 可被止造作過分事 二五一
五〇四 御行始御方違之外人々許入御可有猶豫事 二五一
五〇五 依諸人沙汰事殿中人不可遣使者於奉行人許事 二五一
五〇六 知食奉行廉直可被召仕事 二五一
五〇七 可被止臨時公事々 二五一
五〇八 御領御年貢事 二五一
五〇九 九國社領止甲乙人賣買事 二五一
五一〇 止新造寺社可被興行諸國々分寺一宮事 二五一
五一一 可被行儉約事 二五一
五一二 闕所隨出來可有御恩事 二五二
五一三 越訴事 二五二
五一四 鎭西九國名主可被成御下文事 二五二
五一五 在京人幷四方發遣人所領年貢御免事 二五二
五一六 御年貢徵納事 二五二
五一七 臨時公事不可被充御家人事 二五二
五一八 可被止大御廐事 二五二
五一九 出羽陸奥外東國御牧停止事 二五二
五二〇 路次迯夫停止事 二五二
五二一 垸飯三日之外停止事 二五二
五二二 御評定初五日衣服事 二五二
五二三 御的七日衣服事 二五二
五二四 屛風障子繪停止事 二五二
五二五 衣裳繪停止事 二五二
五二六 御所女房上﨟衣服事 二五二
五二七 贄殿御菜採取事 二五三
五二八 念佛者遁世者凡下者鎌倉中騎馬停止事 二五三
五二九 關東御領事 弘安七年五月廿日 二五三

條々（五三〇・五三一）　弘安七年五月廿七日　二五三
五三〇　沽却質券地并他人和與所領事　二五三
五三一　諸人所領百姓負物事　二五四
守護人并御使可存知條々（五三二—五三九）　弘安七年五月廿七日　二五四
五三二　夜討强盜山賊海賊殺害罪科事　二五四
五三三　惡黨由有其聞輩事　二五四
五三四　博奕輩事　二五五
五三五　依難遁罪科捨本在所逃去他國惡黨事　二五五
五三六　就犯人在所可斟酌事　二五五
五三七　獄舍事　二五五
五三八　官食事　二五五
五三九　兵士事　二五五
條々（五四〇—五四三）　弘安七年六月三日　二五六
五四〇　河手事　二五六
五四一　津泊市津料事　二五六
五四二　沽酒事　二五六
五四三　押買事　二五六
五四四　鎭西爲宗神領事　弘安七年六月廿五日　二五六
五四五　所領年貢事　弘安七年六月　二五七
五四六　近國諸社修理御祈禱訴訟御寄進所領等於引付可申沙汰事　弘安七年八月二日　二五八
五四七　引付衆并奉行人事　弘安七年八月三日　二五八
條々（五四八—五五八）　弘安七年八月十七日　二五九
五四八　評定引付評議漏脫事　二五九
五四九　引付衆并奉行人引汲訴人事　二五九
五五〇　引付勘錄事　二五九
五五一　付內外致沙汰口入事　二五九
五五二　當參訴訟人事　二六〇
五五三　頭人并奉行人相互讓子細不申沙汰事　二六〇
五五四　憚權門不事切事　二六〇
五五五　安堵奉行事　二六〇
五五六　表裏證文事　二六〇
五五七　頭人退座事　二六一
五五八　六波羅并鎭西守護人注進狀事　二六一
條々（五五九・五六〇）　弘安七年八月十七日　二六一
五五九　雜人利錢負物事　二六一
五六〇　問注所申鎌倉住人利錢事　二六一
五六一　御內領內寺社別當供僧等事　弘安七年八月　日　二六三
五六二　名主職事　（弘安七年）九月十日　二六三
新制條々（五六三—五六五）　弘安七年十月廿二日　二六四
五六三　儉約事　二六四
五六四　物具事　二六四
五六五　疊事　二六四
五六六　所當公事對捍輩事　弘安七年十月廿二日　二六五
五六七　安堵御下文事　弘安七年十月廿九日　二六五
五六八　關東御領知行後家并女子事　弘安七年十一月廿一日　二六五
五六九　鎭西爲宗社領并名主職事　弘安七年十一月廿五日　二六六
五七〇　鎌倉中諸堂修理并寄進所領事　弘安七年十一月廿七日　二六六

五七一 寺社領事 弘安七年十二月十八日 二六七
五七二 造東大寺大勸進聖申周防國三箇所河手事 弘安七年 二六七
五七三 寺社御寄進所領事 (弘安七年?) 二六八
條々(五七四—五七七) (弘安七年?) 二六八
五七四 訴訟人代官事 二六八
五七五 召文問狀事 二六八
五七六 引付評定事 二六八
五七七 訴訟人輕服事 二六八
五七八 鶴岡八幡宮幷鎌倉中諸堂供僧事 弘安八年四月八日 二六九
五七九 諸人所領百姓等負物事 弘安八年四月十六日 二六九
條々(五八〇—五九〇) (弘安七年十一月—八年十一月) 二六九
五八〇 可被崇敬佛神事 二六九
五八一 香椎社造營事 二七〇
五八二 肥前國河上社事 二七〇
五八三 城墎事 二七〇
五八四 寄役所致自由合戰事 二七〇
五八五 兵粮米事 二七〇
五八六 警固結番事 二七〇
五八七 兵船事 二七一
五八八 大隅日向兩國役所今津後濱事 二七一
五八九 引付記錄當日可令書事 二七一
五九〇 沽却地事 二七一
五九一 隱置惡黨於所領內輩事 弘安九年二月五日 二七一
五九二 未斷闕所事 弘安九年二月廿四日 二七二
五九三 遠江佐渡兩國惡黨事 弘安九年三月二日 二七三
五九四 鎭西輩訴訟事 弘安九年七月十六日 二七三
五九五 鎭西輩訴訟事 弘安九年七月十八日 二七四
五九六 鎭西御家人所領事 弘安九年七月廿五日 二七四
五九七 後家改嫁事 弘安九年七月廿五日 二七五
五九八 所領賣買幷請所事 弘安九年八月　日 二七五
五九九 蒙古合戰勳功賞事 弘安九年十月十九日 二七五
六〇〇 異賊防禦事 弘安九年十二月卅日 二七六
六〇一 異賊防禦結番事 弘安九年十二月卅日 二七七
六〇二 御厨事 弘安九年閏十二月九日 二七七
六〇三 要人之外自身可下向事 弘安九年閏十二月廿八日 二七八
六〇四 諸人奉行事 弘安九年閏十二月　日 二七八
六〇五 鎭西神領幷名主等所領事 弘安九年 二七八
六〇六 諸御領不作河成事 (弘安九年?) 二七九
條々(六〇七・六〇八) (弘安九年?) 二七九
六〇七 讒者事 二七九
六〇八 口入事 二七九
六〇九 可爲御家人輩事 弘安十年五月廿五日 二八〇
六一〇 諸人訴訟口入事 (弘安十年五月廿七日) 二八〇
六一一 依當知行仁罪科被召所領事 正應元年六月一日 二八〇
六一二 鎌倉中僧徒官位事 正應元年八月 二八一
六一三 安堵事 (弘安年中?) 二八一
六一四 未處分跡御下文事 正應二年三月五日 二八一

六一五　地頭亡土民事　正應三年四月十八日　二八二
六一六　遺跡相論時非子息由稱申輩事　（正應三年四月十八日）　二八二
六一七　祖父母知行子孫所領事　（正應三年四月十八日）　二八二
六一八　本所幷國司領家所當年貢事　正應三年九月十九日　二八二
六一九　自康元々年至弘安七年御成敗事　正應三年九月廿九日　二八三
六二〇　讓與兄弟叔姪所領事　正應三年十一月九日　二八三
條々（六二一―六二七）　正應三年　廿三日　二八三
六二一　造作事　二八三
六二二　修理幷替物用途事　二八三
六二三　垸飯役事　二八三
六二四　五節供事　二八四
六二五　可令禁制人賣事　二八四
六二六　沽酒事　二八四
六二七　六齋日二季彼岸等日殺生事　二八四
六二八　政所納物幷年貢結解事　正應三年　廿八日　二八五
六二九　神社佛寺訴訟事　正應三年　二八五
六三〇　鎭西御家人訴訟事　（正應三年）　二八五
六三一　鎭西輩訴訟事　正應四年二月三日　二八五
六三二　寺社幷京下訴訟事　正應四年八月廿日　二八六
六三三　西國御家人事　正應五年八月七日　二八六
六三四　異賊警固事　正應六年三月廿一日　二八七
六三五　政務事　正應六年五月廿五日　二八八
六三六　庭中事　（永仁元年五月廿五日？）　二八八
六三七　領家地頭中分事　（永仁元年五月廿五日）　二八八
六三八　惣領罪科之時各別相傳輩分被混領事　（永仁元年五月廿五日）　二八九
六三九　可爲御家人輩事　正應六年五月廿五日　二八九
六四〇　充給惣領跡混領庶子分事　（永仁元年六月―十月）　二八九
六四一　諸人訴訟問狀事　（正應三年―六年？）　二九〇
六四二　烽火事　永仁三年三月六日以前　二九〇
六四三　弘安合戰與黨人事　永仁二年六月廿九日　二九一
六四四　弘安七年四月以前成敗事　永仁二年七月二日　二九一
條々（六四五―六四七）　（永仁二年七月二日？）　二九二
六四五　御下知以後御教書可爲一ヶ度事　二九二
六四六　不可成還御教書事　二九二
六四七　法光寺殿御代御成敗幷弘安八年沒收地事　二九二
六四八　本所訴訟事　（永仁二年七月）十日　二九二
六四九　所當公事對捍輩事　永仁二年七月五日　二九三
六五〇　直被聞食被棄置輩訴訟事　永仁二年十二月二日　二九三
條々（六五一―六五三）　永仁二年十二月廿五日　二九四
六五一　臨時役事　二九四
六五二　公事支配事　二九四
六五三　負物事　二九四
六五四　可諸國興行事　永仁三年五月廿九日　二九四
六五五　警固方々大道末可打止惡黨事　永仁四年五月二日　二九四
六五六　關東祗候輩不叶朝用拜任其職事　永仁四年　二九五
六五七　質劵賣買地事　永仁五年三月六日　二九五
條々（六五八―六六〇）　永仁五年三月六日　二九六

六五八　越訴事　二九六
六五九　質券賣買地事　二九六
六六〇　利錢出擧事　二九六
自關東被送六波羅事書條々（六六一―六六三）　（永仁五年三月六日）　二九六
六六一　可停止越訴事　二九六
六六二　質券賣買地事　二九七
六六三　利錢出擧事　二九七
六六四　越訴質券賣買地利錢出擧事　永仁五年七月廿二日　二九七
條々（六六五―六六七）　（永仁五年三―五月）廿一日　二九八
六六五　買地作毛事　二九八
六六六　同地直錢事　二九八
六六七　替錢事　二九八
六六八　借物事　二九八
六六九　借物幷預物事　（永仁五年三―五月廿一日？）　二九九
條々（六七〇―六七二）　永仁五年六月一日　二九九
六七〇　請所事　二九九
六七一　賣買地事　二九九
六七二　賣買物直事　三〇〇
六七三　替錢事　永仁五年六月一日　三〇〇
六七四　借物事　（永仁五年六月一日？）　三〇〇
六七五　質人事　永仁五年六月一日　三〇〇
六七六　爲訴訟人所生男女子事　（永仁五年六月一日）　三〇一
六七七　逢懸越訴事　永仁五年九月廿九日　三〇一
六七八　越訴等事　永仁六年二月廿八日　三〇一
六七九　質券賣買地事　永仁六年二月廿八日　三〇二
六八〇　利錢出擧事　永仁六年二月廿八日　三〇二
六八一　九州大社以下修造事　永仁六年十二月一日　三〇二
六八二　庶子公事對捍事　正安元年正月十日　三〇二
六八三　請所事　永仁七年二月　三〇三
六八四　西國堺相論事　正安二年七月五日　三〇三
條々（六八五―六八七）　（正安二年七月五日？）　三〇四
六八五　西國堺相論事　三〇四
六八六　讓所領妻女事　三〇四
六八七　七十以後讓事　三〇四
條々（六八八―六九八）　正安二年七月五日　三〇五
六八八　召文可爲三ヶ度事　三〇五
六八九　召文可被仰守護幷近隣地頭御家人事　三〇五
六九〇　於引付可有御下知取捨事　三〇五
六九一　評定事書事　三〇五
六九二　急事外於引付座不可書御教書以下事　三〇五
六九三　自評定被勘返沙汰事　三〇五
六九四　頭人開闔仁退座沙汰事　三〇五
六九五　諸人代官停止事　三〇五
六九六　對問時人數事　三〇五
六九七　京下幷無足訴人及經年序沙汰事　三〇五
六九八　御下知封裏事　三〇五
六九九　構不實致濫訴輩事　正安二年七月七日　三〇六

七〇〇 鎮西評定衆可致忠勤事 正安二年七月七日 三〇六
七〇一 牒使來着時在所幷問答法事 正安二年七月十日 三〇七
七〇二 豐後國津々浦々船事 正安三年三月廿七日 三〇七
七〇三 所領配分事 (嘉元元年六月十二日) 三〇八
七〇四 殺害双傷打擲事 乾元二年六月十二日 三〇八
七〇五 夜討强盗山賊海賊等事 乾元二年六月 三〇九
七〇六 竊盗事 (乾元二年) 三〇九
七〇七 博奕事 (乾元二年) 三〇九
七〇八 放火人事 (乾元二年) 三一〇
七〇九 勾引人事 乾元二年 三一〇
七一〇 公私修理替物事 嘉元二年二月十二日 三一一
七一一 麥地子事 嘉元二年二月十八日 三一一
七一二 被成安堵御下文所領事 延慶二年五月廿七日 三一一
七一三 苅田狼藉事 延慶三年　二日 三一二
七一四 路次狼藉事 正和四年六月廿三日 三一二
七一五 守護注進狀事 文保元年五月廿五日 三一二
七一六 麥地子事 元亨元年十二月十七日 三一三
七一七 國領地頭等可濟年貢事 元亨二年正月十二日 三一三
七一八 訴論人禁忌事 (元亨二年正月十二日) 三一四
七一九 令逃雜人各分限事 年代未詳 三一四
七二〇 爲質物被押取子息所從等雜人事 年代未詳 三一五
七二一 西國海賊事 年代未詳 三一五
七二二 篝火夏間可被成燈爐否事 年代未詳 三一六
七二三 大番衆令逃失召人罪科事 年代未詳 三一六
七二四 關東御家人召仕輩訴訟事 年代未詳 三一六
七二五 京都狼藉人武士下人等逃籠權門屬諸方致沙汰事 年代未詳 三一七
七二六 可抑御下知施行由自貴所被仰事 年代未詳 三一七
七二七 侍所京都大番役事 年代未詳 三一七
七二八 侍所惡黨人事 年代未詳 三一七
七二九 侍所幷檢非違所召人事 年代未詳 三一七
七三〇 爲闕所被充行給人地依本主訴訟可被返付否事 年代未詳 三一八
七三一 隱田咎事 年代未詳 三一八
七三二 殿中奉公事 年代未詳 三一八
七三三 人倫賣買事 年代未詳 三一九
七三四 人質事 年代未詳 三一九
七三五 竊盗幷博奕人等事 年代未詳 三一九
七三六 侍所政所勾引人々賣事 年代未詳 三二〇
七三七 鷹狩事 年代未詳 三二〇
七三八 諸國守護人非法事 年代未詳 三二一
七三九 御所修理替物事 年代未詳 三二一
七四〇 椀飯用途事 年代未詳 三二一
七四一 臨時役事 年代未詳 三二一
七四二 諸家修理替物事 年代未詳 三二一
七四三 五節供事 年代未詳 三二二
七四四 讓與外孫物不可悔返否事 年代未詳 三二二
七四五 和與他人物可悔返否事 年代未詳 三二二

第三部　參考資料

一　諸寺諸山僧徒兵具事　〔安貞二年〕十一月廿六日　三二三
二　法師兵具禁制事　寛喜三年四月廿七日以前　三二三
三　爲洛中守護可置武士事　嘉禎四年五月廿四日　三二四
四　篝屋事　寛元四年正月十九日　三二四
五　寺社供僧事　建長二年十一月廿六日　三二五
六　贓物事　建長七年　三二五
七　正税官物所當事　正嘉三年三月以前　三二六
八　國々夜討强盜事　正元元年十二月七日　三二七
九　臨時課役以下事　正元元年六月以前　三二七
一〇　差遣御家人於鎭西事　文永八年九月十三日　三二八
一一　要害警固幷惡黨沙汰事　文永九年三月廿五日　三二九
一二　可興立舊御家人跡事　文永十年　三二九
一三　蒙古人襲來事　文永十一年十一月三日　三三〇
一四　叔姪近親文書相傳事　文永年中　三三〇
一五　二季彼岸幷六齋日殺生事　弘安某年某月八日　三三一
一六　近國幷西國浦々關々武士濫妨停止事　文永年中　三三一
一七　逃死亡跡事　建治元年五月以前　三三二
一八　請所事　文永五年四月廿五日　三三三
一九　異國用心事　建治二年三月五日　三三四
二〇　異國警固要害石築地事　建治二年三月十日　三三五
二一　諸國山賊以下夜討强盜等事　弘安三年二月三日　三三五
二二　異國用心事　弘安三年十二月八日　三三六
二三　鎭西地頭御家人不可參向事　弘安八年十月十七日　三三七
二四　肥前國惡黨幷博奕事　弘安十年二月十八日　三三七
二五　西國御家人守護役事　正應二年十月以前　三三八
二六　鎭西爲宗社修造事　正應四年四月廿五日　三三九
二七　後家女子知行之鎭西所領事　正應年中　三三九
二八　無足訴訟人衣食事　永仁三年七月十六日？　三四〇
二九　本所敵對輩事　永仁六年十月以前　三四一
三〇　訴人論人令下國事　嘉元二年七月十五日以前　三四二
三一　諸國横行人禁制事　嘉元元年九月　日　三四二
三二　異賊警固結番事　嘉元二年十二年晦日　三四三
三三　異賊防禦事　嘉元三年六月廿日　三四三
三四　西國幷熊野浦々海賊事　德治三年三月廿五日　三四四
三五　庶子物領可相並事　德治年中　三四四
三六　西國幷熊野浦海賊事　延慶二年六月廿九日　三四五
三七　大嘗會米事　應長元年六月以前　三四五
三八　神領興行事　正和元年十二月二日以前　三四六
三九　諸國惡黨人事　正和四年正月廿七日　三四七
四〇　淀河尼崎兵庫島渡邊等關所條々事　正和四年九月十二日　三四七
四一　堺打越事　文保年中　三四九
四二　海上警固事　元應二年八月十七日　三四九
四三　可停止關手河手事　元應年中　三五〇
四四　被養他人之族事　元亨元年　三五一

四五　府領興行事　元亨二年六月七日以前　三五一
宇佐宮領條々（四六―五〇）
四六　御家人等知行分事　元亨三年九月以前　三五二
四七　非御家人凡下輩知行事　三五二
四八　本領令寄進地事　三五二
四九　社壇造營并祭祀事　三五二
五〇　筥崎高良香椎安樂寺領等事　三五三
五一　使節事　元亨四年二月卅日以前　三五三
五二　强盜并海賊出入所々城槨事　元亨四年五月二日以前　三五四
五三　阿波國海賊出入所々事　元亨四年四月廿七日以前　三五五
五四　西國可爲六波羅成敗事　元亨四年以前　三五六
五五　文永以後新關停止事　嘉曆元年頃　三五七
五六　津料事　嘉曆二年三月卅日以前　三五八
五七　可披露充文於地下事　元德三年正月十一日以前　三五九
條々事書（五八―六三）　（元弘三年正月・二月？）
五八　合戰事　三六〇
五九　一人被疵之刻從類退散事　三六〇
六〇　狼藉事　三六〇
六一　大塔宮事　三六〇
六二　楠木兵衛尉正成事　三六一
六三　海賊以下條々事　年代未詳　三六一
政所奉行成敗事（六四―六六）　年代未詳
六四　飢饉眷養事　三六二
六五　所從子息事　三六二
六六　死去事　三六二
六七　故武藏前司入道時事切事　年代未詳　三六二
六八　遠流人國々事　年代未詳　三六二

傍　例

〔新追　政所篇　沽却商買條一〕
六九　備前國長田庄非御家人輩并凡下人買得領名事　文永五年二月二日　三六三
〔新追　政所篇　質券質物條四〕
七〇　石原左衛門五郎高家與鎌倉住人慈心相論腹卷事　弘安二年十一月卅日　三六四
〔新追　侍所篇　放火勾引條三〕
七一　勾引人事　寛元二年六月五日　三六四
〔新追　侍所篇　惡口狼藉條四〕
七二　依狼藉科被召所領事　仁治二年五月六日　三六五
七三　紀伊七郎左衛門尉重經所領夫丸逃入將軍御所御臺所事　寛元（四年十二月廿八日）　三六五
七四　梶原郎等令取澁谷次郎乘馬口咎事　三六六
七五　野本四郎左衛門尉郎等狼藉咎事　三六六
七六　澁谷小平太自馬令引落下手人事　三六六
七七　武藏國新羽鄉地頭大見肥後三郎次郎實村遺領事　（正應三年）　三六六
七八　放埒輩令安堵事　嘉元四年八月七日　三六七

七九 武州新羽郷地頭大見肥後三郎次郎定村遺領事 正應三年 三六七
〔新追 雜務篇 神社佛寺條 一〕
神社佛寺領不依年紀御成敗所々條々五ヶ條
八〇 出羽國平泉寺内毛越圓隆寺供僧田事 三六八
八一 熊野御領備前小島庄田畠事 (弘長三年?) 三六八
八二 三島社領伊豆國糠田郷事 三六八
八三 伊勢國道前三郡政所事 三六八
八四 下總國萱田神役御厨事 三六九
八五 若宮供僧訴申相模國長尾地頭備中前司頼綱事 三六九
八六 若宮供僧申相模國高田々島幷思津地頭事 三六九
八七 依爲神領不依年紀付理非被裁許事 弘安八年二月廿八日 三六九
八八 駿河國方上御厨内沽却地條々事 (弘安八年?)九月十八日 三七〇
八九 遠江國鎌田御厨内田畠事 三七〇
〔新追 雜務篇 本新地頭條 六〕
九〇 武藏國足立郡地頭職事 弘安五年二月廿一日 三七〇
〔新追 雜務篇 未處分財條 十〕
九一 所領配分事 永仁二年 三七一
九二 信濃國御家人赤栖三郎入道遺領事 三七一
〔吉本 雖爲評定以後就備進證文及御沙汰傍例事〕
九三 相模國生澤郷東方相論事 永仁二年 三七二
九四 近江國箕浦庄加納與本庄東方堺事 永仁六年七月? 三七二
〔吉本 被破後悔法事所領配分事〕

九五 兒玉小次郎跡事 三七二
〔吉本 自由出家事〕
九六 出家可依年紀事 文永五年六月八日 三七三
九七 猪俣右衛門四郎入道蓮覺自由出家由事 弘安八年十二月廿四日 三七三
九八 大河戸彌三郎入道自由出家事 永仁三年八月 日 三七四
〔吉本 傍例條〕
九九 雖爲執事下知依無仰詞被棄置法事 三七四
(以下諸本篇目無キ分)
一〇〇 鎌田入道苅田咎事 三七四
一〇一 酒勾六郎入道苅田咎事 三七五
一〇二 黑酒左衛門尉苅田咎事 文永六年十一月十四日 三七五
一〇三 沼田左近太郎重尙與伊豫國興島下司尼相論當島事 三七五
一〇四 肥後國臼間野道山次郎惟房與野依越前房憲信相論賄賂事 (正安二年七月五日?) 三七五
一〇五 肥前國五島内盛島前住人良全謀書事 (正安二年七月五日?) 三七五

追補 吾妻鏡の幕府立法記事

一 諸國地頭不可交領家所務事 文治二年九月五日 三七六
二 殺生禁斷事 建久六年八月一日 三七六
三 東國莊園隱居不善輩所々事 建久六年八月廿八日 三七六
四 鷹狩停止事 建久六年九月廿九日 三七六

五	稱荒不作乃貢減少地事	正治元年四月廿七日	三七七
六	播磨國守護奉行事	正治元年十二月廿九日	三七七
七	境相論成敗事	正治二年五月廿八日	三七七
八	兄弟相論事	建仁二年五月二日	三七八
九	諸國守護人奉行事	建仁二年閏十月十五日	三七八
一〇	地頭狩獵停止事	建仁三年十二月十五日	三七八
一一	奉行人沙汰遲怠過事	建仁三年十二月十六日	三七八
一二	莊園所務可任右大將家例事	元久元年二月廿日	三七八
一三	山海狩漁等國司地頭得分事	元久元年五月八日	三七九
一四	諸國地頭所務可任本下司跡事	元久元年十月十八日	三七九
一五	莊園年貢納期事	元久二年三月十二日	三七九
一六	芳心和與物不可悔返事	元久二年十一月廿日	三七九
一七	伊勢平氏跡新補地頭率法事	元久二年十二月十日	三八〇
一八	前代拜領地無左右不可召放事	建永元年正月廿七日	三八〇
一九	侍受領擧任事	承元三年五月十二日	三八〇
二〇	將軍室家祇候人奉公事	承元三年十二月一日	三八〇
二一	喧嘩鬪亂御家人罪科事	承元四年六月三日	三八一
二二	神社佛寺領興行事	承元四年八月九日	三八一
二三	諸國御牧興行事	承元四年十月十三日	三八一
二四	義時知行神社佛寺興行事	建暦元年十二月十七日	三八一
二五	京都大番役緩怠過事	建暦二年二月十九日	三八二
二六	本所沙汰人濫妨不及裁許事	建暦二年六月十五日	三八二
二七	鷹狩禁制事	建暦二年八月十九日	三八二
二八	諸國津料河手事	建暦二年九月廿一日	三八二
二九	關東御分國々雜人訴訟事	建暦二年十月廿二日	三八三
三〇	鷹狩禁制事	建保元年十二月七日	三八三
三一	關東御領年貢減免事	建保二年六月十三日	三八三
三二	諸人官爵執申事	建保二年十二月十三日	三八三
三三	關渡地頭不可煩旅人事	建保三年二月十八日	三八四
三四	在京御家人洛中守護事	建保三年四月十八日	三八四
三五	鎌倉中諸商人員數事	建保三年七月十九日	三八四
三六	止准布可用銅錢事	嘉祿二年八月一日	三八四
三七	評定時訴人近々伺候停止事	嘉祿二年十月十二日	三八四
三八	守護地頭可停止市津料等賦課事	安貞元年閏三月十七日	三八五
三九	西國夜討强盜等與黨事	寛喜二年十一月六日	三八五
四〇	關東祇候人過差禁制	寛喜三年正月廿九日	三八五
四一	他國居住地頭京都大番役事	貞永元年四月四日	三八五
四二	夜討强盜成敗事	貞永元年四月廿一日	三八六
四三	夜討强盜等可召渡守護所事	貞永元年八月十三日	三八六
四四	六波羅成敗法條々事	貞永元年十一月廿九日	三八六
四五	在京御家人洛中乘車事	天福元年五月十九日	三八六
四六	僧徒兵杖事	嘉禎元年正月廿七日	三八六
四七	在京人等大番警衛可從家督事	嘉禎二年七月廿四日	三八七
四八	社寺國司領家訴不可依關東式目事	嘉禎三年六月廿五日	三八七
四九	洛中篝役事	暦仁元年六月十九日	三八七
五〇	双六禁制	暦仁元年八月十九日	三八七
五一	畿内西國盜賊等不觸本所可召取事	暦仁元年十月十二日	三八七
五二	六齋殺生禁斷事	暦仁元年十二月十六日	三八八

五三 年紀以後稱本領出訴事 延應元年二月卅日 三八八
五四 訴論人參決事 延應元年五月十四日 三八八
五五 京都道々輩付沙汰停止事 延應元年九月十六日 三八八
五六 人倫賣買事 仁治元年五月一日 三八八
五七 任官御家人行幸役用途事 仁治元年九月卅日 三八九
五八 掠給問狀輩罪科事 仁治元年閏十月五日 三八九
五九 鎌倉篝役事 仁治元年十一月廿一日 三八九
六〇 洛中辻々篝可用意大皷事 仁治元年十一月廿九日 三八九
六一 洛中辻々篝用途事 仁治元年十二月十二日 三九〇
六二 以田地爲博奕賭事 仁治二年四月廿五日 三九〇
六三 問注奉行人跡可被充行傍輩事 仁治二年五月十日 三九〇
六四 雜人訴訟事 仁治二年六月十一日 三九一
六五 預置謀反人逃失咎事 仁治二年六月十六日 三九一
六六 西國神人等寄沙汰事 仁治二年六月十八日 三九一
六七 洛中篝續松用途事 仁治二年九月十一日 三九二
六八 畿內西海惡徒禁遏幷博奕停止事 仁治二年十一月三日 三九二
六九 酒宴經營過差禁制事 仁治二年十二月一日 三九二
七〇 奉行人詮句勘錄日數事 寛元元年二月十五日 三九二
七一 評定事書不可遲怠事 寛元元年五月廿三日 三九三
七二 證文分明時不及對決事 寛元元年七月十日 三九三
七三 在京御家人大番役免否事 寛元元年十一月十日 三九三
七四 遠國雜訴人召文可爲西收以後事 寛元二年六月十七日 三九三
七五 奉行人遲參事 寛元二年六月廿七日 三九四
七六 朝命違背非御家人事 寛元二年六月廿九日 三九四
七七 評定經營儉約事 寛元二年十一月十六日 三九四
七八 殺生禁斷事 寛元三年二月五日 三九四
七九 訴論人忌避問注奉行人事 寛元三年三月卅日 三九四
八〇 召文違背幷奉行人不參咎事 寛元三年五月三日 三九五
八一 鎌倉中住人可用意續松事 寛元三年六月七日 三九五
八二 八朔贈物停止事 寶治元年八月一日 三九五
八三 鎌倉中浪人可追放事 寶治元年八月廿日 三九六
八四 地頭一圓地名主出訴事 寶治元年十一月一日 三九六
八五 地頭一圓地名主百姓訴訟事 寶治元年十一月十一日 三九六
八六 主從對論禁止事 寶治元年十一月廿七日 三九六
八七 西國名主莊官等大番役覆勘狀事 寶治二年正月廿五日 三九六
八八 兄弟相論以父母不可立證人事 寶治二年五月十六日 三九七
八九 謀叛人出擧可致辨否事 寶治二年五月廿日 三九七
九〇 人勾引事 寶治二年六月五日 三九七
九一 放逸奉行人不可召仕事 寶治二年十一月廿三日 三九七
九二 寶治合戰新恩地頭所務事 寶治二年十一月廿九日 三九八
九三 諸國本新地頭所務事 寶治二年十二月十三日 三九八
九四 社寺領地頭新儀停止事 寶治二年十二月廿日 三九八
九五 勵精奉行人御恩事 寶治二年後十二月十六日 三九八
九六 西國地頭譜代書生田所等追放可停止事 寶治二年後十二月十八日 三九九
九七 關東御分社寺諸職一身兼帶事 寶治二年後十二月廿三日 三九九
九八 六波羅召文違背輩罪科事 建長二年二月五日 三九九
九九 犯科人可搦渡守護所否事 建長二年三月三日 三九九

一〇〇	鎌倉中無益輩可追遣事	建長二年三月十六日	四〇〇
一〇一	引付沙汰事	建長二年四月二日	四〇〇
一〇二	鎌倉中凡下等帶刀停止事	建長二年四月廿日	四〇〇
一〇三	御家人衞門尉直任停止事	建長二年四月廿五日	四〇一
一〇四	雜人訴訟擧狀事	建長二年四月廿九日	四〇一
一〇五	關所以來所出物事	建長二年五月十四日	四〇一
一〇六	質人入流分限事	建長二年七月五日	四〇一
一〇七	神社等修理事	建長二年七月廿二日	四〇一
一〇八	雜人訴訟事	建長二年八月廿六日	四〇二
一〇九	訴論成敗可專守式條事	建長二年九月十日	四〇二
一一〇	雜人訴訟可徵懸物請文事	建長二年九月十八日	四〇二
一一一	御家人等大番役勤仕所屬事	建長二年十月七日	四〇二
一一二	陸奥等三ケ國博奕禁制事	建長二年十一月廿六日	四〇三
一一三	召文違背罪科事	建長二年十二月七日	四〇三
一一四	國司領家年貢訴訟事	建長三年四月廿日	四〇三
一一五	貴所伺候女房稱號事幷百姓地頭相論事	建長三年六月十日	四〇四
一一六	奴婢子年紀事	建長三年七月十日	四〇四
一一七	民間訴訟召文可爲西收以後事	建長三年七月廿日	四〇四
一一八	評定衆着到事	建長三年八月廿三日	四〇四
一一九	武藏國務等事	建長三年九月五日	四〇四
一二〇	出擧利錢沙汰事	建長三年九月十七日	四〇五
一二一	鎌倉中狹少路等事	建長四年二月十日	四〇五
一二二	鎌倉中沽酒禁制等事	建長四年九月卅日	四〇五
一二三	鎌倉中酒壺破却事	建長四年十月十六日	四〇五
一二四	御家人等奉公賞罰事	建長四年十一月十三日	四〇六
一二五	御教書違背咎事	建長五年八月二日	四〇六
一二六	關東新制十三ケ條遵行事	建長五年九月十六日	四〇六
一二七	法家女房裝束事	建長五年十月一日	四〇六
一二八	鎌倉中雜人幷非御家人事	建長六年四月廿七日	四〇七
一二九	西國本新地頭所務事	建長六年四月廿九日	四〇七
一三〇	西國堺相論事	建長六年十月二日	四〇七
一三一	鎌倉中保々奉行事幷政所下部等騎乘事	建長六年十月十日	四〇七
一三二	近習要須輩官途事	建長六年十二月廿日	四〇八
一三三	評定衆等外騎馬共人禁制事	建長六年十二月廿三日	四〇八
一三四	御教書違背咎事	康元元年六月五日	四〇八
一三五	質券地辨償事	正嘉二年七月十日	四〇九
一三六	主從對論事	正嘉二年十二月十日	四〇九
一三七	負物事幷訴訟不敍用事	文應元年四月卅日	四〇九
一三八	鎌倉中狼藉事	文應元年七月十日	四〇九
一三九	奉行人引付沙汰懈緩事	弘長元年三月五日	四〇九
一四〇	權門領强盜人召出事	弘長三年十月十日	四一〇
一四一	守護沙汰事	文永三年四月十五日	四一〇

附録一　新編追加目録

神社篇
神事祭禮條*一　神殿修造條*七　神司法度條*九
佛舍篇
佛事法會條*十五　堂舍造營條*十九　僧徒行狀條*廿
政所篇
沽却商買條*卅一　年紀本錢返條*四十七　負物出擧條*五十一　質券質物條*六十三
賣人質人條*七十六
侍所篇
謀叛殺害條*九十三　盜賊惡黨條*百　放火勾引條*百十九　惡口狼藉條*百廿八
犯人糺斷條*百卅六　博奕幷賭條*百五十
雜務篇
神社佛寺條*百五十七　國司領家條*百八十四　守護行事條*百九十　守護人檢斷條*二百廿二
西國鎭西條*二百四十六　本新地頭條*二百六十三　庶子分領條*三百十六　妻妾女子條*三百廿四
養子相續條*三百卅三　未處分財條*三百卅五　他人和與條*三百四十　遺跡相論條*三百四十六
主從幷父子對論條*三百四十八　奴婢相論條*三百五十二
已上三十一ヶ條
惣已上　三百六十二ヶ條

神社篇　三箇條

〇神事祭禮條一

(一) 一諸社祭時飛礫事*一　寛喜三 四 廿一　六
(二) 一可興行諸社幣物不法事*二　建長五 七 十二 宣旨　二七七
(三) 一可慥進發同使事*三　同日　二七八
(四) 一石淸水放生會以前殺生禁斷事*四　弘安二 十二 十五 官符　四八一
(五) 一同放生會殺生禁斷事*五　弘安三 七 廿三　四八二
(六) 一可如法勤行諸社神事等事*六　三三七

〇神殿修造條二

(七) 一香椎宮造營事*七　五八一
(八) 一肥前國河上社事*八　五八二

〇神司法度條三

(九) 一宣旨事*九　寛喜三 六 九　三三
(一〇) 一西國住人號神人構事於左右好寄沙汰事*十　天福二 三 一　六〇七
(一一) 一諸社神人等付在京武士宿所振神寳致狼藉事*十一　延應元 四 十二　一〇三
(一二) 一諸社神人狼藉事*十二　延應元 四 十四　一一三
(一三) 一諸社神人幷神官等起請文事*十三　仁治元 十二 十六　一五七
(一四) 一可令停廢諸社新加神人事*十四　建長五 七 十二　二八〇

佛舍篇　三ヶ條一

○佛事法會條一

（一五）*十五 一鎌倉中諸堂供料事　文永元　四二一

（一六）*十六 一鶴岡八幡宮幷鎌倉中諸堂供僧事　弘安八 四 八　五七八

（一七）*十七 一領内寺社別當供僧事　弘安七 八　五六一

（一八）*十八 一可令如法勤行諸堂年中佛事等事　三四四

○堂舍造營條二

（一九）*十九 一鎌倉中諸堂修理幷寄進所領事　弘安七 十一 廿七　五七〇

○僧徒行狀條三

（二〇）*廿 一僧徒裹頭横行鎌倉中事　七四

（二一）*廿一 一念佛者事　文暦二 七 十四　七五

（二二）*廿二 一諸堂供僧等或臨病患附屬非器弟子或立名代後落墮世間猶貪其利潤事　暦仁元 十二 七　九七

（二三）*廿三 一僧徒兵杖禁制事　延應元 四 十三　一〇三

（二四）*廿四 一被止鎌倉中僧徒從類太刀腰刀等事　仁治三 三 三　二〇〇

（二五）*廿五 一勝長壽院僧坊連々有鬪亂事　同前　二〇一

（二六）*廿六 一鎌倉中諸堂別當職事　同前 十二 五イ　二〇三

（二七）*廿七 一可爲諸寺執務者以四ケ年任限事　建長五 七 十二　二七九

（二八）*廿八 一鎌倉中僧徒官位事　正應元 八　六一三

（二九）*廿九 一號念佛者着黑衣輩事　文暦二　九〇

（三〇）*卅 一山僧請取寄沙汰事　四〇八

政所篇　五箇條

○沽却商買條一　付請所事

（三一）*卅一 一買地作毛事　六六五

（三二）*卅二 一同地直錢事　六六六

（三三）*卅三 一沽却地事　五九〇

（三四）*卅四 一永年買地事　付質券所取流所領事　文永四 十二 廿六　四三九

（三五）*卅五 一凡下輩不可買領買地事　延應二 五 廿五　一四五

（三六）*卅六 一河内國橘嶋庄地頭代右衞門尉爲保申名主百姓等沽却有限名々庄田事　弘長元 十二 廿七　四〇六

（三七）*卅七 一洛中屋地幷近國買地事　弘長二 五 廿三　四一五

（三八）*卅八 一式部十郎左衞門尉職綱申備前國長田庄非御家人輩幷凡下人買領名事　文永五 二 二　三部六九

（三九）*卅九 一請所事　永仁五 六 一　六七〇

（四〇）*四十 一賣買地事　同日　六七一

（四一）*四十一 一賣買物直事　同日　六七二

（四二）*四十二 一請所事　永仁七 二　六八三

（四三）*四十三 一政所納物幷年貢結解事　正應三 廿八　六二八

（四四）*四十四 一關東御領事　弘安七 五 廿　五二九

（四五）*四十五 一可禁制絹布類短狹事　弘長　三六六

(四六) *四十六 一材木請賣事　一三五

○年紀本錢返條二　付預物替錢事

(四七) *四十七 一本錢返幷本錢不返及年作等事　四三八

(四八) *四十八 一替錢事　永仁五 六 一　六七三

(四九) *四十九 一借物幷預物事　六六九

(五〇) *五十 一替錢事　永仁五　六六七

○負物出擧條三

(五一) *五十一 一借物事　六七四

(五二) *五十二 一可禁斷私出擧利過一倍幷擧錢利過半倍事　嘉祿二 正 廿六　一七

(五三) *五十三 一擧錢利分事　寛元二 六 廿五　二一六

(五四) *五十四 一私出擧々錢利分不可過一倍事　建長七　三〇六

(五五) *五十五 一諸人所領百姓負物事　弘安七 五 廿七　五三一

(五六) *五十六 一雜人利錢負物事　同年八 十七　五五九

(五七) *五十七 一諸人所領百姓等負物事　弘安四 十六　五七九

(五八) *五十八 一負物事　永仁二　六五三

(五九) *五十九 一利錢出擧事　同五 三 六　六六〇

(六〇) *六十 一利錢出擧事　同六 二 廿八　六八〇

(六一) *六十一 一利錢出擧事　六六三

(六二) *六十二 一問注所申鎌倉住人等利錢事　五六〇

○質券質物條四

(六三) *六十三 一以御恩所領入負物質券事　延應二 四 廿　一三九

(六四) *六十四 一鎌倉中無〔盡〕錢質物事　建長七 八 十二　三〇五

(六五) *六十五 一以所領入質券令賣買事　文永七 五 九　四三三

(六六) *六十六 一賣買質券所領事　文永五 七 四　四一一

(六七) *六十七 一見質事　文永五 七　四二七

(六八) *六十八 一以所領入質券令賣買事　同七 五 九　四四三

(六九) *六十九 一以所領和與他人事　同　四四四

(七〇) *七十 一質券所領事　文永十 七 十二　四五二

(七一) *七十一 一質物腹卷事　弘安二 十一 卅　三部七〇

(七二) *七十二 一質券賣買地事　永仁五 三 六　六五九

(七三) *七十三 一質券田地同作毛事　永仁五 八 十　四四二

(七四) *七十四 一質券賣買地事　正安二 七 五　六六二

(七五) *七十五 一質券賣買地事　永仁六 二 廿八　六七九

○賣人質人條五

(七六) *七十六 一人倫賣買事　正應元 五 一　一一四

(七七) *七十七 一寛喜三年餓死之比爲飢人出來之輩〔事〕　延應元 四 十七　一一三

(七八) *七十八 一人倫賣買停止之事　延應二 五 十二　一四二

(七九) *七十九 一人倫賣買事　仁治元 十二 十六　一五六

(八〇) 〔一人倫賣買事〕 七三
(八一) *八十 一人倫賣買直物事 寛元三 二 十六 二四四
(八二) *八十一 一寛喜以來飢饉時養助事 同三 二 二四三
(八三) *八十二 一養子事 同 二四一
(八四) *八十三 一人質事 七三四
(八五) *八十四 一人倫賣買錢事 建長七 八 九 三〇四
(八六) *八十五 一可令禁制人賣事 正應 三 六三五
(八七) *八十六 一取流土民身代事 延應六 五 廿五 二八七
(八八) *八十七 一人倫賣買事 建長六 五 一 二九九
(八九) *八十八 一質人事 永仁五 六 一 六七五
(九〇) *八十九 一爲訴訟人所生男女事 同 六七六
(九一) *九十 一依不償負累爲質物致押取子息所從等雜人事 七二〇
(九二) *九十一 一土民去留事 二八九
(九三) *九十二 一人倫賣買事 延應元 五 六 一一五

侍所篇　六ケ條

○謀反殺害條一　付双傷打擲

(九四) *九十三 一京都双傷殺害人事 文暦二 七 廿三 八五
(九五) *九十四 一殺害人事 仁治二 六 十 一六三
(九六) *九十五 一謀叛輩餘黨事 寶治元 六 廿二 二五六
(九七) *九十六 一叛逆輩緣者并所從等事 寶治元 七 十九 二五七
(九八) *九十七 一弘安合戰與黨人事 永仁二 六 廿九 六四三
(九九) *九十八 一殺害双傷打擲事 乾元二 六 十二 七〇四
(一〇〇) *九十九 一殺害付双傷人事 二八三

○盜賊惡黨條二

(一〇一) *百 一京都强盜殺害人事 六三
(一〇二) *百一 一强盜殺害人事 寛喜三 四 廿一 三
(一〇三) *百二 一夜討强盜不可見隱聞隱事 正嘉二 九 廿二 三一〇
(一〇四) *百三 一懸所從咎於主人否事 仁治二 三 廿五 一六一
(一〇五) *百四 一國々夜討强盜蜂起事 寛元四 十二 七 二五四
(一〇六) *百五 一盜人罪科輕重事 寶治二 七 十 二六三
(一〇七) *百六 一重犯山賊海賊夜討强盜輩事 建長五 十一 二八二
(一〇八) *百七 一奧大道夜討强盜路次宿直人事 建長八 六 二 三〇七
(一〇九) *百八 一出羽陸奧夜討强盜事 正嘉二 八 廿 三一九
(一一〇) *百九 一籠置惡黨無沙汰所々事 弘長二 五 廿三 四一〇
(一一一) *百十 一好召仕惡黨輩事 同 四一二
(一一二) *百十一 一惡黨跡事 同 四一三
(一一三) *百十二 一召人逃失預人咎事 同 四一四
(一一四) *百十三 一惡黨張本事 同 四一六
(一一五) *百十四 一竊盜事 乾元二 二八四
(一一六) *百十五 一竊盜事 七〇六

條文目次

(一一七) *百十六 一盜人罪科輕重事 寛元三 七 十 二六三
(一一八) *百十七 一夜討强盜山賊海賊等事 乾元二 六 七〇五
(一一九) *百十八 一竊盜幷博奕人事 七三五

○放火勾引條三

(一二〇) *百十九 一可令搦禁勾引人幷賣買人輩事 嘉祿二 正 廿六 一五
(一二一) *百廿 一牛馬盜人勾引人事 建長四 十 十四 二八六
(一二二) *百廿一 一放火人事 乾元二 七〇八
(一二三) *百廿二 一勾引人事 同 七〇九
(一二四) *百廿三 一刄傷殺害人禁斷事 三
(一二五) *百廿四 一可禁斷人勾引幷〔人〕賣事 三〇九
(一二六) *百廿五 一勾引人事 寛元二 六 五 三部七一
(一二七) 百廿六 一放火事 七〇八
(一二八) *百廿七 一侍所政所勾引人等事 七三六

○惡口狼藉條四

(一二九) *百廿八 一依所從狼藉科被召所領事 仁治二 五 六 三部七二
(一三〇) *百廿九 一紀伊七郎左衞門尉所從狼藉事 寛元 三部七三
(一三一) *百卅 一梶原郎等取澁谷乘馬口事 三部七四
(一三二) *百卅一 一野本四郎左衞門尉郎等四方田自馬引落事 三部七五
(一三三) *百卅二 一澁谷小平太子自馬引落事 三部七六
(一三四) *百卅三 一大見肥後三郎次郎遺領事 正應三 三部七七
(一三五) *百卅四 一葦名遠江前司子息忍性事 三部七八
(一三六) *百卅五 一武州新羽鄉事 三部七九

○犯人糺斷條五

(一三七) *百卅六 一於渡邊點定諸方運上物事 文暦二 五 廿三 七一
(一三八) *百卅七 一點定物事 貞永元 十二 十九 五一
(一三九) *百卅八 一犯人斷罪事 文暦二 七 廿三 八六
(一四〇) *百卅九 一盜賊贓物事 嘉禎三 四 廿 二一
(一四一) *百四十 一所預置召人令逃失罪科事 同七 廿 三四
(一四二) *百四十一 一重科輩放免事 延應元 一一七
(一四三) *百四十二 一武士召取犯人住宅事 一〇四
(一四四) *百四十八 一所召置京都犯人事 一〇一
(一四五) *百四十三 一武家不相交沙汰事 弘長二 四〇九
(一四六) *百四十四 一自公家被召渡輩事 四〇七
(一四七) *百四十五 一有蒙御勘當時追討使外馳向輩事 文永九 二 十一 四四八
(一四八) *百四十六 一大番衆令逃失召人罪科事 七三三
(一四九) *百四十七 一京都狼藉人幷武士下人逃籠權門事 七三五
(一五〇) *百四十九 一遠流人國々事 三部六八

○博奕幷賭條六

(一五一) *百五十 一可停止博戲輩事 嘉祿二 正 廿六 一六
(一五二) *百五十一 一近年四一半徒黨興盛事 延應元 四 十三 一〇〇

(一五三) *百五十二 一以田地所領爲雙六賭事 文暦二 五四
(一五四) *百五十三 一博奕輩事 二九〇
(一五五) *百五十四 一雙六四一半目勝已下博奕事 一三四
(一五六) *百五十五 一博奕事 寛元二 三三三
(一五七) *百五十六 一博奕事 乾元二 七〇七

雑務篇〔十四ヶ條〕

○神社佛寺條一

(一五八) *百五十七 一可被崇敬佛神事 五八〇
(一五九) *百五十八 一佛神田内加徴米事 三六
(一六〇) *百五十九 一鷹狩事 二五一
(一六一) *百六十 一鷹狩事 一三三
(一六二) *百六十一 一鷹狩事 文永三 三 廿八 四三三
(一六三) *百六十二 一鎌倉中御願寺事 弘安元 三 八 四八〇
(一六四) *百六十三 一寺社御寄進所領事 五七三
(一六五) *百六十四 一鎭西爲宗神領事 條々 弘安七 六 廿五 七イ 五四四
(一六六) *百六十五 一鎭西爲宗社領幷名主職事 弘安七 十一 廿五 五六九
(一六七) *百六十六 一近國諸社修理御祈禱訴訟御寄進所領等事 弘安七 八 二 五四六
(一六八) *百六十七 一寺社領事 弘安七 十二 十八 五七一
(一六九) *百六十八 一郡内寺社事 一一

(一七〇) *百六十九 一造東大寺勸進聖申周防國三箇所河手事 弘安七 五七二
(一七一) *百七十 一御厨事 弘安九 閏十二 九 六〇二
(一七二) *百七十一 一神社佛寺訴訟事 正應三 六二九
(一七三―一七七) *百七十二 *百七十三 *百七十四 *百七十五 *百七十六 一神社佛寺領不依年紀御成敗所々條五ヶ條 三部八〇・八四
(一七八) *百七十七 一寺社幷京家訴訟事 正應四 八 廿 六三三
(一七九) *百七十八 一若宮供僧申相州長尾地頭備中前司頼綱事 三部八五
(一八〇) *百七十九 一若宮供僧申相州高田々嶋幷思津地頭在京間事 三部八六
(一八一) *百八十 一神領不依年紀裁許事 三部八七
(一八二) *百八十一 一駿河國方上御厨事 三部八八
(一八三) *百八十二 一遠江國鎌田御厨事 三部八九
(一八四) *百八十三 一鷹狩事 七三七

○國司領家條二

(一八五) *百八十四 一本所幷國司領家所當年貢事 正應三 十 十六 六一八
(一八六) *百八十五 一本所訴訟事 六四八
(一八七) *百八十六 一領家地頭中分事 六二七
(一八八) *百八十七 一庄園領家事 三一三
(一八九) *百八十八 一可令停廢公家幷諸院宮以下新加供御寄人等事 二八一
(一九〇) *百八十九 一近江國船木庄雜掌〔申〕頼景以下濫妨狼藉事

○守護行事條三

(一九一) *百九十 一諸國守護人奉行事 寛喜三 五 十三 三一

(一九二) ＊百九十一 一守護成敗事　六四
(一九三) ＊百九十二 一可致撫民事　二九三
(一九四) ＊百九十三 一諸國守護人非法事　七三八
(一九五) ＊百九十四 一海路往返船事　寛喜三 六 六　三三
(一九六) ＊百九十五 一山野河海事　同 九 一　一三
(一九七) ＊百九十六 一諸國御家人跡爲領家進止所々御家人役事　寛元二 八 三　二一〇
(一九八) ＊百九十七 一諸國飢饉間遠近侘傺之輩事　正嘉三 二 十　三三三
(一九九) ＊百九十八 一河手事　弘長二 七 一　四一七
(二〇〇) ＊百九十九 一諸國百姓刈取田稲跡蒔麥事　文永元 四 廿六　四二〇
(二〇一) ＊二百 一津料河手事　弘安四 四 廿四　四八五
＊二百一 一條々　弘安七 六 三
(二〇二・二〇三) ＊二百二 一河手事　一津泊市津料事　五四〇・五四一
(二〇四・二〇五) ＊二百三 一沽酒事　一押買事　五四二・五四三
已上四箇條
(二〇六) ＊二百四 一所領年貢事　弘安七 六　五四五
(二〇七) ＊二百五 一臨時役事　永仁二 十二　六五一
(二〇八) ＊二百六 一諸國興行事　永仁三 五 廿九　六五四
(二〇九) ＊二百七 一雖爲本所進止領御家人知行所々事　四四〇
(二一〇) ＊二百八 一諸國庄公預所地頭相論時糺定兩方事　文應二 七 廿三　八七

(二一一) ＊二百九 一諸國守護人幷庄々地頭等偏如不輸私領抑沙汰追出預所郷司等事　貞應元 五 廿八　七
(二一二) ＊二百十 一諸國守護人地頭或正員或代官依領家預所訴訟事　寛喜三 五 十三　三〇
(二一三) ＊二百十一 一御家人輩依本所成敗致訴訟事　寶治二 七 廿九　二六四
(二一四) ＊二百十二 一名主職事　條々　五六二
(二一五) ＊二百十三 一東國沽酒事　文永元　四三三
(二一六) ＊二百十四 一農時不可使百姓事　同　四二六
(二一七) ＊二百十五 一可止百姓臨時所濟事　文永元 四 十二　四二七
(二一八) ＊二百十六 一京都大番役事　文暦二 七 廿三　八八
(二一九) ＊二百十七 一京都大番衆事　仁治三 十一 廿八　一五三
(二二〇) ＊二百十八 一侍所京都大番役事　七二七
(二二一) ＊二百十九 一所載式目御家人事　四七
(二二二) ＊二百廿 一宿々早馬事　八〇
(二二三) ＊二百廿一 一三ケ日厨事　三七
○守護人檢斷條四
(二二四) ＊二百廿二 一謀叛人追討事　二
(二二五) ＊二百廿三 一國々狼藉事　文永七 八 廿九　四四五
(二二六) ＊二百廿四 一諍論事　二八八
(二二七) ＊二百廿五 一號先々不召渡守護所直送遣犯人於京都事　六〇

（二二八） *二百廿六 一爲守護人号犯科人跡沒收所領田畠事　六三
（二二九） *二百廿七 一鈴鹿山并大江山悪賊事　延應元 七 廿六　一一八
（二三〇） *二百廿八 一遠江佐渡兩國悪黨事　弘安九 三 二　五九三
（二三一） *二百廿九 一篝屋用途勤仕所々犯過人事　延應二　一四九
（二三二） *二百卅 一貞應嘉祿以後盗賊跡所領事　天福元 八 五／嘉禎三 イ　三五
（二三三） *二百卅一 一本補跡所々檢斷事　一五四
（二三四） *二百卅二 一隱置悪黨於所領內輩事　弘安九 二 五　五九一
（二三五） *二百卅三 一侍所悪黨人事　七二八
（二三六） *二百卅四 一同所并檢非違使所召人事　七二九
守護人并御使可存知條々
（二三七） *二百卅五 一夜討强盗山賊海賊殺害罪科事　五三二
（二三八） *二百卅六 一悪黨由有其聞輩事　五三三
（二三九） *二百卅七 一博奕輩事　五三四
（二四〇） *二百卅八 一依難遁罪科捨本所去他國悪黨事　五三五
（二四一） *二百卅九 一就犯人在所可斟酌事　五三六
以上
（二四二）（二四三）（二四四） *二百四十 一獄舍事　一官食事　一兵士事　五三七・五三八・五三九
以上三ケ條
（二四五） *二百四十一 一城墎事　五八三
（二四六） *二百四十二 一寄役所致自由合戰事　五八四
（二四七） *二百四十三 一兵粮米事　五八五
（二四八） *二百四十四 一警固結番事　五八六
（二四九） *二百四十五 一兵船事　五八七
○西國鎭西條五
（二五〇） *二百四十六 一西國御家人所領事　天福元 五 一／二 三イ　六八
（二五一） *二百四十七 一西國御家人所領知行輩事　文曆二 正 廿六　六九
（二五二） *二百四十八 一西國京都大番役事　三〇〇
（二五三） *二百四十九 一西國守護人奉行事　寛元三 五 九　二五〇
（二五四） *二百五十 一西國雜務事　正元々 六 十八　三一四
（二五五） *二百五十一 一西國海賊事　七二一
（二五六） *二百五十二 一西國守護代等申國中所々犯人等事　五九
（二五七） *二百五十三 一六波羅并鎭西守護人註進狀事　五五八
（二五八） *二百五十四 一鎭西神領并名主等所領事　弘安九　六〇五
（二五九） *二百五十五 一鎭西輩訴訟事　弘安九 七 十六　五九四
（二六〇） *二百五十六 一鎭西御家人所領事　同九 七 廿五　五九六
（二六一） *二百五十七 一鎭西御家人訴訟事　正應三　六三〇
（二六二） *二百五十八 一鎭西輩訴訟事　同四 二 三　六三一
（二六三） *二百五十九 一大隅日向兩國役所〔後〕濱事　五八八
（二六四） *二百六十 一御分唐船事　四三三
（二六五） 〔一牒使來着時在所并問答法事　正安二年七月十日〕　七〇一

○本新地頭條六
(二六六)(二六七)(二六八) 「*二百六十二*二百六十三*二百六十四」一地頭等可存知條々 三ケ條 貞應元 四 十六 四 五 六
(二六九) *二百六十五 一宣旨事 貞應二 九
(二七〇) *二百六十六 一地頭方厨事 寛喜三 四 廿一 二七
(二七一) *二百六十七 一諸國庄々地頭致非法濫妨事 嘉祿三 閏三 十七 一八
(二七二) *二百六十八 一西國新補地頭幷本補輩事 寛喜二 十一 七 一九
(二七三) *二百六十九 一新補幷本地頭不叙用御下知事 嘉禎四 九 九 九四 一五二
(二七四) *二百七十 一依違背地頭咎所召置庄官百姓等事 延應元 七 廿六 一一九
(二七五) *二百七十一 一以山僧補代官事 同二 六 十一 一五〇
(二七六) *二百七十二 一諸國地頭所務事 寶治元 十二 十三 二六一
(二七七) *二百七十三 一武藏國足立郡地頭職事 弘安五 二 廿一 三部九〇
(二七八) *二百七十四 一本年貢外半分事 二三
(二七九) *二百七十五 一本司跡名田事 二四
(二八〇) *二百七十六 一桑代事 二五
(二八一) *二百七十七 一苧在家役厤樹木五節供以下事 寛喜三 四 廿一 二六
(二八二) *二百七十八 一地頭亡土民事 正應三 四 十八 六一五
(二八三) *二百七十九 一國領地頭可濟年貢事 元亨二 正 十二 七一七
(二八四) *二百八十 一以山僧補預所幷地頭代事 延應元 七 廿六 一一六
(二八五) *二百八十一 一諸國地頭等以山僧幷商人借上輩補地頭代官事 一三〇
(二八六) *二百八十二 一本司新補兩様混領事 一五二
(二八七) *二百八十三 一本司跡名田畠事 五七
(二八八) *二百八十四 一地頭所務内百姓犯科跡事 五八
(二八九) *二百八十五 一半不輸所々地頭方公事可勤仕否事 五六
(二九〇) *二百八十六 一丹後國新補地頭所務事 七七
(二九一) *二百八十七 一諸國新補地頭得分田畠加徵事 七八
(二九二) *二百八十八 一白苧幷桑代事 七九
(二九三) *二百八十九 一本司跡事 四八
(二九四) *二百九十 一新補地頭得分田畠加徵事 一四八
(二九五) *二百九十一 一諸國新補地頭沙汰事 寛喜三 五 十三 二九
(二九六) *二百九十二 一檢注雜事内地頭剩取事 三八
(二九七) *二百九十三 一五節供事 三九
(二九八) *二百九十四 一新補率法所々地頭注出新田一向可進止否事 四〇
(二九九) *二百九十五 一山畑事 四一
(三〇〇) *二百九十六 一預所名田可落公田否事 四三
(三〇一) *二百九十七 一預所檢注以後地頭耕作田事 四四
(三〇二) *二百九十八 一畠地子二箇度地頭可取否事 四五
(三〇三) *二百九十九 一厨雜事等事 一五五
(三〇四) *三百 一得分事 一〇
(三〇五) *三百一 一公文田所案主惣追捕使有司等事 一三

(三四〇) *三百卌六 一所領配分事 三部九一
(三四一) *三百卌七 一信濃國御家人赤栖三郎入道遺領事 三部九二
(三四二) *三百卌八 一外題安堵所領配分事 七〇三
(三四三) *三百卌九 一未處分跡御下文事 正應二 三 五 六一四
○他人和與條十一
(三四四) *三百四十 一他人和與領事 四六一
(三四五) *三百四十一 一以所領和與他人事 文永七 五 九 四三四
(三四六) *三百四十二 一他人和與領事 文永九 十二 十一 四五一
(三四七) *三百四十三 一他人和與領事 文永十一 六 一 四六一
(三四八) *三百四十四 一沽却質券地幷他人和與所領事 弘安七 五 廿七 五三〇
(三四九) *三百四十五 一和與他人物可悔返否事 七四五
○遺跡相論條十二
(三五〇) *三百四十六 一遺跡相論時非子息由稱申輩事 六一六
(三五一) *三百四十七 一七拾以後讓事 六八七
○主從幷父子對論條十三
(三五二) *三百四十八 一敵對于祖父母幷父母致相論輩事 延應二 五 十四 一四三
(三五三) *三百四十九 一祖父母知行子孫所領事 六一七
(三五四) *三百五十 一主從對論事 寶治二 七 廿九 二六五
(三五五) *三百五十一 一祖父母父母就所領告言科事 一五九
○奴婢相論條十四
(三五六) *三百五十二 一飢饉眷養事 三部六四
(三五七) *三百五十三 一所從子息事 三部六五
(三五八) *三百五十四 一同死去事 寬元二 七 七 三部六六
(三五九) 〔一堺越下人事〕 二〇九
(三六〇) *三百五十五 一奴婢雜人年紀事 正嘉元 三 廿四 三一七
(三六一) *三百五十六 一越堺下人事 寬元々 四 廿 二〇七
(三六二) *三百五十七 一境越下人事 同 七 七 二〇九
(三六三) *三百五十八 一奴婢相論事 正應四 三 十六 二九一
(三六四) *三百五十九 一雜人事 寬元三 二五三
(二六五) *三百六十 一令逃雜人各分限事 七一九
(三六六) *三百六十一 一男女子息事 寬元々 十二 廿二 二一四
(三六七) *三百六十二 一所從事 一七〇
惣已上三百六十二ヶ條

附錄二 吉田家本追加目錄

侍所方 乾元二年六月十二日評定

(一) 謀叛殺五 一 殺害刄傷打擲事 七〇四
(二) 盜賊惡十八 一 夜討强盜山賊海賊事 七〇五
(三) 盜賊十六 一 竊盜事 七〇六
(四) 放火四 一 放火人事 七〇八

(五) 放火勾引五 一 勾引人事 七〇九
(六) 博奕條七 一 博奕事 七〇七

政所方

(七) 質券八 一 質券賣買地事 永仁五 三 六 六五九
(八) 賣人十二 一 爲訴訟人所生男女子事 六七六

雖爲評定以後就備進證文及御沙汰傍例事

(九) 越訴覆五之二 一 相模國生澤鄉東方相論事 三部九三
(一〇) 越境九 一 近江國箕浦庄加納與本庄東方堺事 三部九四

被破後悔法事所領配分事

(一一) 未處分二之二 一 二宮尼依罪科被召所領畢云々 三部九一
(一二) 未處分四 一 信濃國御家人赤栖三郎入道遺領事 三部九二
(一三) 未處分四之二 一 兒玉小次郎跡事 三部九五

外題安堵事

(一四) 政務五十六之二 一 所領配分事 七〇三

自由出家事

(一五) 都鄙制十五 一 出家可依年紀事 三部九六
(一六) 都鄙十六 一 猪俣右衛門四郎入道蓮覺自由出家之由云々 三部九七
(一七) 都鄙十九 一 大河戸彌三郎入道自由出家事 三部九八

御家人安堵事

(一八) 一 可爲御家人輩 六三九

神領年紀等事

(一九) 一 依神領不謂年紀付理非被裁許事 三部八七

惡口詞法事

(二〇) 一 武藏國新羽鄉地頭云々 三部七七

放埒輩事

(二一) 惡口狼七 〔一〕 放埒輩令安堵事 三部七八

傍例條

(二二) 政務七十一 一 雖爲執事御方御下知依無仰詞被棄置法事 三部九九

制法條

(二三) 一 召文事 六八八
(二四) 一 急事外於引付座不可書御敎書事 六九二
(二五) 一 頭人幷開闔仁退座沙汰者可渡他方引付事 六九四
(二六) 一 問答時一方人數兩三之外固可禁制事 六九六

以上永仁六年

洛中洛外酒〔屋〕土倉條々 明應九

(二七) 一 火事類火在所事
(二八) 一 新加在所事
(二九) 一 改宅在所事
(三〇) 〔一〕 商買輩以下撰錢事 明應九 十

鎌倉幕府法

第一部　校本御成敗式目

於前々成敗事者不論理非不能改沙汰至自今以後者可守此状也

御成敗式目　五十一箇條　貞永元年八月　日

(1) 一　可修理神社專祭祀事[1]

右神者依人之敬增威人者依神之徳添運然則恆例之祭祀不致陵夷如在之禮奠勿令怠慢因茲於關東御分國々幷庄園者地頭神主等各存其趣可致精誠也兼又至有封社者任代々符小破之時且加修理若及大破言上子細隨于其左右可有其沙汰矣

(2) 一　可修造寺塔勤行佛事等事

---

(1)
○前書ロハヘトチリヌルヲワカヨタソナ無ホレツ在題號後○前々イレネ作先々○事レネ無○者ネ無○能イホレネ作及○以ネ作已○也ネ無
○自巻首至第二條本文貪字迄ロ缺○自巻首至第十九條ソ缺○成敗ホ無○目レ作條○五以下五字イハニホトチリヌヲワヨタツネナ無○貞以下七字イハニホヲワヨツネ無○月下ホトチリヌタナ有十
○祀イ作禮
○神下之ヲ無○例下之ヨ無
○陵原作淩據諸本改○勿トリヌルワカタレナ作莫○因ニ作固非○々リヌタナ作國
○存チ作在非○趣ト作越非○可致精ハ破損○又ヲ作亦○至トリヌルタナ作致非○至下チ有于
○封下ヲ有之○社ハ破損ワ無○々リヌタナ作代○符ヲ作府非○時下イ有宜○及ハ破損○破下ワ有者レ有令
○細下イハニホチヲヨレツネ有者恐是○于トチヌルヲワヨタレナ無○其ニ無○矣イチヲツ無ハ破損ホヘ作焉

(2)
○事イ作々

○是ヘチツ作惟○之ヲワネ無○准チ作準恐非
○條ニ作例非○莫ワ作無非
○但ヲ無○自卷首至貪字迄ロ缺○用下ヘトリヌルカヨタレナ有於○役下イロニホヘトリヌルワカタレツネナ有之○早ヘ無○早下ワ有々恐非○令リ作全非○易ニ無ネ作替
○矣イ無ニチヲカヨツ作也

○行下ツ有之恐非○事イ作々
○右イハニヘトチヲワツネ作々○置ニ無○促イワ作役非○叛ワ作反○人イロネ無
○等ネ在事下○等下ツ有之○事ハ無○而下リヌルカヨタレナ有至○課ヘ無ネ作謂非
○而ワヨ無○妨ニ作掌○而ワヨ無○所ト作處非○之ニ無○甚ヘ作太
○爲ニ在代下恐非○代下之イロハニホトチリヌルヲカヨタレネナ無○家ニ無非○無ニ在者下非○時下之ハヘヲネ無○又ヲ作亦
○所ト作處○々リヌタナ作所○家ニ無非○之ホトリヌルヲタレナ無
○云イロハヘトチヲワカヨレ作々○然ホ作此
○之ロチ無○輩下チカヨツ有者○自可至催十七字ホ缺○勤下イ有仕○護下イトリヌルカヨタナ有所
○不ヲ無非○右イロハニホヘトチリヌルヲカヨタツナ無○家下ホ有之○之ロリヌルタレナ無○番下ネ有催
○害下之ヘヲツ無○護下之ロヲ無○此ホ無○目ロニチワレツネ作條○餘下イヨツ有之

右寺社雖異崇敬是同仍修造之功恆例之勤宜准先條莫招後勘但恣貪寺用・不勤其役・輩者早・可令改易彼職矣

(3)

一　諸國守護人奉行・事

右右大將家御時所被定置者大番催促謀叛殺害人〈付夜討强〉〈盜山賊海賊〉等・事也而・近年分補代官於郡鄕充課公事於庄保非國司而妨國務非地頭而貪地利所行之企甚以無道也抑雖爲重代之御家人無當時之所帶者不能駈催兼又所々下司庄官以下假其名於御家人對捍國司領家之下知云云　如然之輩・可勤・守護・役之由縱雖望申一切不可加催早任右大將家・御時之例大番・役幷謀叛殺害之外可令停止守護之沙汰若背此式目相交自餘・事

者或依國司領家・之訴訟・或依地頭土民・之愁欝非法之至
爲顯然者・被改所帯・之職可補穩便之輩也又至代官者・・
可定一人・・也・

○家下之イヲツ無○依トリヌルカヨタレナ作
就○民下之ヨ無
○者ヌ無非○之ヨツ無○然下者トリルヨタレ
ナ無○官下者下ネ有慥
○人下ヲ有者○也ネ無ヘ作焉○也下ロ有矣

(4)
一　同守護人不・申事由沒收罪・科・跡・事
右重犯之輩出來・之時・者須申子細・隨其左右・之處不決實
・否不糺輕重恣・稱罪・科・之跡・私令沒收之條理不・盡之沙汰
甚自由之姦謀也早・註進其旨宜令蒙裁・斷・猶以違犯・者・
可被處・罪・科・次犯科人田畠在家幷妻子資財・事・於重
・科・之輩者雖召渡守護所至田宅・妻子・雜・具・者不及付渡
・兼・又同類・事・縦雖・載白狀無・贓物者・更非沙汰之限・

○申ニ缺○科ヲ作過○科下ツ有之○事イ作々
○來下之ニリヌルタナ無○者チ無○其イロニ
ホヘトチリヌルカヨタネナ無○右下之カ無非
○否イ作不○稱ニ作構非○科ツ作過○科下之
ホヘヲカ無○私ネ作和非○盡下之ハ無
○註イハニホヘトチリヌルヨタレツネナ作注
ヲ作住非○斷チヲツ作許非○猶ヲ作倘○犯下
ワ有之輩○者下ハ有者
○罪科ヲ作別過怠○次上ハホレ有焉チツ有矣
ヲ有也○財下ツ有之○於ホ無
○科ホ作過○之イロニホヘチワネ無○妻子ヲ
ワ無○雜具ワ作資財○具下ロヲヨレツネ有等
○者ホネ無
○兼ロ無○又ヲ作亦○類下ツ有之○縦ト無イ
在雖下非○○載ハ破損○贓トリヌルタレナ作財
○更ワ無○限下ロハホ有矣ヘ有也

(5)
一　諸國地頭令抑留年貢所當・事[2]

○事イ作々

右抑留年貢之由有本所・之訴訟者・卽遂結解可請勘定犯用之條・若無所遁者任員數可辨償・之但於・少分者・早速可致・沙汰・至・于過分者三・个年中可辨濟・也・猶背此旨令難澁者可被改・易所職・・也

(6)

一　國司領家成敗不及關東御口入・事

右國衙庄園神社佛・寺・領爲本所・進止於沙汰・出來者今更不・及御口入若雖有申旨・敢・不被敍用・次不帶本所・擧狀致越訴事諸國庄・公幷神・社佛寺・以本所・擧狀可經・訴・訟・之處不帶其狀者・旣背道理歟自今以・後不及成敗・

(7)

一　右大將家以・後代・々將軍幷二位殿御時・所充給所領等依本・主訴訟被改・補否・事

○之ヲネ無○卽ニヲ作則
○無ニ在遁下非○之ヲ無○於下イロハホヘトチリヌルヲワカヨタツネナ有爲恐是○者下ニ有爲非○致下ワ有其○汰下ヘ有也○于ロヘトリヌルヲワカヨタネナ無○个イロニホヘチリヌルカタレナ作箇○也ヲ無○猶ヲ作尙
○易ロハニホヘトチリヌルヲカヨタネナ無○職下ヘ有焉○也イチ無ロ作矣

○事イ作々
○寺ネ作事非○領イロハニホトリヌルワカヨタレナ無○所下イハニホヘチカヨレツネ有之
○出ヘトリヌルカヨタレナ無
○不下ニ有可非○敢レ作聊○被ニ作可ホ無ヘトリヌルカヨタレナ作能チヲツ作及○用下ホレ有焉○所下ネ有之
○公リヌルワカヨタレナ作園○社イ無非○寺下諸本有領恐是○所下イニホヘチカ有之
○訴訟ワ作沙汰○之ヲ無○既ヲ作已○後チ作后○敗下ロハホヘレネ有矣

○後チネ作后○々リヌタナ作代○所ワ無
○主ヲ作所非○補ワ作易○事イ作々

○功下之ハ無○宮ハニヘトチリヌルヲワカヨタレツネナ作官○仕ハ作位非○仕下之ワツ無
○領下之イヲワツ無○而チ無
○之チワツ無○蒙ニ缺○御ヘトリヌルカヨタナ無○裁チ作載非○者リナ無
○堵下之ツ無○訴下之ヲ無○被ワ作從○但ワ無○自當至企十四字ネ缺○當下イロホヘトリヌルカヨタレナ有時ワ有時之○科ヲ作過
○々リヌタナ作代
○其ロ無ワ作道○被カ無恐非○棄ハニネ作奇非○之ヲワ無○歷原作曆據ニツ外諸本改、ニ作經○月下之ヲ無○訟下之ネ無
○之ヲ無非○科ヲ作過○科下レ有甚○以ワ無非○後ネ作后○顧ネ作領非○々リヌタナ作代○成上ニワ有之ヘトリヌルヲカヨタレナ有御
○々リヌタナ作面○濫上ニトリヌルワタレネナ有之○濫訴レ作訴訟恐非○之ホヲツ無○帶下イロハニホヘトチリヌルヲワヨタレナ有之
○文下ロハニホヘネ有矣ヲ有歟
○令ヲ無○事イ作々
○後下チヲツ有無其沙汰○廿イロホトリヌルカヨタレナ作二十○ケロニホヘトリヌルカヨタレツナ作箇○任下トリヌルヲワカヨタレツナ有右○之ヘツネ無
○申ニ在由下ヲ作可○之ニルヲカヨタレ無○及ハチ作能
○用下ロハホヲレ有矣ヘ有也

右或募勳功・之賞或依・宮・仕・之勞拜領・之事非無由緒・而稱先祖・之本領於蒙・御・裁許・者一人縱雖開喜悅之眉傍輩定難成安堵・之思歟濫訴・之輩可・被停止・但・當・給人有罪・科之時本主守其次・企訴訟事不能禁制歟次代・々御成敗畢後擬申亂事依無・其理・被・棄置・之輩・歷歲月・之後企訴訟・之條存知・之旨罪・科・不輕自今・以・後不・顧代・々・成敗猥致面・々・・濫・訴者須以不實・之子細被書載所帶・證文・

(8)

一 雖帶御下文・不令知行經年序所・領事[3]

右當知行之後・過・廿・ケ年者任・大將家・之例不論理非不能改替而・申知行之由掠給御・下文之輩雖帶彼狀不・及敍用・

(9)

一　謀・叛人・事

右・式・目・之趣兼日難定歟、且任先例、且依時・議、可被行之・

○叛ワ作反○人下ッ有之恐非
○式ネ作或非○目ロニヘレネ作條○之ッ無○議ヘトチヌルワカヨタレツネ作儀ヲ作宜○之下ロヘ有矣

(10)

一　殺害刃傷罪・科・事　・付・父・子・咎相・互・被・懸・否・事

右或依當・座之諍論、或依遊宴・之酔狂、不慮・之外若犯殺害・者、其身被行・死・罪・并・被・處流・刑、雖被没収所・帯、其・父・其子不相交者、・互不可懸・之・次刃傷・・科事同可・准之、・次・或・子或孫於・殺・害父祖・之敵・者、父祖縦雖不相知、可・被處其・罪・、為散父祖・之憤、忽遂宿・意之故也、次・若欲奪人・之所職、若為取人・之財寶、・雖企殺害、其父不知之由在・狀分明者、・不・可・處縁坐・

○科チ作過○科下ッ有之恐非○○付ロ作附○付以下細註ワ無イロヘレ一行註○○咎ニ缺○被ロ無○否下ッ有之
○座ロ作坐○座下之ヲッ無○宴下之ロッ無○慮下之ヲ無
○者ヲ無○死罪ニ作罪科○并ッ無ハ作並○被處ワ無○處原在其下據除ワ外諸本移、但ッ作所非○刑ヘトリヌルヨタナ作罪○帯ッ作領○其子ホ無
○互ヲ無○之ヘワ作其○咎○次上ニ有一當衍無○傷下ネ有罪○科ホ作過○准チ作準非○一次ヘ無○或子ハ缺
○於下ニ有父當衍ワ有令○害ネ無○之ヘヲツ無○者トリヌルヨタレナ無○被ニホ無○罪ホ作過○罪下レ有科
○祖下之ッ無○意下之ヲカヨッ無○次下トリヌルカヨタレナ有其子○人下之イロハニッ無○之ッ無○企ハ作令○狀ホ作將非○不ヲ缺○可イ無恐非
○處ワ作有恐非○坐下ロヘ有矣ハホ有焉

(11)

一　依夫罪・過妻女所領被没収否・事

○過ロニホトチリヌルカヨタレツナ作科○事イ作々

右於謀・叛殺害・并山賊海賊夜討强盜等重・科者可懸・夫・
咎・也・但依當座・之口論若及刄傷殺害者不可懸之・

(12)

一　惡口咎・事

右鬪殺・之基起・自惡口其重・者被・處流罪其輕者可被・召籠
・也・問註・之時吐惡口・則可・被付論所於敵人・也・又論所・
事無其理者可被沒收・他・所領若無所帶・者可・被・處・流罪
・也

(13)

一　毆人咎・事

右被打擲・之輩爲雪其恥定露害心歟毆人・之科・甚以不輕
仍於侍者・可被沒收所・帶無所領者可・處流罪・至・郎
從・以下者可・令・召禁其身・

○叛ワ作反○并カ無○科ホ作過○夫ネ作其○夫下ヘ有之
○也ワ無○但ハホ無非○依ヲ作成○之ロハホチヲツネ無○之下ロヘ有矣

○咎下ツ有之恐非
○之ヲツ無非○自ヲ作從○者ネ無○處ツ作所非○召ヲ作食非
○也ヘ無○也下ワ有又○註イハニヘトチリヌルヲワカタレネナ作注○之ヲ無非○口下ヘチツ有者○被イ無○也ロハニホチリヌルヲカヨタツネナ無○又ホ無○所下ヲ有之恐非
○他ロ無○他下ヲ有之○者ツ無○被イロハニホトチリヌルヲヨタレツネナ無○流罪ヲ作罪過
○也ロ作矣ホ無

○咎下ツ有之○事ネ無
○擲下之ツ無○雪ヲ在恥下非○人下之カヨ無
○科ホ作過ヘ作咎○甚ネ作其非
○可チ無恐非○被ハ無○帶イロハニホヘトチリヌルヲカヨタレツネナ作領○領イロハニホヘトチリヌルヲカヨタツネナ作帶○可下ヘチヲワカレツ有被○罪下ネ有也○至下イロヘリルヨタレネナ有于
○以イロヘ作已○令ロハニホチツ無ヲ作被○召ヲ作食非○身下イニホヘトチリヌルヲワカヨタレツネナ有也ロ有矣

○過チワカヨツネ作科○否下ツ有之恐非
○爲イハニトチリヌルヲカヨタレツネ無○官下之ロチ無○有ヨ在下下非○下下チネ有之○科ホ作過非○科下之ヲワ無○進チ無非
○主人ハ無○科ホ作過ヲ作之也ワ無○無ネ作此非○咎ヲ作過○主人ニホ無○之ニヲツネ無
○主人ヘ無○罪ネ作科○罪下レ有科○彼ヨ無
○又ヲ作亦○所下之ヲワツネ無○違ワ無非○例下之ニヘヲヨ無
○之ロヲツ無○主人ヲ無恐非○被諸本無○其下ホ有罪○過ヘ作咎○也ネ無
○所下之ロヲツ無○人下之イロハニツ無○召ヲ作食ネ在之下並非
○催ツ作促○遂イ作逐非○猶ヲ作尙○猶下ワ有以○者ワ無○同ヘワ無○又ヘ無○之ニヲツネ無
○之イロトリヌルヲカヨタレツナ無○有ハ無○歟レ作也○歟下ロ有矣

○科下ヲツ有之恐非○事下ホ有細註八字付以實書稱謀書事レ有細註十二字付以論人所帶證文稱謀書事
○領下イロハニホトチリヌルヲワカヨタレツネナ有若○可下トリヌルカヨタレナ有被○處ツ作所非○也下ロ有於レ有至

(14)

一　代官罪過懸主人否・事[4]

右爲代官之輩有殺害以下・重科之時件主人召進其身者主人不可懸科但爲扶代官無咎之由主人陳申之處實犯露顯者主人難遁其罪・仍可被没收所領至彼代官者可被召禁也兼又代官或抑留本所之年貢或違背先例之率法者雖爲代官之所行主人可被懸其・過也加之代官若依本所之訴訟若就訴人之解狀自關東被召之自六波羅被催之時不遂參決猶・令張行者同又可被召主人之所帶但隨事之躰可有輕重歟・

(15)

一　謀書罪科・事[5]・

右於侍者可被没收所領・無所帶者可・處遠流也・凡

○下下ホツ有之○被ホ無○也イ無○也下ツ有
於○之イロホトリヌルヲワヨタレツネナ無○
者上ニ有輩チヲツ有仁○者ネ無○又ホ作亦○
罪下ハ有歟ヘ有也ツ有矣
○以ロカ無○論レ作敵○帯下之ニヲツ無○書
下之チツ無○多イ作重○之下ツ有令○披ヌ作
被非
○若ロヲ無○若下ネ有於○尤ロ作最非○科ホ
作過○無ニ在訛上○書下ロハニホヘトチリヌ
ルワカタレネナ有之○訛謬イハホヘトチリヌ
ツネナ作紕繆恐是
○略下之ヲ無○被ホ無非○寺トツ作事非○寺
下之ホヲヨ無○但ロ無○至ニヨ無ツ作致非○
力下之ニヲヨ無○者ツ無
○放ト作於非○也下ロ有矣

○時下ハ有被○收下ツ有之
○依カ無非○食ヨ作召○沒收ツ作召○其チ無
ト作某非○過ヲ作科
○充下給イ作賜恐非○返下給ワ無非○也ツ無
○是以下七字ワ無恐非○則チ作卽非
○有ハ作可非○勳チ作勲○功下ヲ有之○公下
之ニチヲネ無○恩下ワツ有之○輩下之ロヲワ
カヨツ無○中下ワ有相
○方下リルタナ有之○科ニチヲ作過非○仍ネ
作何非○卽ヲヨ無恐非○帯ワ作領○畢ヘ作訖
○來下之ツ無○年ト作來非○食ト缺ネ作召○
綷ホヲ作綪非○期下之ニ無非○尤ロ作最非
○割下レネ有分○領下ニ有之○但ヘ無○之ロ
無

下・輩者可被捺火印於其面也・執筆之・者又與同罪・次以論人所帶之證文爲謀書之由多以稱之・披見之處若・爲謀書者尤任先條可有其科又無文書・訛謬者仰謀略之輩可被付神社佛寺之修理但至無力之輩者可被追放其身也・

(16)

一　承久兵亂時・沒收・地事

右致京方合戰之由依聞食及被沒收所帶之輩無其過之旨證據分明者充給其替於當給人可返給本主也是則於當給人者有勳功・奉公之故也次關東御恩・輩之中・交京方・合戰事罪科殊重仍卽被誅其身被沒收所帶畢而依自然之運遁來之族近年聞食及者綷已違期之上尤就寛宥之儀割・所領・內可被沒收五分一但御家人之

外・爲下司庄官・之輩・京方・之・咎縱雖露顯今更不能改沙汰・之由去年・被議・定畢者不及異・儀・次以同沒收・之地・稱・本・領・主訴申・事當知行・之人依有・其過沒收之充給勳功・輩・畢・彼・時・之知行・者非分・之領主也任相傳・之道理可返給之由訴申・之類多・有其聞既就・彼時・之知行・普被沒收・畢・何閣當時・之領主可尋往代・之由緒哉自今以後・可・停・止濫・望・

(17)

一　同時・合戰罪・過父子各別事

右父者雖交京方其子候關東子者雖交京方其父候關東・之輩賞罰・已・異罪・科何混又西國住人等雖・爲父・雖・爲子一人參京方者・住國・之父子不可遁其・過・雖・不・同・道・依・令・同・心・也但行程境遙・音・信難通共不知子細者・互難・處罪・科・歟・

○爲ヘトヌルヨタナ無○官下之ロヲ無ニ蟲損ワ作以下○輩下ヲヨレツ有交○方下之ロヲヨ無○咎ツ作科
○汰下之ヲツ無恐非○被ヲ無恐非○議イニチヲヨツ作儀○畢ワ無○儀イ作議○儀下イハチヲツ有矣○收下之イロハニホヘカツネ無○稱ネ在主下非
○本領主ヲ作所領之内○事ワ在人下非○之ヲ無○其ハ無○功下イヘトチリヌルヲヨタレツナ有之
○畢ヘトヌヨ作訖○畢下イロハホヘトチリヌルヲワカヨタレツネナ有而恐是○彼下ネ有之非○○時下之ロトリヌルカヨタレツナ無○者チ無○分下之ロホツ無○傳下之ロ無
○申下之ハニ無○多下ネ有雖○彼ヲ缺○時下之トリヌルカタレネナ無○行下ヲ有者○○普イ作早
○畢トヌカ作訖ヨ作了○何ネ作仍非○時下之ロトリヌルヨタレツネナ無○代下之ワ無○後チ作后○可下ニヘ有被チヲツ有令
○止ハ無非○望イニチ作妨○望下イ有也ロハホトリヌルワカヨタレナ有矣ヘ有焉

○時下チ有之○過イロニチカツネ作科
○之ロヲ無○已ニナ作巳非○異ネ作實非○科ハホチヲネ作過○爲ツ在父下非○父雖爲イハ無恐非
○者ハホ無○之チヲツ無○過ロヲ作科ヘトリヌルタレナ作咎○雖以下九字ツ缺○作心レ作意
○音信ロ在通下○互ヲ無○難下ヘトリヌルカヨタレツナ有被○科ホ作過○歟ネ作也○歟下ロヘ有矣

(18)

一　讓與所領於女子・後依有不・和・儀其親悔・還否事

右男女・之號雖異父母・之恩惟同・爰法家・之倫雖有・申旨女子則憑不悔・返之文不・可・憚不孝・之罪業・・父・母・・亦察・及敵對・之論不可讓所領於女子歟親子・義絕・之・起・也・・敎令違犯・之基也女子若有向背・之・儀・父母宜任進退・之意・依之女子・者爲・全讓狀・竭・忠孝・之節父母・者・爲施撫育均慈・愛・之思・者歟・

○後ッ作后○和イ作知非○儀イ作議ロッ作義並非○還ニトリヌルタレナ作返チ無非

○女下之ロ無○母下之ロヲッ無○爰ヘトリヌルヨタナ無○家チ缺○家下之ヘッ無○倫ヲ作論非○申ネ作啓非

○返イロハニホヘチヲワカヨネ作還○返下之ヲワ無○可イ作令○憚ヲ作輕非○孝下之ヲッ無○業ロ無○イ業下ワ有但○父母ネ脱○母下ヲ有者○亦ワッ作又○及ロ在亦下非

○之ヘ無○義ホネ作儀非○起イ作基ヲッ作趣非○也チヲワッ無○教上ヘ有已トリヌルカヨタレッナ有既○教ホ作孝非

○犯下之ヲ無○背下之ッ無○儀ヘ作義○儀下トチリヌルヲワカヨタレナ有者○退下之ヲッ無恐非○意下ヨ有也

○子下者ネ無○全ニ在狀下非○竭ニ作謁非○忠トリヌルタレナ作志○之ニ無○母下者ロネ無○爲ネ無非

○愛ッ作悲○之ネ無○者ッネ無○歟下ロ有矣ヘ有焉

(19)

一　不論親疎被眷養輩違背本主子孫事[6]

右・憑人・之輩被親愛者如子息不然者・又如郞從歟爰彼輩令致忠勤之時本主感・歎・其・志之餘或渡充文或與讓狀・之・處稱和與・之物對論本主・子孫・之條・結構之趣甚・不可

○憑ネ作望非○之ヲ無○又ニネ無

○歎ハ無○其志ロ無○之處ニ無非

○與下之ロヲワカッ無○主下チ有之○孫下之ヲ無○結ッ作給○甚下イ有以

然求媚之時・者且存子息之・儀且致郎從之禮・向背之後者
或・假他人・之號或成敵對・之・思・忽忘先人・之・恩顧違背本
主・之子孫・者於得讓・之所領者可被付本主・之子孫・

(20)
一　得讓狀・後・其・子先・父母令死去・跡・事
右其子雖令・見・存・至・悔・還者・有何妨哉況子孫死去・之・後
者只可任父・祖・之意・也

(21)
一　妻妾得夫讓・被離別・・後領知彼所領否事
右其妻依有重・科於被・棄・捐者縱雖有往日・之契狀難知行
前夫・之所領・若又彼・妻有功無過賞新・棄舊者所讓・之所
領不・能悔還・之

○者イ無○儀ニ作義○自向至思十七字ロ缺
○或下カ有者當衍○人下之ハヲツネ無○對下之ツ無○怨ヲ作勿ナ作怨並非ツ無○人下之ツ無○顧ワ作頗非
○上之ヲヨツネ無○者ワ無○讓下之ヲワネ無
○下之ヲツ無○孫下イヲツ有也ロヘトリヌルカヨタレナ有矣ハホ有焉

(20)
○狀下ヲ有之○其子ヲ在父上非○先下除ロ外諸本有于恐是○去下イヲ有之○跡下ネ有之恐非
○見ホチヲワカヨツ作現○存チ作在○至ホ無
○悔上ロハニホヘトリヌルワヨタレソツネナ有令○還トリヌルカヨタレナ作返○有ヘ在何下○之ヲツ無○後チ作后
○祖イホヲ作母○之ツ無○也ロハ作矣

(21)
○讓下ワ有狀○別下ヲ有之○後チツ作后
○妻ロ作女非○科ホ作過○棄ロハワソ作奇非
○捐ト作指非○有ロ無○之ヲツ無
○之ロツ無○若トリヌルカヨタナ無○妻ネ缺
○棄ハワソ作奇非○讓下ワ有得
○能ヨ無○之イニトチリヌルヲワカヨタソナ無ロハホネ作矣ヘ作焉ツ作也

(22)

一　父母所領配分・時雖非義絶不讓與成人子息事

右其親以成人之子・令吹擧之間勵勤厚之思積勞功之處或付繼母之讒言或依庶子之鍾愛其子雖不被義絶忽漏彼處分・侘傺之條非據之至也仍割・今所立之嫡子分以五分一可充給無足之兄也但雖爲少分於計充・者不論嫡庶宜依證跡抑雖爲嫡子無指奉公又於不孝之輩者非沙汰之限・

○分下リルカタツナ有之
○人下之ハヲワ無○子下ネ有息○間ッ作時○厚下之ヲツ無
○付ロ作依トリヌルカヨタレナ作就○母下之ツネ無○子下之ヲヨツネ無○鍾ロハニヘヲワソ作鐘非○被ヘ無非○忽ナ作忽非
○漏ネ作洩○彼ニ作披非○處ツ作所非○分下ホ有者○傺チヲネ作際非○傺下之ホ無○據下之ハチ無○割下イネ有分○立下之ニホト無
○以ハ無○五分ネ無非○給ハ作賜○之ホヲ無○也チツ無○少ソ作小非○於計ホ作計於非○充下ツ有給
○無イ在指下○又ホ無○之イロハニホヘワネ無
○者ツ無○之ロネ無○限下ロホヘワレ有矣

(23)

一　女人養子・事

右如法意者雖不許之・大將家・御時以來至于當世無其子之女人等讓與所領於養子事不易之法不可勝計加之都鄙之例先蹤惟多評議之處尤足信用歟・

○子チ無○子下ッ有之恐非
○雖ソ無非○不イ無非○之下諸本有右○家ヌ無非○家下ヨ有之○于ホツネ無
○子下之チヲツ無○於ヌ無○易下之ロ無○加ハ作如非
○之イロヲ無○蹤イロ作跡恐非○議チヲソ作儀○尤ロ作最恐非○歟下ロ有矣

(24)
一　讓得夫所領・後家令改嫁事
右爲・後家・之輩讓・得夫所領・者須抛他事・訪・亡夫・後・世
・之處背式・目・事非無其咎・歟而・忽忘貞心令改嫁者以所・
・得・之・領・地可・充・給亡・夫・之子息・若・又無子息者可・有・別御計・

(25)
一　關東御家人以月卿雲客爲壻君依讓所領公事足減少・
事
右於所領者・讓彼女子雖令各別・至・公・事者隨其分限
可被省充・也親父存・日・縱成優・如・之儀・雖不充課・逝去・
・後者・尤可令催勤若募權威不勤・仕・者・永・可被辭・退・件・所
領・歟・凡雖爲關東・祇・候之女房・敢勿泥殿中平均・之公事・此
・上・・於令難澁者不可・知行所領・也

○後ツ作后
○後ツ作后○之ロチ無○得ネ無恐非○者ツ無
○事下ロニヘワ有可○亡ヘトリヌルタナ無○
夫原作人據除ソ外諸本改○夫下ヘトチリヌル
ヲタレツネナ有之○後世據除ソ外諸本補、但
後ツ作后
○之ヲレネ無恐非○目イロワレ作條○事ネ無
○咎ヲ作科ネ作處非○歟チヲ無○怱ホ無ナ作
怱非○所下レ有讓
○得ヲ作讓○得下之ヲ無○領地ヲ作所領○充
ソ無○給ヨ無恐非○夫ト作父非○夫下之ロニ
ヲ無○若チヲ無○又ロチヲ無○有ロニソ作在
○別ホ無○計下ロハヘレ有矣ヲネ有也ワ有歟

○少下ツ有之恐非
○讓ニ無○別下ニ有之○至下イ有于○事ツ作
家非
○也チツ無○日ネ作目非○日下ワ有之時○如
ロヘトリヌルカヨタレナ作怨○之ロ無○雖ロ
無非○課下ハネ有役チツ有之○去下イロハニ
ホヘチヲワカヨソツネ有之
○後チ作后○尤ロ作最恐非○仕チ作任非○者
ネ無○永チヲ無○可ネ無非○退ホ無○件ソ無
○件下ヲ有之
○歟ニ無○凡ハ無○祇ツ作祠非○候下之ヲ無
○勿ヘ作莫○均下之ヲツ無○此上ヲ無
○上下ヘワ有猶○於ソ無ロトチリヌルカヨタ
レツナ作猶ヲ作倘○可下ワ有被○也イトチリ
ヌルヲカヨタソナ無ロレネ作矣ハニホヘワ作
焉

(26)
一 讓所領於子息給安堵・御下文・後悔還其・領讓與他子息事
右可任父母・意之由具以載先條畢仍就先判之讓雖給安堵・御下文其親悔還之於讓・他子・者任後判之讓可有御成敗・

(27)
一 未處分跡・事
右且隨奉公之淺深且糺器量之堪否各任時・宜可被分充・

(28)
一 構虛言致讒訴事
右和面巧言掠君損人之屬文籍所載其罪甚重爲世爲人不可・不誠爲望所領企讒訴者以讒者・所領可充給他

○於據諸本補○堵下ツ有之○文下リヌルタレナ有之○後ツ作后○其下ヨネ有所
○母下ヘチリヌルワヨタレツナ有之○意下之ヨツ無○載ツ作裁非○畢ヨ作了ソ作乎○判下之ワ無
○堵下ツネ有之○文チ作事非○其親ソ無○還ニ作返○讓下レ有與○子下イニホヘトチリヌルヲワヨレツネナ有息○後ツ作后○判ホ無○之ロホ無
○敗下ロハヘレネ有矣ニホ有焉チ有也

○跡チ無○跡下ツ有之恐非
○公下之ロヲツ無○量下之ヲ無○任ホ作隨チヲツ作依○時下ソ有議○可ソ無
○充下ロハホレ有矣ヘ有焉ヲ有也

○之チ無○載ツ作裁非○罪ヘ作科
○可下ヲワカツ有有○企ヨ無○者下イロハニホヘトチリヌルワヨタレソネナ有之

○可下イチソツ有被○流下諸本有又恐是○永ソ無○可下ホ有被
○召ヲ作食○自召至第三十四條本文辻字迄ワ缺○仕チ作使○仕下ヲ有之○人下ロハホヘ有矣チネ有也

○自閣至事十二字チ缺
○々リヌタナ作内
○被ニ無○抑ヲ無ネ作押○裁イ作載非○許ロ作斷
○若ツ作承○二十イハニホヘトチリヌルヲカヨタレソツネナ作廿○ケイロニホヘトルカタレ作箇○者ホヘ無○之イ作也○之下ヘ有焉

○遂イ作逐非○註イハニヘトチリヌヲヨソナ作注○註下ツ有之○進イ作達非○門下ツ有之
○事チ無非
○預ヘ作關ネ作被○許下之ロトリヌルヲタツナ無○縁下之ヲ無○棄ロハニソ作奇非○置下之トリヌルヲカヨタナ無レ作輩○者ニ作輩○門下之ヲヨツ無○威ソ作成非
○上之ヲ無○無ホ作失○下之ツ無○猜ニ作倩非
○斷ソ作許○事トリヌルタレソナ無○職而ソ作而職○非○斯由イホヘヲカヨソツネ作由斯チ作由是○付下チツ有本
○令チヲツ無○申下ソ有之○也イロハニホトチリヌルヲカヨタツネナ作之ヘ作矣○也下ロニ有矣

人無所帯者可・處遠流・爲塞官途構讒言者・永不可・召仕・彼讒人・

(29)

一 ・閣本奉行人付別人企訴訟事・

右閣本奉行人更付別人内・々企訴訟之間參差之沙汰不慮而出來歟仍於訴人者暫可・被・抑・裁許至執申人者可有御禁制奉行人・若令緩怠空經・二十・ケ日者・於庭中可申之・

(30)

一 ・遂問註・輩不相待御成敗執進權門・書状事・

右預・裁許之者悅强縁・之力被棄・置・之者愁權門・之威爰得理・之方人者頻稱扶持之芳恩・無理之方人者竊猜・憲法之裁・斷瀆政道・事・職而・斯由自今以後慥可停止也或付・奉行人或於庭中可・令申・也・

(31)

一　依無道理不蒙御成敗・輩爲・奉行人・偏頗・由訴申事

右依無其理不關裁許之輩爲奉行人・偏頗之由構申之條甚以濫吹也自今以後構・不實企濫訴者可被收公所領三分一無所帶者可被追却・若又奉行人有其誤者永不可・召仕・

○御成敗カレネ作御裁許イロハニホヘトチリヌルヲヨタツナ作裁許○輩上ニホリヌルヲタレナ有之○爲ホ在人下○爲下ツ有本○人以下七字ロ缺○人下ハネ有之○頗下イニホトリヌルヲタレネナ有之

○依ソネ無○其ニネ作道○關ヲネ作蒙○許ソ作斷○之輩イ無○人下ツ有之○構ヘソネ作稱○申ネ作由非○之ロ無

○甚トリヌルカヨタレナ作太○構下イヘトリヌルカヨタナ有出○訴ネ作許非○者チ無○收公イホヲ作沒收

○三ソ作之非○帶ツ作領○被ネ無○却下ヲ有其身○誤イ作設非

○可下イロハトチリヌルカヨタレソツネナ有被ヘ有及被○召ヲ作食○仕下ロハレネ有矣ニヘ有焉ヲ有之

(32)

一　隱置盜賊惡黨於所領・內事

右件輩雖有風聞依不露顯不能斷罪不加炳誡而國人等差申之處召上之時者其國無爲也在國之時者其國狼籍也云々仍於緣邊之凶賊者付證跡可召禁・又地頭等至隱置賊徒者可爲同罪也先就嫌疑之趣召置地・頭於鎌

○領下ヲツ有之○內ソ無

○不露顯ハ無○斷罪レ作其科○國レ作住○人ニ無非

○申下之ヲ無○處ト作所非○上之時ツ蟲損○在ツ作右非○國下之ロネ無○者ネ無

○也ツ無○云ヲ作々非○云々ハ無○々ニホトリヌルタナ作云○之イロヘネ無○付イ作就○禁下ニ有也ヘ有之

○先イヲソツ無○疑ネ作類非○地下ツ有先非

倉彼國不落居之間・不可給身暇矣次被停止守護・使入部所々・事同・惡黨等出來之時者不日可召渡守護所也若於拘惜者且令入部守護・使且可・改補地頭代也若又不改代官者被沒收地頭職可被入・守護・使・

(33)

一　强竊二盜罪科・事付放火人・事

右既有斷罪之先例何及猶豫之新儀乎次放火人・事准據盜賊宜令禁遏・

(34)

一　密懷他人・妻罪科・事・

右不論强姦和姧懷抱・人妻之輩被召所領半分可被罷出仕無所帶者可・處遠流・女之所領同可被召之無所領者又可被配流・也次於道路・辻捕女事於御家人者

○國ホ無非○不ロ缺○之ヲ無○間下イニホヘトチリヌルカタレソツネナ有者○給イ作賜○身ニ作其○矣イロニヘトリヌルヲカヨタレソネナ無○被ロ無恐非○護ル作讓非○護下レ有所

○所ツ作處○々リヌタナ作所ニ作之○々下ヲネ有之○同下イ有意○者ヲ無

○拘チ作拘非○護下イ有所○使ロ無○可下ニトリヌルヲカヨタレソナ有被チツ有令○補ヘソ無○代ソ作職

○入下ホヘ有部○護下ツ有之○使下ロヘレネ有矣ホ有也

(33) ○科下ツ有之恐非○付ロ作附○付放火人事ハ無チリヌルタナ割註○人下チヲツネ有之

○豫原作預據ロハニヘトリヌルカヨタレソツナ改○儀ロ作議非ヲ作義○乎イハヘトリヌルヲカヨタレソナ作哉○人イ無○人下ツネ有之

○准チ作準非

○據ソネ無○遏ニ作邊非○遏下ロハレ有矣ヘ有焉

(34) ○密ロハトヲソネ作蜜非○人下ツ有之○科ヘ無非○科下ヲツ有之恐非○事下ホ有細註四字付辻捕事

○拘ロ作把非○拘下ロヲ有他○罷チヲツ作止

○可下ハヲカソネ有被○處ソ無○遠ソ作配○流下イロハニホヘトチリヌルヲカヨタレツネナ有也ソ有之次○之トチリヌルタレソツナ無

○自無至也十字ヨ缺

○領イヲソツネ作帶○者ネ無○又ロヲツネ無

○又以下六字イ缺○流下ヘトリヌルタレナ有之○也ヲ無ロネ作之○路下チヲツネ有之○自第二十八條本文召字至辻迄ワ缺○家人ツ蟲損

○箇イハニヘチワソツネ作ケ○之ロツ無○間
ヲ作際○可下チツネ有被○以イロハニホカネ
作已○任下トリヌルカヨタレツネナ有右○家
下チ有之
○之ロツ無○可ヲ無○除ニチカソツ作落○方
下ハトチリヌルワカタレナ有之○鬢ホ作鬢○
髪ロ無○於ソ無○師下ヲツ有之○科チヲ作過
○于ニトリヌルタツネナ無○其ヘ無
○酌下ロハヘ有矣ホネ有也

○一イ缺○給ヘ作賜非○々リヌタナ作度○召
ヲ作食非○上ソ無○科ホ作過○科下ヲツ有之
非○事イ作也非
○訴イ作許非○文下ワ有之○事チ無○ケロニ
ホトリヌルカヨタレナ作箇○猶ニヘトリヌル
ヲカタレナ無イツ作於○不下ニ有於非
○裁チ作載非○訴下ハ有訟○者下ニ有任員數
又恐非○又ニ無ツ作直○可下ツ有充○給ネ在
他人下非○但ヲ無
○牛馬イロホヘトチリヌルカヨタレソツネナ
作馬牛○馬下ワ有等○并イヲ無○物ツ作具○
返下ロホヘヲソ有之イハニチワカレツネ有之
上○寺イヲ作神○寺社ツ作神社佛事○修上ハ
ヘチツ有之○修ロ作脩非
○也ロ作矣

○堺ニヘトリヌルワカタレソツネナ作境○堺
下ワ有或○儀下チヲワツ有之○案下ホ有押○
妨之イ無○或ホ無○掠近ツ蟲損
○古ト作右非○文書イ作反古○雖ロ在論上非
○不ロ無非○預ロ作顧非ヲ作蒙○損ヲ作扶非
○損下之ワ無○故下ヲ有也○惡下之ロヲ無○
謀訴ネ作訴謀非

百箇日之間可・止出仕至郎從以下者任・大將家・御時之例可剃除片方・鬢髪也但於法師・罪科者當于其時可被斟酌・

(35)

一　雖給度々召文不參上科・事

右就訴狀遣召文・事及三ケ度猶不・參決者訴人有理者直可被裁許訴・人無理者・又可・給他人也但至所從牛馬・幷雜物等者任員數被糺返・可被付寺社・修理也

(36)

一　改舊境致相論事

右或越往昔之堺・構新儀・案・妨之或掠近年之例捧古文書論之雖不預裁許無指損之故・猛惡之輩動企謀

○訴イ作許非○其ハ無ツ蟲損○後チ作后○遺ト作貴非○檢イ作據非○爲ハ無○據下イハニヘトリヌルヲワカヨタレソツネナ有之○界イロハニホヘトリヌルワカヨタレツネナ作境チヲソ作堺○論下諸本有之○分ヨ無○人下ヲ有之○地イ作所チ作知○付ヲ無非○也ワ無○也下ロ有矣

○人下ネ有中○申下ヨ有掠○補ホチ無イ作捕非○司下ロ有等○右下イニホヘチヲツネ有々トリヌルワカヨタレナ有右○畢ヘヲ作訖カヨ作了○降ホ作際非○非ニ在當下ヘ作匪○背ネ缺○定トリヌヨタ無○覃ハ作及○後チ作后○後下ヘトリヌルヲワカヨタレツネナ有於○望ハチワ作妨恐非○之ロヘヲ無○輩ロ無○者イハワ無○召カ無○領ツ作帶○也チ無ロネ作矣

○妨ソ作領○職下ツ有之恐非○領下イロハニヘヲカネ有之○別下ツ有之○村ワ作付非○之ロ無○科チ作過○別ワ無○別下ツ有之○惣ツ無○弱下除ヲ外諸本有之○之ロネ無○妨ヲ作望○納下カヨ有之○御イハワ無

・訴成敗之處非・無其煩自今以後・遣實・檢使糺明本跡・爲非據・訴訟者相計越・界成論・分限割・分訴人・領・地之內可被・付論人之方・也・

(37)

一　關東御家人・申・京都・望補傍官所領上司・事

右・大將家御時一向被停止・畢而近年以・降企自由之望・非・當背禁制定令・覃喧嘩歟自今以・後・致濫・望之・輩・者可被・召所・領一所・也

(38)

一　惣地頭・押妨所領內名主職・事

右給惣領之人稱所領・內掠領各別・村事所行之・企難遁罪・科・爰給別・御下文雖爲名主職・惣地頭若伺尩弱・隙有限沙汰・之外巧非法致濫・妨者可給別納・御下文於

○主下ソ有職○也ロワ無○名主ワ無非○又ヲ在也下○於チ作于○例下レ有輩○背ッ作輩非○者イッ無

○也ロ作矣

○註イハニヘトチリヌルヲワカヨタレソツナ作注○是據諸本補○仍以下六字ッ無

○限上之イロヲワ無○事ロ無非○自向至第四十條本文衣鉢之迄ヨ缺○可下チヲッ有被○止下之ヲ無

○違イ無○使下之イロハホヘヲワカ無○爲ホ無○雖以下五字ッ缺○只下イロハニホトチリヌルヲワカタレツネナ有有ヘ有可有○免下之ネ無

○仰ッ作御非○兼ホ無○又ヲ作亦○之ロ無○巡ホ作順非○廻ロ作逦非○來下ヲ有欲○浴ヘ作俗非○不在トリヌルヲカタソナ作非○在ワ作有ッ作能○制下チッ有之

○限下ロヘ有矣ネ有也

○諍ニホ作爭

○綱チ作網非○亂ッ蟲損○次イネ作位○之ワッ無○彌ワ無○添ソ作增○數下ニ有縦

○智チッ作知○智下除ヨ外諸本有之○被下ソ有超○越イロハニネ作超○少ソ作小非○才下除イヨ外諸本有之○後チ作后○卽ヲ作則

名主・也名主・又寄事於左右不顧先例・違背地頭者可被改名主職也

(39)

一　官爵所望輩申請關東御一行事

右被召成功之時被註申所望人者既是公平也仍非沙汰之限爲昇進申擧狀事不論貴賤一向可・停止之但申受領檢非違使之輩於爲理運者雖非御擧狀只・御免之由可被仰下歟兼又新敍之輩巡年廻來・浴朝恩者不在制限・

(40)

一　鎌倉中僧徒恣諍官位事

右依綱位亂﨟次之故猥求自由之昇進彌添僧綱之員數雖爲宿老有智・高僧被・越少年無才・後輩卽是且傾

衣鉢・之資且・乖經教・之・義者・也自今以・後不蒙免許昇進・之
輩・爲寺社・供僧者可・被停・廢・彼職・雖爲御・歸依・僧
・同・以可・被停止・此外・禪侶者・遍・仰顧眄・之人宜有諷諫之
誠・

(41)

一　奴婢・雜人・事[7]
右任・大將・家・・之例無其沙汰過・・十・箇年者不論理非
不及・改沙汰・・次奴婢所生・男女・・事如法意者雖・有子
細任同御時・之例男者付父女・者可・付母・也

(42)

一　百姓逃散・時稱逃・毀令損亡事
右諸國・住民逃脫之時其領主等稱逃・毀抑留妻子奪取
資財・所行之企甚背仁政・若被召決之處有年貢所當

○自第三十九條本文向字至鉢下之迄ヨ缺○乖
ヘ作背○教下之ネ無○義イロハニホトリヌル
ヲワカヨタレツネナ作儀○也ソ無○後チツ作
后○進下之ホヌヲカ無
○輩下レ有者○社下チヨ有之○被ニ無○廢イ
ハニホヘトチヲヨネ作癈レツ作止○彼ロ無恐
非○職下イロハニトチリヌルヲカヨタレソネ
ナ有也ツ有者也○歸ト作師非○依下諸本有之
○同以ツ無○被ネ無○止下ニ有也爾餘諸本有
之○禪ハ作僧○者ツ無○遍イリヌルカヨレナ
作偏○仰ワ缺○之イロニヲ無
○誠下ロハホ有矣ヘ有焉ネ有也
○雜イ作作非○人下ヲツ有之恐非
○任下イロハニホヘトリヌルワカヨタレツネ
ナ有右○家へ無○家下除ホチ外諸本有御時チ
有之御時○之ロ無○過下イ有于ツ有二○十ヲ
作拾○箇イハチヲワソツネ作个ホ作個非
○改イ作致○汰下ヲ有歟○次ロ無○生下トリ
ヌルレナ有之○女下ツ有之○事ハ作等○有ヲ
作爲非
○之イロ無○者リ無○可下ヲ有被○也イ無ロ
作矣
○○第四十二條ロ缺
散下ワツ有之○毀ワ作歟非
○國下ヲ有之○毀ワ作散
○財下ネ有事○政下ニ有歟

之未濟者可致其償不然者早可被糺返損物但於・去留
者宜任民意也

(43)

一 稱當知行掠給他人所領貪取所出物・事

右構無實掠・領事式條所推難脱罪科仍於押領物者早
可令糺返至所領者可被沒收也無所帶者可被處遠流・
次以當知行・所領無指次申給安堵・御下文事若以其
次始致私曲歟自今以後可被停止也

(44)

一 傍輩罪過未斷以前競望彼所帶事

右積勞功之輩企所望者常・習也而有所犯之由令風聞
之時罪狀・未定之處爲望件所領欲申沈其人之條所爲
之旨敢非正義就彼申狀有其沙汰者虎口之讒言蜂起不

○之トリヌルタレソナ無○可イ無非○於下ハ有其
○任ワ作經非
○所ヘ作諸非○物下ヲ有之恐非
○構イハニワ作稱○掠下ニ有所○領ネ作給○條イホヘトリヌルカヨタナ作目○脱ホヲ作遁○科ホ作過○早ハ無
○也ヨ無○帶除イソ外諸本作領○處ホワソ無○流下ハ有焉ロホソ有也
○自次至也三十六字ソ缺○以イ無○當知行ツ作其次始致之非○行下ヘチ有之○所領ヲ無○指原作損據諸本改○堵下ヲ有之○事チ無
○始ヲ在致下○後ツ作后○也イニホトチリヌルヲワカヨタナ無ロハヘレ作矣
○過イロニチワレツネ作科○彼リ作被非○帶ホツ作領
○功イハニヘトリヌルカヨタレナ作効○常下ツ有之○之ネ無○令ハ無
○時上之ヨ無○狀下イ有之○定下之ネ無○欲ワ無
○旨上之ネ無○義ハニホヘチツ作儀○其イ作甚非ハ作御○口下之ネ無

可絶歟・縦・雖爲理運之訴訟不・被叙用兼日之競望・

(45)

一 罪・過・由披露・時不・被糺決・改替所職・事

右無糺・決・之儀有御成敗者不・謂・犯否定貽欝憤・歟・者・究淵底可・被・裁断・

(46)

一 所領得替・時前司新司沙汰・事

右於・所・當年貢者可爲新司之・成・敗至私物雑具幷所従・馬・牛等者新司不及抑留況令與恥辱於・前司者可・被・處別過・怠也但依・重科被没収者非沙汰之・限・

(47)

一 以不知行所領・文書寄附他人・事 付以名主職不相觸・本所・寄進・權門・事・

右自・今・以後於寄・附・之輩者可被・追・却其身也至請取之・人

○縦ハニヘトチリヌルカヨタレソナ作假使○縦下イロ有使ネ有便非○不下ニヲワカ有可○○之イヲカ無○望下ロハ有矣ヘ有焉ネ有也チ有細註十一字但被定闕所之后者非制限レ有細註十字但被闕所後者非制限歟

○過ロホチレツネ作科○由上ニトリヌルヲワタレツナ有之○露下ニヲワツ有之○被ヲ無○決下ヲ有實否ワ有被○職下ヲ有之恐非○之ワ無○儀チ作義○謂イロホトリヌルヲワカヨタナ作論○謂下ネ有論非○歟者ヲワソ作者歟○者ロチツネ無○者下除ソ外諸本有早恐是○被ヲ無○裁イロハニホヘトリヌルワカヨタレネナ作禁○断下ロハネ有矣ホヲ有也レ有焉

○替下ツ有之○汰下ツ有之恐非

○所當年貢ロ作年貢所當○之ロネ無○成敗ワ作沙汰○馬牛ハヲワカ作牛馬

○令ヲ無○於ハ無○被ヲ無○處レ作行○別ヲ在司者下

○依下ヲ有有○之イロワネ無○限下ロハホレネ有矣ヘ有焉ヲ有者也

○領下ツ有之○附ハホネ作付○自付至事十五字ニ無○相イロハホトチリヌルヲワカヨタレツネナ無

○以ロ作已○後ツ作后○附ハ作付○附下之ネ無○追却ヲ在其身下○取下之イロヘトヲワソツネ無

○之トリヌルヲタレナ無○理下ハ有矣ホカヨ有也○次ロ無○以ホ無○附ハ作付
○有イロニヘトチリヌルワカヨタレソツネナ作在○之ワ無○族ニ作强非○者下ヲ有被○地頭レ作他人
○之ニホチヲワツ無○所チヲワツ無○所下ロヘネ有矣ホレ有也

○領下ツ有之恐非
○以ロ無○沽チ作活ヌ作法並非○也下ヲ有然
○或ソ無
○預ネ作被○賣買ツ作沽却○之ワ無
○科ホ作過○以ロ作巳○後ツ作后○慥ヲ無○被ニワ無ソ作從○若下ヘトリヌルカヨタレナ有又○符ヲソ作府○云ホチ無
○云ホワ無○人下チ有云○以ホヲ無○可下ヘトリヌルカヨタレソツナ有被○處ソ無○科ニ作過○科下ロハレ有矣ヘ有焉ワ有也

○然下ツ有之○遂イ作逐非
○此ヨ作是○懸ヲ作顯非○者トリヌルカヨタレナ無○雖ヲ無○遂イ作逐非○有ヲ作被○有下ロニチレソツネ有御
○歟ソ無ヲ作也○歟下ロ有矣

者可被付寺社・之修理・・次・以名主職不令知本所寄・附權門事自然・有之如然・・之族者・召名主職可被付・地・頭無地・頭・之所者可被付本所・

(48)

一 賣買所領・事

右・以相傳之私領要用之時令・沽却者定法也・而・或募勲功或依勤勞・預別御恩之輩恣令・賣・買之條所行之旨非無其科・自今・以・後・慥可被停止也若・背制・符令沽却者・云賣・人云買人・共以・可・處・罪科・

(49)

一 兩方證文理非顯然・時擬・遂對決事

右・彼此證文理非・懸隔之時・者・雖不・遂對決直・可有・成敗・歟・

○籍下ッ有之○輩下ッ有之恐非
○右下レ有兼日○科ホ作過レ作輩○至下ワ有于○其ソ無○兼下ツネ有日
○條ホツ作目○尤ロ作最恐非○宜ヲ作儀○歟ソ無○歟下レ有若○於諸本無恐是
○者チ無○不下レ有可○科ニチカツ作過○焉イニホトチリヌルヲワカヨタソツネナ無ロハレ作矣
○書チル作畫非
○者チ無○以下原有以據諸本削
○科ヲカ作過○科下ロ有事非○若ニトリヌルヨタレナ無○之ロネ無
○也イニトチリヌルヲワカヨタソナ無ロハヘレ作矣
○貞以下ソ無○貞以下七字ロニトチリヲワカヨタレツネナ無
○起請ネ無○起請以下原在本文前、今據諸本移○請下ヲツ有文

(50)

一　狼籍・時不知子細出向其庭輩・事

右・於同意與力之科者不及子細至・其輕重者兼・難定式條尤可依時宜歟・爲聞實否不知子細於出向其庭者不・及罪科焉

(51)

一　帶問狀御教書致狼籍事

右就訴狀被下問狀者定例也而以・問狀致狼籍事姦濫之企難遁罪科・所申若爲顯然之僻事者給問狀事一切可被停止也

貞永元年七月日

起請・

・御・評・定・・間・理・非・決・斷・・事

右愚暗之身依・了見・之・不・及・若旨趣相違・事更非心之所曲其外或爲人・之方・人乍知道理之旨・稱・申無・理之由又・非・據事號有證跡・爲・不・明人之短乍・知子細付善惡不申之・者・事・與・意相違・後日・之・訛・謬出來歟凡・評定之・間於理非・者不可有親疎不可有好惡・只道理・之所推心中・之存知不憚傍輩不恐權門可出詞也御成敗事切・之條・々縱・雖不違道理・一同之憲法也・設雖被行非據一同之越度也自今・以・後相向訴人・幷・緣・者自身・者雖存道理傍輩・之中以其人之說・・聊違・亂之由・申聞・之・・者已非一味之・義殆貽諸人・之嘲者歟兼・又依無道理評定・之庭被・棄置・之輩・越訴之時評定・衆・之中被書與一行者自餘・・之計皆・無道之由獨似被存・之・歟・者・條・々・子・細・如・此・々・內・若雖・一事

○御以下九字ネ無ロワ在前行起請下○定下ニヲツ有之○斷下ツ有之
○了ヲ作料○之チヲツ無○不及ヲ在依下○若チ無○違下ツ有之
○之ワ無○人ワ無○稱ニチヲワカツネ作構○申ネ無○理ロニヲワツネ作道○又下ロニトチリヲワカヨタレツネナ有爲
○據チネ作處非○跡下ロニチヲワカツネ有或○不ネ無○明ロニトチリヲワカヨタレツネナ作顯○乍下リカヨタレナ有令
○者ヲ作輩○事與意トリカヨタナ作意與事○後チネ作后○之チヲ無○訛謬トチリレツネナ作紕繆○凡下ロニチヲワカレツネ有御○間リ作問非
○者ワ無○只ツ作但○理下之ニチカツ無○中下之チヲワネ無
○之ロニチヲワネ無○々リタナ作條○雖ロ無○理下ロ有者○設ロトチリヲワカタツネナ作誤
○以ロネ作已○後チ作后○幷チ作並○幷下ロニトリヲワカヨタレネナ有其○緣下者ロニワネ作坐ヲ作坐之時○身下者チ無ネ作先○之チヨツネ無
○說下レ有致○聊トリワヨタナ作致カ作敢○亂ヲ作犯○申ニチ無トリカヨタレナ作有其○之ロニチワレネナ無○之下ツ有條○者ニ無ヲ作條○義ロチヲワカヨネ作儀
○人下之ヲ無○又ニヲ作亦○定下之ロツ無○棄ロニワ作奇非○置下之チ無○輩下ネ有或
○衆ヲ在之下恐非○衆下之チカツネ無○餘下ロワネ有人○餘下之カ無○皆下ヲツネ有以
○之ヲ無○歟ロヲワ在者下○者ヨ無○者以下七字チ缺○條下々リタナ作條○此下々ニトリカヨタレナ無チヲツ作此ネ作之○內ニトリカヨタレナ無○若ヲ在此內上○雖下ロトチリヲカヨタレナ有爲

存曲折令違犯者
梵天帝釋四大天王惣日本國中六十餘州大小神祇別伊
豆筥根兩所權現三嶋大明神八幡大菩薩天滿大自在天神
部類眷屬神罰冥罰於各可罷蒙也仍起請如件

貞永元年七月十日

沙彌淨圓
相模大掾藤原業時
玄蕃允三善康連
左衞門小尉藤原朝臣基綱
沙彌行然
散位三善朝臣倫重
加賀守三善朝臣康俊
沙彌行西
前出羽守藤原朝臣家長

○折チ無恐非○折下ヲ有於○犯ネ作亂○者下ロ有細註六字勸請以下略文
○梵上ヲ有上○梵以下三行ロ無○十ヲ作拾○別トリカヨタナ作殊○別下ニヲツ有而
○筥ニネ作筥ワ作箸並非ヲツ作箱○天チ作萛非
○於トリヲワカヨタネナ無○可チ無○蒙下トリヲカヨタツナ有者○也ワ無○請下ニヲツネ有文
○七ニ作八○十レ無○ロ連署以下無○連署ニホヘトチリヌルヲワカヨタレナ在次行○沙彌淨圓前ヘ有清大外記敎隆眞人
○相以下ネ無○掾原作丞據ホヘトリヌルカタナ改○原下ヲ有朝臣
○蕃ニホヘチヲワヨツ作番○善下ヲ有朝臣
○左衞門少尉藤原基綱カ在三善倫重奧○小ニホヘヲワ無ハトチリヌルカヨタレツナ作少○朝臣ハヘチカヨ無
○行然ニ蟲損
○散イ作藤チ作二並非○朝臣ハツ無
○朝臣ハチツ無○康ホ作泰
○前出羽守藤原朝臣家長ヘ無○朝臣チ無○家長ワ無○長イ作永非

前駿河守平朝臣義村

攝津守中原朝臣師員

武藏守平朝臣泰時

相模守平朝臣時房

問注奉行人起請詞同前云云

○前駿河守平朝臣義村ヘ在中原師員奥○朝臣ハチ無

○攝上ハ有前○朝臣ハチワ無○臣ニ蟲損

○武藏守平朝臣泰時ヘ在平時房奥○朝臣ハ無

○泰時イ作在判チ作時房非

○相以下八字ロチ無○朝臣ハ無○時房イ作在判

○自問至云十二字ロハホトチルヨタレナ無

（八奥書）

「康永二年三月三日於二高辻冨小路宿所一書寫之訖」

（ニ奥書）

「御成敗式目

一書五十一箇條在レ之　鳳來寺法花坊

于レ時文明八年丙申八月八日書訖

一書五十ヶ條

（別筆）

『右此條永正十四年於二宇利一點ヲ校之一畢　空海大師遺弟忍海玉葉坊』

依難レ背二御老命一雖レ爲二老筆一任レ本書寫畢、文字謬定可レ多歟、然間、後見之嘲、諸公之談笑、更以不レ顧者、只披閲之次、稱名十反廻向、本懷ゝゝ穴賢、

陰士融覺六十五旬書之」

（ホ奥書）
「明應五年丙辰初夏下旬之比書レ之

珠寅之」

（ヘ奥書）
「右一册、松田十郎左衛門尉頼房本也、以二清三位（船橋宗賢）秘本一書二寫之一云々、今又予禿筆懇望之間、一巻寫二遣之一者也、先以二彼本一寫留畢、

于レ時明應第七孟夏初七

近江守三善（飯尾）朝臣貞運（花押）」

（ト奥書）
「此一册、以二清家秘本一加二朱墨點一訖、敢莫二外見一、深可レ藏二函底一而已、

永正十七年正月九日

仕治」

（リ奥書）
「以二秘說一加二墨點一訖、勿レ許二他見一、

環翠軒（船橋宣賢）

加朱點　侍從三位清原業賢

右筆　博士清原枝賢」

(ヌ奥書)

「此式制、政道樞紐、撫民管轄、順レ之則安、逆レ之則難、不レ論二尊卑一、不レ隔二上下一、不二辨知一之者、豈改二覆車之轍一乎、

今依二榎並左近將監所望一、染二禿筆一、不レ殘二秘說一、至二于起請文一、加二家點一、深藏二函底一、不レ可レ出二閫外一而已、

天亥(天文二十年)冬十一月十又二

大外記兼博士清原朝臣(枝賢)(花押)□」(朱印、々文「東」花押ノ字面ニ捺ス)

壽特廿三歳○」(朱印、壽特ノ字面ニ捺ス)

(ル奥書)

「永祿八龍共(集)木穀(轂)雨書寫畢

(ヲ奥書)

「元龜三壬申年七月十二日」

(ワ補寫分奥書)

「石川利吉獻上之素眼法師筆御成敗式目之內、右之通落文ニ相見得候間、如レ此相記置之」

(ヨ奥書)

「天正十年十二月三日」

（タ奥書）
「此書迺萬代不易之法也、故加二清家點一、以重鍥二諸梓一矣、蓋爲三夫愚蒙輩易レ讀也、苟易レ讀則通レ理速、通レ理速則犯レ法者稍少、豈非三師道少補一乎、抑鄕有二先生一村有二夫子一、而時習レ之學日新、予寧爲レ之哉、博雅君子庶幾諒察焉、

享祿己丑（二年）秋八月　日

從四位下行左大史兼筭博士小槻宿禰伊治　□」（印）

（レ刊記）
「本云
應永二二年仲秋　日書寫

大永本跋
（中略、ナ刊記ニ同ジ）

享祿本跋
（中略、タ刊記ニ同ジ）

右御成敗式目以二應永四年所レ寫本一書寫、以二大永享祿兩刊本幷大乘院宮尊円法親王眞翰摹寫本一校合畢、」

（ソ奥書）
「文安五正十八□一二三四五六七八九十

此式目者、武家明鏡、政道之要機也、而近來辨二源底一、知二讀樣一之人是小歟、仍僕引二合法意一、引二勘本説一、注二端書一、
加二裏書一、述二一部之子細一、擬二吾黨之固實一、傳二授群息親族一畢、深以令二神秘一、輒莫レ許二外見一而已、
正應二年十二月　日　　中隱老沙彌唯淨」

（ツ奥書）
「于レ時天文廿二年閏正月誌レ之　　芦雪（花押）」

（ナ刊記）
「制レ節則不レ愛レ私、謹レ度則不レ踰レ矩、蓋君子常也、昔貞永武將、以二平氏泰時一爲二良佐一也、誠進レ賢賢哉、於レ是九重安レ鼎
四夷解レ辮、刷二
朝之羽儀一、保二天之性命一、遂本二律令一、以定二式目一、總五十一ヶ條、是豈非二理レ國之紀綱一耶、至矣、盡矣、記レ之者姓名、其
説多端不レ遑二毛擧一、然而四位外史淸原教隆最爲レ長焉、既登二明經科一、剩得二儒術譽一、誰敢差レ肩、余因以二此書一始鏤二于板一、
庶幾上下專二祭祀之礼一、左右抱二勸懲之志一、至下尋二偏傍一推中點畫上、頗施二於新學一而已、
大永（四年）甲申冬十有二月良辰
正五位上行左大史兼筭博士小槻宿禰伊治」

（ナ奥書）
「雖レ爲二累家秘說一、塞二樫山又三郎需一、以加二朱墨一訖、

拾遺金紫光祿大夫清原朝臣宣賢」

〔附録 二〕

御成敗式目假名抄

御成敗式目《ごせいはいしきもく》　貞永元年《ていゑいぐわんねん》八月十日

(1) 一 神社《じんじや》を修理《しゆり》し祭祀《さいし》を専《もはら》にすへき事《こと》

右神《みぎしん》は人《ひと》の 敬《うやまふ》 によて威《い》をまし人《ひと》ハ神《しん》の徳《とく》によて運《うん》をそふしかれはすなはち恆例《こうれい》の祭祀《さいし》陵夷《れうい》をいたさす如在《じよざい》の禮典《れいてん》怠慢《たいまん》せしむることなかれこれによて關東《くわんとう》の御分《ごぶん》の國《くに》〻并《ならひ》に庄園《しやうゑん》においては地頭《ぢとう》神主等《かんぬしら》 各《おのく》 そのおもむきを存《そん》し精誠《せいぜい》をいたすへきなり兼又《かねてまた》有封《うふ》の社《やしろ》に至《いたり》ては代《たい》〻の符《ふ》にまかせ小破《せうは》のとき且修理《かつしゆり》をくはへ若大破《もしたいは》に及子細《およひしさい》を言上《こんしやう》せは其左右《そのさう》に 随《したかい》 てそのさたあるへし

(2) 一 寺塔《したう》を修造《しゆさう》し佛事《ぶつし》等《とう》を勤行《こんきやう》すへき事《こと》

右寺社《みぎじしや》ことなりといへとも崇敬《そうきやう》これおなしよてしゆざうの功恆例《こうこうれい》のつとめよろしく先條《せんでう》に准《しゆん》して後勘《こうかん》をまねくことなかるへし但《たゝし》ほしひまゝに寺用《じよう》を 貪《むさほり》 その役《やく》を勤《つとめ》さらん 輩《ともから》 においては早《はやく》かの職《しよく》をかいゑきせしむへきなり

(3) 一 諸國《しよこく》の守護人《しゆごにん》奉行《ふきやう》の事《こと》

右〻大將家《みきうたいしやうけ》の御《おん》ときさためをかるゝ所《ところ》は大番催促謀叛殺害人《おうはんさいそくむほんせつがいにん》付《つけ》たりようちがうだう山《さん》ぞくかいぞく等《とう》の事《こと》しかるを近《きん》年《ねん》に至《いたり》ては代官《たいくわん》を郡郷《ぐんかう》に分補《ぶんふ》し公事《くじ》を庄保《しやうほう》にあて課國司《おほせこくし》にあらすして國務《こくむ》をさまたげ地頭《ちとう》にあらすして地利《ちり》をむさほる所行《しよきやう》の企《くはたて》はなはたもて無道《ぶたう》也抑《そもく》重代《ぢうだい》の御家人《ごけにん》たりといふとも當時《たうじ》の所帶《しよたい》なくは駈催《かりもよほす》にあたはざれ兼又所〻《かねてはまたしよく》の下司《げし》庄官《しやうぐわん》以下《いげ》その名《な》を御家人《ごけにん》にかて國司領家《こくしりやうけ》の下知《げち》をたいかんすとうん〱しかのことききともからは守護所役《しゆごしよやく》をつとむへきよしたとひのそみ申すといふとも一切催《せつもよほし》をくわふへからすはやく大將家《たいしやうけ》の御《おん》ときの例《れい》に任《まかせ》て大番《おうはん》やくならひにむほんせつかいのほか守護《しゆご》の沙汰《さた》を停止《ちやうじ》せしむへし若《もし》この式目《しきもく》をそむき自餘《じよ》の事《こと》をあひましへは或《あるい》は國司領家《こくしりやうけ》のそせうにより或《あるい》は地頭土民《ちとうとみん》の愁欝《しうゝつ》に就《つい》て非法《ひはう》のいたりけんせんたらは所帶《しよたい》の職《しよく》をあらためられ穩便《おんびん》のともからに補《ふ》すへきなり又代官《またたいくわん》にいたりては一人《にん》をさたむへきなり

(4)

一　同《おなし》守護《しゆこ》人事《にんこと》のよしを申さす罪科《さいくわ》の跡《あと》を沒收《もつしゆ》する事《こと》

右重犯《みきぢうぼん》のともからいてきたらむ時《とき》はすへからく子細《しさい》を申左右《まうしさう》にしたかふへき所《ところ》に實否《じつふ》を決《けつ》せず輕重《きやうちう》をたゝさす恣《ほしいまゝ》に罪科《ざいくわ》の跡《あと》と稱《せう》じて私《わたくし》に沒收《もつしゆ》せしむは條理《でうり》不盡《ふじん》のさたはなはた自由《じゆ》のかんほうなりはやく其旨《そのむね》をちうしんしよろしく裁斷《さいたん》を蒙《かうむ》らしむへしなをもて違犯《いはん》せは罪科《ざいくわ》に處《しよ》せらるへし次《つき》に犯科人《ほんくわにん》の田畠在家幷《てんはくさいけならひ》に妻子資財《さいししさい》の事重科のともからにおいては守護所《しゆごしよ》にめしわたすといふとも田宅妻子雜具《てんたくさいしさうぐ》に至《いたり》ては付渡《つけわたす》に及《およ》はす兼又同類《かねてはまたどうるい》の事《こと》たとひ白狀《はくしやう》にのすといふとも

財物《さいもつ》なくはさらにさたのかきりにあらす

(5)

一　諸國《しよこく》の地頭年貢《ぢとうねんぐ》所當《しよたう》をよくりうせしむる事《こと》

右年貢《みぎねんぐ》を抑留《よくりう》するよし本所《ほんしよ》の訴訟《そせう》あらはすなはち結解《けつけ》をうけ勘定《かんぢやう》をうくへし犯用《ほんよう》の條《でう》もしのかる丶所《ところ》なくは員數《いんしゆ》に任《まかせ》てこれを辨償《へんしやう》すへし但少分《たゞしせうぶん》たらんにおいては早速《さうそく》にさたいたすへし過分《くわぶん》にいたりては三か年中《ねんぢう》に辨濟《へんせい》すへきなりなをこの旨《むね》を背難澁《そむきなんしう》せしめは所職《しよしき》をあらためらるへきなり

(6)

一　國司領家《こくしりやうけ》の成敗《せいはい》關東御口入《くわんとうごこうしう》に及《およは》さる事《こと》

右國衙庄園神社佛寺《みぎこくがしやうゑんじんじやぶつじ》本所《ほんしよ》の進止《しんし》としてさたしきたらんにおいては今《いま》さらに御口入《ごこうしう》に及《およは》す若《もし》申むねありといふとも敢《あへ》て敍用《しよよう》にあたはされ次《つき》に本所《ほんしよ》の擧状《きよしやう》を帶《たい》せす越訴《おつそ》を致事諸國《いたすことしよこく》しやうゑんならひに神社佛寺領本所《じんじやぶつじりやうほんしよ》の擧状《きよしやう》をもてそせうを經《ふ》へき處《ところ》に其状《そのしやう》を帶《たい》せすはすてに道理《だうり》をそむくか自今以後成敗《じこんいごせいはい》にをよはされ

(7)

一　右大將家以後代《うたいしやうけいごたい》〻の將軍《しやうぐん》ならひに二位殿《にいとの》の御時《おんとき》あてたぶ所《ところ》の所領等本主《しよりやうとうほんしゆ》の訴訟《そせう》によて改補《かいふ》せらる丶や否《いなや》の事《こと》

右或《みぎあるい》は勳功《くんこう》の賞《しやう》に募《つのり》或《あるい》は官仕《くわんし》の勞《らう》によてこれをはいりやうする事由緒《ことゆいしよ》なきにあらすしかるを先祖《せんそ》の本領《ほんりやう》と稱《せう》し裁許《さいきよ》を蒙《かうむ》らんにおいては一人縱喜悦《にんたとひきゑつ》の眉《まゆ》をひらくといふとも傍輩《はうはい》さためて安《あん》

堵《ご》の思《おもひ》をなしがたからんか濫訴《らんそ》のともから停止《ちやうじ》せらるへし但當時《たゝしたうじ》の給人罪科《きうにんさいくわ》あらんとき本主《ほんしゆ》そのつゐてを守《まほり》て訴訟《そせう》をくはたてん事禁制《こときんぜい》にあたはさるか次《つき》に代《たい》〻の御成敗《ごせいはい》畢《おはりて》のち申亂《まうしみださん》とぎする事《こと》その理《り》なきによて棄置《きち》せらるゝともから歳月《せいけつ》を歴《へ》てのちそせうを企《くわた》つる條存知《でうそんぢ》のむね罪《さい》科《くわ》かろからず自今以後代《しこんいごたい》〻の御成敗《ごせいはい》をかへりみす猥《みたり》に面《めん》〻の濫訴《らんそ》をいたさはすべからく不實《ふしつ》の子細《しさい》をもて所帯《しよたい》の證《せう》文にかきのせらるへし

(8)　一　御下文《おんくたしふみ》を帯《たい》すといへとも知行《ちきやう》せしめすして年序《ねんしよ》をふる所領《しよりやう》の事《こと》

右當知行《みきたうちきやう》の後《のち》廿かねんを過《すき》は右大將家《うたいしやうけ》の例《れい》に任《まかせ》て理非《りひ》を論《ろん》ぜす改替《かいたい》にあたはすしかるを知行《ちきやう》のよしを申御下文《おんくたしふみ》をかすめたまはるともがらかの狀《しやう》を帯《たい》すといふとも敍用《じよよう》に及《およは》されれ

(9)　一　謀叛人《むほんにん》の事《こと》

右式目《みきしきもく》のおもむき兼日《けんしつ》にさためかたきか具《かつ》は先例《せんれい》に任《まか》せかつは時《とき》の儀《ぎ》に依《よ》てこれを行《おこな》はるへし

(10)　一　殺害《せつがい》にんしやう罪科《さいくわ》の事《こと》付《つけ》たり父子《ふし》のとかあひ(マヽ)互《たかひ》にかけらるゝや否《いなや》の事《こと》

右或《みきあるい》は當座《たうざ》の諍論《しやうろん》により或《あるい》は遊宴《ゆふゑん》の酔狂《すいきやう》によて不慮《ふりよ》のほか若殺害《もしせつかい》を犯《おか》さはその身《み》死罪《しざい》に行《おこな》はれ幷《ならひ》に流罪《るさい》に處《しよ》せられ所帯《しよたい》を沒收《もつしゆ》せらるといふともその父《ちゝ》その子《こ》あひましはらすはたかひにこれを懸《かく》へからす次《つき》に刃傷《にんしやう》の科《とか》の事《こと》おなしくこれに准《しゆん》すへし次《つき》に或《あるい》は子《こ》或《あるい》は孫《まこ》父祖《ふそ》の敵《かたき》を殺害《せつかい》せんにおいては父祖《ふそ》たとひあひしらすといふともその罪《つみ》に處《しよ》せらるへし父祖《ふそ》の憤《いきとをり》を散《さん》せんか

ために 忽《たちまち》 に宿意《しゆくい》をとぐる故《ゆへ》なり次《つき》に其子《そのこ》もしは人《ひと》の所職《しよしき》を奪《うは》はんと欲《ほつ》し若《もし》は人《ひと》の財寶《さいほう》をとらむかために殺害《せつかい》を 企《くはたつ》 といふともその父《ち》しらさるよし在状《さいしやう》分明《ふんみやう》ならは緣坐《ゑんさ》に處《しよ》すへからす

(11)

一 夫《おと》の罪科《さいくわ》により妻女《さいちよ》の所領《しよりやう》 沒收《もつしゆ》せらるゝや否《いなや》の事

右《みき》謀叛《ぼうほん》殺害《せつがい》ならひに山賊《さんぞく》海賊《かいぞく》夜討《ようち》強盜《かうたう》等《とう》の重科《ちうくわ》においては夫《おと》の咎《とか》をかくへきなりたゝし當座《たうざ》の口論《こうろん》により若《もし》刃傷《にんしやう》 殺害《せつかい》に及《およ》はゝこれをかくへからす

(12)

一 惡口《あつこう》の咎《とか》の事《こと》

右《みき》闘殺《とうせつ》のもとは惡口《あつこう》より起《おこる》それ重《おもく》は流罪《るさい》に處《しよ》せられ其輕《それかろく》は召《めし》こめらるへきなり問注《もんちう》の時《とき》惡口《あつこう》を吐《はか》はすなはち論所《ろんしよ》を敵人《てきしん》に付《つけ》らるへし又論所《またろんしよ》の事《こと》その理《り》なくは他《た》の所領《しよりやう》を沒收《もつしゆ》せらるへし若所《もししよ》帶《たい》なくは流罪《るさい》に處《しよ》すへき也

(13)

一 人《ひと》をうつとがの事《こと》

右《みき》打擲《ちやうちやく》 せらるゝ 輩《ともから》 その恥《はち》を 雪《きよめん》 かために定《さため》て害心《かいしん》をあらはすか人をうつ科《とか》 甚《はなはた》 もてかろからす仍《よて》 侍《さふらい》 においては所領《しよりやう》を沒收《もつしゆ》せらるへし所帶《しよたい》なくは流罪《るさい》に處《しよ》すへし郎從《らうしう》已下《いけ》に至《いたり》てはその身《み》を召禁《めしきん》せしむへきなり

(14)

一 代官《たいくわん》 の罪過《ざいくわ》主人《しゆしん》にかくるや否《いなや》の事《こと》

右《みき》代官《たいくわん》 のともから殺害已下《せつがいいけ》の重科《ぢうくわ》あらむ時《とき》件《くたん》 の主人《しゆしん》その身《み》を召進《めししん》せは主人《しゆしん》に科《とか》をかくへから

す但代官《たゞしたいくわん》を扶《たすけん》かために咎《とか》なきよし主人《しゆしん》これをちんし申《まう》さん處《ところ》に實犯顯《しつほんけん》せは主人《しゆしん》その罪《つみ》をのかれかたし仍所領《よてしよりやう》を沒收《もつしゆ》せらるへしかの代官《たいくわん》に至《いたり》ては召禁《めしきん》せらるへきなり兼又代官《かねてはまたたいくわん》あるひは本所《ほんしよ》のねんぐを抑留《よくりう》し或《あるい》は先例《せんれい》の率法《そつほう》を違背《いはい》せは代官《たいくわん》の所行《しよきやう》たりといふとも主人《しゆしん》に其過《そのとか》をかくへきなりしかのみならす代官《たいくわん》もしは本所《ほんしよ》の訴訟《そせう》により若《もし》は訴人《そにん》の解狀《けしやう》に就《つい》て關東《くわんとう》よりこれをめされ六波羅《はら》よりこれを催《もよほ》されんとき參決《さんけつ》をとげずなを張行《ちやうきやう》せしめはおなしく又主人《またしゆしん》の所帯《しよたい》をめさるへし但事《たゞしこと》の躰《てい》にしたかひて輕重《きやうちう》あるへき歟《か》

(15)

一　謀書《ほうしよ》の罪科《さいくわ》の事《こと》

右侍《みきさふらい》においては所領《しよりやう》を沒收《もつしゆ》せらるへし若所帯《もししよたい》なくは遠流《おんる》に處《しよ》せらるへきなり凡下《ほんけ》の輩《ともから》は火《くわ》印《いん》をその面《おもて》に捺《さゝ》るへきなり執筆《しゆひつ》のものは又與同罪次《またよとうさいつき》に論人《ろんにん》の所帯《しよたい》の證文《せうもん》をもて謀書《ほうしよ》たるよし多以《おほくはもて》これを稱《せう》す披見《ひけん》の處《ところ》にもし謀書《ほうしよ》たらは尤《もつと》も先條《せんてう》に任《まかせ》て其科《そのとか》あるへし又文書《またもんしよ》の紕謬《ひびう》なくは謀略《ほうりやく》の輩《ともから》に抑《おほせ》て神社佛寺《しんしやふつじ》の修理《しゆり》に付《つけ》らるへし但無力《たゞしふりよく》のともからに至《いたり》てはその身《み》を追放《ついはう》せらるへきなり

(16)

一　承久兵亂《せうきうひやうらん》の時沒收《ときもつしゆ》の地《ち》の事《こと》

右京方《みききやうかた》の合戰《かつせん》を致《いたす》すよし聞食及《きこしめしおよふ》によて所帯《しよたい》を沒收《もつしゆ》せらるゝともがらその過《とか》なきむね證據分明《せうこふんみやう》ならは其替《そのかはり》を當給人《たうきうにん》にあてたひ本主《ほんしう》に返《かへ》したぶへきなり是則當給人《これすなはちたうきうにん》においてはくんこう奉公《ほうこう》

あるゆへなり次《つき》に關東御恩《くわんとうごおん》の輩《ともから》の中《うち》に京方《きやうかた》の合戰《かつせん》に交《ましはる》こと罪科《さいくわ》ことにおもし仍《よて》すなはちその身《み》をちうせられ所帯《しよたい》を沒收《もつしゆ》せられ畢《おはん》ぬしかるをしせんの運《うん》によてのかれきたるやから近年《きんねん》聞食及《きこしめしおよ》はゝ縡《こと》すてに違期《いご》のうへ尤《もつと》も寛宥《くわんゆう》の儀《ぎ》につゐて所領《しよりやう》のうちを割《さい》て五分《ふん》一を沒收《もつしゆ》せらるへし但《たゝし》御《こ》家人《けにん》のほか下司《けし》庄官《しやうくわん》のともから京方《きやうかた》のとかたとひ露顯《ろけん》すといふとも今更《いまさら》あらためさたにあたはさるよし去年《きよねん》議定《ぎちやう》せられをはんぬ者《ていれ》は異儀《いぎ》にをよはす次《つき》に同《おなし》き沒收《もつしゆ》の地《ち》をもて本領主《ほんりやうしゆ》と稱《せう》しこたへ申事《まうすこと》當知行《たうちきやう》の人その過《とか》あるによてこれを沒收《もつしゆ》し勳功《くんこう》の輩《ともから》にあてたび畢《おはん》ぬしかるをかのときの知行《ちきやう》のものは非分《ひふん》の領主《りやうしゆ》なり相傳《さうてん》の道理《たうり》に任《まかせ》てこれを返《かへ》し給《たま》はるへきよし訴《うたへ》申《まうす》たくひ多《おほ》くそのきこへありすてにかの時《とき》の知行《ちきやう》に就《つい》てあまねく沒收《もつしゆ》せられ畢《おはん》ぬ何《なん》そ當時《たうじ》の領主《りやうしゆ》を閣《さしをき》て往代《わうたい》の由緒《ゆいしよ》をたつぬへきや自今以後《じこんいご》濫望《らんまう》を停止《ちやうじ》すへし

(17)

一　同《おなし》き時《とき》の合戰《かつせん》の罪過《さいくわ》父子《ふし》各別《かくへつ》の事《こと》

右父《みきちゝ》は京方《きやうかた》に交《ましはる》といへともその子《こ》關東《くわんとう》にこうじ子《こ》は京方《きやうかた》にましはるといへともその父《ちゝ》關《くわん》東《とう》に候《こう》するともから賞罰《しやうはつ》已《すて》に異《こと》なり罪科《さいくわ》何《なん》そ混《ひとし》からん又《また》西國《さいこく》の住人等《ちうにんら》父《ちゝ》たりといふとも子《こ》たりといふとも一人《にん》京方《きやうかた》に參《さんせ》は住國《ちうこく》の父子《ふし》その咎《とか》をのかるへからす同道《とうたう》せすといへとも同心《とうしん》せしむるによてなり但《たゝし》行程《きやうちやう》境《さかひ》遙《はるか》に音信通《いんしんとう》しかたく共《とも》に子細《しさい》をしらすは互《たかひ》に罪科《さいくわ》に處《しよ》せられがたきか

(18)

一　所領《しよりやう》を女子《によし》に譲與《ゆつりあた》へて後不和《のちふわ》の儀《ぎ》あるによてその親悔《おやくい》かへすや否《いなや》の事《こと》

右男女《みきなんによ》の號異《がうこと》なりといへとも父母《ふほ》の恩《おん》これ同法家《おなしはうけ》のともから申《まう》すむねありといへとも女子《によし》はすなはち悔還《くいかへ》さる文《もん》を憑《たのみ》て不孝《ふかう》の罪業《さいこう》をはゝかるへからす父母《ふほ》は又敵對《またてきたい》の論《ろん》に及《およは》む事《こと》を察《さつ》して所領《しよりやう》を女子《によし》に譲《ゆつる》へからさる歟《か》親子義絶《しんしきせつ》のおこりなりすてに敎令違犯《けうりやういはん》の基《もとい》なり女子《によし》もし向背《きやうはい》のぎあらは父母《ふほ》よろしく進退《しんたい》して意《こゝろ》にまかすへしこれによて女子《によし》は譲狀《ゆつりしやう》を全《まつたう》せんかために志孝《しかう》の節《せつ》をつくし父母《ふほ》は撫育《ぶいく》をほとこさんかために慈愛《しあひ》の思を均《ひとしう》せんもの歟《か》

(19)

一　親疎《しんそ》を論《ろん》せす眷養《けんやう》せらるゝ輩《ともから》本主《ほんしう》の子孫《しそん》を違背《いはい》する事《こと》

右人《みきひと》をたのむともから親愛《しんあひ》せられは子息《しそく》のことしからすは又郎從《またらうしう》のこときか爰《こゝ》に彼《かの》ともからちうきんをいたさしむる時本主《ときほんしう》その志《こゝろさし》を感歎《かんたん》するあまり或《あるい》は宛文《あてふみ》をわたし或《あるい》は譲狀《ゆつりしやう》をあたふる處《ところ》に和與《わよ》の物《もの》と稱《せう》し本主《ほんしう》の子孫對論《しそんたいろん》する條結構《てうけつこう》の趣《おもむき》甚しかるへからず求媚《きうび》の時《とき》は且《かつ》は子息《しそく》の儀《ぎ》を存《そん》し且《かつ》は郎從《らうしう》の禮《れい》を致《いた》す向背《きやうはい》のゝちは或《あるい》は他人號《たにんのがう》をかり或《あるい》は敵對《てきたい》の思《おもひ》をなし忽《たちまち》に先人《せんじん》の恩顧《おんこ》をわすれ本主《ほんしう》の子孫《しそん》を違背《いはい》せは譲《ゆつり》をうる所領《しよりやう》においては本主《ほんしう》のしそんに付《つけ》らるへし

(20)

一　譲狀《ゆつりしやう》をえて後《のち》その子《こ》父母《ふほ》に先《さきた》て死去《しきよ》せしむる跡《あと》の事

右《みき》その子《こ》見存《けんそん》せしむといふとも悔還《くいかへ》さしめんに至《いたり》ては何《なん》の妨《さまたけ》かあらむや況《いはん》や子孫死去《しそんしきよ》のゝ

ちはたゝ父祖《ふそ》のこゝろにまかすへきなり

(21)

一 妻妾夫《さいせうおと》の譲《ゆつり》を得《ゑ》て離別《りへつ》せられて後《のち》かの所領《しよりやう》を領知《りやうち》するや否《いなや》の事《こと》

右《みき》その妻《め》重科《ちうくわ》あるによて棄捐《きゑん》せられんにおいては縦往日《たとひわうしつ》の契状《けいしやう》ありといふとも前夫《ぜんぶ》の所領《しよりやう》を知行《ちきやう》しかたし又《また》かの妻《め》功《こう》ありて過《とか》なく新《あたらしき》を賞《もてな》し舊《ふるき》を棄《すて》は譲《ゆつる》ところの所領悔還《しよりやうくいかへす》にあたはす

(22)

一 父《ふ》母所領配分《ほのしよりやうはいふん》のとき義絶《ぎぜつ》にあらすといへとも成人《せいしん》の子息《しそく》に譲《ゆつり》あたへさる事《こと》

右《みき》その親成人《おやせいしん》の子《こ》をもて吹擧《すいきよ》せしむる間勤厚《あひたきんごう》の思《おもひ》を勵《はけま》し勞功《らうこう》を積處《つむところ》に或《あるい》は繼母《けいほ》の讒言《ざんけん》につき或《あるい》は庶子《そし》の鍾愛《せうあひ》によりその子《こ》義絶《ぎぜつ》せられすといへとも忽《たちまち》にかの處分《しよぶん》に漏《もれ》て侘傺《たくさい》の條非《てうひ》據《きよ》の至《いたり》なりよて今《いま》たつる所《ところ》の嫡子分《ちやくしぶん》を割《さい》て五分《ぶん》一をもて無足《むそく》の兄《あに》に宛《あて》たぶへき也但少分《たゝしせうぶん》たりといふとも計《はからひ》あてんにおいては嫡庶《ちやくそ》を論《ろん》せす宜《よろし》くせうぜきによるへし抑《そもそく》嫡子《ちやくし》たりといふともさせる奉《ほう》こうなく又不《またふ》孝《かう》のともからにおいてはさたのかきりにあらす

(23)

一 女人《によにん》の養子《やうし》の事《こと》

右法意《みきほうい》のことくはこれをゆるさずといへとも右大將家《うたいしやうけ》の御時《おんとき》よりこのかた當世《たうせい》にいたるまてその子《こ》なき女人等《によにんら》所領《しよりやう》を養子《やうし》に譲《ゆつり》あたふること不易《ふゑき》の法勝《はうせうけ》計すへからすしかのみならす都鄙の例先蹤《れいせんしう》これ多《おほ》し評議《ひやうぎ》のところ尤《もと》も信用《しんよう》にたれるか

(24)
一　夫《おと》の所領《しよりやう》を譲《ゆつり》うる後家《こけ》改嫁《かいか》せしむる事《こと》
右後家《みきこけ》たる輩《ともからおと》夫の所領《しよりやう》を譲得《ゆつりうる》はすへからく他事《たじ》を抛《なけす》て夫《おと》の後世《こせ》を訪《とぶらふ》へき處《ところ》に式目《しきもく》を背《そむく》こと其《その》とがなきにあらさるかしかるを忽《たちまち》に貞心《ていしん》をわすれ改嫁《かいか》せしめはうる所《ところ》の領知《りやうち》をもて亡夫《はうふ》の子息《しそく》にあてたぶへし若又《もしまた》子息《しそく》なくは別《へち》の御計《おんはからひ》あるへし

(25)
一　關東御家人《くわんとうこけにん》月卿雲客《けつけいうんかく》をもて壻君《せいくん》として所領《しよりやう》を譲《ゆつる》によて公事《くじ》の足減少《あしけんせう》する事《こと》
右所領《みきしよりやう》においてはかの女子《によし》に譲《ゆつり》各別《かくへつ》せしむといふとも公事《くじ》に至《いたり》てはその分限《ぶんけん》に随《したかつ》て省《はぶき》あてらるへき也親父《しんぷ》存日《そんしつ》に縦《たとひ》優恕《ゆうしよ》の儀《ぎ》をなし宛課《あておほ》せすといふとも逝去《せいきよ》のゝちは尤《もと》も催勤《さいきん》せしむへし若《もし》權威《けんい》を募《つのり》勤仕《きんし》せすんは永《なか》く件《くたん》の所領《しよりやう》を辭退《じたい》せらるへきか凡《およそ》關東祗候《くわんとうしこう》の女房《にうはう》たりといふとも敢《あへ》て殿中平均《てんちうへいぎん》の公事《くし》を泥《なつむ》ことなかれ此《この》うへなを難澁《なんしう》せしめは所領《しよりやう》を知行《ちきやう》すへからす

(26)
一　所領《しよりやう》を子息《しそく》に譲《ゆつり》安堵《あんど》の御下文《おんくたしふみ》をたまはりて後《のち》その領《りやう》を悔還《くいかへ》し他《た》の子息《しそく》に譲與《ゆつりあたふ》る事《こと》
右父母《みきふほ》の意《こゝろ》にまかすへきよし具《つふさに》もて先條《せんてう》にのせおはんぬ仍《よて》先判《ぜんはん》の譲《ゆつり》に就《つ》き安堵《あんと》の御下文《おんくたしふみ》をたぶといふとも其親《そのおや》これを悔還《くいかへ》し他《た》の子息《しそく》にゆつらんにおいては後判《こうはん》のゆつりに任《まかせ》て御成敗《こせいはい》あるへし

(27)
一　未處分《みしよぶん》の跡《あと》の事《こと》
右且《みきかつ》は奉公《ほうこう》の淺深《せんしん》にしたかひ且《かつ》は器量《きりやう》の勘否《かんぷ》をたゝし各《おの〳〵》時宜《しぎ》にまかせ分宛《わかちあて》らるへし

(28)

一　虚《こ》言《こん》を構《かま》へ讒訴《ざんそ》を致事《いたすこと》

右面《みきおもて》を和言《あまないこと》を巧《たくみ》にして君《きみ》をかすめ人を損《そん》するたくひ文籍《もんしやく》のゝするところその罪《つみ》はなはたおもし世《よ》のため人のため誡《いましめ》すんはあるへからす所領《しよりやう》を望《のそ》まんかために讒訴《ざんそ》をくはたては讒者《ざんしや》の所領《しよりやう》をもて他人《たにん》に宛給《あてたふ》へし所帯《しよたい》なくは遠流《おんる》に處《しよ》すへし又官途《またくわんご》を塞《ふさかん》かために讒言《ざんけん》をかまへはなかくかの讒人《ざんにん》をめし仕《つかう》へからす

(29)

一　本奉《ほんふ》行人《きやうにん》を閣《さしおき》て別人《へちにん》に付《つき》て訴訟《そせう》を企事《くはたつること》

右本奉行人《みきほんふきやうにん》をさしをいて更《さら》に別人《へちにん》に付《つき》て内〻《ないく》訴訟《そせう》を企《くわたつる》あひた參差《しんし》のさた不慮《ふりよ》にしていてきたるか仍訴人《よてそにん》にをいては暫裁許《しはらくさいきよ》を抑《おさへ》らるへし執申人《とりまうすひと》に至《いたり》ては御禁制《こきんせい》あるへし奉行人《ふきやうにん》もし緩《くわん》怠《たい》せしめ空《むなしく》廿か日を經《へ》は庭中《ていちう》にをいてこれを申《まうす》へし

(30)

一　問注《もんちう》をとぐるともがら御成敗《こせいはい》をあひまたす權門《けんもん》の書状《しよしやう》を執進《とりしん》する事《こと》

右裁許《みきさいきよ》にあつかるものは强縁《がうゑん》のちからをよろこひ棄置《きち》せらるゝものは權門《けんもん》の威《い》を愁《うれ》ふ爰《こゝ》に得理《とくり》の方人《かたうと》は頻《しきり》に扶持《ふち》の芳恩《はうおん》と稱《せう》し無理《むり》の方人《かたうと》は竊憲法《ひそかにけんはう》の裁断《さいたん》を猜《そね》む政道《せいたう》を黷《けかす》こと職《もと》として斯《これ》に由自今以後《よるじこんいこ》慥《たしか》に停止《ちやうし》すへきなり或《あるい》は奉行人《ふきやうにん》に付或《つきあるい》は庭中《ていちう》にをいてこれを申さしむへし

(31)

一　道理《たうり》なきによて裁許《さいきよ》を蒙《かうむ》らさるともから奉行人《ぶぎやうにん》の偏頗《へんは》たるよし訴申事《うたへまうすこと》

右《みき》その理《り》なきによて裁許《さいきよ》にあつからさるともから奉行人《ふきやうにん》の偏頗《へんは》たるよし構申《かまへまうす》條《てう》はなはたもて

濫吹《らんすい》なり自今以後《じこんいご》不實《ふしつ》を構出《かまへいた》し濫訴《らんそ》を企《くはたて》は所領《しよりやう》三分《ぶん》一を收公《しゆくう》せらるへし所帯《しよたい》なくは追却《ついきやく》せらるへし若又奉行人《もしまたぶきやうにん》その誤《あやまり》あらはなかくめし仕《つか》はるへからず

(32)

一 盗賊惡黨《たうぞくあくたう》を所領内《しよりやうない》にかくし置事《をくこと》

右件《みぎくだん》のともから風聞《ふぶん》ありといへとも露顯《ろけん》せさるによて斷罪《だんさい》にあたはす炳誡《へいかい》をくはへずしかるを國人等《こくにんら》これを差申處《さしまうすところ》に召上《めしのほ》する時《とき》はその國無爲《くにぶい》なり在國《さいこく》の時《とき》はそのくに狼藉也云云《らうせきなりとうんぬん》仍《よて》縁邊《ゑんへん》の凶賊《けうぞく》においては證跡《せうせき》に付《つき》て召禁《めしいましむ》へし又地頭等賊徒《またちとうらぞくと》を隱《かく》し置《をか》むに至《いたり》ては同罪《とうさい》たるへきなり先《まつ》嫌疑《けんぎ》の趣《おもむき》に就《つき》て地頭《ちとう》を鎌倉《かまくら》に召置《めしをき》かの國落居《くにらつきよ》せさらんあひたは身《み》の暇《いとま》をたぶへからず次《つき》に守《しゆ》護使《こし》入部《にうぶ》を停止《ちやうし》せらるゝ所〻《ところ〳〵》の事《こと》おなしく惡黨等《あくたうら》出來《いてきた》らん時《とき》は不日《ふしつ》に守護所《しゆこしよ》に召渡《めしわた》すへきなり若拘惜《もしかゝへおしまん》にをいては且《かつ》は守護使《しゆごし》を入部《にうぶ》せしめ且《かつ》は地頭代《ちとうたい》をあらため補《ふ》せらるへき也若又代《もしまたたい》官《くわん》を改《あらため》すは地頭職《ちとうしき》を沒收《もつしゆ》せられ守護使《しゆこし》を入《いれ》らるへし

(33)

一 强竊二盗《がうせつじたう》の罪科《さいくわ》の事《こと》 付《つけ》たり放火人《はうくわ》の事《こと》

右既《みきすて》に斷罪《たんさい》の先例《せんれい》あり何《なん》そ猶豫《ゆよ》の新儀《しんぎ》に及《およはん》や次《つき》に放火人《はうくわにん》の事盗賊《ことたうそく》に准據《しゆんきよ》してよろしく禁遏《きんあつ》せしむへし

(34)

一 他人《たにん》の妻《め》を密懷《ひつくわい》する罪科《さいくわ》の事《こと》

右强姧和姧《みきかうけんわけん》を論《ろん》ぜず人の妻《め》を懷抱《くわいはう》するともから所領半分《しよりやうはんぶん》をめされ出仕《しゆつし》をやめらるへし所帯《しよたい》な

くは遠流《おんる》に處《しよ》すへきなり女《をんな》の所領《しよりやう》おなしくこれをめさるへし所領《しよりやう》なくは又《また》これを配流《はいる》せらるへき也次《つき》に道路《たうろ》の辻《つし》にをいて女《をんな》を捕《とら》ふる事《こと》御家人《こけにん》にをいては百箇《か》日のあひた出仕《しゆつし》をとゝむへし郎従《らうしう》已下に至《いたり》ては右大將家《うたいしやうけ》の御時《おんとき》の例《れい》に任《まかせ》てかたかたの鬢髪《ひんはつ》を剃除《たいちよ》すへきなり但《たゝし》法師《ほうし》の罪科《さいくわ》にをいてはその時《とき》に當《あたり》て斟酌《しんしやく》せらるへし

(35) 一　度〻《とく》の召文《めしふ》を給《たまはる》といへとも參上《さんしやう》せさる科《とか》の事《こと》

右訴狀《みきそしやう》に就《つき》て召文《めしふ》を遣《つかは》す事《こと》三ケ度《と》に及《およん》て參決《さんけつ》せすは訴人《そにん》理あらは直《ちき》に裁許《さいきよ》せらるへし訴人《そにん》理なくは又他人《またたにん》に給《たふ》へきなり但所従馬牛幷《たゝししよしうむまうしならひ》に雜物等《さうもつとう》に至《いたり》ては員數《いんしゆ》に任《まかせ》て糺返《きうへん》せられて寺社《じしや》の修理《しゆり》に付《つけ》らるへきなり

(36) 一　舊《ふる》き境《さかい》を改《あらため》て相論《さうろん》を致事《いたすこと》

右或《みきあるい》は往昔《わうしやく》の境《さかい》を越新儀《こへしんぎ》の案《あん》を構《かまへ》てこれをさまたけ或《あるい》は近年《きんねん》の例《れい》を掠《かすめ》て古《ふる》き文書《もんしよ》を捧《さゝけ》てこれを論《ろん》す裁許《さいきよ》にあつからすといへともさせる損《そん》なきが故《ゆへ》に猛惡《まうあく》のともから動《やゝも》すれは謀訴《ほうそ》を企《くはた》つ成敗《せいはい》の處《ところ》その煩《わつらい》なきにあらす自今以後《じこんいこ》實檢使《しつけんし》をつかはし本跡《ほんせき》を糺明《きうめい》し非據《ひきよ》の訴訟《そせう》たらは境《さかい》を越論《こへろん》をなす分限《ふんげん》を相計《あひはからひ》訴人領知《そにんりやうち》の內《うち》をさきわかち論人《ろんにん》のかたに付《つけ》らるへきなり

(37) 一　關東御家人《くわんとうこけにん》京都《きやうと》に申傍官《まうしはうくはん》の所領《しよりやう》の上司《うはつかさ》を望補《のそみふ(マヽ)》すらる事《こと》

右〻大將家《みきうたいしやうけ》の御時《おんとき》一向停止《かうちやうし》せられ訖《おはん》ぬしかるを近年《きんねん》より以降《このかた》自由《しゆ》の望《のそみ》をくはたつ啻禁制《たゝきんせい》を

背《そむ》（マヽ）くのみにあらす喧嘩《けんくわ》に覃《およ》はしむるか自今以後《しこんいこ》濫望《らんまう》を致《いた》さん輩《ともから》においては所領《しよりやう》一所《しよ》をめさるへきなり

(38)

一　惣地頭所領内《そうちとうしよりやうない》の名主職《みやうしゆしき》を押妨《わうはう》する事《こと》

右惣領《みきそうりやう》を給《たま》はる人所領《にんしよりやう》の内《うち》と稱《せう》して各別《かくへつ》の村《むら》をかすめ領《りやう》する事所行《ことしよきやう》の企《くはたて》罪科《さいくわ》をのかれかたし爰《こゝ》に別《へち》の御下文《おんくたしふみ》を給《たま》はりて名主職《みやうしゆしき》たりといへとも惣地頭若尫弱《そうちとうもしわうしやく》の隙《ひま》をうかゝひ限《かきり》あるきたの外非法《はかひはう》を巧濫妨《たくみらんまう》をいたさは別納《へちなう》の御下文《おんくたしふみ》を名主《みやうしゆ》に給《たふ》へきなり名主又事左右《みやうしゆまたことをさう》によせ先例《せんれい》をかへりみず地頭《ちとう》を違背《いはい》せは名主職《みやうしゆしき》をあらためらるへきなり

(39)

一　官爵所望《くわんしやくしよまう》のともから關東《くわんとう》の御《こ》一行《かう》を申《まうし》うくる事《こと》

右成功《みきじやうぐう》をめさるゝ時所望《ときしよまう》の人をしるし申さるゝは既《すて》にこれ公平《くひやう》なり仍《よて》きたのかきりにあらす昇《せん》じんのために擧狀《きよしやう》を申す事貴《ことき》賤《せん》を論《ろん》せず一向《かう》これを停止《ちやうし》すへし但受領檢非違使《たゝしじゆりやうけんひいし》を申《まうす》ともから理運《りうん》たらんにをいては御擧狀《こきよしやう》にあらすといふともたゝ御めんあるよし仰《おほせ》くたさるへきか兼又新敍《かねてはまたしんじよ》の輩《ともから》巡年《じゆんねん》めくりきたり朝恩《てうおん》に浴《よく》せは制《せい》のかきりにあらず

(40)

一　鎌倉中《かまくらちう》の僧徒《そうと》恣《ほしいまゝ》に官位《くわんい》を諍事《あらそふこと》

右綱位《みきかうい》により﨟次《らつし》をみたす故《ゆへ》に猥《みたり》に自由《じゆ》の昇進《せうじん》をもとめいよ〳〵僧綱《そうがう》の員數《いんしゆ》をそふ宿老有智《しゆくろううち》の高僧《かうそう》たりといへとも少年無才《せうねんむさい》の後輩《こうはい》に越《こさ》るすなはちこれ且《かつ》は衣鉢《ゑはち》の資《たすけ》を傾《かたむ》け且《かつ》は經教《きやうけう》のき

に乖《そむ》ける物《もの》なり自《じ》今《こん》以《い》後《こ》免許《めんきよ》を蒙《かうむ》らず昇進《せうじん》の輩《ともから》寺《じ》社《しや》の供僧《くぞう》たらは彼《かの》職《しよく》を停廢《ちやうはい》せらるへき也御歸依《おんきゑ》の僧《そう》たりといふともおなしくもてこれを停止《ちやうし》せらるへし此外《このほか》の禪侶《ぜんりよ》者偏《ひとへ》に顧眄《こめん》の人《にん》に仰《おほせ》てよろしく諷諫《ふかん》の誡《いましめ》あるへし

(41)

一　奴婢雜人《ぬびざうにん》の事《こと》

右〻大將家《みぎうたいしやうけ》の御時《おんとき》の例《れい》に任《まかせ》てそのさたなく十か年《ねん》を過《すき》は理非《りひ》を論《ろん》ぜず改《あらた》めさたに及《およ》はされ次《つき》に奴婢《ぬび》所生《しよしやう》の男女《なんによ》の事《こと》法《ほう》《はう》意《い》の如《こと》くは子細《しさい》ありといへともおなしき御時《おんとき》の例《れい》に任《まかせ》て男《おのこ》は父《ちゝ》に付《つき》女《をんな》は母《はゝ》に付《つく》へきなり

(42)

一　百姓逃散《ひやくしやうてうさん》の時逃毀《ときてうき》と稱《せう》し損亡《そんまう》せしむる事《こと》

右諸國《みきしよこく》の住民逃脱《ちうみんてうたつ》のとき其領主《そのりやうしゆ》等逃毀《てうき》と稱《せう》して妻子《さいし》を抑留《よくりう》し資財《しざい》を奪《うはい》とる所行《しよきやう》の企《くはたて》はなはた仁政《じんせい》に背《そむ》けり若召決《もしめしけつ》せられん所《ところ》に年貢《ねんく》所當《しよたう》の未濟《みせい》あらは其償《そのつくのひ》をいたすへししからすは早《はやく》損物《そんぶつ》を糺返《きうへん》せらるへし但去留《たゝしきよりう》においては宜民《よろしくたみ》の意《こゝろ》にまかすへきなり

(43)

一　當知行《たうちきやう》と稱《せう》して他人《たにん》の所領《しよりやう》をかすめ給《たま》はり所出物《しよしゆつもつ》をむさほりとる事《こと》

右無實《みきむしつ》をかまへかすめ領《りやう》する事式目《ことしきもく》の推《をす》ところ罪科《さいくわ》をのかれかたし仍押領物《よてわうりやうもつ》にをいてははやく糺返《きうへん》せしむへし所領《しよりやう》に至ては沒收《もつしゆ》せらるへき也所領《しよりやう》なくは遠流《おんる》に處《しよ》せらるへし次《つき》に當知行《たうちきやう》の所領《しよりやう》をもてさせる次《ついて》なく安堵《あんと》の御《おん》くたし文《ふみ》を申たまはる事《こと》もし其次《そのついて》をもてはしめて私曲《しきよく》

を致《いた》さんか自今以後《じこんいご》停止《ちやうし》せらるへし

(44)

一 傍輩《はうはい》の罪過未斷《さいくわみたん》以前《いせん》かの所帯《しよたい》を競望《けいはう》する事《こと》

右勞効《みきらうかう》を積《つむ》 輩《ともから》所望《しよまう》を 企《くはたつる》 は常《つね》の習《ならひ》なりしかるに所犯《しよはん》あるよし風聞《ふふん》せしむる時罪狀未定《ときさいしやうみちやう》の處《ところ》に件《くたん》の所領《しよりやう》を 望《のそまん》 かためにその人《ひと》を申 沈《まうししつめん》 と欲《ほつ》する條依爲《てうしよい》(マヽ)のむね敢《あへ》て正義《しやうぎ》にあらず彼《かの》申狀《しやう》に就《つい》てそのさたあらは虎口《ここう》の讒言蜂起《さんけんほうき》してたゆへからさる歟《か》たとひ理運《りうん》の訴訟《そせう》たりといふとも兼日《けんしつ》のけいはうを敍用《しよよう》せられざれ

(45)

一 罪過《さいくわ》のよし披露《ひろう》の時糺決《とききうけつ》せられす所職改替《しよしきかいたい》する事《こと》

右糺決《みききうけつ》の儀《き》なく御成敗《こせいはい》あらは犯否《はんふ》を論《ろん》せす定《さため》て鬱憤《うつふん》を貽《のこ》さんか 者《ていれは》 はやく淵底《ゑんてい》を究禁斷《きはめきんたん》せらるへし

(46)

一 所領得替《しよりやうとくたい》の時前司新司沙汰《ときせんししんしさた》の事《こと》

右所當《みきしよたう》の年貢《ねんく》にをいては新司《しんし》の成敗《せいはい》たるへし私物雜具《しもつさうぐ》ならひに所從馬牛等《しよしうむまうしら》に至《いたり》ては新司抑留《しんしよくりう》に及《およ》はされ況《いはん》や恥辱《ちしよく》を前司《せんし》にあたへしめは別《へち》の過怠《くわたい》に處《しよ》せらるへきなり但重科《たゝしちうくわ》によて沒收《もつしゆ》せられはさたのかきりにあらす

(47)

一 不知行《ふちきやう》の所領《しよりやう》の文書《もんしよ》をもて他人《たにん》に寄附《きふ》する事《こと》 付《つけ》たり名主職《みやうしゆしき》をもて本所《ほんしよ》にふれす權門《けんもん》に寄進《きしん》する事《こと》

右自今以後寄附《みきじこんいこきふ》のともからにをいてその身《み》を追却《ついきやく》せらるへきなり請取人《うけとりひと》に至《いたり》て寺社《じしや》の修理《しゆり》に

付《つけ》らるへし次《つぎ》に名主職《みやうしゆしき》をもて本所《ほんしよ》にしらしめす權門《けんもん》に寄附《きふ》する事《こと》自然《しぜん》にこれあり然《しか》のごとき(蟲損)□《ら》族は名主職《みやうしゆしき》をめして地頭《ちとう》に付《つけ》らるへし地頭《ちとう》なからん所《ところ》は本所《ほんしよ》に付《つけ》らるへし

(48) 一 賣買所領《はいはいしよりやう》の事《こと》

右相傳《みきさうてん》の私領《しりやう》をもて要用《ようよう》の時沽却《ときこきやく》せしむるは定《さた》まる法《はう》也しかるを或《あるい》は勳功《くんこう》につのり或《あるい》は勤《きん》勞《らう》によて別《べち》の御恩《こおん》にあつかるともから 恣《ほしいまゝ》に賣買《はいはい》せしむる條所行旨其咎《てうしよきやうむねそのとか》なきにあらす自今以《しこんい》後《こ》たしかに停止《ちやうし》せらるへきなり若又制符《もしまたせいふ》を背《そむき》沽却《こきやく》せしめは賣人《うるひと》といひ買人《かうひと》といひ共《とも》にもて罪《さい》科《くわ》に處《しよ》せらるへし

(49) 一 兩方《りやうはう》の證文理非《せうもんりひ》顯然《けんせん》のとき對決《たいけん》(マヽ)を遂《とけ》んと擬《ぎ》する事《こと》

右彼此證文理非《みきかれこれせうもんりひ》懸隔《けんかく》のとき對決《たいけつ》をとけすといふとも直《ちき》に成敗《せいはい》あるへき歟《か》

(50) 一 狼藉《らうせき》のとき子細《しさい》をしらすその庭《には》に出向《いてむかふ》ともからの事《こと》

右同意與力《みきとういよりき》のとかにをいては子細《しさい》に及《およ》はすその輕重《きやうぢう》に至《いたり》ては兼《かね》て式條《しきてう》をさためかたし尤《もと》も時《とき》の宜《よろ》(蟲損)□ によるへきか實否《じつふ》をきかんかために子細《しさい》をしらす其庭《そのには》にいてむかはゝ罪科《さいくわ》に及《およ》はす

(51) 一 問狀《もんしやう》の御教書《みけうしよ》を帶《たい》し狼藉《らうせき》をいたす事《こと》

右訴狀《みきそしやう》につゐて問狀《もんしやう》を下さるゝは定《さたま》れる例《れい》なりしかるを問狀《もんしやう》をもて狼藉《らうせき》を致事姧濫《いたすことかんらん》の 企《くはたて》罪科《さいくわ》をのかれかたし申《まうす》ところ顯然《けんせん》の僻事《ひかこと》たらは問狀《もんしやう》をたぶ事《こと》一切《せつ》に停止《ちやうし》せらるへし

起請《きしやう》

御評定《ごひやうちやう》の間理《あひたり》非《ひ》決斷《けつたん》の事《こと》

右《みき》くたんの身《み》れうけんの及《およは》さるによて若旨趣《もししいしゆ》さうゐの事更《ことさら》に心《こゝろ》のまかる所《ところ》にあらすその外或《ほかあるい》は人《ひと》の方人《かたうと》として道理《たうり》の旨《むね》を知《しり》なから無理《むり》のよしを稱申《せうし》又非據《またひきよ》たる事《こと》せうせきありと号《かう》し人《ひと》の短《みしかき》をあらはさゝ覽《らん》かために子細《しさい》を知《し》らしめなから善惡《せんあく》に付《つき》てこれ申さすは意《こゝろ》と事《こと》と相違《さうい》し後日《こにち》の紕謬出來《ひびうてきた》らんか凡《およ》そ評定《ひやうちやう》の間理非《あひたりひ》にをいては親疎《しんそ》あるへからす好惡《かうを》あるへからす只道理《たゝたうり》のをす所心中《ところしんちう》の存知《そんち》傍《はう》輩《はい》をはゝからす權門《けんもん》をおそれす詞《ことは》を出《いたす》す(マヽ)へきなり御成敗事《ごせいはいこと》ぎれ條々縱道理《てうくたといたうり》に違《い》せすといふとも一同《とう》の憲法《けんはう》也誤《あやまつ》て非據《ひきよ》を行《おこな》はるゝといふとも一同《とう》の越度《おつと》也自今以後《じこんいこ》訴人《そにん》幷《ならひ》に其緣者《そのゑんしや》に相向《あひむか》ひ自身《じしん》は道理《たうり》を存《そん》すといへとも傍輩《はうはい》の中其人《なかそのひと》の說《せつ》をもて違亂《いらん》をいたすよしその聞《きこ》へあらは已《すて》に一味《み》の義《ぎ》にあらす殆《ほとんと》諸人《しよにん》の嘲《あさけり》をのこさんか兼又評定衆《かねてはまたひやうちやうしゆ》の中《なか》一行《かう》をかきあたへられは自餘《しよ》の計《はからひ》皆以無道《みなもてふたう》のよし獨《ひとり》これを存《そん》せらるゝに似《に》たるか條々子細《てうくしさい》かくのことしもし一事《し》たりといふとも曲折《きよくせつ》を存《そん》し違犯《いはん》せしめは

梵天帝釋《ほんてんたいしやく》四大天王惣《たいてんわうそう》して日本《ほん》六十餘州《よしう》の大小の神祇《しんき》殊《こと》には伊豆筥根《いつはこね》兩所《りやうしよ》の權現《こんけん》三嶋《しま》の大明神《(蟲損)た口みやうしん》八幡《まん》大菩薩《たいほさつ》天滿大自在天神ぶるいけんそく神罰冥罰《しんはちみやうはち》各《おのく》まかりかうぶるへき者《もの》也仍起請如件《よてきしやうことしくたんの》

貞永元年《ていゑいくわんねん》七月十日

沙　　彌　　淨圓
相摸大掾藤原　　業時
玄蕃允三善　　康連
左衛門少尉藤原朝臣　　基綱
沙　　彌　　行然
散位三善朝臣　　倫重
加賀守三善朝臣　　康俊
沙　　彌　　行西
前出羽守藤原朝臣　　家長
前駿河守平朝臣　　義村
攝津守中原朝臣　　師員
武藏守平朝臣　　泰時
相模守平朝臣　　(稍蟲喰)時房

(奥書)「於二此式目一、外記淸(舟橋宣賢)散位宗尤之相傳、實乘坊書レ之、可レ秘也、
天文貳年中春日
」

〔附録二〕

北條泰時消息

・御式目事

雑務御せいはい《スセコ成敗》のあひた《スセ之間》、おなしてい《セ同躰》なる事《スこと》をも、つよきは申とをし、よはきはうつもるゝやうに候《ツウさふらふ》を、すいふん《スセ隨スセコ分》にせいかう《セコ精好》せられ候へとも、おのつから人にしたかうて輕重なとのいてき《セ出來》候・さらんために、かね《コ兼》てしき《セコ式》てうをつくられ・候、その《諸本其》状一通まいらせ候、かやう《コ樣》の事には、むね《セ宗》とほうりやう《スセコ法令》のもん《スセコ文》につきて、そのさた《スセコ沙汰》あるへきにて候に、ゐ中《スなか》にはそのみち《セコ其道》をうかゝいしりたるもの《スウ物》、千人萬人か中にひとり《セ一人》たにもありかたく候、まさしくおかしつれはたちまち《セ忽》につみにしつむへきぬすみ《セ盗人》よ《セコ夜》うちてい《セ打躰》のこと《スセコウ事》をたにもたくみくわたて《セ企》ゝ、身をそこなうともから《セ輩》おほくのみこそ候へ、ましてしさい《セコ子細》を・しらぬもの《ス物》ゝさた《セコ沙汰》しおきて候らんこと《スツセコ事》を、ときに《スセコ時》のそみて、ほうりやう《セコ法令》にひきいれ《セコ入》てかんかへ《セ勘》候はゝ、鹿《スウしゝ》あな《セ穴》・ほりたるやま《ツセコウ山》にいり《スツセ入》て、しらすし・ておちいらんかことくに候はんか《セコ歟》、このゆゑにや候けん、大將殿の《ス之》御時ほうりやう《セコ法令》をもとめて御

御上コ有一○御式目事セ作御消息一通○に、を並ツウ無○にセ無○もス作ん○らスツ作ひコ作い○候下ツセコウ有は○さらんス作はんすらん○てらセコ作目○れ下ス有て○にセコ無○はウ無恐非○そのス無○のツセコウ無○をツウ無○しりコ無恐非○人ツウ無○かセ作の○まさしくツウ作ましてて恐非○にセ無○つみにセコ無恐非○へきセ無恐非○ゝセ無コウ作候恐非○そこならセコ作そんする○をツウ無○を下コ有も○てツコ無○らスツセコ作は恐是○にウ無恐非○て據スツセコ補○はゝ據スツ補、セコウ作はむは或是○鹿セ作宍○ほ上セ有を恐非○りた據スセ補○やま據諸本補○ツなほりた缺、ウたる缺○し下原有ら據諸本削○にス無○けんス

作覽○のツセウ無○な
とツウ無○々下スコ有
の○又コ無恐非無御セ
無○ねスツウ作○或是
○はれ候原作はスと據
セコ改○者下スなウ有
は○子下スツセん有は
○はツ無○は下ツ有ん
○しス無ツ作くウ○お
のつからス無○スてツ
ウ無○てセコ無よさた
據諸本補○候下に有事
○を諸本無○か○セ作
の○よなとセ作スてウ
作と○えツコ作ス○も
ス作ん○ねス作とツセ
コウ作て○東下くツセ
ウ有の○れ下ツす有て
○候ウ無○へしスウ無
セ作へく候也○ウツウ
作く○はツセコツ無○
地頭スセ無○につツ無
ス作へはセ作へウにセ
無○りてス作らは候へ
し恐非○國下コ○の○
のコ作者恐非○れもに
ス作にも○ら以有六字
ス作らるへく候と作ら
れ候へウ作られ下候○
しるしセコ無○ツらる
セ作ら○へきにてス作
へく○候下諸本へ也○
くツウ作こ○くてスツ
ウ有〳〵○貞永元スツ
ウ無○元コ作三非○八
ス作廿○充所差出書ス
缺○御コ無○御判セ無
ツウ作在｜○殿下ツ有
ヘ

せいはい《スセコ成敗》なと候はす、代々・將軍の御時も又そのき《ツセコウ其儀》なく候へは、いま《スコ今》もかの《セ彼》御例をま
ねはれ候なり《スセウ也》、せんする《セコ所》ところ《詮》、從者・主にちう《スセコ忠》をいたし、子・をや《セコ親》にけう《セコ孝》あり、妻
は夫にしたかは・ゝ、人の心《スツこゝろ》のまかれるをはすて、なを《セ直》しきをはしやう《スセコ賞(但、ス下レアリ)》して、おのつ《コ自》
から土民あんと《セコ安堵》のはかりこと《ス事》にてや候とてかやうにさた《セ沙汰》候・を、京へん《スセコウ邊》にはさため《セ定》て
ものを《スセコ物》もしらぬゑひすとも《コ共》かかき《セ書》あつめたること《スツコウ事》よなと、わらはるゝかた《セコ方》も候はんす
らんと、はゝかりおほえ《セ覺》候へは、かたはらいたきしたいにて候へとも、かねて《セコ兼》さため
られ候はねは、人にしたかふこと《ツウ事》のいてきぬへく候ゆゑ《セ故》に、かく沙汰《ツさた》候也、關東・御
家人守護所地頭にはあまねくひろう《コ披露》して、このこゝろ《セ此　セコウ心》をえ《ツウ得》させられ・候へし、かつ《セコ且》は
かき《セ書》うつして、守護《スすこ》所地頭にはめん〳〵《セコ面と》にくはりて、その《スセコ其》國・うち《スコ内　ツセウ中》の地頭御家人とも
に、おほせ《セコ仰》ふくめられ候へく候、これにもれたる事《ツコこと》候はゝ、おうて《セ追》しるしくわへらる
へきにて候・、あなかしく・、

貞永元《・》
八月八日　　　武藏守御判

するかの《セ駿河　ツウかうの》守殿・

平林本　菅本〔ス〕　鶴岡本〔ツ〕　成追〔セ〕　近本〔コ〕　唯淨裏書〔ウ〕

注ッ作註下同〇を下ッ有は
つけ據ッ補
式原作色據ッ改下同
事下ッ有は〇ゝとッ無
は據ッ補
は據ッ補〇をッ無
候下ッ有か
の下ッ有御恐是

御成敗候へき條々の事注され候狀を・、目録となつくへきにて候を、さすかに政の躰をも注載られ候ゆへに、執筆の人々さかしく式條と申字をつけあて候間、その名をこと〳〵しきやうに覺候によりて式目とかきかへて候也、其旨を御存知あるへく候歟、さてこの式目をつくられ候事《ツこと》は、なにを本説として被注載之由、人さためて謗難を加事候歟、ま事《ツこと》にさせる本文にすかりたる事・候はねとも、たゝとうりのおすところを被記候者也、かやうに兼日にさため候はすして、或はことの理非をつきにして其人のつよきよはきにより、或は、御裁許ふりたる事をわすらかしておこしたて候、かくのことく候ゆへに、かねて御成敗の躰をさためて、人の高下を不論《ツ論せす》、偏頗なく裁定せられ候はんために、子細記録しをかれ候者也、この狀は法令のおしへに違するところなと少々候へとも、たとへは律令格式は、まなをしりて候物《ツもの、》のために、やかて漢字を見候かことし、かなはかりをしれる物《ツもの、》のためには、まなにむかひ候時は人の目をしいたるかことくにて候へは、この式目は只《ツた、》かなをしれる物《ツものゝ》の世間におほく候・ことく、あまねく人に心えやすからせんために、武家の人への・はからひのためはかりに候、これによりて京都の御沙汰、律令のおきて聊もあらたまるへきにあらす候也　凡法令のおしへめてたく候なれとも、武家のならひ、民間の法、それをうかゝひしりたる物《ツもの》は

歟據ツ補
とも據ツ補
誘原作傍據ツ改
此原蟲損據ツ補〇趣原作取、候て御原作まて
に並據ツ改〇謹言據ツ補
九原磨損據ツ補〇十一據ツ補
武藏駿河ツ顚倒
殿原蟲損據ツ補

百千か中に一兩もありかたく候歟、仍諸人しらす候處に、俄に法意をもて理非を勘候時に、法令の官人心にまかせて輕重の文ともをひきかむかへ候なる間、其勘録一同ならす候、故《ツゆへ》に、人皆迷惑と云云、これによりて文盲の輩もかねて思惟し、御成敗も變々ならす候はんために、この式目を注置れ候者也、京都人々の中に謗難を加事候はゝ、此趣を御心え候て御問答あるへく候、恐々謹言

貞永元
九月十一日　武藏守（泰時）在—

駿河守（重時）殿

唯浄裏書　鶴岡本〔ツ〕

武箋首書云従四位上左（右カ）京權大夫平朝臣泰時起請文事、恐非原文

〔附録三〕

北條泰時起請

娑婆世界南瞻部州大日本國、従四位上行左京權大夫平朝臣泰時敬ヨ白眞言教主大日如來、十方三世一切諸佛、大慈大悲地藏菩薩、地前地上諸大薩埵、聲聞縁覺諸賢聖主、梵天帝釋、四大天王、諸天北辰北斗、七曜九曜、十二宮神、廿八宿、本命元辰、當年

別原作列據武箋改　亦同上無恐非
戴原作載意改
官武箋作宮恐非　跡同上作迹
中原作史據同上改　越原作超據同上改
分原作刀據同上改
是以同上無恐非
密原作蜜據同上改　行法同上無恐非
然同上無恐非　邇原作途據同上改
照同上作懸　差出書同上無

屬星、內宮外宮、大小星宿、別亦焰魔法王、泰山府君、司命司祿、五道大神、百部鬼王、天神地祇、年中行疫神、幷部類眷屬等一而言、夫所レ戴者四代將軍恩顧之末、所レ掌者父祖相傳官仕之跡、官帶二京兆大夫一、位爲二大中大夫一、超二于祖一越二于父一、深恐レ之深愼レ之、加之、虞芮之訴訟、吳楚之諍論、御成敗之間、被二裁許一之趣、蒙昧之愚、不レ意而迷二理致一、庸材之拙、短慮而乖二人心一歟、寤寐所レ恐也、且暮所レ愼也、不肖之性、不存之咎、冥衆優レ之、神道鑒レ之、慈悲無偏之志、無レ分二尊卑一、罪科寬宥之思、不レ嫌二輕重一、側聞、此天者、爲二五道冥官之棟梁一、決二一切衆生之罪福一、信心歸依之輩、持念渇仰之人、延二短命一與二榮幸一、退二夭蘖一授二吉祥一、威神自在、感應揭焉、是以、就二秘密敎之軌儀一、每月七ヶ日之行法、銀錢幣帛、蠟燭具供、勸以二禪悅之味一、念以二勝妙之咒一、然者都鄙安穩、遐邇無爲、凡厥照二精誠信力一、鎭垂二晝夜護持一、敬白、

嘉禎四年六月　日

從四位上行左京權大夫平朝臣泰時

近本六八　武箋　事紀

第二部 追加法

一 京都大番事
二 謀叛人追討事
　一據新追補
三 刄傷殺害人禁斷事
　事書下侍篇註貞應元四廿六
　人勾引新追作勾引人
四 地頭等可存知條々

國々守護人幷新地頭非法禁制御成敗條々事 8

一 京都大番事

一 謀叛人追討事
糺㆓明眞僞㆒、隨㆓實正㆒、可㆑致㆓沙汰㆒、

一 刄傷殺害人禁斷事・
右、先相㆓觸所在之庄公㆒、糺㆓明犯否㆒、任㆑實令㆓搦出㆒之時、可㆑請㆓取之㆒、無㆓左右㆒使者亂入事、可㆓停止㆒、兼又國司一所之中、檢非違所別當爲㆑宗所職也、而守護人令㆓管領㆒之間、云㆓盜犯放火㆒、云㆓人勾引㆒、如㆑此犯人不㆑及㆓成敗㆒云々、早停㆓止守護人之妨㆒、任㆓先例㆒、可㆑爲㆓檢非違所之沙汰㆒、

一 地頭等可㆓存知㆒條々
給分所知之外、任㆓自由㆒近隣他領押領、可㆑停㆓止之㆒、
次地頭者、守㆓本地頭下司之跡㆒、可㆑致㆓沙汰㆒也、但、本下司得分無下爲㆓乏少之所㆒

有原作令據新追イ本改

追原作進據新追改

五 新地頭補任庄園公領事

六 未被補地頭所々事

々原作之據新追改

在同上作有

旨下同上有自由恐非

判據同上補

署判原在日下意移

七 諸國守護人幷庄々地頭等偏如不輸私領抑沙汰追出預所鄉司等事

者、隨二御使之注申一、可レ有二計御下知一也、御成敗以前、不レ相二待御計一、領家預所鄉司得分令二押領一之輩者、可レ處レ咎事、

次非二指請所一、任二自由一預所鄉司追出事、慥可レ令二停止一、

一　新地頭補任庄園公領、本地頭下司得分、爲二御使沙汰一、可レ令レ注二進之一、

一　未レ被レ補二地頭一沒收所々、爲二御使沙汰一、可二注進一事、

如二風聞一者、去年兵亂之時、相二從京方一輩之所職所領、大略雖二注進一、猶爲二守護代等一隱二籠庄公多一レ之云々、而在廳官人等、恐二守護代一、詳不二注進一歟、慥任二實正一可レ注二申之一、若又本下司雖レ無二其咎一、沒收內仁注申之所々在レ之者、委尋明可二注進一也、

右條々、守二仰旨一可レ令二下知一、若猶背二禁制之旨一、張二行自由非法一之輩者、云二守護人一、云二地頭職一、可レ被二改易一也、可レ存二知此旨一之狀、依レ仰下知如レ件、

貞應元年四月廿六日　　陸奥守平（義時）判

近本三三―八　新追二二四・一二四・二六六―二六八(但、第二條以下)　侍篇四四(但、第三條ノミ)　[參考]　鏡貞應元年四月廿六日條

一　諸國守護人幷庄々地頭等、偏如二不輸私領一抑二沙汰一、或追二出預所鄉司一、或雖二自

令下恐有脱文
々近本作之恐非
十同上作廿
判同上無

八
付所領致訴訟輩事

抂原作狂意改
事恐當作畢
取原作凡意改
年恐當作巨

相ニ交上司一、不レ及ニ所當辨濟一、加レ之、以ニ吹毛之咎一、損ニ土民等一、自ニ去秋冬一依ニ院宣并殿下仰一、雖レ被ニ禁符一、更以不ニ承引一、因レ之糺ニ眞僞一令・注文如レ是、相模守(時房)武藏(泰時)守相ニ分國々一、代官一人可レ被ニ相副一也、尾張國先爲ニ入部之始一、定代官下向可ニ相散一也、御使者、五月會神事以後、卽可ニ進發一者、仰旨如レ此、仍執達如レ件、

貞應元年五月十八日　陸奥守平(義時)判

追申

國々代官者、器量相計可レ被ニ定遣一也、又經廻計略者、爲ニ在廳沙汰一、訴訟所々可レ充レ之、子細御使被レ仰畢、

新追二二一　近本二三九

一　貞應二年四月三日御下知

付ニ所領一致ニ訴訟一之輩、相ニ語武士一、寄附之間、敢不レ糺ニ理非一、抂ニ沙汰一之由、聞食事、若實者、甚以濫吹也、隨ニ聞及一、慥可レ加ニ制止一、於レ不レ拘レ仰者、注ニ交名一可ニ言上一也、兼又於レ擧レ利者、雖レ經ニ年序一、不レ可レ過ニ一倍一之由、度々依レ被レ仰ニ下宣旨一、代々將軍家成ニ遣下知於諸國一、爰近日武士爲レ取ニ年利一、其沙汰出來之由、所ニ

九
庄公田畠地頭得分十町別免田一町并段別加徵五升事
宣旨事、七道並近條無
十、一、五近條貞式作拾壹伍
給貞式作賜
替原作賃意改近條貞式作貨亦非之據近條貞式補
已同上作既
得分據近條貞式補
丁同上作町
別據同上補

披露一也、若又有二不レ用之輩一者、注二交名一可レ令二言上一也、

近本一九一

一　宣旨事

左辨官下　五畿內諸國七道

應レ令下自今以後、庄公田畠地頭得分、十町別給二免田一町一、并一段別充中加徵五升上事、

右、頃年依二勳功賞一居二地頭職一之輩、各超二涯分一恣侵二土宜一、因レ玆、云二國衙一、云二庄園一、寄二事於彼濫妨一、懈二勤於其乃貢　是非相替、眞僞互雜歟、然間無レ止之佛神事、空以陵替、有レ限之公私領、不レ辨二地利一、天下之衰弊、職而斯由、方今四海已定、萬方靡然、誰輕二宗廟社稷之重事一、誰掠二五畿七道之濟物一、然則一爲レ休二庄公之愁訴一、一爲レ優二地頭之勳勞一、旁從二折中儀一、須レ定二向後法一、文武之道捨レ一不可之謂也、

（藤原家通）
左大臣宣、奉レ勅、庄公田畠地頭得分、十丁別賜二免田一丁一、一段別充二加徵五升一、於二自今以後一者、嚴守二制符一、宜レ令二遵行一者、諸國承知、依レ宣行レ之、

貞應二年六月十五日　大史小槻宿禰

左近條貞式無

一〇
得分事

一近條貞式作壹
丁同上作町
小同上作少

下之同上無恐非

之輩據諸本補

一一
郡內寺社事

如新追無恐非
社原作神據諸本改

致新追作及
自由同上無

左中辨藤原朝臣

新追二六九　近本三九　近條六一　貞式一八　〔參考〕鏡貞應二年七月六日條

去々年兵亂以後所ㇾ被ㇾ補二諸國庄園鄕保一地頭沙汰條々

一　得分事

右、如二　宣旨狀一者、假令、田畠各拾一町內、十町領家國司分、一丁地頭分、不ㇾ嫌二廣博狹小一、以二此率法一免給之上、加徵段別五升可ㇾ被二充行一云々、尤以神妙、但、此中本自帶二將軍家御下知一、爲二地頭一輩之跡、爲二沒收之職一、於下被二改補一之所々上者、得分縱雖二減少一、今更非二加增之限一、是可ㇾ依二舊儀一之故也、加ㇾ之、新補之中、本司之跡、至二于得分尋常地一者、又以不ㇾ及二成敗一、只勘下注無二得分一所々上、守二　宣下之旨一、可ㇾ令二計充一也、仍各可ㇾ賦二給成敗之狀一也、且是不ㇾ帶二此狀一之輩張行事出來者、可ㇾ被ㇾ注二申交名一、隨ㇾ狀可ㇾ被二過斷一也、

一　郡內寺社事

右件寺社者、多是爲二領家進止一歟、若又如二地頭氏寺氏社一者、私進止歟、所詮任二先例一、今更不ㇾ可ㇾ致二自由新儀一、

一二 公文田所案主惣追捕使有司等事
必 近條貞式作各
樣 原作怙據同上改
可 下新追有致
嫌 諸本作妨

一三 山野河海事
此 條新追一九六條目録註同(寛喜三)九一恐非
之 新追一九六條式追無恐是
沙汰 同上作知行
物等 近條貞式無

一四 犯過人糺斷事
此 條後侍篇註五ヶ條內
以 以下三行侍篇無
下 近條貞式作旨恐非
隨 據諸本補
被 據新追補
判 據近條貞式新追補

一　公文、田所、案主、惣追捕使有司等事
右件所職、隨レ所或在レ之、或無レ之、必雖レ非二一樣一、所詮任二先例一、於二領家國司進止之職一者、地頭更不レ可レ嫌、若又亂逆時、依レ爲二指犯過之跡一、雖レ兼二帶其職一、如レ舊可レ從二領家國司之所務一、

一　山野河海事
右、領家國司之方、地頭分、以二折中之法一、各可レ致二半分之沙汰一、加レ之、先例有レ限年貢物等、守二本法一不レ可二違亂一、

一　犯過人糺斷事
右、領家國司三分之二、地頭三分之一、可レ致二沙汰一也、
以前五ヶ條、且守二　宣下之旨一、且依二時儀一、可レ令二計下知一也、凡不レ帶二此狀一之輩、若寄二事於左右一、猥張行事出來者、領家國司之訴訟不レ可二斷絶一、隨二交名到來一、可レ令二過斷一也、以二此旨一兼普可レ被二披露一也者、仰旨如レ此、仍執達如レ件、

貞應二年七月六日　前陸奥守(義時)　判
相模守殿(時房)

近本四〇―四四　近條六二―六六　貞式一九―二三　新追三〇四・一六九・三〇五・三〇六・一九六(三〇六重出)・三〇七

式追九四・一一一（但、第二・四條ノミ）　侍篇二二（但、第五條及ビ日付充所差出書ノミ）　［參考］　鏡貞應二年七月六日條

下以下二行新追缺
諸以下六字據後式補

一五　可令搦禁勾引人幷賣買人輩事

旨新追式追後式作下
誘原作讒據後式改
之據新追式追後式補
所差原作差所據後式改

習下新追有于今或是
可新追後式無恐是
與據新追近追後式補

一六　可停止博戲輩事

事下新追式追註嘉祿二

賭原作暗據近條改

錢原作殘據近條新追式追改

內原作由據後式侍篇イ本改

一七　可禁斷私出擧利過一倍幷擧錢利過半倍事

下　諸國御家人等

可㆘早守㆓宣旨狀㆒令㆗禁斷㆖條々事

一　可㆑令㆑搦㆓禁勾引人幷賣買人輩㆒事

右、嘉祿元年十月廿九日宣旨狀[9]偁、略㆑人之罪、和誘之科、章條所㆑差、給恰不㆑輕、兩事之禁、相犯之輩、時俗積習、未㆓懲改㆒、慥仰㆓京畿諸國所部官司等㆒、可㆑令㆑搦㆓進彼輩㆒、知而不㆑糺、與同罪者、

一　可㆑停㆓止博戲輩㆒事

右、同狀偁、近年遊蕩之輩、博戲之處、不㆑限㆓度數㆒、賭以㆓宅財㆒、勝負之間、喧嘩殊甚、與宴之思、變及㆓鬪殺㆒、雜律之文、已准㆑盜論、宜㆘仰㆓檢非違使㆒、且搦㆓進其身㆒、且令㆖處㆓其科㆒、抑意錢之好者、餘戲之內也、當時濫吹、起㆑從㆓斯事㆒、一切加㆓禁遏㆒、同令㆓斷罪㆒者、

一　可㆑禁㆘斷私出擧利過㆓一倍㆒、幷擧錢利過㆗半倍㆖事

右、同狀偁、出擧之利、令格相存、而下民之輩、至㆓于過㆑期、廻㆑利爲㆑本、過責爲

歳近條後式作年
過據諸本補
收原作以據近條後式改
雖據新追式追後式補
出下原有於據近條後式削
若以下七字式追抹消
恐非
卽新追式追作節非
畢近條作了
跡近條後式作永非
下近條作旨恐非
之據近條後式補
犯下之據新追式追後式補
判據新追補
署判原在日下意移

一八
諸國庄々地頭致非法濫妨事
與原作而意改

レ先、未レ經二幾歳一、忽及二數倍一、殆煩二王臣家一、動妨二諸庄園一、如レ斯之漸、費在二朝家一、且仰二京畿諸國等一、且任二弘仁建久格一、雖レ過二四百八十日一、不レ得レ過二一倍一、於二擧錢一者、宜下限二一年一、收中半倍利上、縱雖レ積二年紀一、莫レ令二加增一、縱雖レ出二・證文一、莫レ令二敍用一、若猶有二違犯一者、令三負人觸二訴使廳一、糺二返文書一、沒二官其物一者、

以前條々事、宣旨到來之卽下知先畢、守二狀跡一可レ令二禁斷一焉、宣下之旨、其篇雖レ多、於二件三ヶ條一者、嚴制殊重、若有二違犯之輩一者、不日可レ注二進交名一之狀、依二鎌倉殿仰一下知如レ件、

嘉祿二年正月廿六日

武藏守平（泰時）判

相模守平（時房）判

近本五九―六一　近條二一―二三　大本一九―二一　後式五九―六一　新追一二〇・一五一・一五二　侍篇四七・四八（但、第一・二條ノミ）　式追八二・八三（但、第一條缺）　［參考］鏡嘉祿元年十月廿九日條、同二年正月廿六日條

一　諸國庄々地頭中、致二非法濫妨一之由、訴訟出來之時、對二決兩方一爲二是非一、於二京都一與二沙汰人預所一可レ遂二問注一之旨、被二下知一之處、稱レ觸二正員一、地頭代面々對捍、不レ令二參決一云々、事實者甚不當也、雖レ爲二代官一、爭可レ令二難澁一哉、自今以後、猶遁二

判據新追補

事於左右一、於下不レ隨二催促一之輩上者、殊可レ有二御沙汰一也、定有二後悔一歟、兼以二此旨一、可レ令二觸知一之狀、依レ仰執達如レ件、

嘉祿三年閏三月十七日

武藏守（泰時）・判

相模守（時房）・判

掃部助殿（時盛）

修理亮殿（時氏）

近本一六七　新追二七一

一九　西國新補地頭幷本補輩事

被下原有載據近本剳

或下恐有就

令上鏡有二ヶ度恐是

判同上無

一　西國庄公新補地頭、幷本補輩之中、依二領家預所訴訟一、或遂二一決一被二・裁斷一、或・證文加二下知一事等、重時朝臣時盛雖レ令二施行一、正員及代官、不二承引一之族有二其數一云々、且御成敗似レ不二事行一、且諸人之訴訟不二落居一之條、旁以不便也、於二自今以後一者、・令二下知一之上、尚不二敍用一者、可レ被二注申一也、傍輩向後相鎭之樣、可レ有二御計一、定後悔出來歟之由、兼遍可二觸仰一之狀、依二鎌倉殿仰一執達如レ件、

寛喜二年十一月七日

武藏守（泰時）・判

相模守（時房）・判

(重時)駿河守殿
(時盛)掃部助殿

新追二七二　近本一六八　［參考］鏡寛喜二年十一月七日條

寛喜三年三月十九日乙巳、今年世上飢饉、百姓多以欲ニ餓死一、仍武州(泰時)、伊豆駿河兩國之間施ニ出擧米一、可レ救ニ其飢一之由、被レ仰下聞有ニ倉廩一輩上、豐前中務丞奉ニ行之一、件奉書被レ載ニ御判一云々、

今年[10]世間飢饉之間、人民餓死之由風聞、尤以不便、爰伊豆駿河兩國入ニ出擧一之輩、依レ不レ始レ施、彌失ニ計略一云々、早可レ入ニ把馴出擧一之由、所レ被ニ仰下一也、兼又、後日若有ニ對捍一、隨ニ注申一、可レ有ニ御沙汰一之由候也、仍執達如レ件、

寛喜三年三月十九日　中務丞實景奉

矢田六郎兵衞尉殿

鏡同日條

二〇　出擧事

馴恐當作利

二一　盜賊贓物事

一　盜賊贓物事　(寛喜三年)去年四月廿日評定[11]

年次新追作嘉禎三四廿評、近本作天福元四廿二評、並恐非、侍篇去年無崎本年次無已據新追式追成追近本近條補畢崎本近條作了侍篇作訖錢下成追有貨本宅據崎本成追近條新追式追宣抄補

右、已依二贓物之多少一、被レ定二罪科之輕重一畢、假令錢・百文若貳百文以下輕罪者、以二一倍一令レ辨二償之一、可レ令レ安二堵其身一、三百文以上之重科者、縱雖レ行二一身科一、更莫レ及二三族之罪一者、於二親類妻子幷所從等一者、如レ元可レ令レ居二住本宅一也、次同宿所家主懸二罪科一否事、不レ知二其意一者、不レ及二家主罪科一之由、度々經二其沙汰一畢、

貞本四　運本四　崎本四　成追四　近本四　近條四　京本四　大本三　新追一四〇　式追七八　侍篇二四・四二
(重出)　蘆抄　敦注　宣抄　枝抄　三抄

二二 強盜殺害人事

自兼至仰六十四字近本侍篇缺
及下原有致據宣抄削

一　強盜殺害人事、於二張本一者、被レ行二斷罪一、至二餘黨一者、付二鎮西御家人在京之輩幷守護人一、可レ下二遣鎮西一也、兼又盜犯人中、假令錢百文、若者二百文之程罪科事、如レ此之小過者、以二一倍一可レ致二其辨一也、於二重科之輩一者、雖レ召二取其身一、至下于不二同意一緣者親類上者、不レ可レ及二・煩費一者、依レ仰執達如レ件、

寛喜三年四月廿一日　　武藏守(泰時)　判
　　　　　　　　　　　相模守(時房)　判

駿河守殿(重時)
掃部助殿(時盛)

新追一〇二　式追五六　侍篇四三(同上)　近本二八(但、節略文)　宣抄　枝抄　三抄　[參考]　鏡寬喜三年四月廿一日條

二三　本年貢外半分事
野據新追補　外原作例意改、近條新追作例外亦非　御據近條新追補　寺原作事據近條改　領家據近條新追補　召新追作公　乎近條作哉

二四　本司跡名田事
公近條作免

諸國新補地頭得分條々

一　本年貢外半分事

右、於㆓田畠㆒者、十一町別、給田畠各一町、加徵段別五升者、爲㆓正稅官物內㆒之條勿論也、至㆓山野河海所出㆒者、除㆓本年貢之外、可㆑致㆓半分沙汰㆒之由、御下知先畢、而今地頭者、以㆓神社佛寺之上分、本家領家之召物㆒、爲㆓本年貢㆒之由申㆑之、雜掌者、預所定使得分、皆以年貢內也、不㆑可㆓割分㆒之由申㆑之云々、以㆓預所定使得分㆒、號㆓年貢㆒者、以㆓何餘剩㆒、可㆑致㆓半分之沙汰㆒乎、地頭所㆑申、非㆑無㆓其謂㆒焉、

一　本司跡名田事

右、地頭者、以㆓件名田內㆒、引㆓募新給田㆒、其殘者辨㆓濟所當㆒、不㆑可㆑勤㆓公事㆒之由申㆑之、雜掌者、給田之外者、如㆓百姓㆒可㆑辨㆓勤所當公事㆒之旨申㆑之、雜公事不㆑蒙㆓領家預所之免許㆒、任㆓自由㆒不㆑及㆓立用㆒、雜掌所㆑申、有㆓其謂㆒歟、然者於㆓給田餘剩㆒者、可㆑令㆑辨㆓勤所當公事㆒矣、

二五 桑代事
分下近條有哉或是山下慶本追記野

二六 苧在家役麻樹木五節供以下事
木原作本據原傍書新追改
可下近條有相或是今同上作令

二七 地頭方厨事
時近條作尅在御同上無

一　桑代事
右、地頭分可二割分一・否之由、雖レ載二篇目一、兩方申旨子細不レ詳、但隨二其所一皆有二差別一、於レ爲二山・所出一者、除二本年貢一之外、可レ致二半分之沙汰一、至レ爲二在家役一者、可レ依二在家率法一焉、

一　苧在家役、麻樹木五節供以下事
右、地頭者、毎物可レ被二分充一之由申レ之、雜掌者、新補率法條々之外也、雖二一塵一不レ可レ・交之由申レ之云々、今除二本家領家年貢一之外、可レ爲二半分之沙汰一也、然而於下無二領家定使得分一之所々上者、不レ可レ及二地頭得分沙汰一、但至二五節供一者、一向可レ令レ停二止地頭口入一也、次白苧事、先々御成敗之所々者、非二沙汰之限一矣、

一　地頭方厨事
右、長日厨事、一向可二停止一之由、御下知先畢、仍不レ及二異儀一焉、
以前條々、以二此旨一、可レ被レ加二下知一之状、依二鎌倉殿仰一、執達如レ件、

寛喜三年四月廿一日 午時
(泰時)武藏守 在御判
(時房)相模守 在御判
(重時)駿河守殿

二八 諸社祭時飛礫事
所下式追有仰或是
判近本無

二九 諸國新補地頭沙汰事
右、也並近本無
本年貢之外同上無、
恐當爲細註

掃部助殿（時盛）

近本二三―二七　近條一五―一九　大本一三―一七　新追二七八―二八一・二七〇　［參考］鏡寛喜三年四月廿一日條

慶本

一　諸社祭之時、非職之輩、好二武勇一之類、礫飛之次、刄傷殺害之條、固可レ被レ加二制止一也、而依レ令レ禁二遏此事一、世間飢饉之由、京中雜人風聞云々、泰時在京之時、殊雖レ加レ制、全以無二其儀一、是則好二武勇一之輩、寄二事於左右一、令二構申一歟、甚不レ足二信用一、但於二礫飛一者、非二制之限一、至二武藝一者、可二停止一之由所レ・候也、仍執達如レ件、

寛喜三年四月廿一日　武藏守（泰時）・判
相模守（時房）・判

新追一　式追一　近本一四七　［參考］鏡寛喜三年四月廿一日條、文永三年四月廿一日條

一　諸國新補地頭沙汰事

・右、可レ停二止非法一之由、度々雖レ被二仰下一、猶以不二相鎭一歟、尤不便・也、十一町別給田、段別加徵、山河半分、・本・年・貢・之外、犯過人三分之一、已上如レ此、但領家地頭令二

之跡近條作跡之或是
務近本近條作部
之據近條補
令下近條有致
令同上無
居住同上作安堵
可同上作及
宥下同上有也
罰下近本近條有者其類
被、也、且並同上無
判近本無

和與一、就二本司之跡所々一者、非二沙汰之限一、抑寄二事於犯過一、致二所務煩費一云々、假令於二錢百文已下之盜犯一者、以二一倍一令二辨償一、可レ令レ安二堵其身一、至二于三百文已上之重科一者、雖レ搦二取其身一、不レ可レ煩二親類妻子所從一、如レ元可レ令二居住一也、謀叛夜討類者、不レ可二寬宥一、自今以後、若以二少事一、令レ追二捕民烟一、及二亂罰一之地頭者、隨二領家預所住民等之訴一、可レ被レ改二補所職一、縱雖レ爲二先祖之本領一、亦雖レ爲二勳功之勸賞一、永不レ可レ被レ充二行其替一、然者兼可レ令二思慮一也、普先可下令二觸廻一給上也、且爲レ糺二明犯否一、來秋冬比、可レ被レ差二遣巡檢使一、其以前訴訟出來者、尋二決兩方一、可レ被二注申一、罪科無レ所レ遁者、可レ有二殊沙汰一之狀、依二鎌倉殿仰一執達如レ件、

寬喜三年五月十三日

（泰時）武藏守　判
（時房）相模守　判

（重時）駿河守殿
（時盛）掃部助殿

新追二九五　近本二九　近條二〇　大本一八　【參考】鏡寬喜三年五月十三日條

三〇 諸國守護人地頭不承引六波羅召文下知事

一　諸國守護人地頭、或正員或代官、依二領家預所之訴訟一、自二六波羅一、爲レ遂二對決一、

判近本無

遣二召文一、爲レ停二止非法一、加二下知一之處、不二承引一之族在レ之云々、二ヶ度者可二相觸一、及二三ヶ度一者、可レ注二申關東一之由、先日被二仰下一畢、而存二優如之儀一、不レ被レ申之由、有二其聞一、事實者、狼藉爭可二相鎮一哉、於二自今以後一者、無二容隱一可下令二言上一給上之狀、依二鎌倉殿仰一執達如レ件、

寛喜三年五月十三日

武藏守（泰時）・判

相模守（時房）・判

駿河守殿（重時）

掃部助殿（時盛）

新追二二二　近本三〇　［參考］鏡寛喜三年五月十三日條

三一　諸國守護人奉行事

一　諸國守護人奉行事、大番催促、謀叛、殺害人之外、不レ可レ管二領細々雜事等一之由、故右大將家御時、被二定置一畢、而近年以二少事一偏煩二所部一云々、太無二其謂一、庄家地頭、公領檢非違所、可レ致二何沙汰一哉、然則守護人者、三箇條之外、不レ可レ致二過分之沙汰一、地頭檢非違所廻二寛宥之計一、可レ專二乃貢勤一之由、面々被レ遣二御教書一、自今以後、若有二違亂之輩一者、就二領家預所住民等之訴訟一、尋二決兩方一、可レ被二注申一、罪科

判近本無

無レ所レ遁者、可レ令レ改ニ補所職一之狀、依ニ鎌倉殿仰一執達如レ件、

寛喜三年五月十三日

武藏守(泰時)　判

相模守(時房)　判

新追一九一　近本三一　枝抄（但、節略文）　〔參考〕鏡寛喜三年五月十三日條

三二 海路往反船事

遭近本近條武箋作逢　然下成追一本有被　太同上作甚　諸人之歎也同上無　哉近條作乎　慥以下六字成追一本無　可以下六字同上作彼　損物已下慥船主可被糺返　尚近條成追一本作猶　於成追一本無　不下原有被據近本武箋削　鎌倉殿成追一本無　判近本武箋無　充所式追缺

一　海路往反船事

右、或及ニ漂倒一、或遭ニ難風一、自然吹寄之處、所々地頭等號ニ寄船一、無ニ左右一押領之由有ニ其聞一、所行之企、太以無道也、縱雖レ爲ニ先例一、諸人之歎也、何以ニ非據一可レ備ニ證跡一哉、自今以後、慥隨ニ聞及一、且令レ停ニ止彼押領一、且可レ被レ糺ニ返損物一也、若尚遁ニ事於左右一、不レ拘ニ制法一者、可レ被レ注ニ進交名一之狀、依ニ鎌倉殿仰一執達如レ件、

寛喜三年六月六日

武藏守(泰時)　判

相模守(時房)　判

駿河守殿(重時)

掃部助殿(時盛)

三三　山僧神人等稱寄附神領押妨甲乙庄園等事

宣旨　近本在日下事同上無

振下恐有脱字

之原作々　波原作狀、並意改

墜原作墮意改

一　宣旨事　寛喜三年六月九日

近曾山僧神人等、寄二事於面々沙汰一、有二振・於所々風聞一、其旨趣有二由緒一、經二上奏一、可レ隨二理非一、而或稱二寄附神領一、押三妨甲乙之庄園一、或號二供用物一、煩二遠近之屋舍一、殆有下施二耻辱一者上、又有下及二侘傺一輩上、爲レ世爲レ人、不レ可レ不レ禁、自今以後可レ令二停止一、若背二鳳銜一、猶致二狼藉一者、縱雖レ爲二神人宮仕一、爭遁二皇憲朝章一、令レ解二其職一、仰二有司幷武家一、速糺二罪過一則無レ禍、凡於二在家一亂三責負累物一者、處二之綠林一、於二行路一點三定運上物一者、准二之白波一、早任二其愆一可レ行二其科一者、斷三罪本主及得レ語人一、宜下下三知本社本寺一、守二此嚴制一、莫中失墜上矣、

新追一九五　式追一一〇　近本三二　武箋（但、假名交リ文）　近條四一　成追一本一　〔參考〕鏡寛喜三年六月六日條

新追九　式追六　近本一四六

三四　所預置召人令逃失罪科事

年次成追侍篇作去年七月廿日評定、近條

一　所二預置一召人令二逃失一罪科事　（寛喜三年）去年七月評12

右、預三置謀叛人一之處、其召人於レ令二逃失一者、依レ爲二重科事一、可レ被レ召二所領　也、

枝抄三抄作同七廿評、近本作天福元七十、新追式追作嘉禎三七廿評、崎本無
爲據新追式追成追侍篇補
科據成追近條補
怠下同上有也
也新追式追近本侍篇無
歟近本作也

三五 貞應嘉祿以後盜賊跡所領事
年次原イ本運イ本作寛喜京本作寛喜三年八月五日新追近條作寛喜三年天福元八八評近本宣抄作嘉禎三八五崎本無
取運本作捕
早近條無
主成追近條崎本新追侍篇作所恐非
於所領內據京本新追侍篇補
改近本近條崎本新追侍篇無或是也新追作之矣

三六 佛神事田內加徵米事
了原作可意改

其已下者不レ可レ處ニ罪科ニ、隨ニ輕重ニ可レ被レ行ニ過怠ニ、所謂寺社修理等是也、但逃脫之後、爲レ令ニ尋求ニ、三ヶ月者可レ被ニ延引ニ也、若三ヶ月之內不ニ尋出ニ者、隨ニ事之躰ニ、可レ有ニ其沙汰ニ歟、

貞本五　運本五　成追五　近本五　近條五　京本五　大本五　崎本五　新追一四一　式追七九　侍篇二五　蘆抄　敦注　枝抄　三抄

一　貞應嘉祿以後盜賊跡所領事　（寛喜三年）去年八月五日評定13　（四八九頁訂正一參照）

右、縱雖レ搦ニ取其身ニ、於ニ所領ニ者、不レ及ニ沒收ニ、早可レ被レ返ニ付本主ニ、但籠ニ置惡黨於所領內ニ、雖レ觸ニ子細ニ、至ニ拘惜ニ者、爲レ懲ニ狼藉ニ、尤可レ被レ改ニ補地頭ニ也、

貞本一　運本一　成追一　近本一　近條一　京本一　崎本一　新追二三二　侍篇二三　蘆抄　敦注　宣抄（但、節略文）　枝抄（同上）　三抄（同上）　近抄（同上）　事紀　［參考］鏡弘長三年十月十日條

一　佛神事田內加徵米事

右、就ニ定田ニ可レ引ニ募給田加徵ニ之由、一同御下知了、然者於ニ除田內ニ者、可レ令ニ停止ニ也、

三七 三ヶ日厨事
三八 檢注雜事內地頭剩取事
三九 五節供事
事下新追イ本式追イ本有右充課百姓事令停止之矣、恐竄入
月下新追式追有七月
四〇 新補地頭注出新田一向可進止否事
新原作雜據新追改
四一 山畑事
判據新追補

一　三ヶ日厨事
右、同可レ令二停止一也、
一　檢注雜事內、地頭剩取事
右、任二先下知一可二停止一也、
一　五節供事・
右、可二停止一之由、先下知已畢、而今地頭面々所レ申、聊非レ無レ理歟、三月五月・九月分者、一向不レ可レ爲二地頭口入一、至二于歲末節料一者、地頭可二分取一也、
一　新補地頭注出新田、一向可二進止一否事
右、如二本田一、
一　山畑事
右、領家地頭各可レ致二半分之沙汰一也、
以前條々、14 守二此旨一可レ被二成敗一也、兼又、若寄二事於此下知奉一、於下令二違亂一所々上者、更不レ可二承引一之狀、依二鎌倉殿仰一執達如レ件、

寬喜四年卯月七日

武藏守（泰時）・判
相模守（時房）・判

(重時)駿河守殿
(時盛)掃部助殿

近本一六九―一七四　新追一五九・二二三・二九六―二九九　式追一四九(但、第四條ノミ)　[參考]　鏡貞永元年四月七日條

一　畿內近國幷西國堺相論事　(貞永元年)去閏九月一日評15

右、共以爲二公領一者、尤可レ爲二國司之成敗一、於二庄園一者、爲二領家之沙汰一、經二奏聞一、可レ令レ蒙二聖斷一、而地頭等任二自由一相論之條、慥可レ被二停止一・、

貞本二　運本二　成追二　近本二　近條二　京本二　大本一　崎本二　蘆抄　敦注　事紀　[參考]　鏡貞永元年九月一日條・閏九月一日條

一　預所名田可レ落二公田一否事

右、假令以二預所名田內一、可レ落二公田一之由、預所書二去文一、兼一二代歟、其後預所令レ悔・之處、去文之上者、可レ爲二公田一之旨、地頭代令二支申一歟、縦雖二公田一、於レ有レ限預所一者、可レ爲二預所進止一也、

四二 畿內近國幷西國堺相論事
年次成追作去閏九月一日評定、近本作同閏九一、近條作嘉禎四年閏九一被定之、崎本無
令諸本無或是
被近條作從崎本作令
止下成追有矣近本崎本有焉

四三 預所名田可落公田否事
兼恐當作經
悔下慶本追記返恐是
縱原作假據新追改

四四 預所檢注以後地頭耕作田事

一　預所檢注以後、地頭耕作田事

右、預所重不レ遂二檢注一之以前者、可レ取二所當一之由、預所申旨、頗無二其謂一歟、然而地頭令二和與一、於レ令レ濟三減斗代所當一者、不レ及二子細一歟、但自二本所一遂二有レ限檢注一時者、可レ爲二公田一也、地頭令二進止一・否事者、可レ依二本所和與一也、

四五 畠地子二ケ度地頭可取否事

止原作上據新追改
止下原有御據同上削

一　畠地子二ケ度春夏地頭可レ取否事

右、領家二ケ度被二收納一歟、就レ之、地頭可二相當一之由、所レ申雖レ無二子細一、十一町別給畠、段別五升加徵之外、不レ可レ有二違亂一也、

四六 御教書一兩條訴狀數ケ條事

一　御教書一兩條、訴狀數ケ條事

右、自今以後者、可レ被二成分一也、就二御教書一可二沙汰一也、

四七 所載式目御家人事

別恐當作外

一　所レ載二式目一御家人事

右、新二補地頭一所々内下司職之輩者、大番一役別不レ可二催促一、亦無二地頭一所々下司以下庄官、自レ本爲二御家人一者、可レ催レ之、若亦所領有二相違一者、不レ及二駈催一也、

四八 本司跡事

一　本司跡事

右、地頭今更令二違亂一者、如レ元不レ可二相違一之由、可下令二下知一給上、

四九 出訴訟後可被止知行由訴申間事

一　出二訴訟一後、可レ被レ止二知行一由、訴申間事

五〇
三ヶ度召符以後不參決事

五一
點定物事

物下新追式追有事
經原作給據同上改
致原作被據同上改
付下恐當有出
對原作封據式追改
判據新追式追補

右、尋決之後、於二理非顯然事一者、且可レ被二下知一也、

一　三ヶ度召符以後不二參決一事

右、無二其子細一、於レ不レ隨レ召者、可レ被二下知一也、若又雖レ令二成敗一、論人帶二證文一令レ申者、可二尋沙汰一也、

一　點定物事

右、點定物・者、爲二狼藉基一之間、先糺二返之一、可レ・經二沙汰一之由、下知先畢、依レ之、尋明之後、任二道理一可レ・致レ辨旨、雖レ令二成敗一、無二其沙汰一之條、爲二論人一尤不便也、自今以後者、件點定物、無二左右一不レ可レ被レ返二付本主一、訴人論人兩方付・・對、糺明之後、隨二理非一可レ被二成敗一也、

貞永元年十二月十九日 16

武藏守（泰時）・判
相模守（時房）・判

駿河守殿（重時）
掃部助殿（時盛）

近本一七五—一八三　新追三〇〇—三〇二・二二一・二九三・一三九（但、第四・七・八條缺）　式追一五〇・七六（但、第三・九條ノミ）　三抄（但、第五條ノミ）　枝抄（同上）　［參考］　鏡貞永元年十一月廿九日條　慶本

五二 在京御家人大番役事

一　在京御家人者、大番役不レ能二勤仕一、可下令レ存二其旨一給上之状、依レ仰執達如レ件、

貞永元年十二月廿九日

武藏守（泰時）

相模守（時房）

駿河守殿（重時）

近本一九二　〔參考〕鏡貞永元年十二月廿九日條

五三 依藝能被召仕輩所領事

器下諸本有量或是

一　依二藝能一被二召仕一輩所領事（貞永元年十二月以前）17

右、或讓二渡他人一、或非器・之輩相傳之條、無二其謂一之由、議定先畢、仍付二器量一可レ令二相傳一也、

貞本三　運本三　成追三　近本三　近條三　大本三　崎本三　新追三三八　蘆抄　敦注

五四 以田地所領爲雙六賭事

事書下近條註文曆二世恐非
由下近條新追式追有
從成追貞本作被或是
近條作憔恐顚倒
可下新追式追有被成
追近本崎本侍篇有令

一　以二田地所領一、爲二雙六賭一事・（貞永元年十二月以前）18

右、博戲之科、禁制惟重、而近年匪二啻背二制符一、剰以二田地一爲レ賭之由、・間有二其聞一、自今以後、可レ從二停止一、若猶令二違犯一者、早被レ處二重科一、可・レ沒二收其賭一矣、

五五　就大風以前出擧事御使派遣事

運本六　貞本六　近本六　近條六　成追六　京本六　大本五　崎本六　新追一五三　式追八二　侍篇二六
敦注　蘆抄　事紀

天福元年四月十六日庚寅、大風以前出擧者、不レ論二上下親疎一、停二止一倍一、以二五把利一、可レ爲二一倍一之由被レ定、遍爲レ令レ下二知諸國一、差二定奉行人一、被レ注二遣六波羅一、云々、

御使

一手　宗監物孝尙十ヶ國

河内　攝津　伊賀　伊勢　尾張　近江　飛驒　若狹　越前　美濃

一手　治部丞實成九ヶ國

山城　丹波　丹後　但馬　因幡　伯耆　出雲　石見　長門

一手　左衞門尉明定十一ヶ國

播磨　美作　備前　備中　安藝　伊与　土左　阿波　淡路　紀伊　和泉

近本一四八　鏡同日條　[參考]　鏡天福元年七月九日條

自天至云々三行據鏡補
御使鏡無
實鏡作宗

自就至內二十七字據侍篇補

五六　半不輸所々地頭方公事可勤仕否事

之原作々意改

未原作等據新追改

半下慶本追記不地原作他據新追改

五七　本司跡名田畠事

就二天福元年八月十五日六波羅御注進十七ヶ條一、被レ加二關東押紙一內、

一　半不輸所々、地頭方公事可二勤仕一否事

右、或辨二濟所當於國司領家一、令レ勤二仕公事於寺家社家一所々在レ之、又辨二濟所當於國司一、令レ勤二仕公事於權門御邊一地等在レ之、其內於二人役一者、大略令レ勤二仕地頭役一候歟、至二于神領半不輸一者、未レ切二相論一候、何樣可レ候哉、尤可レ被二仰下一候歟、

押紙云、雖二神領之半・輸一、隨分可レ勤二仕之一、但不レ可レ准二普通一之所、又嚴重異レ他之所、依レ補二地頭一、本所役可二闕如一者、縱雖レ可レ被レ止二地頭一、不レ被レ止之例也、爭隨二分限一不レ勤哉、

一　本司跡名田畠事

右、本司自二承久亂逆一以前、讓二與女子一、或付二屬他人一之名田畠等、此內沽却地在レ之本司依二合戰一被二沒收一、其跡新地頭給レ之畢、而彼田畠雖レ讓二與他人一、依レ爲二本司之跡一、混二領之由、地頭申レ之、又當時領主者、不レ可レ然之由申レ之、可レ加二下知一次第、分明可レ被二仰下一候歟、

押紙云、承久以前各別之所、新地頭不レ可二混合一也、

五八　地頭所務內百姓犯科跡事
而據侍篇補
令原作今據同上改
候同上作狀
處原作間據同上改
先同上作前
作毛原作母新追作每年並非據侍篇改
歟據侍篇補
前同上作先

五九　西國守護代等申國中所々犯人等事
輩原作事據式追改
自本侍篇作本自
寺等原作事之據同上改
先々據同上補
尋同上作糺下同
或據同上補
輒原作輕據同上改
亦同上作又
無下同上有其
置同上作補或是
爲式追侍篇無
不及侍篇無
細下同上三字分空白
具原作其時據同上改
取下原有令時據同上削
堺同上作路次、次行亦作路次非

一　地頭所務內、百姓犯科跡事

右、日來者、號ニ地頭一向進止一、令ニ押領一歟、而令ニ訴訟出來一之時、所詮可レ致ニ半分沙汰一之旨、被レ下ニ關東御下知一候之處、雜掌者、先々地頭押領分作毛半分充可ニ領知一歟、不レ然者成ニ百姓名一、兩方可ニ召仕一歟之由申レ之、地頭者、於ニ前々領知分一者、一向可ニ領知一也、自今以後、可レ致ニ半分沙汰一之旨申レ之、何樣可レ候哉、尤可レ被ニ仰下一候歟、

押紙云、可レ爲ニ半分一之由被レ定畢、不レ可レ論ニ御下知之前後一、可レ致ニ半分沙汰一也、

一　西國守護代等申國中所々犯人等事

右、國中犯科輩出來之時、自レ本守護入部之地者、不レ及ニ子細一、其外權門勢家神社佛寺等領、先々號ニ不入部一、於ニ其所堺一、可レ尋ニ明犯否一之由、觸遣之時、或一日路、或二日路、如レ此候之間、其堺者則或野中、或於ニ山中一、擬ニ尋明一之間、往反不レ輒、亦於レ事非レ無レ煩、所詮被レ置ニ守護人一事、爲ニ如レ此事一也、於ニ守護所一、糺ニ明犯否一之時、於レ爲ニ無實一者、不レ及ニ子細一、若又爲ニ實犯一者、具ニ返本所一、令ニ請取一之時者、尤於レ堺可ニ請取一之由、可レ被ニ仰下一歟、

押紙云、先々沙汰輙不レ可レ改、任ニ先例一、於レ堺可レ令ニ糺定一也、

六〇 號先々不召渡守護所直 送進犯人於京都事
進原作遣據侍篇改

一 號二先々不レ召二渡守護所一、直送二進犯人於京都一事
右此條々、尤可レ被二定下一候歟、
押紙云、不レ召二渡守護所一者、直可レ令レ進二關東一也、

六一 大番衆令逃失召人事
此條底本侍篇

一 大番衆令レ逃二失召人一事
右、召人出來之時、令レ預二大番衆又在京輩一處、令二逃失一畢、然而其科怠輕重依下難二定申一候上、于レ今不レ致二沙汰一候之間、或強盜、或殺害人、大略十之八九、令二逃失一候也、爲二自今以後一、尤可レ被二定下一候歟、
押紙云、可レ令レ修二造淸水寺橋一也、

六二 爲守護人號犯科人跡沒 收所領田畠事
々諸本無
自下新追式追有右
時同上無恐非
事恐當作畢

一 爲二守護人一、號二犯科人跡一、沒二收所領田畠一事
右此條々、自二大將家御時一、至二于當時一、御式目守護成敗條々仁、雖レ不レ被レ載レ之、動令二沒收一事、云二本沒收一、云二新沒收一、其訴訟連々出來候歟、謀叛人之跡、猶以不レ可レ有二守護進退一候歟、況於二其以下犯科人跡一哉、然者令二沒收一之後、何十ケ年以前事者、非二御沙汰一トモ、又何樣可レ候トモ、尤可レ被二定下一歟、
押紙云、自二關東一不レ給者、可レ停二止掠領一也、

六三 京中强盜殺害人事
中新追作都

一 京中强盜殺害人事

右此條、可レ爲二使廳沙汰一之由、去年被二仰下一候畢、而猶武士相共可レ致二沙汰一之由、
自二殿下一被二仰下一候、何樣可レ候哉、
押紙云、武家不二相交一者、難二事行一歟、隨レ被二仰下一、可レ有二沙汰一也、

六四 守護成敗事

一 守護成敗事
右、先號二沙汰付一、式目之外、致二交沙汰一事候歟、
押紙云、不レ可レ依二前々例一、守二式目一可レ致二沙汰一也、

々原作之據新追改

六五 畿内西國堺相論事

一 畿内西國堺相論事
右、可レ爲二領家國司沙汰一之由、被二仰下一畢、而猶可レ差二遣六波羅使一之由、被二仰
下一所々候、定隨二所之樣一時儀候歟、可レ令レ存二知子細一之旨、兼委可レ被二仰下一候歟、
押紙云、可レ爲二本所沙汰一之由被レ定畢、雖レ然地頭不二相伴一不二事行一者、隨二領家
國司命一可二相交一、

近本一八四―一八六・一九三―一九八（但、第六條缺）　新追二八九・二八七・二八八・二五六・二二七・二二八・一〇一・一九二
（但、第六・一〇條缺）　式追一四五・一二五（但、四・七條ノミ）　侍篇三七―四〇・五七・五八（但、第一・二・九・一〇條缺）
慶本

六六 京都大番事

京都大番御教書云、

爲ニ京都大番一、始レ自ニ明年一、以ニ六箇月一定ニ一巡一、被レ結ニ十二番一畢、早爲ニ一番一、自ニ明年正月一至ニ六月一、可レ被ニ在京一狀、依レ仰執達如レ件、

文暦元年正月　日[19]　左京權大夫

修理權大夫

某殿

鎌記文暦元年

年次或誤

六七　西國住人等號神人構事於左右好寄物功物沙汰事

民原作代意改近本作人或是

判同上無

一　西國住人等號ニ神人一、構ニ事於左右一、好ニ寄物功物之沙汰一、致ニ狼藉一間、守護所地頭代等、及ニ相論一之時者、忽及ニ喧嘩一云々、不レ致ニ沙汰一者、定彌乘レ勝歟、甚不便也、神民於レ致ニ狼藉一者、可レ被レ解ニ却神職一、若非職之輩、募ニ神威一令ニ濫行一者、可レ被レ處ニ罪科一之由、可レ被レ觸ニ申別當貫首一也、抑向後自由濫吹、尋ニ取神人交名幷在所注文一、可レ被レ召ニ仰守護人地頭等一、隨ニ訴訟出來一、爲レ致ニ穩便之沙汰一、存ニ此旨一可レ被ニ申沙汰一之狀、依レ仰執達如レ件、

天福二年三月一日　武藏守(泰時)判

相模守(時房)判

西國御家人所領事
自一至右十字島文多文無
雖令催勤近條島文多文在役下
知島文多文作掌
職近本作領
挿島文多文作挾
然多文作此
狼下近條有藉恐非
御多文無
等近條島文多文無
哉近條作乎
可謂島文在論下恐非
者近條無
於島文無恐非
者下島文多文有先
有近條島文多文無
置下近條島文有也
職下近條島文多文有其身
列近條作跡非
以近條島文多文作存
可下同上有令

駿河守殿（重時）

新追一〇　式追七　近本一九〇　【參考】鏡仁治二年六月十八日條　寛元三年正月九日條

一　西國御家人所領事

右、西國御家人者、自二右大將家御時一、守護人等注二交名一、雖レ令レ催二勤大番以下課役一、・給二關東御下文一、令レ領二知所職一之輩者不レ幾、依レ爲二重代之所帶一、隨二便宜一、或給二本家領家之下知一、或以二寺社惣官之下文一、令二相傳一歟、而今就二式目一、多違亂出來云々、是則承久兵亂之後、重代相傳之輩中、挿二姧心一之族、搆二新地頭之所務一、奉レ蔑二如國司領家一之由、有二其聞一之間、爲レ斷二如レ然之狼・唳一、於二本所御成敗事一者、不レ及二關東御口入一之由被レ定畢、就レ之、何忽可レ及二御家人等之侘傺一哉、但爲二本所一現二奇怪一、蒙二其咎一者、可レ謂二勿論一・歟、然者、訴訟出來之時、各觸二申本所一、可レ被レ注二申罪科之有無於關東一者也、兼又於二自今以後一者、・被レ觸二仰子細一者、可レ有二尋沙汰一之由、面々可レ被二申置一・、抑雖レ假二名於下司職一、・非二御家人列一者、守護人更不レ可レ令レ催二促大番役一、若充二催其役一者、可レ爲二本所之欝訴一之故也、以二此旨一可・レ致二沙汰一之狀、依レ仰執達如レ件、

二原作元據原イ本近條島文多文改
五原イ本作三恐非
判近本無

天福二年五月一日
武藏守（泰時）判
相模守（時房）判
駿河守殿（重時）

新追二五〇　式追一三九　近本五五　近條四三　大本四〇　島津家文書（島文）　多田院文書（多文）　三抄

六九
西國御家人所領知行輩事

一　西國御家人中、於二所領知行之輩一者、隨二守護所催一、可レ勤二仕京都大番一之處、致二自由對捍一、空渉二日月一之族、有二其聞一、於二自今以後一者、就二守護人注申一、爲レ償二其過怠一、隨二彼分限一、可下令レ召二付清水寺橋修理一給上之狀、依レ仰執達如レ件、

判近本無

文暦二年正月廿六日
武藏守（泰時）判
相模守（時房）判

新追二五一　式追一四〇　近本一八九　宣抄　枝抄　三抄　近抄　［參考］鏡嘉禎三年三月廿一日條

七〇
僧徒兵仗可令禁遏事

一　僧徒兵仗可レ令二禁遏一事

嚴以下當接續於事書

嚴制已重疊、就中至二山僧武勇一者、承久兵亂之後、殊被二停止一畢、而近年帶二弓箭兵具一、横二行洛中一之僧徒、多以有二其聞一、直奪二留彼物具一者、定又及二喧嘩一歟、於二

自今已後一者、早伺三見如レ然之族二、云二京中一、云二邊土一、見三知出入之所々二、可レ被レ注三申之一、隨二交名一觸三達本所一、召三下其身於關東一、可レ有二誡御沙汰一之状、依レ仰執達如レ件、

文暦二年正月廿七日　(泰時)武藏守
(時房)相模守

(重時)駿河守殿
(時盛)掃部助殿

侍篇四一　［參考］　鏡嘉禎元年正月廿七日條

七一
於渡部點定諸方運上物事

部原一本作邊
海下恐當有或
知恐當作和
短近本作疑非
輩同上作事恐非
判同上無

一　於二渡部一、或稱二入海一・號二負累一、點三定諸方運上物一、令レ致二煩費一事、近多有二其聞一、甚不二穩便一、早可レ被レ加二制止一也、但彼邊爲レ宗御家人中、定有二不知之族一歟、被レ仰三付彼等一、互爲レ顯二其短一、不レ可レ致二阿容一也、兼又彼人々京都警固事、幷如レ然之沙汰、令二觸催一時、若違背之仁出來者、可レ被レ注三申交名一、凡不レ可レ限二渡邊一、於二運上物點定輩一者、隨二聞及一、可下令二停止一給上之状、依レ仰執達如レ件、

文暦二年五月廿三日　(泰時)武藏守　判

相模守(時房)・判

駿河守殿(重時)

掃部助殿(時盛)

新追一三七　式追七五　近本一八七

一・評定時可レ退座一・分限事

祖父母　父母　養父母　子孫　養子孫　兄弟　姉妹　聟(姉妹孫聟同之)　舅　相舅　伯叔

父・甥・姪　従父兄弟・小舅　・夫(妻訴訟之時可レ退レ之・)　烏帽子々

文暦二年・閏六月廿一日・　右衛門大志清原(清)季氏

左衛門尉藤原(二階堂)行泰

圖書允・藤原(齋藤)清時

近本五六　成追一四　貞式一〇一

・定

起請文失條々・

宜參看一四〇條

七二　評定時可退座分限事

評、上成追有御可、事並貞式無　姉下妹下並成追貞式有聟　父下貞式有母　姪成追無　弟下同上有從母弟　夫原續於舅據同上移之貞式作座　日附連署同上在事書下　閏同上無　一成追貞式作二　藤原作淸據成追改

七三　起請文失條々

定近本無　々下近條有事恐非

尿原イ本近本近條作糞鏡作失並非
喰原作飡意改、近本近條作食或是
裳近本作裝
自身中云々條近本在重輕服條後
飲食云々條近本乘馬云々條後
被據諸本補
今延近本作猶社頭近條無
之近本近條無或是
八近本作一
年次塵鈔爲文應二年六月非
署名原在日下意移少並近本近條無

一　鼻血出事
一　書ニ起請文一後病事但除ニ本病一者、
一　鵄烏尿懸事
一　爲レ鼠被レ喰ニ衣裳一事
一　自ニ身中一令ニ下血一事但、除下用ニ揚枝一時、幷月水女及痔病上者、
一　重輕服事
一　父子罪科出來事
一　飲食時咽事但、以ニ被レ打レ背程一、可レ定レ失者、
一　乘用馬斃事
右、書ニ起請文一之間、七箇日中無ニ其失一者、今延ニ七箇日一、可レ令レ參ニ籠社頭一、若二七箇日猶無レ失者、就ニ惣道之理一、可レ有ニ御成敗一之狀、依レ仰所レ定如レ件、

文暦二年閏六月廿八日

右衛門大志(清)清原季氏
左衛門少尉(二階堂)藤原行泰
圖書少允(齋藤)藤原清時

成追三一　近本六三　近條四二　大本三九　明應七年本式目　天正十三年本式目　枝抄　三抄　塵添壒嚢鈔〔塵鈔〕巻三（但、事書ノミ、節略文）　〔參考〕　鏡嘉禎元年閏六月廿八日條

七四
僧徒裹頭橫行鎌倉中事
頭下近本有令
年欠據欠條註

一　僧徒裹頭・横㆓行鎌倉中㆒事　（文暦二年七月十四日？）
可㆑令㆓停止㆒之由、可㆑被㆑仰㆓保々奉行人㆒、

七五
念佛者事
年欠據原目錄註
有下近本有其恐是

一　念佛者事　（文暦二　七　十四）
於㆓道心堅固輩㆒者、不㆑及㆓異儀㆒、而或喰㆓魚鳥㆒、招㆓寄女人㆒、或結㆓黨類㆒、恣㆓好酒宴㆒之由、遍有㆑・聞、於㆓件家㆒者、仰㆓保々奉行人㆒、可㆑令㆑破㆓却之㆒、至㆓其身㆒者、可㆑被㆑追㆓却鎌倉中㆒也、

新追二〇・二一　近本一五八・一五九　式追二〇（但、第二條事書ノミ）　事紀

七六
所職所帯幷境相論事

一　所職所帯幷境相論之事、源底尋極日、一方之矯餝露顯者也、然沙汰之間、有㆓其煩㆒歟、然ハ、所㆑申若爲㆓非據㆒者、可㆑被㆑召㆓所領㆒、又無㆓所領㆒者、可㆑被㆑行㆓罪科㆒之旨、兩方之請文取後、可㆑被㆓糺明㆒也、於㆓掠訴輩㆒者、請文所㆓難澁㆒也、存㆓此等之趣㆒、可㆘令㆑致㆓沙汰㆒給㆖之狀、依㆑仰執達如㆑件、

文暦二年七月廿二日　　武藏守（泰時）在御判

相模守（時房）在御判

駿河守殿（重時）　掃部助殿（時盛）

掃部助原作賀文介意改

後式一　［參考］　鏡嘉禎元年七月二日條

條々

七七　丹後國新補地頭所務事
至原作有意改
下後式作家恐非

一　丹後國新補地頭所務事

右、於二野畠一者、任二國例一可レ爲二地頭分一也、但至二本年貢一者、守二先例一、無二解怠一可レ致二沙汰一也、次國保司跡事、如二本司之時一、可レ爲二地頭收納一也、至二京保司跡一者、地頭不レ可レ管二領之一、可レ爲二京下收納使沙汰一也、

七八　諸國新補地頭得分田畠加徵事
田原作内據新追改
段別後式在可上或是
補近條無
之據同上補
之據近條新追補
所以下五字據近條補

一　諸國新補地頭得分田畠加徵事

右、不レ論二多少一、可レ取二段別五升一之由、新補地頭等雖レ申レ之、假令本所當一斗已上之所者、尤可レ爲二五升一、一斗已下之所者、以二三分之一一、可レ爲二地頭分一也、已上二ヶ條內、一篝屋用途勤仕所々犯人事、一以二山僧一補二代官一事、延應二六廿一有二別紙一、

七九　新補地頭得分白苧幷桑代事
同新追無恐非〇元後
式作本〇補近條無

一　同白苧幷桑代事

右、國司領家自レ元於二不レ召之所々一者、新補地頭始不レ可レ取レ之、

一　宿々早馬・事
右、巡役當番之輩、宿所遼遠之時、急事御使遙行二向其所一、加レ催・之間、依レ歴二時刻一、不レ慮遅到云々、・自今以後・尤可レ・儲二置・宿中一也、且可レ存二・知其旨一之由、可レ被レ下二知宿々一也、

一　依二諸人訴訟一、被レ下二御教書於六波羅一・、施行之上、可レ返二給本御教書一否事
右、爲二訴人後代之證文一、尤可レ返二給之一、

一　於二六波羅一可レ遂二問注一由、依レ被レ成二御教書一、可レ遂二其節一・旨雖二相催一、地頭・於二關東一可レ遂由令レ申事、
右、任二御教書一、於二京都一可二遂行一也、而・地頭令二難澁一者、可レ有二其科一、・若・又・代官・令二・對・捍一者、・可レ・有二・罪科一之由、兼可レ令レ相二・觸地頭等一也、

一　於二六波羅一可レ有二成敗一國々訴訟事
右、東國者限二尾張一・、北陸道者限二加賀一・、可レ・被二成敗一也、

一　依二諸人訴訟一、直被レ・成二御教書於守護人地頭等一之上、・可レ成二給六波羅・施・行一・・否・事
・右、・雖レ・非レ・可レ・遣二・六・波・羅之・狀一、爲二後日之證・文一、・可レ成二給・之一

一　京都刄傷殺・害人事・

八〇［宿々早馬事］
馬下近條有役或是〇
催下武籤有促〇自上
新追有於〇尤同上作
者〇儲後式作構〇置
下同上有馬〇知近條
後式新追無

八一［被下御教書於六波羅施行上可返給事］
羅下近條後式有之處

八二［地頭於六波羅可遂問注事］
旨近條作由恐非〇頭
下近條後式有等〇而
下後式有庄恐非〇若
以下十二字據同上補
〇觸原作催據近條後
式改

八三［六波羅成敗國々訴訟事］
張下賀下並同上有國
被後式作有

八四［依諸人訴訟可成給六波羅施行否事］
成近條後式作遣之據
同上改〇可原作下據
近條後式武籤改〇施
以下七字遺以下四字
並據同上補〇否上後
式有哉〇可據同上補
〇之狀同上作施行〇
文同上作跡〇可上近
條後式有尤〇之同上
作也

八五［京都刄傷殺害人事］

人據近條後式新追補
事下新追註文曆二
爲於並據近條新追補
此條下新追註云、文
曆二年七月廿三日被
遣六波羅條々御敎書
內沙汰也

八六
犯人斷罪事
盜原作討據諸本改
被原作行據式追イ本
改後式作令或是
被斷罪新追作行斬罪
宣抄作被行斬罪
給據近條後式補
七宣抄枝抄三抄作三
恐非
判據諸本補

八七
諸國庄公預所地頭相論之時紏定兩方事
定後式作決
者下同上有可
科下同上有但
國々近條後式作遠國
之間近本無近條作定
絕近條作斷

右、爲ニ武士一之輩、於レ不ニ相交一者、可レ爲ニ使廳之沙汰一也、

一　犯人斷罪事

右、爲ニ夜討强盜之張本一、所犯無ニ遁方一者、可レ被ニ斷罪一也、是則爲レ相ニ鎭傍輩一向後一也、其外至ニ枝葉之輩一者、可レ召ニ進關東一、可レ被レ流ニ遣夷嶋一也、

以前條々、存ニ此旨一、可下令レ致ニ沙汰一給上之狀、依レ仰執達如レ件、

文曆二年七月廿三日

武藏守（泰時）判

相模守（時房）判

駿河守殿（重時）

掃部助殿（時盛）

近本四五―五四　近條二四―三三　後式三一―二　大本二二―三〇（但、第三條缺）　新追二九〇―二九二・二二二・九四・一三九（但、第五―八條缺）　武箋（但、第一・二・三條缺、假名交リ文）　侍篇四五・四六（但、第九條以下）　式追七七（但、第一―九條缺）　宣抄（同上）　枝抄（同上）　三抄（同上）　［參考］　鏡嘉禎元年七月廿三日條

一　諸國庄公預所地頭相論之時、紏ニ定兩方一之處、於ニ地頭非法一者、被レ處ニ罪科一、至ニ預所定使一者、雖レ有ニ非據一、不レ及ニ別沙汰一之間、依レ無レ所レ恐、國々所務嗷々之間、異論連々不レ絕歟、然者爲レ絕ニ向後濫訴一、預所定使等有ニ非法一之時者、可レ被レ改ニ

兼原在被下據近條移

判近本無

易彼職一之旨、兼可レ被二仰下一之由、可レ被レ言二上二條中納言（定高）家一之狀、依レ仰執達如レ件、

文暦二年七月廿三日　武藏守（泰時）判
相模守（時房）判

駿河守（重時）殿
掃部助（時盛）殿

八八

京都大番事

充武篋作數

判近本無

新追二二〇　式追一二一　近本五七　近條三四　大本三一　後式

一　京都大番事、被レ定二月充一之處、替番衆遲々之間、前衆勤越之條、尤不便也、一月令二遲參一之輩者、二ケ月可二勤入一也、守二此率法一、可下令二精好一給上之狀、依レ仰執達如レ件、

文暦二年七月廿三日　武藏守（泰時）判
相模守（時房）判

駿河守（重時）殿
掃部助（時盛）殿

新追二一八　近本一九九　武筌（但、節略文）　宣抄　枝抄　三抄　近抄　〔參考〕鏡嘉禎元年七月廿三日條

八九
京都問注時雖爲枝葉之詞可書付事

一　京都遂二問注一之時、雖レ爲二枝葉之詞一、可レ被二書付一之由、訴人令レ申レ之、於二枝葉一者無二其詮一歟、然而不レ書レ之者、訴人定令レ貽レ欝、訴人等申狀、可下令二書付一給上之狀如レ件、

（文暦二?）七月廿三日 20
（泰時）武藏守
（時房）相模守

（重時）駿河守殿・
（時盛）掃部助殿

近本一八八　〔參考〕鏡嘉禎元年七月廿三日條

河原作川意改

九〇
稱念佛者着黑衣輩事

所下原有部據新追削
宣旨據同上補

一　稱二念佛者一着二黑衣一之輩、近年充二滿都鄙一、横二行諸所一、・動現二不當濫行一云々、尤可レ被二停廢一候、於二關東一者、隨レ被二仰付一、可レ致二沙汰一候、此事　宣旨雖レ及二度々一、未レ被二對治一、重遍可レ被二　宣下一之由、可レ被レ申二入二條中納言（定高）家一之狀、依レ仰執達如レ件、

判據同上補
相模守同上無恐非

文暦二年七月廿四日　　武藏守（泰時）判
相模守（時房）

駿河守殿（重時）
掃部助殿（時盛）

近本五八　新追二九　［參考］鏡嘉禎元年七月廿四日條

九一
諸國公検註事

庄據武記補
公同上作園

嘉禎元年七廿六評云、諸國庄公検註事[21]、承久以後於㆘不㆑遂㆓行其節㆒之地㆖者、宜㆑停㆓止本所訴訟㆒云々、

鎌記 嘉禎元年　武記嘉禎元年

九二
廿ヶ年以後訴訟事

事書平本鶴本明本缺
年次近本作嘉禎三八
七評
已近本無
繆原作謬據明本改
當平本鶴本明本無
矣近本無
越以下廿二字近本鶴
本明本宇本宣抄枝抄
三抄近抄無

一　廿ヶ年以後訴訟事　嘉禎三年八月十七日評定云
或構㆓謀書㆒被㆓押領㆒之由訴㆑之、或掠㆓給御下文㆒知行之條、不㆑可㆑依㆓此式目㆒之旨、欝申之輩、雖㆑有㆓其數㆒、不㆑論㆓理非㆒之詞、已相㆓叶此儀㆒歟、自今以後、雖㆑有㆓文書之紕繆㆒、過㆓廿ヶ年㆒者、守㆓式目之趣㆒、不㆑顧㆓理非㆒、就㆓當知行之年紀㆒、可㆑有㆓御成敗㆒矣、越後國吉田鱋毛淵沙汰之時被㆑加㆑之、八ヶ條目之追加

成追一本四　平本一　近本一四〇　鶴本　明應五年本式目（明本）　宇津江本式目（宇本）　宣抄　枝抄
三抄　近抄

一　諸人相論事　嘉禎四　八　五　齋藤兵衛入道奉行（長定）

右、證文顯然之時者、不ㇾ及二子細一、若證文不二分明一者、可ㇾ被ㇾ敍二用證人申狀一也、又證文顯然之時者、證人申狀不ㇾ能二敍用一歟、又證文與二證人一共以不二分明一者　可ㇾ及二起請文一歟、證文證人顯然之時者、不ㇾ及二起請文一也、

近本七　成追七　京本七　貞本七　運本七　崎本七　平本八　建追一五九　蘆抄　敦注　三抄　宣抄（但、又證文顯然云々以下ナシ）　枝抄　近抄　事紀

嘉禎四年九月九日御評定事書中　齋藤兵衛入道奉行（長定）

一　新補并本地頭不ㇾ敍二用御下知一事

右、新補地頭者、云二本司跡一、云二新補率法一、不ㇾ可ㇾ混二領兩樣一之由、被二下知一之處、不ㇾ敍二用其狀一、猶令二違犯一者、改二易其所一、可ㇾ被ㇾ充二行勳功未給之輩一也、次本地頭之輩、或背二先例一、或違二父祖例一之由、訴訟之時、不ㇾ從二御下知一者、召二其所一、可ㇾ被ㇾ充二行官仕忠勞輩并所知之替一也、

八以下七字平本無

九三　諸人相論事

事書崎本作證文證人起請文事
年次成追運本崎本平本宣抄無
齋以下八字據建追補
右平本無
右下崎本有諸人相論事

九四　新補并本地頭不敍用御下知事

年次奉行名近本成追貞本運本在事書下、近條崎本無
被據諸本補
也京本無

祈下並近條有禱
所々據近條成追貞本
運本京本補
敗下近條有也近本成
追貞本運本崎本有歟

次御祈・勤仕人之跡事、有下如二先條一之子細上者、召二其所一、可レ充二給御祈・勤仕之仁一也、但已上三ヶ條、就二此式目一、所々訴訟定多出來歟、委細糺明可レ有二御成敗一、

新追二七三　近本八　近條七　成追八　貞本八　運本八　崎本八　京本八　大本八　蘆抄　敦注　事紀

［參考］　鏡暦仁元年九月九日條

九五　廿箇年以後訴訟事

構原作稱意改

一　廿箇年以後訴訟事

右、如二式目一者、當知行之後、過二廿年一者、任二右大將家之例一、不レ論二理非一、不レ能二改替一、而或構二謀書一押領由訴レ之、或掠二給御下文一知行、自今以後、雖レ有二文證紕繆一、守二式目之趣一、過二廿箇年一者、不レ顧二理非一、就二知行之年紀一、可レ有二御成敗一、

嘉禎四年九月九日評定

成追一本二

九六　御家人任官事

事書平本在年次下
廿七近本作一近イ本
作七恐非
令據諸本補
然平本作此恐非

一　御家人任官事　嘉禎四　九　廿七評

右、依二御要一被レ召二成功一之時、進二納功物一、遂二所望一者、公益之其一也、而近代爲レ語二付功人一、可レ令二減納一之由、京都奉行人內々相議之間、伺二如レ然之便宜一、火急

御要之時、催促一切不㆓合期㆒、是則不忠之至也　縦雖㆑爲㆓神事佛事用途㆒、以㆑非㆓不日之究濟㆒、爲㆓扶・弱之計㆒、更不㆑可㆑有㆓減納之儀㆒、況亦本數已就㆓建久以往之本法㆒、被㆓減定㆒畢、・非㆑被㆑省㆓過分之煩㆒哉、次自㆑元不㆑及㆓成功㆒官職之外、不㆑可㆑有㆓御推擧之儀㆒、加之、至㆓所望之輩㆒者、都以不㆑可㆑及㆓御沙汰㆒者、各可㆑存㆓此旨㆒、

成追九　近本九　貞本九　運本九　崎本九　京本一〇　平本六　蘆抄　敦注　事紀　〔參考〕鏡嘉禎四年九月廿七日條

一　諸堂供僧等、或臨㆓病患㆒附㆓屬非器弟子㆒、或立㆓名代㆒・落㆓墮世間㆒、猶貪㆓其利潤㆒事　暦仁元　十二　七　兵庫頭定員奉行

右・云㆑彼云㆑此、共以背㆓佛意㆒歟、縦雖㆑爲㆓師讓㆒、不㆑爲㆓器量之仁㆒、不㆑可㆑被㆑用㆓濫僧之讓㆒、於㆓自今以後㆒者、固守㆓此炳誡㆒、撰㆓法器拔群之人㆒讓㆑之、專㆓戒行㆒、敢不㆑可㆓違越㆒矣、

新追二二　式追一五　近本一一　近條九　成追一一　貞本一一　運本一一　崎本一一　京本一二　大本七
森田文書〔森文〕　蘆抄　敦注　事紀　〔參考〕鏡暦仁元年十二月七日條

一　御家人後家、任㆓亡夫讓㆒、給㆓安堵御下文㆒事　暦仁元　十二　十六評

一切同上無
佛事同上無恐非
扶下平本有怟或是
定貞本運本京本作納
恐非
畢崎本作訖
畢下京本有又恐非
及平本作有
各貞本運本崎本無
此平本貞本運本京本
作其

九七　諸堂供僧等事

事書近本作諸堂供僧
等事崎本作諸堂供僧
事○代下森文有之後
或是○年次奉行名並
崎本無運本森文在本
文末尾近本奉行名無
○定原作貞據鏡改○
定員成追運本森文無
○右森文無○右下近
本崎本有諸堂云々事
廿九字○免近本崎本
森文無○輩下近本森
文有縱○於據諸本補
○此可並近本無○矣
近本貞本運本崎本森
文無

九八　御家人後家任亡夫讓給安堵御下文事

年次崎本無貞本運本
京本在本文末尾
十同上無恐非

右成追運本崎本無
例成追イ本作作法
之輩據新式近本成追貞本運本崎本京本平本補
免新式近本成追京本平本作遁
於據新式近本成追貞本運本崎本京本平本補
被新式近本貞本運本平本無
免、矣新式近本貞本運本崎本平本森文無

右此條平均之例也、爰於下令二改嫁一之輩上者、可レ充二給他人一之旨、自レ被二定置一以來、爲レ免二其難一、或少年或無病之族、寄二事於所勞一、讓二與子息親類一、申二給安堵御下文一之後、及二改嫁一云々、甚以濫吹也、於二自今以後一者、不レ臨二重病危急一者、不レ可レ被レ免二許其讓一矣、

新追三二九　式追一六二　新式一三七　近本一〇　成追一〇　貞本一〇　運本一〇　崎本一〇　京本一一　平本三
森田文書〔森文〕（但、前缺、末尾臨以下十二字及ビ年次ノミ）　薦抄　敦注　宣抄　枝抄　三抄　［參考］　鏡暦仁元年十二月十六日條

九九
陸奥國郡鄉所當事
以以下恐當接續於事書

一　陸奥國郡鄉所當事

以下被レ止二准布一之例上、沙汰人百姓等、私忘二本色之備一、好二錢貨所濟一之間、年貢絹布追年不法之條、只非二自由之企一、已公損之基也、自今以後、白河關以東者、可レ令レ停二止錢流布一也、且於二下向之輩所持一者、商人以下慥可二禁斷一、但至二上洛之族所持一者、不レ及二禁斷一、兼又絹布麁惡甚無二其謂一、早存レ舊所當本様可レ令二辨進一之由、可下令二下知一給上之状、依レ仰執達如レ件、

暦仁二年正月廿二日　修理權大夫（時房）判
武藏前司（泰時）殿

一〇〇　近年四一半徒黨興盛事
盛原作戯據近本改
邊上鏡有至恐是

近條四四　貞式一　〔參考〕　鏡延應元年正月十一日條

一　近年四一半之徒黨興盛云々、偏是盜犯之基也、如㆑然之輩、無㆓左右　擬㆓召取㆒者、狼藉之訴訟出來歟、於㆓京中㆒者、申㆓入別當㆒、以㆓保官人㆒、可㆑被㆑破㆓却其家㆒、・邊土者、申㆓本所㆒、同有㆓沙汰㆒者、定被㆓停止㆒歟、或又於㆓野山中㆒打㆑之云々、隨㆓見及㆒可㆑搦㆑之、凡隨㆑被㆓召禁㆒、申㆓給其身㆒、可㆑令㆑下㆓關東㆒也、兼又錢切事、同伺搦可㆑被㆑下㆓進關東㆒之狀、依㆑仰執達如㆑件、

延應元年四月十三日

(泰時)前武藏守・判
(時房)修理大夫・判

(重時)相模守殿
(時盛)越後守殿

判近本無

新追一五二　近本二〇〇　侍篇五九　〔參考〕　鏡延應元年四月十三日條

一〇一　所召置京都犯人事
付以下十八字原爲細
註意改

一　所㆑召㆓置京都㆒犯人事
付㆓大番衆幷下向人之便宜㆒、可㆑被㆑下㆓進關東㆒也、

日付充所署判並近本無

延應元年四月十三日

(泰時)前武藏守　判
(時房)修理權大夫　判

(重時)相模守殿
(時盛)越後守殿

新追一四四　近本二〇一　侍篇六〇　〔參考〕鏡延應元年四月十三日條

一〇二
僧徒兵仗禁制事

一　僧徒兵杖禁制事、度々被レ下ニ綸旨一畢、而動違亂之輩出來云々、尤可レ有ニ御制止一之由、申ニ入所々貫首別當殿一後、猶爲ニ自由濫吹一者、任レ法可レ令レ致ニ沙汰一之狀、依レ仰執達如レ件、

延應元年四月十三日

(泰時)前武藏守・判
(時房)修理權大夫・判

判近本無

(重時)相模守殿
(時盛)越後守殿

新追一二三　式追一六　近本二〇三　〔參考〕鏡延應元年四月十三日條

一〇三
諸社神人等付在京武士宿所或振神寶或致狼藉事

一　諸社神人等、付ニ在京武士宿所一、或振ニ神寶一、或致ニ狼藉一事、動有ニ其聞一、事實者

判近本無

尤不便也、於二理訴一者、縱雖レ不二濫惡一、何無二其沙汰一、至二無道寄沙汰一者、永爲レ懲二傍輩一、可レ被レ召二下張本於關東一也、存二此旨一、可レ被レ申二沙汰一之狀如レ件、

延應元年四月十三日

前武藏守（泰時）　判

修理權大夫（時房）　判

相模守殿（重時）

越後守殿（時盛）

新追一一　式追八　近本二〇四　［參考］鏡延應元年四月十三日條

一〇四

武士召取犯人住宅事

取原作所據近本改

年次據一〇一—一一〇二條及鏡註

一　武士召取犯人住宅事　（延應元年四月十三日）

爲レ鎭二狼藉一、雖レ被レ召二取其身一、至二住宅資財一者、別當殿觸申、可レ爲二保官人沙汰一、於二邊土一者、相二觸本所一、可レ爲二彼沙汰一也、

新追一四三　近本二〇二　侍篇六一　［參考］鏡延應元年四月十三日條

一〇五

於篝屋打留物具事

一　於二篝屋一打留物具事

延應元年四月十三日壬子、今日被レ經二評議一、有下被レ仰二六波羅一條々上、（中略）

可レ被レ充二行其守護人一者、

鏡同日條

延應元年四月十四日癸丑、爲二信濃民部大夫入道(二階堂行盛)、大和前司(宇佐美祐時)、山城前司、甲斐前司(大江泰秀)、太田民部大夫(康連)、内記太郎等奉行一、被レ下二條々制符一、

一〇六 關東御家人望補傍官所領上司事

一 關東御家人申二京都一、望二補傍官所領上司一事

一〇七 惣地頭押妨所領内名主職事

一 惣地頭押二妨所領内名主職一事

一〇八 官爵所望申請關東御一行事

一 官爵所望申二請關東御一行一事

一〇九 鎌倉中僧徒恣諍官位事

一 鎌倉中僧徒恣諍二官位一事

以上可二停止一者、

一一〇 可令搦禁勾引人幷賣買人倫輩事

一 可レ令レ搦下禁勾引人幷賣二買人倫一輩上事

守二嘉祿元年十月廿九日 宣旨一、可レ有二其沙汰一者、

一一一 奴婢雜人事

一 奴婢雜人事 付、所生男女事 （本文、次條ト同趣旨ナルニヨリ省略）

鏡同日條

一一二（一一一ト同ジ）
奴婢雜人事
計據鏡補

一　寛喜三年餓死之比、爲二飢人一於二出來之輩一者、就二養育之功勞一、可レ爲二主人計一之由、被二定置一畢、凡人倫賣買事、禁制殊重、然而飢饉之年計者、被二免許一歟、而就二其時減直之法一、可レ被二糺返一之旨、沙汰出來之條、甚無二其謂一歟、但兩方令二和與一、以二當時之直法一、至二糺返一者、非二沙汰之限一歟、

延原作正據同上改

延應元年四月十七日

平　　判
（太田康連？）散　位　判
（大江泰秀）前甲斐守　判
前山城守　判
（宇佐美祐時）前大和守　判
（二階堂行盛）沙　彌　判

新追七七　式追四三　〔參考〕鏡延應元年四月十四日條（一〇六―一一一條トシテ既出）

一一三
諸社神人狼藉事
所原作訴據鏡改

一　諸社神人狼藉事、就二甲乙之訴訟一、糺明之後、罪科難レ遁之時、雖レ相二觸本所一、不二事行一之間、有レ煩二于成敗一云々、尤不便也、狼藉輩無二遁方一者、解二却其職一、隨レ召二給其身一、可レ被レ進二關東一也、凡三ケ度相觸之後、猶不二敍用一者、可下令二注進一給上、

依二他事一雖二訴訟出來一、永不レ可レ有二御沙汰一也者、可レ被レ存二其旨一之狀、依レ仰執達如レ件、

延應元年四月廿四日

(泰時)前武藏守　判

(時房)修理權大夫　判

(重時)相模守殿

(時盛)越後守殿

新追一二　式追九　近本二〇五　[參考]　鏡延應元年四月廿四日條

廿原作十據鏡改
判近本無

一一四　人倫賣買事

一　人倫賣買事、禁制重之、而飢饉之比、或沽二却妻子眷屬一、助二身命一、或容二置身於富德之家一、渡二世路一之間、就二寬宥之儀一、自然無二沙汰一之處、近年甲乙人等面々訴訟、有レ煩二于成敗一、所詮於二寬喜以後、延應元年四月以前事一者、訴論人共以京都之輩者、不レ能二武士口入一、至下關東御家人與二京都族一相論事上者、任下被レ定二置當家一之旨上、可レ被二下知一、凡自今以後、一向可レ被レ停二止賣買一之狀、依レ仰執達如レ件、

延應元年五月一日

(泰時)前武藏守　判

(時房)修理權大夫　判

延原作正據鏡改
判近本無

二一五
人倫賣買事

（重時）相模守殿
（時盛）越後守殿

新追七六　近本二〇六　［參考］鏡延應元年五月一日條

一　人倫賣買事、禁制重疊、而寛喜飢饉之時、被二相宥一歟、於レ今者、任二綸旨一可
レ令二停止一之由、重可レ被二下知一之由、被二仰下一也、
延應元年五月六日　（後藤）基綱判
（中原）師員判
（二階堂行盛）信濃民部入道殿

新追九三

二一六
以山僧補預所幷地頭代事
於新追無
向同上作切
畢近條作了

一　以二山僧一補二預所幷地頭代一事、相互喧嘩之基也、仍於下補二地頭代一事上者、一向可
レ令二停止一之由、被二下知一畢、若令二違犯一者、隨二聞及一可レ被二注申一也、補二預所職一
事、同可レ被二停止一之旨、可レ被レ觸二申本所一、但至二山門領預所職一者、不レ及二子細一
歟、可レ被レ存二其旨一之狀、依レ仰執達如レ件、

判據近條新追補

延應元年七月廿六日　　　(泰時)前武藏守　判

(時房)修理權大夫　判

(重時)相模守殿　(時盛)越後守殿

近本六五　近條三五　新追二八四　大本三二　［參考］鏡建長五年九月廿六日條

一一七

重科輩被放免事

犯鏡作科

依原作任據式追改

一　重科輩被ニ放免一事

右、於ニ輕罪之輩一者、被レ行ニ赦免一之時、縱雖レ被レ免レ之、至ニ重犯之族一者、可レ有ニ御計一歟、所以者何、傍輩無ニ懲肅一者、惡黨增ニ人數一歟、自今以後、強盜幷重科之輩、雖レ被ニ禁獄一、申ニ出其身一、可レ被レ進ニ關東一之狀、依レ仰執達如レ件、

延應元年七月廿六日　　　(泰時)前武藏守　判

(時房)修理權大夫　判

(重時)相模守殿

(時盛)越後守殿

新追一四二　式追八〇　［參考］鏡延應元年七月廿六日條

一一八
鈴鹿山并大江山悪賊事
若近本武篋作令非
判侍篇無

一　鈴鹿山并大江山悪賊事、爲二近邊地頭之沙汰一、可レ令二相鎭一也、若難二停止一者、改二補其仁一、可レ有二靜謐計一也、以二此趣一相二觸便宜地頭等一、可レ被レ申二散状一者、依レ仰執達如レ件、

延應元年七月廿六日　　前武藏守泰時判
修理權大夫時房判

（重時）
相模守殿
（時盛）
越後守殿

新追二二九　式追一二六　近本一一〇　武篋（但、假名交リ文）侍篇五五

一一九
依違背地頭咎所召置庄官百姓等事
於以下恐當接續於事書

一　依下違二背地頭一咎上、所二召置一庄官百姓等事
於二自今以後一者、不レ及レ召二誡其身一、所詮、罪科無レ所レ遁者、不レ可レ居二住其所一、早可二追出一之由、可レ被二下知一之状、依レ仰執達如レ件、

延應元年七月廿六日　　（泰時）前武藏守　判

近本一二七　新追二七四　［參考］鏡延應元年七月廿六日條

二一〇
諸國地頭等以山僧幷商人借上輩補地頭代官事
訴訟近條作欝訴
其新追無
其原作重據同上改
切近條作向
七原イ本作九鏡爲一
判據新追式追補

一　諸國地頭等、以二山僧幷商人借上輩一、補二地頭代官一事
右、爲レ貪二當時之利潤一、不レ顧二後日之煩費一、以二如レ此之輩一、補二地頭代官一之間、偏忘二公物之備一、只廻二私用之計一、因レ玆、新儀之非法不レ止、本所之訴訟無レ絶、前々者代官有レ咎之時、正員被レ加レ誡、然而其代官等更不レ見二懲一歟、於二自今以後一者、隨二罪科之輕重一、可レ被レ行二其科一也、然則以二如レ此之輩一補二代官一事、一切可レ從二停止一之由、兼可下令レ加二下知一給上之狀、依レ仰執達如レ件、

延應元年九月十七日　　前武藏守（泰時）判
　　　　　　　　　　　修理權大夫（時房）判

相模守（重時）殿　越後守（時盛）殿

近本六六　近條三六　新追二八五　大本三三　［參考］鏡延應元年九月十一日條

二一一
改嫁事
年次崎本無
元九卅下森文有年月
日
卅京本貞本運本作廿
佐以下十六字據式追
補
次貞本運本森文無平
本作歟
次以下崎本無近本森
文細書
雖近本貞本運本森文
無

一　改嫁事　延應元・九・卅・評　佐竹別當入道後家沙汰之時被レ定云々
右、或致二所領之成敗一、或行二家中之雜事一、於レ令二現形一者、尤可レ有二其誡一、此外至二內々之密儀一者、縱雖レ有二風聞之說一、非二沙汰之限一、次尼還俗改嫁事、雖レ有二其沙汰一、不レ及レ記之由評定畢矣、

新追三三〇　式追一六三　成追一二　近本一二　貞本一二　運本一二　崎本一二　京本一三　平本四　鶴本　森田文書〔森文〕　蘆抄　敦注　宣抄　枝抄　三抄　近抄　〔參考〕　鏡延應元年九月卅日條

鎌倉中保々奉行可ㇾ存知ㇾ條々

一　盜人事

一　旅人事

一　辻捕事

一　惡黨事

一　下々辻々賣買事

一　成ㇾ小路狹ㇾ事

一　辻々盲法師幷辻相撲事

一　押買事

右條々、存ㇾ知此旨ㇾ、可ㇾ令ㇾ警ㇾ固奉行保々ㇾ也、更不ㇾ可ㇾ有ㇾ緩怠ㇾ之狀、依ㇾ仰下知如ㇾ件、

延應二年二月二日

前武藏守（泰時）

汰下原有而據平本宣抄削記森文作糺明或是畢近本作了恐是矣平本作云々諸本無

一三二一二九　鎌倉中保々奉行可存知條々

下恐當作丁

署名原在日下意移

鏡仁治元年二月二日條

一三〇 御家人之中郎等任官事

郎原作御據鏡改

一　御家人之中郎等任官事、自今以後、可ㇾ被㆓停止㆒也、所望之時、關東祗候人之由稱申者、能々且糺㆓明主人㆒、且相㆓觸重時㆒、可ㇾ被㆓申任㆒之旨、兼可ㇾ被ㇾ申㆓置官藏人已下公事奉行人㆒之狀、依ㇾ仰執達如ㇾ件、

延應二年三月十八日　前武藏守（泰時）

相模守殿（重時）

近本二〇七　〔參考〕鏡仁治元年三月十八日條

一三一 不可召仕町人并道々輩事

此條以下六箇條年次宜參看補註

一　不ㇾ可ㇾ召㆓仕町人并道々輩㆒事（延應二年三月十八日？）22

號㆓權門之所從㆒、諸人訴訟之時、或不ㇾ從㆓奉行人之催促㆒、或語㆓取權門之書狀㆒、好㆓非分之沙汰㆒、自今以後、一向可ㇾ止ㇾ之、如ㇾ此被㆓定下㆒後有㆓犯者㆒、可ㇾ被ㇾ行㆓科斷㆒也、縱雖ㇾ不㆓召仕㆒、沙汰之時、稱㆓知音人㆒口入之條、甚不ㇾ可ㇾ然、但付㆓能外才㆒誂㆓作要事㆒、不ㇾ及ㇾ制㆓止之㆒、

外原作解意改

一三二 侍所雜仕等正月并尋常時行向諸人宿所事

一　侍所雜仕、小舍人、朝夕雜色、中間、贄殿執當、雜仕、守殿等、正月并尋常之時、

行二向諸人宿所一事

可レ停二止之一、但來二臨奉行人之許一事、非二沙汰限一、

一三三
鷹狩事

一　鷹狩事

社領内有レ例供祭之外、可レ停二止之一、寄二事於左右一、不レ可レ煩二他領一、

一三四
雙六四一半目勝已下博奕事

勝意補、或當作增年次及堅據侍篇補
可以下四字據新追侍篇補

一　雙六、四一半、目勝已下博奕事

延應二
三十八

堅可レ停二止之一、

一三五
材木請賣事

已上新追無

一　材木請賣事

已上可レ停二止之一、

一三六
在京武士乘車橫行洛中事

一　在京武士乘レ車橫二行洛中一事

慥可二停止一之由、可レ被レ仰二六波羅一也、

近本一六〇―一六五　新追一六一・一五五・四六(但、第三・四・五條ノミ)　式追八七(但、第三條ノミ)　侍篇五六(但、第四條ノミ)　事紀　[參考]　鏡仁治元年三月十八日條

一三七(一三六ト同ジ)
在京武士乘車橫行洛中事

一　在京御家人乘レ車橫二行洛中一、所從濟々、其躰不二穩便一之間、可レ然出仕之時、無骨之由有二其聞一、事實者尤不二穩便一、早可二停止一之旨、可下令二下知一給上也、兼亦關東

過原作兼據鏡改

一三八
對祖父母致相論事

一三九
以御恩所領入負物質券事

以近條無恐非
二成追近條貞本運本
作三非
二四廿下森文有年月
日
評據成追近條森文補
年次崎本無運本森文
在末尾
其辨成追近條貞本運
本京本森文無
須諸本作可
前以下崎本森文無近
本在事書下年次後、
但有脫字

一四〇
評定時可退座親類事

宜參看七二、二二九
條
相舅塵鈔無
父同上作母

御家人中過差事、可㆑被㆓停止㆒也、可㆑被㆑存㆓其旨㆒之狀、依㆑仰執達如㆑件、

延應二年三月十八日　武藏守(泰時)

相模守殿(重時)

近本一六六　〔參考〕鏡仁治元年三月十八日條

延應二年四月四日、對㆓祖父母㆒致㆓相論㆒事、被㆑停㆓止之㆒、

鎌記延應二年

一　以㆓御恩所領㆒、入㆓負物質券㆒事　延應二・四・廿・評

右、沙汰出來之時、過半分以上致㆑辨者、差㆓日數㆒令㆑辨㆓償之㆒、可㆑被㆑糺㆓返彼券契㆒也、其辨不㆑足㆓半分㆒者、須㆑充㆓給所領於他人㆒也、

前縫殿頭文元朝臣所領紀伊國高安庄沙汰時被㆑定㆑之畢、

新追六三　新式一三九　成追一三　近本一三　近條一〇　貞本一三　運本一三　崎本一三　京本一四　大本八

森田文書(森文)　薑抄　敦注　三抄　事紀

一　評定時可㆓退座㆒親類事23　延應二　四　廿五評

祖父母　父母　子孫　兄弟姉妹　聟　舅　相舅　伯叔父　甥　小舅　從父兄弟　夫

妻訴訟之時可二退座一也　烏帽子々

平本一〇　塵添壒嚢鈔〔塵鈔〕卷三（但、事書缺ク）

〔參考〕　鏡仁治元年四月廿五日條

一　評定時可二退座一分限事　延應二　四　廿五評

祖父母　養父母　子孫　養子孫　兄弟　姉妹　聟姉妹孫聟同　舅　相舅　伯叔父

甥姪　從父兄弟　小舅　夫妻訴訟之時可レ退レ之

宣抄　枝抄　三抄　近抄　新本

一　人倫賣買停止事、云二代々新制一、云二關東施行一、已以重疊、而寛喜飢饉之境節、或沽二却子孫一、或放二券所從一、充二活命計一之間、被二禁制一者、還依レ可レ爲二人之愁歎一、無二沙-汰之一、今世間復レ本之後、甲乙之輩、鎮令二違犯一云々、甚以無二其謂一、於二自今以後一者、早可レ令レ停二止之一、如二延應元年六月廿日仰一、當市庭立レ札、可レ令レ觸二廻國中一、若猶不レ拘二御制一者、可レ令レ注二申在所并交名一之状、依レ仰執達如レ件、

延應二年五月十二日

前武藏守（泰時）判

修理權大夫（時房）判

一四一（一四〇ト同ジ）評定時可退座分限事
姉以下五字新本作姉聟妹聟孫聟同之
夫原續於舅意移
末尾新本有烏帽子々

一四二　人倫賣買停止事
間原作周據原イ本改
五恐當作正
十二鏡作一

和泉國守護所

新追七八 [參考] 鏡仁治元年五月一日條 鎌記仁治元年

一 敵二對于祖父母并父母一、致二相論一輩事 延應二 五 十四評

右、告言之罪不レ輕之處、近日間有二此事一、敎令違犯之罪科是重、自今以後、可レ令二停止一也、若猶及二敵對一者、慥任二本條一、可レ被レ處二重科一、

信濃國落合後家尼與二子息一相論之間被レ定レ之畢、

新追三五二 式追一八三 新式一四〇 成追一五 近本一四 近條一一 京本一五 貞本一四 運本一五 崎本一四
大本九 蘆抄 敦注 宣抄 枝抄 三抄 近抄 事紀 [參考] 鏡仁治元年五月四日條、同年同月十四日條

一 關東御家人、以二雲客已上一爲二聟君一、讓二所領於女子一事 延應二 五 廿五

右、於二公事一者、隨二其分限一、可レ被二省充一之由、先日雖レ被二定置一、自今以後、至下于相二具雲客已上一之女子上者、不レ可レ讓二與所領一也、

近本一五 成追一六 貞本一五 運本一五 崎本一五 京本一六 新追三三一 式追一六四 平本二 鶴本 蘆抄
敦注 枝抄 三抄 事紀 [參考] 鏡仁治元年五月廿五日條

一四三 敵對于祖父并父母致相論輩事
年次崎本無
科據諸本補
也成追近條貞本運本京本宣抄無
處新式成追近本近條貞本運本崎本京本作
行
科下新式成追近本貞本運本崎本京本有也
本末尾一行同上在事書下年次後、崎本無
濃國近本作州
後家同上無
間以下五字同上作時評定了

一四四 關東御家人以雲客已上爲聟君讓所領於女子事
年次崎本無
廿五鶴本枝抄作十四
五下成追貞本運本京本有評
至于新追式追作於

一四五
凡下輩不可買領買地事
買領買地運本作賣買
領地
上買成追京本作賣
下買崎本平本作賣
年次宜參看補註
習諸本作法
者除式追外諸本無
彼貞本運本崎本無恐
非
不及知行平本作不可
敍用之
行下除式追外諸本有
矣
又以下近本平本缺崎
本在一六八條本文末
尾非

一四六
雜人訴訟事
付近本作差
返同上作月恐非
令同上無
注原作改據原傍書及
近本改
也據同上補
判同上無
康持同上無、持原作
時意改

一　凡下輩不レ可三買領買地一事　延應二　四　二　五　廿五24　四廿五　同日

右、以二私領一令三沽却一事、爲二定習一之由、先度雖レ被二書載一、自今以後者、縱雖レ爲二私領一、於レ賣三渡凡下之輩幷借上等一者、任二近例一可レ被レ收三公彼所領一也、又雖レ爲二侍已上一、非御家人者、不レ及二知行一、又以二山僧一爲二地頭代官一事、可レ被二停止一之由、被レ載二事書一畢、

新追三五　式追二三　近本一六　成追一七　京本一七　貞本一六　運本一六　崎本一六　平本九　東寺百合文書
〔百合〕ホ一　蘆抄　敦注　宣抄　枝抄　事紀　〔參考〕鏡仁治元年五月廿五日條

一　雜人訴訟事、相三分國々一、被レ付二奉行人一畢、而奉行人度々雖二相觸一、不二事行一之時、申三成御敎書一之間、尫弱之訴人數返往反經二日月一云々、尤不便、於二自今以後一者、都以不レ可レ申三成御敎書一、以二奉行人之奉書一、可レ加二下知一也、三ヶ度不レ令二敍用一者、可レ注三申事由一、且爲レ懲二傍輩之濫吹一、且爲レ慰二雜人之愁訴一、可レ被レ行二罪科一也、可レ被レ存二此旨一之状、依レ仰執達如レ件、

延應二年六月十一日　前武藏守(泰時)判

加賀民部大夫殿　康持(町野)

近條三七　近本六七　大本三四　［參考］鏡仁治二年六月十一日條

一四七　兄弟姉妹和與物悔還否事
被新追近本作彼非

一　兄弟姉妹和與物悔還否事

右、如二法意一者、被二和與一物難二悔還一歟、但、或依レ成二父母之禮一、讓二與所領一、或偏以二恩顧之儀一、讓二得所帶一之輩等、忽忘二敎命一及二敵對一者、猶可レ任二本主意一、將又就二證文一可レ有二子細一歟、

延應二年六月十一日　前武藏守（泰時）判

式追一五三　新追三二〇　近本一一八　枝抄　近抄　三抄　事紀

一四八　新補地頭得分田畠加徵事
年次據鏡註

一　新補地頭得分田畠加徵事　（延應二年六月十一日）

本年貢一斗已上事、先日被二仰定下一畢、於二一斗之所一者、可レ爲二三分一也、

一四九　篝屋用途勤仕所々犯過人事
仕據諸本補　延應二據新追補　月日據鏡註

一　篝屋用途勤仕所々犯過人事　延應二（六月十一日）

於二謀叛殺害人一者、可レ召二渡其身計於守護所一、自餘事者、都以不レ可レ交二沙汰一也、

一五〇　以山僧補代官事

一　以二山僧一補二代官一事

於二地頭一者可レ停二止一也、預所同可レ停二止一也、但雖レ非二山領々家一、爲二山僧之領一者、

序下據鏡當有者

山僧之條、不ㇾ能㆓禁制㆒歟、但離山之後經㆓年序㆒・、非㆓沙汰之限㆒、但令ㇾ張㆔行非法㆒者、可ㇾ申㆓事由㆒、

判相模守殿據新追補

以前條々、可ㇾ令ㇾ存㆔知其旨㆒之狀、依ㇾ仰執達如ㇾ件、

延應二　六　十一　(泰時)前武藏守・判

(重時)・相・模・守・殿

近本二〇八—二一〇　近條二四—二六　新追二九四・二三一・二七五　侍篇六二(但、第二條ノミ)　成追一七後尾(但、第三條ノミ)　京本一七後尾(同上)　貞本一六後尾(同上)　運本一六後尾(同上)　蘆抄(同上)　敦注(同上)　[參考]　鏡仁治元年五月廿五日條、同六月十一日條

一五一 寺社地收公事

延應二七廿評云、自今以後、於㆘私寄㆔進寺社㆒地㆖者、可ㇾ被ㇾ收㆔公之㆒也云々、

鎌記延應二年

一五二 本司新司兩樣混領事

司近本作補
年次據新追二七三條
近條補
十近本作拾
頰下新追二七三條有矣近本八條有焉
此以下九字新追二七三條近本八條近條無蓋後人書入

一　本司新・司兩樣混領事　仁治元　十一　廿三評

右、被ㇾ召㆓所領㆒者、就ㇾ之所々訴訟無㆓盡期㆒歟、仍可ㇾ被ㇾ召㆓篝屋用途㆒也、但隨㆓其所之多少㆒、可ㇾ被ㇾ召ㇾ之、假令五十町所者、可ㇾ被ㇾ召㆓錢五・十貫文㆒也、但地頭得分也、寄㆓事於左右㆒、不ㇾ可ㇾ成㆓土民之煩㆒・、(・此・段・雖ㇾ有ㇾ・前・任ㇾ・本・書・之、)

新追二八六・二七三附尾(重出)　近本六二・八附尾(重出)　近條一二・七附尾(重出)　京本九・八附尾(重出)　大本一〇
成追八附尾　［參考］　鏡仁治元年十一月廿三日條

一五三　京都大番衆事
同私恐誤字
上諸本作下非
元原作三據鏡改

一　京都大番衆事、遁二有レ限同私一、寄二事於左右一、懈怠之輩者、假令一ヶ月令二遲參一者、爲二其過怠一、可レ被レ充二未作篝用途錢拾貫文一、其已上日數者、以レ之可レ被二仰充一之狀、依レ仰執達如レ件、

仁治元年十一月廿八日　前武藏守(泰時)　判

相模守殿(重時)

新追二一九　近本二一一　宣抄　枝抄　三抄　［參考］　鏡仁治元年十一月廿八日條

一五四　本補跡所々檢斷事
年次據侍篇補

一　本補跡所々檢斷事　仁治元　十二　十六

右、可レ被レ任二先例一也、

一五五　厨屋雜事等事
之下恐當有由

一　厨屋雜事等事

右、不レ論二本司新司一、一向停止之、御下知先畢、但至二馬草并薪以下雜事一者、非二沙汰之限一、

一五六 人倫賣買事
關新追イ本作宿恐是此條下新追式追有後出日付充所署判

一　人倫賣買事
右、人勾引幷賣買仲人之輩者、可レ被レ召二下關東一、被レ賣之類者、隨二見及一可レ被レ放二免其身一也、且以二此旨一可レ被レ觸二路次關々一也、

一五七 諸社神人幷神官等令書起請文時於他領社不可書由事
此條下同上有後出日付差出書

一　諸社神人幷神官等、令レ書二起請文一時、於二他領社一不レ可レ書由事
右、於二京都一者、不レ嫌二自社他社一、於二北野社一可レ被レ書也、

一五八 可被行罪科由被載下御下知狀事
年月日判據新追七九條補

一　可レ被レ行二罪科一由、被レ載二下御下知狀一事
右、自今以後者、可レ書二載子細於分明一之由、仰二鎌倉奉行人等一畢、
以前條々、可レ被レ存二其旨一之狀、依レ仰執達如レ件、

仁治元年十二月十六日　(泰時)前武藏守　判
(重時)相模守殿　(時盛)越後守殿

近本二二一―二二六　新追二三三・三〇三・七九・一三(但、第一―四條ノミ)　侍篇六三(但、第一條ノミ)　式追四四・一〇(但、第三第四條ノミ)　枝抄(但、第四條ノミ)　三抄(同上)　事紀　[參考]　鏡仁治元年十二月十六日條

一五九 祖父母父母就所領有謀書由子孫訴申時依告言科可有罪科否事
去五月十四日式目宜參看一四三條

一　祖父母父母、就二所領一有二謀書一由、其子孫訴申時、依二告言科一、不レ及二成敗一、可レ有二罪科一否事、去五月十四日重被二定置一御式目狀云、敵二對于父母一、致二相論一之輩、

告言之罪不レ輕之處、近日間有二此事一、敎令違犯罪科是重、自今以後、可レ停二止之一、若猶及二敵對一者、慥任二本條一、可レ被レ處二重科一也、可レ爲二此儀一候歟、（仁治元年[25]）

處據一四三條補
年次意推

新追三五五　式追一八六（但、之罪不輕以下二十九字缺）

一六〇
諸人訴訟事

錄或衍

一　諸人訴訟事、遂二對決一被レ進二申詞一之處、或可レ令二覆問一事、不レ被レ問レ之、或兩方文書目六之外、有二加增之狀一、或不レ付二文書之正案一、又不レ封二繼目錄一、或進二問註記於關東一之由雖二返答一、彼記等到來徒送二年月一、仍評定之時、難レ散二疑殆一之間、御成敗之煩也、兼亦終二問注之篇一、雖レ讀二其記一、兩人不二聞及一云々、此條甚無レ謂次第也、自今以後者、聞二披申詞一、存二知其趣一、若有二不審一者、尋二究子細一、無二御成敗煩一、可レ被レ注二申一之狀、依レ仰執達如レ件、

仁治二　三　廿　　前武藏守（泰時）

相模守殿（重時）　越後守殿（時盛）

近本二二七　【參考】鏡仁治二年三月廿日條

一六一
懸所從咎於主人否事

一　懸二所從咎於主人一否事　仁治二　三　廿五

二、三、五下宣抄有
年、月、日
議宣抄作儀

加賀國坎保地頭庄田四郎次郎行方與二岩本太郎家清一相論盜人新五郎男事
仁治二・三・廿五・評定云、懸二所從之盜犯於主人一之條、背二物議一歟、非二沙汰之限一、奉行對馬左衞門尉（仲康）

新追一〇四　式追五八　宣抄　枝抄　近抄　三抄　〔參考〕鏡仁治二年三月廿五日條

一六二
殺害人事

人宣抄鏡無恐衍

一　殺害人事
右、雖レ爲二使廳沙汰一、人至二于重犯之輩一者、申二給之一、可レ行二所當罪科一之由、御下知先畢、早任二彼狀一、可レ被二申沙汰一也、仍執達如レ件、

仁治二年六月十日　前武藏守（泰時）判

相模守殿（重時）
越後守殿（時盛）

新追九五　侍篇六七　近本二二六　宣抄　枝抄　三抄　事紀　〔參考〕鏡仁治二年六月十日條

一六三―一六七
問注記調進同可存知條々

問注記調進同可二存知一條々

一　覆問事

東下恐一字脱
是恐當作具
先或當作者

一　可レ被レ問二證人一事
右兩條、就二問注記之詮句一評定之時、不審不レ貽之樣問二明之一、可レ被二注進一也、
一　文書調進事
右、亘細取二目錄一、可レ被レ副二進之一、云二不足一云二加增一、是則奉行人緩怠之故也、加之、於二進上正文一者、不レ可レ及二子細一、至二取進案文一者、書下校二合正文一由上、每レ枚以二奉行人之手跡一、可レ書二文書之端一也、兼又繼二進文書一之時、訴人定封二續目一歟、奉行人同每二繼目一、可レ加二封判於兩方文書一也、
一　關東進問注記未到事
右、都鄙之間、奉行人之懈怠歟、且於二路次一令二紛失一歟、實以非レ無二不審一、自今已後、以二月次之引付一、注二進之一者、自二關東一又隨二到來一、可レ被レ遣二合點狀一也、
一　令レ讀二問注記一、各可レ被レ聞二披子細一事
右、云二關東・進記錄一、云二京都成敗記錄一、是令レ聞二別其記一、相論之趣、可レ被二存知一也、兼又前々所レ進問注記、一篇之中籠二條々一、書流之間、御評定之時、雖レ讀二上之一、輙難レ分二別其子細一、自今以後、番二始問注一之時、於二條々篇目一、先一段之中、書二問答一之後、又移二他篇一、每段同可レ令レ書也、

以前條々、依レ仰執達如レ件、

仁治二　六　十五　　前武藏守（泰時）

相模守殿（重時）　越後守殿（時盛）

近本二一八―二二二　［參考］鏡仁治二年六月十五日條

一六八
諸人訴訟對決時進懸物狀事
年次京本運本崎本缺
評成追無
之輩近條無恐非
不成追作未
住京本作任非
狀據京本貞本運本補
也下崎本有又以山僧云々十九字、蓋一四五條竄入

一　諸人訴訟對決時、進二懸物狀一事　仁治二　八　廿八評

右、甲乙之輩、訴訟之時、遂二對問一之處、或不レ預二裁許一之族、爲レ散二欝憤一、稱二懸物一捧二押書一、或所レ申爲二非據一者、以二論人之所領一、可レ充二給敵人一之由、相互載二其狀一之間、各住二貪欲之心一、彌好二喧嘩之論一歟、自今以後、進二懸物狀一之時、於レ致二濫訴一者、早以下所レ載二懸物狀一之所領上、可レ充二給他人一之旨、可レ令二書載一也、

近本一七　近條一三　成追一八　京本一八　貞本一七　運本一七　崎本一七　大本二一　蘆抄　敦注　事紀

［參考］鏡仁治二年八月廿八日條

一六九
不蒙御免許企遁世後猶知行所領事
御運本無
年次崎本京本缺
七下近條有評定
及同上作爲
企貞本運本作令

一　不レ蒙二御免許一、企二遁世一後、猶知二行所領一事　仁治二　十一　十七

右、或及二老耄一、或依二病患一、以二所領所職一、讓二與子孫一、給二身暇一企二遁世一者、普通

年近條作耄

歟下同上有猶

俄貞本作之儀運本作之緣並恐非

至近本近條無恐非

官近條作宮恐非

限下近本近條貞本運本崎本有焉

之法也、而未レ及二老年一、無二指病惱一、不レ蒙二御免一、無二左右一令二出家一、猶知二行所領一事、甚自由之所行也、自今以後、如レ此之輩、處二于不忠之科一、可レ被レ召二所領一也、但兼日以二子孫幷養子一爲二代官一、於レ致二奉公一者、不レ及二子細一歟、爲二遁世一俄稱二養子一、至レ令二吹擧一者、不レ能二敍用一、兼又乍レ浴二關東之御恩一、居二住京都幷他所一、不レ致二官仕一者、同以不レ可レ領二知其所一、抑本自祗二候京都一之輩、預二關東之御恩一者、非二沙汰之限一、

成追一九　近本一八　近條一四　京本一九　貞本一八　運本一八　崎本一八　大本一二　蘆抄　敦注　事紀

［參考］　鏡仁治二年十一月十七日條

一七〇　所從事

ソ原作ス意改

一　所從事　（仁治二年以前）十二月廿五日 26　遣二六波羅一狀也　（泰時）武藏前司入道殿在判

雖レ爲二相傳一、不レ知二行方一、無二其沙汰一、過二十箇年一者、稱レ不レ可二沙汰一、又無二指由緒一召仕輩ヲ、經二十ケ年一之後、相傳ト號ソ、經二沙汰一之條、不レ可レ然之間、自今以後、不レ可レ及二沙汰一也、

新追三六七　式追一九七

一七一
京都御沙汰時問注奉行人等緩怠事

於或當在京上
意入或當作遲參
條脫張合恐當作臨晚
陰令
今以後原作志非意改
武上恐當有前

一　京都於御沙汰之間、問注奉行人等意入條脫張合參勤之由承候之條、以外緩怠候、自今以後、以二時付着到一、每月可二注給一候、恐々謹言、

仁治二　十二　　武藏守(泰時)

相模守殿(重時)

近本二三三　［參考］　鏡仁治二年十二月十三日條

一七二
神社佛寺事

一　神社佛寺事

新御成敗狀　仁治三年正月十五日

右、別當神主等、偏乍レ貪二彼領之利潤一、不レ顧二社寺之破壞一、徒送二歲月一之條、甚不レ可レ然、自今以後者、小破之時宜レ加二修理一、加之、恆例之祭禮、不闕之勤行、不レ可二怠慢一、若違二此旨一者解二却之一、可レ補二穩便之輩一也、但其領不レ幾、而其功難レ終者、可レ注二申子細一矣、

一七三
六齋日殺生事

一　六齋日殺生事

右、禁斷之由、累代之嚴制、關東之御定、重疊已畢、每月件日、奉行之國中、永可二禁制一之由、所レ被レ下二御敎書一也、可レ存二其旨一、但於二河海一者、漁人以レ之依レ爲二渡

世之計一、被レ免レ之者歟矣、

一　鷹狩事

右、守二關東新制一[27]、神領内例供祭之外、可レ被二停止一矣、

一　殺害、山賊、海賊、夜討、强盜、竊盜、双傷、放火、毆人等事

御式目嚴重也、任二其狀一、或死罪流罪、或改二易所帶一、更不レ可レ有二猶豫一矣、

一　年貢所當事

右、毎年無二不法一可レ致二究濟一、若依二自然之懈怠一、至二過分未濟一者、任二同狀一、三箇年中可レ令レ償、於二難澁之者一、可レ改二補所職一矣、

一　官爵事

右、不レ申二事由一競二任事一、可レ停二止之一矣、

一　人倫賣買事

右、關東御敎書云、寛喜飢饉之比者、固有二禁制一者、還依レ可レ爲二人之煩一、慾無沙汰、自今以後者、可レ令二停止一云々、守下被二仰下一旨上、可レ止レ之、若背二御制一者、云二買人一云二賣人一、可レ處二罪科一矣、

一　惡口、謀書、懷二抱他人妻一、扶二持罪人一、逃二失召人一事

一七四　鷹狩事

一七五　殺害山賊海賊夜討强盜竊盜双傷放火毆人等事

或原作議意改

一七六　年貢所當事

一七七　官爵事

一七八　人倫賣買事

一七九　惡口謀書懷抱他人妻扶持罪人逃失召人事

任原作仰意改
狀下恐當有或
或原作議意改

右、任二御式目狀一、・致二流刑一、・或可レ改二所職一、次逃二召人一輩事、重犯者召二所領一、輕罪者可レ行二過怠一、

一八〇
出擧利分事

一　出擧利分事

右、雖レ經二多年一、不レ可レ過二一倍一之由、且被レ下二宣旨一、且被レ成二關東御敎書一、然則可レ停二止非分之責一矣、次負人死去之時、不レ知二旨趣一、責二徵父母妻子所從緣者等一之條、可レ停二止之一、但署記顯然而證據分明者、已令二遺職相承一之族、可レ令二辨償一矣、次負人逃脫之刻、不レ可レ煩二口入人一、而口入人若不レ令レ知二取人一、不レ取二與證狀一者、難レ遁二其責一、死亡之時准レ之矣、

一八一
奴婢雜人事

一　奴婢雜人事

右、任二御式目一、男者付レ父、女者可レ付レ母、兼又無二沙汰一而過二十ケ年一者、不レ謂二理非一、不レ可レ有二其沙汰一矣、次違二背主人一、離二別父母一、令二逃籠一之日、其主其親觸訴申之旨、爲二道理一之處、猶令二拘惜一仁者、糺返之上、別可レ有二過怠一矣、

一八二
百姓逃散時事

或原作議意改
自下恐當有本

一　百姓逃散時事

右、或抑二留資財一、・或召二取其身一之條、頗無レ謂乎、自・至二于去留一者、可レ任二土民之意一、但有二年貢所當之未濟一者、可レ令レ致二其沙汰一矣、

一八三 給田畠賣買事
捍原作押意改

一　給田畠賣買事

右、令二買取一之輩、寄二事於左右一、且擬下管二領其地一、且對二捍所役上之事出來云々、事次第以外也、所詮、田畠賣買之條、可レ停二止之一矣、

一八四 所領得替前司新司事
公原作久意改
用恐當作可

一　所領得替前司新司事

右、任二御式目一、於二公物一者、可レ爲二新司之沙汰一、至二私資財一者、不レ用二拘留一、剰與二恥辱一者、可レ有二別科怠一、但有二殊科一被二改補一者、非二沙汰之限一、

一八五 中媒事
證恐當作誘

一　中媒事

右、有レ限女人之外、證人妻幷娘竊會之事、濫吹之基也、可二停止一也、若猶犯レ之者、云二其身一云二男女一、可レ處二其科一矣、

一八六 辻捕事

一　辻捕事

右、違犯之者、任二御式目一、於レ侍者、百ケ日可レ令二籠居一、雜人者、或剃二除片鬢片髮一、或可二召籠一矣、

一八七 放牛馬採用土民作物草木事

一　放二牛馬一、採二用土民作物草木一事

右、恣有二押取族一之間、住民歎申之由風聞之、宜レ停二止之一、背二此趣一者、糺二返其物一之後、可レ有二過怠一矣、

一八八 犯罪事

一八九 亂牛馬事

踏下恐有脱字

一九〇 給府中地輩事

所下恐有脱字

一九一 道祖神社事

一九二 町押買事

一　犯罪事

右、雖レ處二其身於罪科一、不レ可レ及二三族一、所謂不二同意一父母妻子所從資財雜具不レ拘二留之一、如レ本可レ令二安堵一事也、次惡黨同宿家主事、不レ知二其意一者、又不レ可レ懸レ科、委曲見二御式目一矣、

一　亂牛馬事

右、損二食田畠一踏二・山野一之條、馬主牛主緩怠之所レ致歟、然者於二其分一者、以二一倍一可レ辨二償其主一矣、

一　給二府中地一輩事

右、難澁所・付二于彼地之濟物一、懈二怠所役一者、屋地者可レ召レ之矣、

一　道祖神社事

右、同府住人等、立二置彼社於府中一之條可レ止レ之、但有二殊所存一者、申二其旨一、可レ隨二左右一矣、

一　町押買事

右、不レ論二上下一、一向可レ令レ停二止之一矣、次町人等諸物直法、背レ法過分之條、可レ止レ之矣、

一九三 府中指笠事

一　府中指レ笠事
右、往反之諸人、非二指雨儀一之時、面々指レ之事、可レ停二止之一矣、

一九四 大路事

一　大路事
右、或稱二田畠作一、或號レ立二在家一、令レ狹條、尤自由也、早仰二其通行事一、可レ令レ制二止之一矣、

一九五 保々產屋事

一　保々產屋事
右、晴大路立レ之事、可レ止レ之、若不レ令二承引一者、可レ令レ破二却之一矣、

一九六 府中墓所事
墓原作基意改
且下宜有可

一　府中墓所事
右、一切不レ可レ有、若有二違亂之所一者、且・改葬之由被レ仰レ主、且可レ召二其屋地一矣、

一九七 令押作私物於道々細工等事
依原作儀意改

一　令レ押二作私物於道々細工等一事
右、依レ有二如レ然之輩一、細工等有二煩事一云々、可レ止レ之矣、

一九八 出祿事

一　出祿事

一九九 双六四一半目增字取等博奕事

一　双六、四一半、目增、字取等博奕事
右、以上可二停止一也、若不二相鎮一者、令レ禁二遏其身一、可レ改二所職一矣、

二〇〇　可被止鎌倉中僧徒従類太刀腰刀等事

等　崎本無
事書下　新追式追註仁治三三三、近本一九條註仁治三二三
右　新追崎本無、據新追式追補
從下　同上有等
乎　諸本作哉、或是
向　近本一九條作切
令　新追式追作被
等下　近本一九條作也
給以下　同上無
給之　新追式追無
仁治三年　崎本無
在御判　新追式追近本一九條崎本無
橋　新追式追作眼、以以下十字據同上補
追　崎本作逐
合　式追作令、恐非
入　據新追式追補
之　同上作畢、崎本作了
候　新追式追無

一　可レ被レ止二鎌倉中僧徒従類太刀腰刀等一事

右、僧徒之所従、常致二闘亂一、多及二殺害一云々、武士之郎従、猶以不レ及二如レ此之狼藉一、何況於二僧徒之所従一乎、是則好而召二仕武勇不調之輩一、専不レ加二禁遏一之故也、於二自今以後一者、僧徒之兒、共侍、中間、童部、力者法師、横二雄劔一差二腰刀一、一向可レ停二止之一、若背二此制止一、及二刄傷殺害一者、宜レ被レ處二主人於過怠一、堅存二此旨一、不レ可二違犯一之由、可下令レ相二觸供僧等一給上之旨所レ候也、仍執達如レ件、

仁治三年三月三日　前武藏守（泰時）在御判

大御堂執行御房

若宮別當御房

大夫法橋御房　以上三ケ所各別書下之

追仰

件輩劔刀者、仰二付小舎人一、随二見合一拔二取之一、可レ施二入大佛一之由、被レ仰二下之一、同可レ被レ仰二聞其旨一候也、

近本一四三・一九（重出、但、書止「給」字以下ナシ）　新追二四　式追一七　崎本一九　事紀

二〇一 勝長壽院僧房鬪亂殺害事

一　勝長壽院僧房連々有二鬪亂事一、・度々及二殺害一云々、武士之郎從猶以不レ及二如レ此之狼藉一、何況僧徒之從類哉、是則好而召二仕武勇不調之輩一、專不レ加二禁遏一之所レ致也、加之、三昧僧等偏好事二酒宴一、併疎二其節一之由有二風聞一、非三啻破二戒行一、剩背二尋常之法一、自今以後、僧徒之兒、共侍、中間、童部、力者法師、横二雄劍一差二腰刀一、一向可レ停二止之一、若猶不レ拘二制止一、及二刄傷殺害一者、宜レ被レ處二主人於過怠一、堅存二此旨一、更不レ可二違犯一之由、各可下令二相觸一給上之由所レ候也、仍執達如レ件、

仁治三年三月三日　　前武藏守泰時

謹上　大藏卿僧正御房

追申同前

新追二五　近本一四四　武箋（但、假名交リ文）　崎本二〇　事紀

事　次行武箋有右僧徒之所從つねに致鬪亂
哉　近本作乎
是、專　並據近本崎本補
好　崎本無　恐是
一向　武箋無　恐非
候　同上作仰
仁治三年　同上無
泰時　崎本大書　近本無
謹以下　崎本缺
追申同前　據近本補

二〇二（二〇一ト同ジ）勝長壽院僧坊鬪亂殺害事

一　勝長壽院僧坊連々有二鬪亂一、度々及二殺害一事

右、武士之郎從、猶以不レ可レ及二如レ此狼藉一、況於二僧徒之從類一乎、是則好而召二仕武勇不調之輩一、專不レ加二禁遏一故也、加之、三昧僧等偏事二酒宴一、・疎二其節一之由有二風

長　原作定　據前條改
之從、則好　並據前條補
而　恐誤字
宴下恐當有併

聞、非啻破戒行、剩背尋常之法、自今以後、僧徒、法師、童子、力者法師、横雄釼差腰刀、一向可停止之、若背制符、及刄傷殺害者、宜處過怠主人、固存此旨、不可違犯之由、可令觸供僧等也、仍執達如件、

仁治三年三月三日　　前武藏守（泰時）

大御堂執行御房

若宮別當御房

大夫法橋御房

寺々面々被仰下畢、

成追一本三

二〇三　鎌倉中諸堂別當職事

年次運本京本作仁治三年二月五日評新追爲仁治三年三月三日新追イ本作十二五成追作仁治三二五成追イ本作仁治三三五
職據諸本補
可貞本運本無恐非
呀原作算據諸本改
可式追無
意下貞本運本京本有歟

一　鎌倉中諸堂別當職事　仁治三十二五評定

右、於寺務職者、以德闌功積之人、可被撰補之處、不謂器量、不顧若﨟、恣稱有師範之讓、管領一寺、非啻招當時之呀、甚不可叶佛意、於自今以後者、一向停止讓補之儀、宜依時儀矣、

平本五　新追二六　式追一八　成追二〇　近本二一　貞本一九　運本一九　京本二〇　蘆抄　敦注　宣抄

二〇四 式部丞幷諸司助事
助下原イ本有成功
年次京本無
右成追平本無

二〇五 訴論沙汰日結番事

枝抄　事紀

一　式部丞幷諸司助・事　仁治四　二　廿五

右、先度准二靫負尉功一、以二百貫文一可レ被二申任一之由、雖レ有二其沙汰一、自今以後、不レ可レ有二其儀一、且於二侍所望一者、一向可レ被レ停二止之一、

近本二三　成追二一　京本二一　平本七　貞本二〇　運本二〇　蘆抄　敦注　事紀　[參考]　鏡寛元々年二月廿五日條　大内家壁書四二　多々良問答

寛元元年二月廿六日癸酉、諸人訴論事、爲レ無二成敗懈緩一、今日於二左親衛(經時)御亭一、有二其沙汰一、且被レ點二其日々一、且被レ結二人數一、

定

訴論沙汰日結番事

一番　三日　九日　十三日　十七日　廿三日

攝津前司(中原師員)　若狹前司(三浦泰村)　下野前司(宇都宮泰綱)　對馬前司(矢野倫重)　太田民部大夫(康連)

二番　四日　八日　廿四日　廿八日

(後藤基綱)佐渡前司　(藤原爲佐)太宰少貳　(二階堂行義)出羽前司　(季氏)淸右衛門尉

三番　六日　十四日　十九日　廿六日　廿九日

(二階堂行盛)信濃民部大夫入道　(長井泰秀)甲斐前司　(安達義景)秋田城介　(町野康持)加賀民部大夫

右、守二次第一、無二懈怠一可レ被二參勤一之狀如レ件、

仁治四年二月　日

鏡同日條

二〇六 御恩事

寛元々據成追、但在日付下意移二月據鏡註日下成追有評右成追無

一　御恩事　寛元々(二月)同廿九日

右、先度如レ被二定置一、不レ定二闕所一之以前、差二其所一於二望申之輩等事一者、不レ能二御沙汰一、但定二闕所一之後者、非二制限一、

近本二〇・一四五(重出)　成追二三　宣抄　事紀　［參考］鏡寛元々年二月廿九日條

二〇七 越堺下人事

知鏡作和

一　越堺下人事、地頭等有二不知之子細一、年來於下令二拘留一之輩上者、不レ論二年紀一、今更非二沙汰之限一、自今以後、相互憖可レ令二糺返一也、但至二百姓下人一者、不レ可レ混二地頭之所從一、爲二十箇年內一者、准下被二定置一之旨上、可二返與一由、可レ被レ加二下知一之狀、

依レ仰執達如レ件、

寛元々年四月廿日　（經時）左近將監　判

（町野康持）加賀民部大夫殿

新追三六一　式追一九一　［參考］鏡寛元々年四月廿日條

二〇八
諸人訴訟事

一　諸人訴訟事、差二奉行人一、可レ被二召決一之由、雖レ被二仰下一、云二先々成敗事一、云二理非顯然事一、子細分明者、不レ及二對決一之由、先日被二定置一畢、存二其旨一、相二觸奉行人等一、委加二了見一、可レ被二申沙汰一之状、依レ仰執達如レ件、

寛元々年五月十七日　（經時）左近將監　判

（町野康持）加賀民部大夫殿

近條三八　大本三五

二〇九
境越下人事
境新追三五九條近本作堺
者新追三五九條式追在事下恐非
者原作旨據同上改

一　境越下人事[28]、如二去四月廿日御教書一者、於二地頭所從一者、前々事不レ及二改沙汰一、自今以後、可レ令レ糺二返之一、至二百姓下人一者、爲二十ケ年内一者可二返與一云々、而地頭所從與二百姓下人一令二分別一者、還有二沙汰之煩一、更無二落居之儀一歟者、云二地頭所從一、

々新追三五九條近本作二非七月鏡爲閏七月非加賀新追三五九條近本式追作太田非左近將監判左傍原同文重出據同上削

二〇

諸國御家人跡領家進止所々御家人役事

御家人、等並一本無恐非〇止百合一本多文作退〇於又本無〇可被申云々十二字一本無恐非〇可被注申云々十九字又本脱〇行下百合一本有之〇於百合又本無〇被又本無恐非〇可下同上有有〇以此旨百合一本又本作沙汰之旨文作促之旨〇給百合一本又本無〇々多文作元又本新追近本作二恐非、宜參看補註〇御上百合一本有在〇御判又本無

云二百姓下人一、於二前々事一者、共以不レ及二沙汰一、至二自今以後一者、相互可レ令二糺返一也、早守二此旨一、可レ被レ加二下知一之状、依レ仰執達如レ件、

寛元々年七月七日　左近將監（經時）判

加賀民部大夫殿（町野康持）

新追三六二・三五九（重出）　近本一五一後半　式追一九一　〔參考〕　鏡寛元々年閏七月七日條

諸國御家人跡、爲二領家進止一之所々御家人役事[29]、御家人相傳所帶等、雖レ爲二本所進止一、無二指誤一於レ被二改易一者、任二先度御教書之旨一、可レ被レ申二子細一也、其上不二事行一者、可レ被レ注二申關東一候、若又當知行・輩、於二其咎出來一者、以二御家人役勤仕之仁一、可レ被二改補一之由、可レ被二執申一候、至二所役一者、任二先例一不レ可二・懈怠一之由、可レ被レ催、以二此旨一可下令レ申二沙汰一給上之状、依レ仰執達如レ件、

寛元々年八月三日　武藏守（經時）御判

謹上　相模守殿（重時）

島津家文書　東寺百合文書ノ一至八〈百合〉、ホ一至廿38〈一本〉、ホ一至廿39〈又本〉　多田院文書〈多文〉　新追一九七　近本七一　〔參考〕　東寺百合文書　鏡寛元二年八月三日條

二一一
故武藏入道殿時有御成敗事
故云々右傍後式註問注所張文

一　故武藏入道殿之時有二御成敗一事、訴訟人等不レ進二懸物之押書一者、縦可レ遂二問注一之由、雖レ有二書下一、不レ可レ被二召決一之由、所レ被二仰下一也、可下令レ存二其旨一給上、仍執達如レ件、

寛元々年八月廿六日　武藏守(經時)　判

加賀民部大夫殿(町野康持)

近條三九　大本三六　後式六三　〔參考〕　鏡寛元々年八月廿六日條

二一二(二一一ト同ジ)
故武藏入道沙汰時有御成敗事
元原作二據前條改
八據同上補
六原作八據同上改
內原作同意改

一　故武藏入道沙汰之時、有二御成敗一事30　寛元元八廿六條々評定事書內
訴人不レ進二懸物之押書一者、縦可レ遂二問注一由、雖レ有二書下一、今更不レ及二召決一之旨、遍可レ相二觸奉行人等一之由、可レ被レ仰二問注所一歟、

新式一四一　〔參考〕　鏡寛元々年八月廿六日條

二一三
訴訟評定事書施行事
書、以、付並據後式鏡補
狀後式無下同

一　訴訟事有二評定一、事書入二見參一、可二施行一之由、被二仰下一之後、御成敗遲々、尤以不便、自今以後、付二奉行人一、任二事書一早々可レ被レ成二上御下知狀一也、兼又御下知狀

知據後式補、鏡北條本傍書作淸書或是

與二事書一、於二問注所一令二勘合一、事書無二相違一者、可レ被二下知一也、兩條、可レ被レ存二
知此旨一之狀、依レ仰執達如レ件、

寛元々年九月廿五日　(經時)武藏守　判

(町野康持)加賀民部大夫殿

近條四〇　後式六四　大本三七　【參考】鏡寛元々年九月廿五日條

二一四
男女子息事

父宣抄枝抄無恐非任以下六字近本無非自但至件宣抄枝抄省略

一　男女子息事、十歲內者、可レ被レ付二父母一、十歲以後者、任下被二定置一之旨上、就二年紀一
可下令二成敗一給上也、但是爲二關東御家人一之輩事也、於二京都族一者、不レ及二口入一之
狀、依レ仰執達如レ件、

寛元々年十二月廿二日　(經時)武藏守　判

謹上　(重時)相模守殿

新追三六六　式追一九六　近本二二七　宣抄　枝抄　三抄　事紀　【參考】鏡寛元々年十二月廿二日條

二一五
奉行人等可令存知事

一　奉行人等可レ令レ存二知一事
右、雖レ爲二問狀一、可レ相二尋本奉行人一也、本奉行人若有二他行事一者、前々有二沙汰一否

事、取二訴人書状一、可レ令二申沙汰一也、於二自今以後一者、令レ違二背此旨一、有二参差事一者、可レ令レ止二六十ケ日出仕一之状如レ件、

寛元二　二　六　　在御判

近本二三七

二一六
擧銭利分事

年、月、日、判並近本無

一　擧銭利分事、不レ及二私了見一、任二　宣旨之状一、可下令二成敗一給上之状、依レ仰執達如レ件、

寛元二年六月廿五日　　武藏守（經時）判

謹上　相模守（重時）殿

新追五三　近本二三八

追加寛元二年十月九日記レ之、同四年閏四月廿日
不レ可レ有二偏頗一之由、各被レ申二起請文一畢、

二一七
訴訟人事

一　訴訟人事

右、不レ論二高下一、不レ嫌二貧福一、致二愁訴一之日、忩可レ令（虫欠）也、若屬二一方一、蔑二如無

二一八　奉行人事

合原作令、同原作問
並意改
有恐當作執

二一九　御下知狀幷問狀事

二二〇　掃部頭禪門前豐前國司出雲路桑門三代成敗事

二二一　當領名主百姓等愁緒事

或原作議意改下同

力一、及二遲引一者、沙汰人殊被レ改二其職一、可レ行二其科一也矣、

一　奉行人事

右、於下有二合奉行人一之事上者、同以可レ令二申沙汰一之處、一人有申事可レ止レ之、但一方若及二他行一、令二所勞一者、不レ及二子細一歟矣、

一　御下知狀幷問狀事

右、雖レ預二裁許一、令二忽緒一之由、重經二欝訴一事、不レ副二本下知一事多レ之、是則沙汰參差之源也、向後者必可レ副レ之矣、不レ進二指申狀一、爲レ伺二內儀一、竊申之族、頗奸心至也、不レ可レ有二其沙汰一矣、

一　掃部頭（中原親能）禪門幷前豐前國司（大友能直）及出雲路桑門（大友親秀）成敗事 31

右、彼三代沙汰中有二非據事一之由、雖二訴人出來一、彼時事不レ可レ及二是非一、但於二神社佛寺幷公事及御家人事一者、其理令二至極一者可二尋問一矣、

一　當領名主百姓等愁緒事

右、或被レ妨二所職資財一、或被レ押二取所從雜具一、令レ出レ愁者、先三ケ度可レ觸レ之、其上不二敍用一、而被二尋決一之時、背二正道一者、其事成敗之上、猶可レ有二其過怠一、但縱不レ備レ數、私難二落居一之由令二返答一者、不レ可レ及二左右一矣、

二二二 遂問注輩事
如上恐當有有旨下恐當有者

二二三 催使事
訴原作雜意改
之恐當作他飮下蟲損恐當作或

二二四 召人事
宜原作怠意改
可恐當作爲

二二五 紏問并沙汰事
或於原作議猶意改

一　遂ニ問注一輩事
右、對ニ決訴陳之趣一、可レ明ニ是非一之處、致ニ雜言一之條、狼藉之起也、延引之基也、・如レ然旨・可レ令レ沙ニ汰他人之事一、無ニ其儀一者、奉行人可レ令ニ退出一也矣、

一　催使事
右、依レ令ニ訴訟一、遣ニ催文并問狀一之時、過ニ三ヶ度一者、以ニ訴人一可レ付レ之、其上不ニ事行一之時、可レ送ニ之人一也、彼使者又寄ニ事於左右一、或號ニ酒飮虫欠一・稱ニ引出物一、不レ可レ成ニ人之煩一、於ニ使者一可レ差ニ一人一也、就中使者用ニ一人一、可レ止ニ引出物一事者、所レ被レ下ニ關東御敎書一也、但至ニ殊事一者、爲ニ證人一二人定レ之矣、

一　召人事
右、遠國之習、不レ知ニ赦免之期一、徒漏來之條、爲レ世爲レ人、慥不便事哉、因レ玆便宜之時者、可レ令ニ上奏一矣、次預人事、令レ長ニ居于一所一者、可ニ其煩一歟、常可ニ預改一也矣、

一　紏問并沙汰事
右、或於下被レ下ニ關東御敎書、或帶ニ六波羅并國司領家御一行一、備ニ神社佛寺牒狀一之輩、及御家人事上者、閣ニ他事一可ニ沙汰一云々、

二二六
山野河海事
等原作木意改

二二七
可搦山賊海賊事
聞原作間意改
證恐當作請

二二八
惡口狼藉人事
改罪恐誤字
輩下恐當有充
夕下或當有勤仕之
准下恐有脫字

一　山野河海事

右、草木獸鳥魚類海草等、有二要用一之時者、觸二其所之領主一、宜レ被二和與一處、恣有二押取輩一之由有二其聞一、結構之趣、尤無道也、可レ停二止之一、但如レ然之事、相二憑近邊一之條、世間之習、領主又辨二事情一、强不レ可二拘惜一、若背レ之者、輕者被レ行二過怠一、重者可レ被レ召二所領一矣、

一　可レ搦二山賊海賊一事　（四八九頁訂正二參照）

右、鎭西國々有二蜂起之聞一、殊廻二祕計一可レ令二糺斷一、若寄二事於權門一、令二拘留一者、可レ令二注進-言-上一之由、被レ下二　關東御教書一畢、就中海賊事、仰二國中地頭等一、令レ用二意船一、可二召取一也、於二搦進之輩一者、可二抽賞一、至二于不證之族一者、可レ被レ改二補地頭職一之旨、同被レ下畢、（以上取要、）存二此旨一可レ被レ致二精誠沙汰一矣、

一　惡口狼藉人事

右、不當之族、若雖レ違二亂之一、更不レ可二返答一、須レ申二事由一、且改罪其身、且改二易所職一、或以二彼不同犯之輩一（虫欠）・給之、或以二朝夕・者一可レ補二任之一、非二管領之仁一者、可レ執二申關東一矣、次如レ然喧嘩之刻、隨二禁制一有下振二舞穩便一之輩上時、濫吹之族有二嘲哢事一云々、是則有二狼藉結構一歟、然者准・人可レ處二罪科一矣、

二二九　縁者分限事　宜參看七二、一四〇、一四一條
子下恐當有孫
小原作等據前出諸條改
聟妹姉同之當衍
之原作也意改

二三〇　訴訟人證文事
或原作議意改

二三一　過代物事
於下一字分蝕損

二三二　背召符輩事
輩下恐當有事
或原作議意改

一　縁者分限事
右、如二御式目一者、祖父母、父母、養父母、子、養子孫、兄弟、姉妹、聟姉聟妹聟孫聟同舅、相舅、伯叔父、甥、從父兄弟、小舅、夫妻訴訟之時可レ退レ之烏帽子々、聟妹姉同之者、守二上裁之趣一、物沙汰之時者、可レ退レ之歟、又問注奉行可レ准レ之矣、

一　訴訟人證文事
右、或申二施行一或遂二問注一、各所レ進之者、正案共令レ出二帶之一、於二案文一者、爲二後日心得一、可レ令レ留二置之一矣、

一　過代物事
右、物沙汰之間、如レ然事連々出來歟、自今以後於二物一者、或被レ進二神社佛寺并公家關東公事一、或可レ分二給奉行人并朝夕無力之輩一矣、

一　背二召符一輩
右、或爲二問注一、或依二要用一、被レ遣二召符一之時、忩可二參上一之處、寄二事於左右一、遲々之族、甚不レ可レ然、至二向後一者、且守二事躰一、且任二輕重一、可レ被レ充二過代一、便補之次第、可レ准二先段一、所謂三ケ度違背時事也矣、

後式四〇—五五

二三三 博奕事

止下侍篇有也
雙六侍篇鏡作錢
種々侍篇無恐非
帶下同上有也
旨下同上有普
依仰執達同上無
二同上作三
判同上無
充所同上有備後守殿

一　博奕事、侍雙六者、自今以後、可レ被レ許レ之、下﨟者永可レ被二停止一、四一半、雙六、目勝以下、種々品態、不レ論二上下一、一向可レ被二禁制一、於二違犯之輩一者、任レ法有二其沙汰一、可レ被レ召二所職所帶一、至二下賤之族一者、可レ被レ處二遠流一也、以二此旨一可レ被レ相二觸之一状、依レ仰執達如レ件、

寛元二年十月十二日　武藏守（經時）判

・・・・

新追一五六　侍篇二八　〔參考〕鏡寛元二年十月十三日條

二三四 富士下方內諸社供僧職事

一　富士下方內諸社供僧職事

或俗或女、稱二相傳之由一、令二雜補一之間、講會之暑、語二僧侶一立二代官一云々、事次第敢非二正儀一、且故殿（泰時）御時有二御沙汰一、可二停止一之由、御下知先了、其狀爭令二默止一哉、早任二先御下知之旨一、停三止男女之相傳一、可レ補二器量僧徒一之由、普可レ被レ相三觸之一、若猶不二敍用一之輩者、併可レ被レ注三申交名一也、

二三五 同供僧神官等不參社由事

一　同供僧并神官等、雖二式日一不二參社一云々、事若實者、甚自由也、有レ限禁忌觸穢遠

行之外、不レ相二從神事一之輩者、可レ被レ注二申科由一、爲レ有二別御計一也、兼又乍レ引二募神田講田一、社役闕怠之類、同可レ被レ行レ過矣、

二三六
供僧等學念佛者所行由事

一　供僧等近來學二念佛者之所行一、不レ顧二觸穢之身一、參社之由、粗有二其聞一、事實濫吹也、早加二禁制之詞一、同可レ被レ停二止之一矣、

以前條事、以二此旨一可レ被二相觸一之由候也、仍執達如レ件、

寛元二年十二月二日

左衞門尉(清)清原季氏　判

左衞門尉(二階堂)藤原行泰　判

圖書允(齋藤)藤原清時　判

富士下方政所代兵衞六郎殿

近條四五―四七　貞式二一―四

二三七
御公事間事
年次據鏡註

一　御公事間事（寛元二年十二月十二日）

勤仕之輩中、於レ不レ被レ仰二下各別一者、付二父祖之跡知行一、各寄合隨二分限一、可レ被レ勤レ之、又雖レ非二其跡一、被レ充二行勳功一之所領已下、別御恩地者、相加可レ被二勤仕一之由、所レ被二仰下一也、自今以後、有下申二子細一之族上者、面々可レ被二仰含一、

二三八
西國神人拒捍使等以平民甲乙人所從令補神人事

西國神人拒捍使等、或平民或以二甲乙人之所從一、令レ補二神人一、動好二寄沙汰一、太略令レ管二領々家地頭之所務一、致二嗷々沙汰一之由有二其聞一、事實者、所行之企甚濫吹也、本神人之外、於二新神人一者、觸二申本所一、早可レ被二停止一之由、度々被二仰下一畢、所詮、爲レ被レ相二尋所存一、可レ召二下其身於關東一之狀、依レ仰執達如レ件、

寛元三年正月九日　武藏守（經時）

謹上　相模守殿（重時）

鏡寛元三年正月九日條

一當衍
年次據新追八一條及同目錄註

・一　御成敗狀追加32　（寛元三年二月十六日）

二三九
養子事

一　養子事

右、於二養子一者、號二進退者一、不レ可レ及二賣買一、如レ本可レ爲二養子一也矣、

二四〇
寛喜飢饉時養助輩事

一　寛喜飢饉時養助輩事

右、於二無緣非人一者、不レ及二御制一、於二親類境界一者、一期之間雖レ令二進退一、不レ可二

也原作事據諸本改

二四一
人倫賣買事
但下恐有脫文

二四二（二三九ト同ジ）
養子事
事書下新追目錄有同

二四三（二四〇ト同ジ）
寛喜以來飢饉時養助事
來原作下據新追式追改
時據同上補
事書下新追目錄有同三二

二四四（二四一ト同ジ）
人倫賣買直物事
年次據新追式追註
物下新追イ本有但

賣買一、又不レ可レ相二傳子孫一也、

一　人倫賣買事

右、於二御制以前事一者、可レ被レ糺二返直物一、但・本主分直物者、不レ可レ被二糺返一、可レ被レ付二祇園清水兩橋用途一、於二沽却輩身一者、不レ可レ返二本主一、可二放免一也矣、

後式五六―五八　〔參考〕　近本二二九―二三一（次揭二四二・二四四條）　新追八三・八二・八一（同上）　事紀（同上）
式追四七・四六（次揭二四三・二四四條）　鏡寛元二年二月十六日條

一　養子事・

號二進退者一、不レ可レ及二賣買一、如レ本可レ爲二養子一也、

一　寛喜以來飢饉時養助事・

無緣之非人者、不レ及二御成敗一、於二親類境界一者、一期之間雖レ令二進退一、不レ及二賣買一、又不レ可レ及二子孫相傳一也、

一　人倫賣買直物事　寛元三　二　十六

於二御制以前事一者、本主可レ被二糺返一、至二御制以後沽却一者、不レ可レ糺二返直物一、・本主分直物者、可レ被レ付二祇園清水寺橋用途一、又於二其身一者、不レ可レ返二給本主一、可レ被二

放免一也、

近本二二九―二三一　新追八三・八二・八一　式追四七・四六（但、第一條ナシ）　事紀

二四五―二四九
保司奉行人可存知條々

保司奉行人可二存知一條々

一　不レ作レ道事

一　差二出宅檐於路一事

一　作二町屋一漸々狹レ路事

一　造二懸小家於溝上一事

一　不二夜行一事

右以前五箇條、仰二保々奉行人一、可レ被二禁制一也、且相觸之後七ケ日於レ立レ之者、相二具保奉行人者使者一、可レ被二破却一之狀、依レ仰執達如レ件、

寛元三年四月廿二日　　　　武藏守（經時）

佐渡前司殿（後藤基綱）

鏡寛元三年四月廿二日條　事紀

二五〇

西國守護人奉行事

如鏡作必
如下新追約八字分空
白
日付鏡爲二月十六日
月日判據新追式追補
謹上新追式追無

一　西國守護人奉行事、於二鎭西一者、依レ爲二遠國一、不レ相二鎭狠藉一之間、任二大將家御時之例一、可レ致二沙汰一之由、被二仰下一畢、如不レ可レ依二御式目一、其外西國者、任下被二定置一之旨上、可レ致二沙汰一之由、可下令二下知一給上也、

寛元三年五月九日　武藏守(經時)判

謹上　相模守(重時)殿

近本二三二　新追二五三　式追一四二　事紀　[參考]　鏡寛元二年二月十六日條、同三年二月十六日條

二五一

鷹狩事

一　鷹狩事、殊御禁制之處、近年甲乙人等、背二代々御下知一、云二國々一云二鎌倉中一、多好レ狩之由、有二其聞一、甚濫吹也、已招二自科一者歟、永可レ令二停止一、自今以後、猶令二違犯一者、可レ有二後悔一也、但於二神社供祭鷹一者、非二制之限一、以二此旨一普可レ被二相觸一之條、依レ仰執達如レ件、

寛元三年十二月十六日　武藏守(經時)判

備前守殿

新追一六〇　[參考]　鏡寛元三年十二月十六日條

二五二
可令禁斷海陸盜賊事
山以下九字恐後人所註

一　可下仰二諸國守護地頭等一、令上禁二斷海陸盜賊、山賊、海賊、夜討、强盜類一事
諸國地頭守護等、可レ致二其沙汰一之子細、被レ載二式目一畢、而無沙汰之由依レ有二其聞一、如レ此惡黨不レ可二見隱聞隱一之旨、雖レ被レ召二起請文於御家人等一、猶以不二斷絕一云々、早仰二國々守護所々地頭一、殊可レ被レ加二懲肅一、此上猶惡黨蜂起之由、於下有二其聞一所々上者、云二守護一云二地頭一、可レ被レ改二補其職一矣、此段寛元二年定也、

宣抄　枝抄　三抄（但、後尾一部ノミ）

二五三
雜人事
年次據原目錄註

一　雜人事（寛元三）
兩方御家人事者、如三關東被二定置一、不レ論二是非一、限二廿箇年一可レ被二成敗一、一方京都
一方御家人事者、任二道理一可レ被二裁許一也、

新追三六四　式追一九四

二五四
國々夜討强盜蜂起事
一下鏡有事書云、籠置惡黨并四一半打所領可被召事〇近上鏡有右〇黨下鏡有并〇無無以下七字鏡作致無沙汰之故歟〇中鏡作內〇令、也鏡無〇帶鏡作職〇信濃國中鏡作某國并知行所々

一・近日國々夜討强盜蜂起之由、普風聞、是偏所々地頭等、籠二置惡黨・四一半打等一、無沙汰之所レ致也、然者、或籠二置惡黨等於所領中一、或於下令レ打二四一半一之所上者、早可レ被レ注二進交名一也、可レ被レ改二易所帶一、以二此旨一可下令レ下二知信濃國中一給上者、

依ㇾ仰執達如ㇾ件、

七上鏡有十
判式追鏡無
充所鏡有某殿

寛元四年十二月・七日　（時頼）左近將監・判

新追一〇五　式追五九　鏡寛元四年十二月十七日條

二五五
謀叛輩事
年次據鏡註

一　謀叛輩事（寶治元年六月五日）
爲ㇾ宗親類兄弟等者、不ㇾ及二子細一可ㇾ被二召取一、其外京都雜掌、國々代官所從等事者、雖ㇾ不ㇾ及二御沙汰一、委尋明、隨二注申一、追而可ㇾ有二御計一者、

鏡寶治元年六月五日條

二五六（二五五ノ施行）
謀叛輩餘黨事

一　謀叛之輩爲ㇾ宗親類兄弟者、不ㇾ及二子細一可ㇾ被二召取一、其外京都雜掌、國々代官所從等事者、雖ㇾ不ㇾ及二御沙汰一、委尋明、隨二注申一、追可ㇾ有二御計一之由、自二關東一所ㇾ被二仰下一也、可ㇾ令ㇾ存二此旨一、而稱二謀叛被官輩一、無二左右一及二追捕狼藉一之由、有二其聞一、事實者甚不ㇾ可ㇾ然、所詮止二其煩一、可ㇾ注二申子細一之狀如ㇾ件、

寶治元年六月廿二日　（重時）相模守　判

河内國守護代

新追九六　式追五二　宣抄　枝抄　三抄　近抄

二五七
叛逆輩縁者幷所從等事

十宣抄無恐非

一　叛逆輩縁者幷所從等事、爲二甲乙人等一、寄二事於左右一、成レ煩之條、甚不レ可レ然、早不レ可レ有二其儀一之旨、可レ被レ加二下知一、於下不二承引一人々上者、可レ被二注申一之狀、依レ仰執達如レ件、

寶治元年七月十九日　　　左近將監(時賴)　判
　　　　　　　　　　　　相模守(重時)　判

相模左近大夫將監殿(長時)

新追九七　式追五三　宣抄　三抄　近抄　〔參考〕鏡寶治元年七月十九日條

二五八
諸國守護地頭等責取過分所當事

一　諸國守護地頭等、遂二內檢一、責二取過分所當一之間、難レ令レ安二堵土民百姓一事、就二國司領家目錄一、可レ致二沙汰一之由、可レ相二觸守護地頭一之狀、依レ仰執達如レ件、

寶治元年十一月廿七日　　左近將監(時賴)
　　　　　　　　　　　　相模守(重時)

相模左近大夫將監殿(長時)

鏡寶治元年十一月廿七日

二五九
諸國地頭等年貢進濟事

下地鏡無
役之鏡作色等恐非
之下恐當有條
守據鏡補

一　諸國地頭等、有二年貢進濟一之外、於二庄官百姓等名田畠一者、可レ進三止下地一之由甲レ之、雜掌者、有レ限給田加徵地頭雜役之外、至二名田畠之下地一者、自二往古一本所進止之・勿論也、地頭更不レ可二相綺一之旨、及二訴訟一之由有二其聞一、所詮、本地頭者有二所務之先例一、新地頭者可レ守二率法一之由、前々加二下知一畢、今更何可レ及二濫妨一哉、但於二本所和與之地一者、非二沙汰之限一、此上令二濫妨一者、可レ被レ注三進交名一之狀、依レ仰執達如レ件、

寶治元年十二月八日　　左近將監時賴　判

（長時）相模左近大夫將監殿

新追三一四　［參考］鏡寶治元年十二月八日條

二六〇
訴訟人座籍事

後座原吉川本作座庇

一　訴訟人座籍事（四七二頁訂正參照）

侍客人座　奉行人召外不レ可レ參二後座一、

郎等廣庇　召外不レ可レ參二南廣庇一、但陸奥沙汰之時者、隨レ召可レ參、郡鄉沙汰人者、依二時儀一可レ參二小緣一、

雜人大庭　不レ應レ召外、相模武藏雜人等不レ可レ參三入南坪一、

右、差㆓定奉行人㆒、召㆓問兩方㆒之後、一方致㆓難澁㆒送㆓日數㆒、自㆓對決之日㆒過㆓廿箇日㆒者、不㆑顧㆓理非㆒、任㆓訴人申狀㆒、可㆑有㆓御成敗㆒者、

寶治元年十二月十二日

鏡寶治元年十二月十二日條　事紀

二六一
諸國地頭所務事

一　諸國地頭所務事、承久兵亂以前之本地頭者、有㆓所務之先例㆒、更不㆑可㆑有㆓新儀㆒、同兵亂以後之新地頭者、被㆑定㆓置率法㆒畢、何背㆓彼狀㆒哉、然則於㆓自今以後㆒者、縱押領之後、雖㆑過㆓二十箇年㆒、不㆑可㆑依㆓年紀㆒、本地頭者任㆓先例㆒、新地頭者守㆓率法㆒、可㆑致㆓沙汰㆒之由、可㆑被㆓裁許㆒也、可㆑被㆑存㆓此趣㆒之狀如㆑件、

寶治元年十二月十三日　　左近將監（時賴）　判
　　　　　　　　　　　　相模守（重時）　判

相模左近大夫將監（長時）殿

十三日鏡爲十二日鎌記爲廿二日枝抄作廿八
判近本無

新追二七六　近本二四〇　枝抄（但、後半）　［參考］鏡寶治元年十二月十二日條　鎌記寶治元年

二六二
雜人訴訟事
三鏡作五

寶治二年三月廿日評云、雜人訴訟事、奉行人雖㆑遣㆓奉書㆒、論人等不㆓敍用㆒之由有㆓

者下原有不據鏡削、猶者下鏡有今度令違背者
停恐當作任

二六三
盜人罪科輕重事
年次侍篇作同年七月十日新追一一七條作寬元三七十恐非
將監據侍篇補
咎下同上有歟
歟同上作也

二六四
御家人輩依本所成敗職致訴訟事
職新追無非
尤島文作速
可下同上有被執
廿同上作十
判據同上補

其聞㆒、所存趣甚不㆓穩便㆒、自今以後、召文三箇度之後者、・可㆑有㆓後悔㆒之旨、差㆓日限㆒、以㆓國之雜色㆒、可㆑被㆑下㆓遣召文㆒也、此上或捧㆓自由之陳狀㆒、令㆓違期㆒者、・停㆓訴訟㆒可㆑被㆓成敗㆒之狀如㆑件、

御成敗式條（東大國史研究室本）　〔參考〕　鏡寶治二年五月廿日條

一　盜人罪科輕重事　寶治二年七月十日事書内　明石左近・將・監奉行

先日被㆓定置㆒畢、而守㆓彼狀㆒、稱㆑爲㆓小過㆒、致㆓一倍辨㆒之後、猶以企㆓小過之盜犯㆒者、准㆓重科㆒可㆑被㆑行㆓一身之咎㆒・、以㆓此趣㆒雜人奉行等可㆑令㆓存知㆒・歟、

新追一〇六・一一七（重出）　式追六〇・六六（重出）　侍篇三三　〔參考〕　鏡寶治二年五月十五日條、同年七月十日條

一　御家人輩、依㆓本所成敗・職㆒、致㆓訴訟㆒事、於㆓本所㆒遂㆓對決㆒、被㆓裁許㆒之時、有㆓非勘㆒者、就㆓御家人愁㆒、・尤可・㆑申㆓子細㆒、可㆑被㆑存㆓其旨㆒之狀、依㆑仰執達如㆑件、

寶治二年七月・廿九日

左近將監（時賴）・判
相模守（重時）・判

相模左近大夫將監（長時）殿

近本七二　新追二一三　島津家文書〔島文〕

二六五
主從對論事

歟式追無

一　主從對論事　寶治二　七　廿九評定

右、去年冬比有二御沙汰一歟、於二自今已後一者、不レ論二是非一、不レ可レ有二御沙汰一歟、

新追三五四　式追一八五　近本七三　宣抄　枝抄　三抄　近抄　事紀　〔參考〕鏡寶治二年五月十五日條

建長二年三月五日辛未、今日評定、條々有下被二定仰一事上、

二六六
可停止寄沙汰事

一　可レ停二止寄沙汰一事

假二權門威一、令レ致二自由沙汰一者、懸二主人一殊可レ被レ處二重科一、

二六七
山門僧徒寄沙汰事

一　山門僧徒寄沙汰事

近年蜂起之間、爲二諸人之煩一、可レ有二誡御沙汰一之由、内々可レ被レ申二入富小路殿（西園寺實氏）一之旨、可レ被レ仰二六波羅一、

二六八
大和國惡黨等事

一　大和國惡黨等事

此事先日仰二六波羅一、雖レ申二入一乘院大乘院一、不二事行一云々、於二自今以後一者、差二遣武士一、召二取其身一歟、至二彼等跡一者、可レ令二注進一、不レ被レ改二補地頭一者、向後狼藉

不レ可ニ斷絕一歟、以ニ此趣一可ニ觸申一者、同可レ被レ仰ニ六波羅一、

鏡同日條

二六九
雜人訴訟事
年次據鏡建長二年六月十日條註
返原作明據同上改
住屋據同上補

一　雜人訴訟事　（建長二年六月十日）33

百姓等與ニ地頭一相論之時、百姓有ニ其謂一者、於ニ妻子所從以下資財作毛等一者、可レ被ニ糺返一也、田地幷住屋令レ安ニ堵其身一事、可レ爲ニ地頭進止一歟、

鏡寶治二年閏十二月廿三日條、建長二年六月十日條（重出、但、取意節略文）

二七〇
懷妊後離別男子事
年次據鏡註

一　懷妊後離別之男子事　（建長二年六月十日）

可レ付レ父、

新追三三六　宣抄　枝抄　三抄　［參考］　鏡建長二年六月十日條

二七一
鷹鶻事

鷹鶻事

右、自ニ右大將家御時一、諸社贄鷹外禁斷之處、近年諸人令ニ好仕一云々、甚不レ可レ然、

於二自今以後一者、所々供祭之外、大小鷹一向被レ停二止之一、存二此旨一、當國中隨二聞及一、可レ被レ加二制止一、若不二承引一之輩出來者、早可二注申一、殊可レ有二御沙汰一也者、依レ仰執達如レ件、

建長二年十一月廿九日　相模守（時頼）
陸奥守（重時）

某殿

鏡 建長二年十一月廿九日條　事紀

二七二　鎌倉中小町屋事

建長三年十二月三日戊午、鎌倉中在々處々小町屋及賣買設之事、可レ加二制禁一之由、日來有二其沙汰一、今日被レ置二彼所々一、此外一向可レ被二停止一之旨、嚴密觸之被レ仰之處也、（後藤）佐渡大夫判官基政、小野澤左近大夫入道光蓮等奉二行之一云云、

鎌倉中小町屋之事被二定置一處々

大町　小町　米町　龜谷辻　和賀江　大倉辻　氣和飛坂山上

不レ可レ繫二牛於小路一事

小路可レ致二掃除一事

建長三年十二月三日

鏡同日條　〔參考〕事紀

二七三 御格子番事

御格子番事次第不同

（一番ヨリ六番ニ至ル結番交名略ス）

右、守二結番次第一、無二懈怠一可二參勤一、但上格子者、日出以前各令二參上一、於二晴向一者、無二左右一可レ奉レ上、至二御寢所近々一者、可レ相二待御定一、下格子者、可レ爲二秉燭之刻限一、於二翌朝一者、當番衆參上之後可二退出一、當番衆若悉有二故障一之時者、雖二何箇日一、先番衆可レ令二參勤一、至二無レ故不參之輩一者、殊可レ有二其沙汰一也者、依レ仰所レ定如レ件、

建長四年四月日

鏡建長四年四月三日條

二七四 諸堂寺用供米事

間恐當作旨

諸堂寺用供米事

右、陵遲無沙汰之間、有二其訴一、就中大慈寺者、右大臣（源實朝）家建立、異二于他一之間、可

レ專ニ御佛事一之處、雜掌等存ニ疎略一、致ニ緩怠之儀一、尤以不便、早尋ニ明子細一、可レ被ニ
申沙汰一之狀、依レ仰執達如レ件、

建長四年六月廿五日

相模守(時賴)

陸奥守(重時)

(安達義景)秋田城介殿

鏡建長四年六月廿五日條

建長四年、奴婢相論事、雖レ過ニ十ヶ年一、就ニ所領一召仕百姓等者、非ニ進〔止〕〔之〕限一矣、

鎌記建長四年　武記建長五年

一　諸人訴訟事、或可レ遂ニ對決一之由被レ仰下一、或可レ召ニ下其身於關東一之旨、有ニ御下
知一之處、催促雖・數ヶ度、論人逋避之間、六波羅下知稱レ不ニ事行一、面々參訴之條、
何樣事候哉、且條々目錄遣レ之、子細候歟、凡如レ此事細々可レ被ニ注進一之處、不レ帶ニ
其狀一之間、實不々分明之上、併猛惡吹毛之基也、仍於ニ難澁之輩一者、自今以後者、
不日就レ被レ注ニ進交名一、殊可レ有ニ御沙汰一之狀、依レ仰執達如レ件、

二七五
奴婢相論事
四據二九一條武記恐當作五
等武記作子孫
止同上作退

二七六
諸人訴訟事
或原作惑意改
雖下恐當有及
不々原作否意改
者恐衍

建長五　四　廿五　　　(時頼)相模守

(長時)陸奥左近大夫將監殿　　　(重時)陸奥守

近本二四一

建長五年七月十二日　宣旨34

二七七 可興行諸社幣物不法事

仰原作抑意改下同　繼下恐有脫字　月據新追式追補　下意補

一　可レ興二行諸社幣物不法一事

・仰、以レ聖承レ重、敬神爲レ本、資明繼・治世爲レ先、而祈年、・月次祭、神今食以・下諸社祭幣帛供神物等、追年有二不法之聞一、偏是有司存二擁怠一、而不レ備二職掌一、宰吏專二難澁一、而如レ忘二式條一、縱雖レ非二本數一、守二建久二年符旨一、慥令二遵行一、祈年穀以下、伊勢幣、率分所納物、延年季充國々等、猶致二對捍一、當日晩陰纔以進濟、因レ玆、陣役之營入二夜景一、發遣之儀送二半更一、神事之陵夷、職而斯由、自今以後、專存二如在一、殊致二謹愼一、

二七八 可慥進發同使事

一　可三慥進二發同使一事

・仰、請二取幣物一置二私宅一、徒過二日限一付二本社一之由、有二其聞一、四位五位守二結番一、

二七九　可爲諸寺執務者以四ヶ年任限事
力原作爲、赴原作起、巧原作功並意改
之意補
條恐當作備
任據新追宣抄補

二八〇　可令停廢諸社新加神人事
民原作氏據三浦本新追改

二八一　可令停廢公家幷諸院宮以下新加供御寄人等事
其下恐有脫字

慥令二勤仕一、不レ誤二行程一、不レ違二日限一、雖レ爲二遠所一可二參着一、

一　可下爲二諸寺執務者一、以二四ヶ年一任限上事

仰、有封之寺、已有二治力一、被レ置二執務一者、爲レ令二莊嚴一也、赴レ擧之日、巧稱二條治力一、補任之後、更無二其實一、只犯二用資財一、徒破二壞堂塔一、因レ茲任二貞觀符一、以二四ヶ年一爲二遷替期一、若有二殊功一者、可レ被二延任一、於レ致二緩怠一者、不二秩滿一可レ被レ改二其職一、

一　可レ令レ停二廢諸社新加神人一事

仰、諸社之民、人數加增、格條所レ制、科法不レ輕、各仰二本社惣官等一、於二本神人一者、令レ注二進交名幷證文一、至二新加之輩一者、慥解二其職一、

一　可レ令レ停二廢公家幷諸院宮以下新加供御寄人等一事

仰、爲募其・恣以競レ之、因レ茲、都鄙之間、民庶有レ煩、各仰二本所一、於二往古根本輩一者、注二交名一、至二于新加一者、慥以從二停止一、

近本二四三―二四七　新追二・三・二七・一四・一八九　式追二・一一（但、第一條ト第三條ノミ）　新追（三浦本）（但、第四條ノミ）　宣抄（但、第二條ノミ）　枝抄（同上）　三抄（同上）　［參考］　鏡建長五年九月十六日條

諸國郡鄉庄園地頭代、且令二存知一、且可レ致二沙汰一條々 35

二八二　重犯山賊海賊夜討強盗輩事

山以下細註八字原大書據侍篇改　輩事據新追式追侍篇補　彼據新追式追補　輩式追作族侍篇作後

一　重犯山賊海賊夜討強盗輩事

右、彼輩者重科也、不レ可レ不レ禁、須レ處二罪科一、但重犯者、贓物令二露顯一、證據分明之輩事也、以二嫌疑一無二左右一搦三捕其身二、及二拷訊一責三取壓状一、稱二白状一令二斷罪一之條、甚不レ可レ然、若背二此儀一、致二理不盡之沙汰一者、云二地頭代一、云二沙汰人一、可レ令レ改三易其職一也、

二八三　殺害刄傷人事

其式追侍篇作所　也下侍篇有矣　如下侍篇有御　可據新追侍篇宣抄補　被管侍篇無恐非　親類新追式追侍篇宣抄無恐非　所從侍篇無恐非　不可懸咎同上無　本同上作元　也下同上有矣

一　殺害付刄傷人事

右、如二式目一者、依二口論一犯二殺害一者、其父其子不レ可レ懸レ咎云々、而如二風聞一者、寄二事於左右一、至二于親類所從等一、稱二殺害被管一、令レ處二罪科一云々、所行之企、甚濫吹也、然者、於二刄傷殺害人一者、可レ召三禁其身許一也、至二于父母妻子親類所從等一者、不レ可レ懸レ咎、如レ本可レ令二安堵一也、

二八四　竊盗事

任下侍篇新追式追宣抄有御　堵下慶本有其身恐是　百下侍篇有文　行新追式追宣抄作爲　料下侍篇有錢　與同上作付　主下同上有至或是　可據侍篇補　汰下侍篇新追式追有者　〇焉侍篇作矣

一　竊盗事

右、錢三百文以下者、任二式目一、以二一倍一致二其辨一、可レ令二安堵一、三百以上五百文以下者、可レ行二科料貳貫文一也、但於二贓物一者、可レ返三與被レ盗之主一、六百文以上重科者、可レ爲二一身之咎一、不レ可レ及二親類妻子所從等之咎一、背二此儀一致二過分之沙汰一、頗非二撫民之法一、須レ改二所職一、但雖レ爲二少犯一、及二兩度一者、可レ准二一身之咎一焉、

二八五
放火人事

一　放火人事
右、准二强盗一宜二禁遏一矣、

二八六
牛馬盜人々勾引等事
事書下新追式追註建長四十十四倫長滿定奉行恐非
所原作此據新追式追改
人勾引新追式追作勾引人

一　牛馬盜人々勾引等事
右、罪科是重、雖レ可レ令レ處二重科一、就二寛宥之儀一、可レ召二禁其身許一也、但所犯及二兩三度一者、妻子不レ可レ遁二其科一、次人勾引事、於二親子兄弟等一者、非二人勾引之儀一、不レ可レ懸二其咎一焉、

二八七
取流土民身代事
事書下新追式追註延傍書正應六五廿五同卅以奉行人豐州被仰下畢恐非○依據同上補○咎原作企據同上改○雖下原有禁據諸本削○歷同上作經○者下同上有早○又同上無○質同上作失○父同上作親○傍下同上有例於近○也新追式追作之矣

一　取二流土民身代一事
右、對二捍有レ限所當公事一之時、爲レ令レ致二其辨一、令レ取二身代一之條定法也、而或依二少分之未進一、或以二吹毛之咎一、取二流身代一之條、尤不便也、縱雖レ歷二年月一、償二其負物一、請二出彼身代一之時者、可レ返二與之一、又無レ力二于辨償一、可レ令二流質一之旨、其父其主令レ申之時者、相二計身代直之分限一、相二談傍・鄉地頭代一、給二與彼直物一、取二放文一之後、可レ令二進退一也、

二八八
諍論事
可據侍篇新追式追補
頭同上無恐非
狂侍篇作惡

一　諍論事
右、土民之習、雖レ令二拏攉一、於レ無二其疵一者、不レ可レ處二罪科一、而遼遠之地頭猛狂之輩、或稱二鬪諍一、或號二打擲一、致二民煩一云々、於二自今以後一者、專致二撫民之計一、宜レ止二

無道沙汰一矣、

二八九 土民去留事
其據新追補

一　土民去留事

右、宜レ任二民意一之由、被レ載二式目一畢、而或稱二逃毀一、抑二留妻子資財一、或號レ有二負累一、以二強縁沙汰一、取二其身一之後、如二相傳一令二進退一之由有二其聞一、事實者、甚以無道也、若有二負物一者、遂二結解一、無レ所レ遁者、任二員數一致二其辨一、不レ可レ成二其身以下妻子所從等煩一焉、

二九〇 博奕輩事
計原作許據新追式追改
具侍篇作物

一　博奕輩事

右、任二禁制之旨一、一向可レ停二止之一、若有二違犯之輩一者、可レ召二進其身一計也、不レ可レ及二妻子所從等之煩一、況不レ可レ抑二留田畠資財雜具一矣、

二九一 奴婢相論事
事書下新追及同目錄註正應四三十六
等新追式追宣抄無
稱、相據新追式追補
移他所同上作他行
任下原有其謂云々衍
文廿二字據同上削
意下新追式追宣抄有
矣

一　奴婢相論事

右、無二其沙汰一過二十ケ年一者、不レ論二理非一、不レ及二沙汰一之由、被レ載二式目一畢、而所領知行之間、召二仕百姓子息所從等一之後、稱レ過二十ケ年一、永令二進退服仕一、或令レ移二他所一之時、號二所從一相二懸煩一云々、事實者無二其謂一、付二田地一召仕百姓子息所從等事、縱雖レ歷二年序一、宜レ任二彼輩之意一、

二九二 密懷他人妻罪科事
罪科據新追式追補

一　密二懷他人妻一罪科事

事書下新追式追宣抄枝抄三抄註正應四三十六〇之據新追式追侍篇宣抄補〇證以下七字同上無〇貳鏡作三新追式追作錢侍篇宣抄無〇等同上無〇過料新追式追宣抄無〇可據同上補〇焉侍篇作矣

二九三 可致撫民事

二九四 令書起請文間事

上新追式追作企恐非

議原作儀意改

右、同所ㇾ被ㇾ載二式目一也、但名主百姓等中、密二懐人妻一事、風聞之時、不ㇾ糺二明實否一、證據不分明之處、無二左右一處二罪科一之條、甚不ㇾ可ㇾ然、若訴人出來者、召二決兩方一、尋二明證據一、無ㇾ所ㇾ遁者、名主輩者、過料貳拾貫文、百姓等者、過料五貫文可ㇾ充二行之一、女罪科以同前焉、

一　可ㇾ致二撫民一事

右、或以二非法一上二取名田畠一、追二出其身一、或成二阿黨一煩二民烟一、奪二取資財之由、有二其聞一、所行之企、甚非二政道之法一、凡以二少事一不ㇾ可ㇾ致二煩費一、專致二撫民之計一、可ㇾ成二農作之勇一矣、

一　令ㇾ書二起請文一間事

右、依二讒言一、有二相論一、令ㇾ書二起請文一之時、稱二祭物料一、令ㇾ責二取絹布已下物一云々、所行之企、甚無二其謂一、縱爲二先例一、永可ㇾ令二停止一焉、

以前條々守二此旨一、且致二其沙汰一、且可二存知一、雖二一事一違二背此旨一、於ㇾ致二非法一者、可ㇾ改二所職一也、沙汰人等可ㇾ注二申地頭代之非法一也、若憚二權威一恐二地頭代一、至二見隱聞隱一者、可ㇾ爲二同罪一、以二實正一令二注申一之輩者、可ㇾ有二勸賞一也、兼又於二大事沙汰一者、寄二合傍鄉地頭代沙汰人名主等一、相互加二談議一、可ㇾ致二其沙汰一之狀、下知如ㇾ件、

署名原在日下意移

建長五年十月一日

相模守（時頼）
陸奥守（重時）

近條四八―六〇　貞式五―一七　侍篇二九―三六（但、第一―五・七・九・一一條ノミ）　新追一〇七・一〇〇・一一五・一二一・八七・二二六・九二・一五四・三六三・三三五・一九三（但、第四・一三條ナシ）　式追六一・五五・六四・六八・五〇・一二四・八四・一九三・一六八・一〇九（但、第四・八・一三條ナシ）　後式六五・六六（但、第一・二條ノミ）　事紀（但、第一―四、五《一部》、七・一一條ノミ）　宣抄（但、第二―四・一〇・一一條ノミ）　枝抄（但、第二・三・一〇・一一條ノミ）　三抄（同上）　近抄（但、第二―四・一〇・一一條ノミ）　〔參考〕鏡建長四年十月十四日條、同五年十月一日條　慶本

二九五
諸國本新地頭所務事

載原作試意改
畢原作乎意改

諸國本新地頭所務事

右、地頭所務者、不レ可レ依二年記一、押領之後、雖レ經二年序一、且任二往昔之由緒一、且追二本司之跡一、致二沙汰一、不レ可レ有二新儀非法一、新地頭者可レ守二率法一之由、平均度々加二下知一、而被レ載二式目一畢、而被レ補二本地頭一之輩、背二本司之例一、募二武威一巧二無道一、致二張行一云々、甚以自由也、雖レ賜二地頭職一、何背二舊古之由緒一、可レ令レ押二妨領家國司之所務一哉、但於二本司之跡一者、隨二郷保一依二庄薗一、所務各別也、非二一樣一、或依レ爲二開發領掌之地一、令レ備二進本年貢一之外、於二惣領之下地一者、一向本司進二退之一、或自

詮下恐當有任

縱原作假意改

被原作致意改

名知行之外者、不レ相二綺惣領地本一所多レ之云々、所詮・本司所務之例、考二先規之由緒一、可レ致二沙汰一之處、假二地頭名字一、掠二往代之所務一構二新儀一、稱二本地頭之例一、致二押領一之條、甚以無道也、縱本地頭雖二非分張行一、不レ顧二以往之例一、令レ違二背式目一、爭可レ致二新儀之沙汰一哉、次新補地頭者、任二率法一、有レ限給分加徵之外、不レ可レ及二地本管領一者也、自今以後者、固守二此旨一、不レ可レ致二非法之沙汰一、若濫妨之輩出來者、依二交名注進一、可レ被レ改二替所職一之由、可レ加二下知一之狀、依レ仰執達如レ件、

建長五年十月十一日　(時頼)相模守在判

(重時)陸奥守同

(長時)陸奥左近大夫將監殿

田代文書一　［參考］鏡**建長五年十月十一日條**、同年同月十三日條

二九六　薪馬蒭直法事

建長五年十月十一日丙辰、被レ定二利賣直法一、其上押買事、同被二固制一、小野澤左近大夫入道、內島左近將監盛經入道等爲二奉行一、

薪馬蒭直法事

炭一駄代百文　薪三十束三把別百文

萱木一駄八束代五十文　　藁一駄八束代五十文
糠一駄俵一文代五十文

文恐誤字

二九七　和賀江津材木事

件雑物近年高直過法、可レ下二知商人一者、又和賀江津材木事、近年不法之間、依レ難レ用二造作一、被レ定二其寸法一、所謂榑長分八尺、若七尺、令二不足一者、令レ點二定之一、奉行人可レ申二子細一之由云々、以下略レ之、

鏡同日條

二九八　唐船事

建長六年四月廿九日辛未、評定（中略）又唐船事有二沙汰一、被レ定二其員數一、卽今日被レ施二行之一、

唐船者五艘之外不レ可レ置レ之、速可レ令二破却一、

建長六年四月廿九日　　勸甚

實綱

（二階堂行泰）
筑前々司殿　　寂阿

（康連）
太田民部大夫殿

鏡同日條

二九九
人質事
人質新追イ本作質人
人據同上補

判據同上補

太田前行慶本有筑前々司殿

三〇〇
首行新追無
西國京都大番役事
等下同上有被恐非
內同上無
云々同上作上者非
其外間同上無
御同上無
前々同上作如先々
可被新追作所
被同上無
知原作加據同上改
知下同上有也

一　人質事、人倫賣買之御制以前、致二訴訟一於レ給二問狀一者、任二證文一可レ流二質人一也、次御制已前、雖レ入二流之一、御制以後、至レ經二訴訟一者、早致二一倍之辨一、人質事不レ可レ及二沙汰一、凡御制已後、人質事者、一向可レ從二停止一也、以二此趣一可下令二奉行一給上之旨、被二仰下一候也、仍執達如レ件、

建長六年五月一日　　勸甚判

實綱判

寂阿判

太田（康連）民部大夫殿

近本九九　新追八八　事紀　〔參考〕鏡建長六年五月一日條　慶本

關東御下知五箇條內　建長六年十月十二日

一　西國京都大番役事

新補地頭等、充二段別課役一之條、不レ可レ然、長門國大峰庄條々御下知內、可レ充二被用途一之由、被レ載レ之云々、縱其外間雖レ有二如レ然之御下知一、於二自今以後一者、前々夫役雜事之外、一向可レ被二停止一也、以二此趣一可レ被レ加二下知一、

三〇一 被差遣武士於所々事

東寺百合文書ヱ十四至十六　新追二五二

建長六年十月十二日辛巳、自二公家一被レ仰二下六波羅一検断事、有二其沙汰一、今日被レ遣二御教書一、其状云、

被レ差二遣武士於所々一事

御成敗之後、不レ用二御下知一、於レ致二狼藉一者、不レ及二子細一、未断之時、無二是非一被二差遣一者、尤申二上子細一、可レ仰二重仰一者、又人倫賣買事、守二延應　宣下狀一、一向可二停止一之由云々、

鏡同日條

三〇二 炭薪萱藁糠事

炭薪萱藁糠事

高直過レ法之間、依レ為二諸人之煩一、先日雖レ被レ定二下直一、於二自今以後一者、不レ可レ有二其儀一、如レ元可レ被レ免二交易一、但至二押買幷迎買一者、可レ令二停止一也、以二此旨一、可レ被レ相二觸相模國如レ然之物交易所一也者、依レ仰執達如レ件、

建長六年十月十七日

相模守(時頼)
陸奥守(重時)

筑前々司殿(二階堂行泰)

鏡建長六年十月十七日條

三〇三

問注難澁輩事

事意補

五下新式有ヶ

對同上作決

隨同上無非

ヶ同上無

雖上宣抄有也非、或當作者

仍執達新式作者依仰下知

三同上作辰十二恐非

一 問注難澁輩事

右、於遠國者、被下召文之後、無故至于五月、百五十日不參對者、就訴人申狀、可有其沙汰、至于近國者、隨召文日限、可有沙汰也、次兩方參對之後、遁避問注、空過二ヶ月六十ヶ日、雖不遂其節、直可有御成敗也、仍執達如件、

建長七 三 廿九　相模守(時頼)

陸奥守(重時)

近本二四二　新式一四二　宣抄(至于近國云々十五字缺ク)　枝抄　三抄　事紀

三〇四

人倫賣買錢事

一 人倫賣買錢事、被寄進大佛畢、而自國々運上之事、有其煩之由、小聖申之、然者爲地頭之沙汰、可送進之由、可令下知給之旨候也、仍執達如件、

建長七年八月九日　實綱判

勸甚判

寂阿　判

太田民部大夫殿(康連)

新追八五

三〇五
鎌倉中無盡錢質物事

七原目錄作四

一　鎌倉中擧錢、近年號二無盡錢一、不レ入二置質物一之外、依レ不レ許二借用一、甲乙人等以二衣裳物具一、置二其質一、盜人亦令レ賣二買贓物一者、所犯忽可レ令二露顯一之間、竊以二贓物一入二質物一、令二借用一之處、被レ盜主見二付質物一之時、錢主等稱二世間之通例一、不レ知二其仁幷在所一之由申レ之云々、所存之旨、甚以不當、於二自今以後一者、入二置質物一之日、可レ令レ尋二知負人交名在所一、若沙汰出來之時、至レ不レ引二手次一者、可レ被レ處二盜人一也、以二此旨一面々可レ相二觸奉行保內一之狀、依レ仰執達如レ件、

建長七年八月十二日

相模守(時頼)　判
陸奥守(重時)　判

伊勢前司殿(二階堂行綱)

新追六四　式追三七　[參考]　蜷川文書十八集

三〇六
私出擧々錢利分事
可下慶本有令、增下同上有縱、並恐是書下同上有沒收其物矣
年次據原目錄註

一　私出擧々錢利分者、不レ可レ過二一倍一之條、前々令二沙汰一畢、縱雖レ積二年紀一、不レ可二・加增一、・雖レ出二文書一、不レ可二敍用一、若猶有二違犯之輩一者、就二訴訟一仰二奉行人一、可レ被レ糺二返文書一、・縱雖レ出二證文一、勿レ令二敍用一矣、（建長七）

新追五四　式追三三　慶本

三〇七
奥大道夜討强盜事
殊鏡無
且有式追無
召式追無
宇都宮據鏡補

一　奥大道夜討强盜事、近年殊蜂起之由、有二其聞一、是偏地頭沙汰人等、無沙汰之所レ致也、早所領內宿々、居二置宿直人一可二警固一、且有二如レ然之輩一者、不レ嫌二自領他領一、不レ可二見聞隱一之由、召二取住人等之起請文一、可レ被レ致二其沙汰一、若猶背二御下知之旨一、令二緩怠一者、殊可レ有二御沙汰一之狀、依レ仰執達如レ件、

建長八年六月二日　相模守（時頼）判
陸奥守（政村）判

宇都宮下野前司殿

小山出羽前司　阿波前司　周防五郎兵衛尉
氏家余三跡　壹岐六郎左衛門尉　同七郎左衛門尉
出羽四郎左衛門尉　陸奥留守兵衛尉　宮城右衛門尉

和賀三郎兵衞尉　同五郎左衞門尉　葦野地頭
福原小太郎　澁江太郎兵衞尉　伊呂宇又次郎
武藏平間郷地頭　淸久左衞門次郎　鳩井兵衞尉跡
那須肥前々司　宇都宮五郎左衞門尉　岩平左衞門太郎
岩平次郎　矢古宇左衞門次郎
已上廿四人被ㇾ下ㇾ之同御教書
新追一〇八　式追六二　［參考］鏡建長八年六月二日條

呂鏡作古
左鏡作右
左衞門尉鏡作兵衞尉

三〇八
郎等任官事
年次據大内家壁書註
此條宜參看三七九條

一　郎等任官事（建長年中）[36]（四八〇頁補一一條參照）
延應以前拜任之輩、非二沙汰之限一、其後任官之族、不ㇾ止二其號一者、可ㇾ被ㇾ處二主人於罪科一、自今以後可ㇾ有二禁制一者、
宣抄　枝抄　三抄　［參考］大内家壁書四二

三〇九
可禁斷勾引人幷人賣事
年次據三九三條註

一　可ㇾ禁二斷勾引人幷人賣一事（建長年中？）
件輩任二本條一可ㇾ被二斷罪一、且人商人、鎌倉中幷諸國市間、多以在ㇾ之云々、自今以後、鎌倉者仰二保奉行人一、隨ㇾ注二申交名一、可ㇾ被二追放一、至二諸國一者、仰二守護人一可ㇾ令二

科斷、

新追一二五

康元元年十二月廿日丁丑、就㆓六波羅問注㆒、條々有㆘被㆓仰遣㆒事㆖、

一　可㆑被㆑書㆓問者署所㆒事

一　兩方所㆑進證文等各可㆑封㆓繼目㆒事

一　同文書目錄巨細可㆑被㆓注進㆒事

一　庄園領家事

雖㆑被㆑載㆓本寺社之名㆒、不㆑被㆑注㆓領家㆒之間、聊涉㆓不審㆒、問注記端作、雖㆑不㆑被㆑書㆑之、申詞銘之注ナムドニ、可㆑被㆑書㆓載之㆒歟、

一　可㆑書㆓正地頭交名㆒事

其庄地頭代某土載天、不㆑書㆓正地頭名字㆒之間、聊涉㆓不審㆒歟、地頭某代官某土正員代官共以可㆑被㆑書之矣、

一　條々各別可㆑立㆓篇目㆒事

一段之內條々相交之間、御忩々之時、難㆑得㆓御心㆒、一事ヲ一段仁天、兩方申狀詞別々

三一〇—三一六

六波羅問注條々　首行近本作京都問注記

所　同上作者非

寺　同上無恐非

被書　同上作載

銘　據同上補

ナムドニ　同上作なとに

被書　同上無

可書　同上作可載在名下

其　原イ本作某或是代、名字並據近本補

某　同上大書下同

官　同上無

土　同上作與

矣　同上無

段　同上作文下同恐非

仁可ㇾ被二書別一也、

一　以二問注記一下二沙汰人等一、令ㇾ勘二理非一之處、其數輩之中、於二緣者々々、令ㇾ起二其座一畢、而其外或號二先論人一、又稱二前々緣者一、嫌二申沙汰人催一之事、御評定之時、用捨何樣被ㇾ定候覽、不審事候之間、內々尋申候、委可ㇾ蒙ㇾ仰候焉、

鏡同日條　近本一五二―一五七（但、第十條ナシ）　新追一八八（但、第四條ノミ）　事紀

三一七
奴婢雜人年紀事
上下宣抄有者或是歟式追宣抄無
正嘉式追作延應恐非
正嘉元年慶本作寛元

一　奴婢雜人年紀事、式目明鏡之上、不ㇾ及二子細一候、件男子相論事、於二先夫同家之子息等一者、不ㇾ謂二年限一、男者付ㇾ父、女者被ㇾ付ㇾ母之條、勿論之次第候歟、恐々謹言、

正嘉元年三月廿四日

行定判
重佐判
實成判

新追三六〇　式追一九〇　宣抄　枝抄　三抄　慶本

三一八
鎌倉中幷國々雜人沙汰事

一　鎌倉中幷國々雜人沙汰事　正嘉二　五　十
奉行人奉書三ケ度不二敍用一者、可ㇾ被ㇾ成二御敎書一、又彼狀雖ㇾ及二三ケ度一、不二事行一者、

於二引付一尋二明子細一、事實者、可レ注二申所領一之由、可レ被レ成二御教書一、次難治事、同於二引付一可レ有二其沙汰一矣、

鏡正嘉二年五月十日條　事紀

三一九

出羽陸奥夜討强盜事
柴田鏡作某等
造宿直屋式追無鏡作
建置屋舍
令鏡無恐非
召下鏡有進
充所據式追補

一　近日出羽陸奥國夜討强盜蜂起之間、往還之輩、有二其煩一之由風聞、尤不便、是偏郡鄕地頭等、背二先御下知一、無沙汰之所レ致也、甚無二其謂一、早柴田郡内知行宿々、造二宿直屋一、令二結番一、殊可レ令二警固一也、且籠二置惡黨一之所々、不レ可二見聞隱一之旨、可レ被レ召二沙汰人等起請文一者、依レ仰執達如レ件、

正嘉二年八月廿日

武藏守（長時）判
相模守（政村）判

阿波前司殿

新追一〇九　式追六三　[參考]　鏡正嘉二年八月廿日條

三二〇

國々惡黨警固事
鏡無一、有事書云、
國々惡黨警固事
國上鏡有右
唳鏡イ本作藉
聞隱式追無恐非

一・國々惡黨令二蜂起一、企二夜討强盜山賊海賊一之由、有二其聞一、狼唳之甚、不レ可レ不レ誡、不レ可二見隱聞隱一之旨、度度被二仰下一畢、早可レ加二警固一也、於二實犯之族一者、

可レ令レ召三進其身一、且雖レ爲二權門勢家之領一、背二守護人下知一、於レ拘三惜惡黨一者、隨二注申一可レ被レ處二其科一也、以二此趣一觸三廻淡路國中一、可レ令レ致二沙汰一之狀、依レ仰執達如レ件、

正嘉二年九月廿一日

(長時)武藏守　判

(政村)相模守　判

淡路四郎左衞門尉殿

新追一〇三　式追五七　鏡正嘉二年九月廿一日條

一　自二嘉祿元年一至二仁治三年一御成敗事　正嘉二　十二　十評　太田民部大夫奉行

右、於二自今以後一者、准三三代將軍并二位家御成敗一、不レ及二改・沙汰一焉、

成追二一三　近本七四　貞式三五　近條七八　貞本二一　運本二一　京本二二　薦抄　敦注　日蓮上人遺文集

〔蓮文〕(念佛者追放宣狀事)　事紀　〔參考〕　鎌記正嘉二年十二月十日　鏡正嘉二年十月十二日條

自二嘉祿元年一至二仁治三年一御成敗事

右、於二自今以後一者、准三三代將軍并二位家御成敗一、不レ可レ有二改沙汰一云々、故武藏前

於鏡イ本作猶恐非

以式追無恐非　淡路鏡作其

一原目錄作二　判鏡無

充所鏡作某殿

三二一

自嘉祿元年至仁治三年御成敗事

三年貞式近條蓮文無　十二十評貞式作十評　近條作二十評蓮文作　二月十日鏡爲十月十二日並非　年次近本在本文後云　正嘉二年十二月十日　御評定畢武州長時左京權大夫爲御代　奉行名諸本無　於、改並近本無恐非　改下貞式近條有御　焉同上作云々近本作矣

三二二(三二一ト同ジ)

自嘉祿元年至仁治三年御成敗事

司入道殿所ニ申ニ沙汰一候者、自ニ嘉祿元年一至ニ仁治三年一御成敗、不レ可レ被レ改之由、今日十日御評定候、式目奥被ニ書載一候、案文令ニ書進一候、可レ有ニ御存知一候哉、恐々謹言、

正嘉二年十二月十日　武藏守（長時）御判

陸奥（時茂）左近大夫將監殿

多田院文書（彰考館本）

三三　止山野江海煩可助浪人身命事

事書新追式追無　取同上作採　堅同上作固　止同上作停　助同上作扶　符同上作止　存以下七字同上作以此旨可令相觸陸奥國中　九同上作十　守下同上有判　充所同上作陸奥留守殿

一　止ニ山野江海煩一、可レ助ニ浪人身命一事

諸國飢饉之間、遠近侘傺之輩、或入ニ山野一取ニ薯蕷野老一、或臨ニ江海一求ニ魚鱗海藻一、以レ如レ此業一、支ニ活計一之處、在所之地頭堅令ニ禁遏一云々、早止ニ地頭制止一、可レ助ニ浪人身命一也、但寄ニ事於此制符一、不レ可レ有ニ過分之儀一、存ニ此旨一可レ致ニ沙汰一之狀、依レ仰執達如レ件、

正嘉三年二月九日　武藏守（長時）

相模守（政村）

駿河守殿

新式一二九　新追一九八　式追一一二

三二四 西國雜務事 今原作令意改 狀近本作也非

追以下五字近本無

三二五 故武州禪門成敗事 一據近本補 月日同上無 評下同上有御代自前

手同上作平非 評下同上有定

正據靑文宜爲五

一 西國雜務事、注進狀繁多相續之間、雖レ有二御沙汰一、自然依レ經二年月一、爲二今煩一歟、然者於二自今已後一者、殊重事外、不レ可二注進一、直可レ令二尋成敗一狀、依レ仰執達如レ件、

正元々年六月十八日

武藏守(長時)　判

相模守(政村)　判

陸奧左近大夫將監殿(時茂)

新追二五四　式追一四三　近本一二六

追加御式目

一 故武州禪門成敗事　文應元年五月四日評

彼時成敗不レ及二改沙汰一之旨、載二式目一畢、而同時重可レ有二沙汰一之由、有二所見一之輩者、不レ拘二此文一、可レ有二其沙汰一、仁治三年以後、或給二御教書一、或遂二對問一之族、非二沙汰之限一、

肥前國御家人井手左衞門尉道遠法師申、藤津庄內所領事、沙汰之時評・畢云云、

多田院文書(彰考館本)　近本七五　事紀　〔參考〕　鏡文應元年五月四日條

文應元年正月廿三日辛酉、可レ禁二過殺罪輩一之由、有二其沙汰一、被レ定二事書一云々、

三二六
六齋日幷二季彼岸殺生事

憂據同上恐當作愛

代下據同上恐當有之

一　六齋日幷二季彼岸殺生事

右、魚鼈之類、禽獸之彙、重レ命逾二山嶽一、•憂レ身同二人倫一、因レ茲罪業之甚、無レ過二殺生一、是以佛敎之禁戒惟重、聖代・格式炳焉也、然則件日々、早禁二魚網於江海一、宜レ停二狩獵於山野一也、自今以後、固守二此制一、一切可レ隨二停止一、若猶背二禁遏一、有二違犯輩一者、至二御家人一者、令レ注二進交名一、於二凡下輩一者、可レ加二罪科一之由、可レ被レ仰二諸國之守護幷地頭等一、但至レ有レ限神社之祭一者、非二制禁之限一矣、

鏡同日條　靑方文書（靑文）（次條所揭）　〔參考〕　賀茂別雷神社文書一（第三部一五條ニ收ム）

三二七（三二六ノ施行）
六齋日二季彼岸殺生禁斷事

今年五月廿三日關東御敎書、同七月十七日到來、寫案獻レ之候、如レ狀者、每月六齋日幷二季彼岸、可レ禁二斷殺生一事、魚鼈之類、禽獸之彙、重レ命逾二山岳一、愛レ身同二人倫一、因レ茲罪業之甚、莫レ過二殺生一、是以佛敎之禁戒惟重、聖代之格式炳焉也、然則六齋日幷二季彼岸、早禁二漁網於河海一、宜レ停二狩獵於山野一也、自今以後、固守二此制一、可レ令レ下二知豐前肥前筑前對馬等國地頭幷知行所々一也、若背二禁遏之法一、有二違犯之輩一者、可レ令レ注二進交名一之由、所レ被二仰下一候也、然者任二御敎書之狀一、每月六齋日幷二季彼岸、不レ可レ被二殺生一候、且給二御返事一、可レ令レ進二上關東一候也、恐々謹言、

文應元年
七月廿日　　少（資能）貳在判

青方二郎殿

青方文書一

文應元年六月四日庚子、就二検断事一、今日有レ被レ定之條々一、且被レ仰二遣六波羅一也、
所謂、

三二八 國々守護人召進犯科人事

一　國々守護人召二進犯科人一事
右、召二進關東一無レ謂、任下被二定置一之旨上、可レ被二沙汰一之由、可レ令レ相二觸守護人一、
但寄二事於左右一、守護人致二非據沙汰一之由、訴申之時者、可レ令二尋成敗一矣、

三二九 可召進關東犯科人事

一　可レ召二進關東一犯科人事
右、於二殊重科張本一者、任二先例一可レ召二進之一、至二輕罪一者、於二六波羅一可レ有二尋沙
汰一矣、

三三〇 放免事

十下吉本有一

一　放免事
右、於二殺害人一者、日來十・ヶ年以後、隨二所犯輕重一、雖レ被レ免レ之、於二今度一者、
云二諸國飢饉一、云二人民病死一、過法之間、以二別御計一、不レ謂二年記一、無二殊子細一之輩

者、至二當年所犯一者、被二放免一畢焉、

鏡同日條　事紀

三三一　臨時役事

一臨時役事、恆例之外、一向可レ令二停止一之由、先度被二仰下一了、早守二彼狀一、可レ令レ下二知筑前、肥前、豐前、對馬國々地頭等一也、若猶有二違犯輩一者、可レ令レ注二進交名一之由、所下被二仰下一候上也、然者任二御教書之狀一、恆例公事之外、於二臨時所役一者、一向可レ被二停止一候、且給二御返事一、可レ令レ進二上關東一候、恐々謹言、

文應元年
七月廿日　　少貳在判（資能）

青方二郎殿

青方文書一

三三二　問注以後追進狀事

一問注以後追進狀事、不レ進二證文一之外、於二訴陳一者、不レ及二沙汰一之由被レ定畢、而進二覽問注記具書一之時、每度被レ副二進追進狀一之條、違二傍例一、非レ無二沙汰之煩一、於二自今以後一者、證文之外、不レ可レ副二進訴陳之狀一、若令レ備二進簡要證文一者、遂二覆問一、可レ令レ副二進彼證文一之狀、依レ仰執達如レ件、

文應元年八月十二日　　武藏守（長時）
　　　　　　　　　　　相模守（政村）
陸奥左近大夫將監（時茂）殿

鏡文應元年八月十二日條

三三三
京上役事付大番役

文應元年十二月廿五日戊午、京上所役事有二其沙汰一、今日被レ定レ法云々、

一　京上役事付大番役

諸國御家人、恣云二錢貨一云二夫馱一、充二巨多用途於貧民等一、致二呵法譴責於諸庄一之間、百姓等及二侘傺一不二安堵一由、遍有二其聞一、然則於二大番役一者、自今以後、段別錢參百文、此上五町別官馱一疋、人夫二人可レ充二催之一、於二此外一者、一向可レ令二停止一也、令レ定二下員數一以後、於二日來沙汰所々一者、就二此員數一不レ可二加增一也、

三三四
地頭補任所々內御家人大番役事

一　地頭補任所々內御家人大番役事

先々御家人役勤仕之輩者、可レ爲二守護催促一也、

鏡同日條

三三五　早馬事

若恐當作長
帳原作張意改
率尓或當作重

三三六　京下御物送夫事

民原作君意改

早馬事

宿々被定置二疋之處、雖非急事、近年連々下向之輩、或三四疋、或四五疋、申載若帳煩役所、於路次致狼藉之由、有其聞、尤不便、自今以後、非殊率尓事之外、可任先例之状、依仰執達如件、

文應二年二月廿五日　(長時)武藏守

(政村)相模守

(時茂)陸奥左近大夫將監殿

鏡弘長元年二月廿五日條　事紀

京下御物送夫事

京下御物送夫、任雑掌申請、無左右依令下知、人夫多々之間、民之煩尤不便、自今以後、申請人夫之時、令見知御物多少、定人數可載長帳也、且於私物送夫者、一向可令停止也、兼又夫役、寄事於左右、於路次不可致狼藉之由、可被加下知之状、依仰執達如件、

文應二年二月廿五日　(長時)武藏守

三三七 可如法勤行諸社神事等事
事據新追式追補
奠原作費據鏡改新追式追作典

三三八 可令有封社司修造本社事
事據鏡補
不據原傍書補

三三九 可令停止神人加增濫行事

(政村)相模守

(時茂)陸奥左近大夫將監殿

鏡弘長元年二月廿五日條　事紀

關東新制條々37

一　可三如法勤二行諸社神事等一事
祭、豐年不レ奢、凶年不レ儉、是禮典之所レ定也、而近年神事等、或陵夷背二古儀一、或過差忘二世費一、神慮難レ測、人何有レ益、自今以後、恆例祭祀不レ致二陵夷一、臨時禮奠、勿レ令二過差一、

一　可レ令三有封社司修二造本社一事
有封社者、任二代々符一、小破之時且加二修理一、若及二大破一言二上子細一者、隨二其左右一可レ有二其沙汰一之由、被二定置一畢、而近年社司恣貪二神領之利潤一、不レ顧二社壇之破損一、匪下啻不上恐二神慮一、專可レ謂レ忘二公平一、自今以後、於レ背二此法一者、可レ被レ改二補其職一、

一　同年同人
可レ令レ停二止神人加增濫行一事
神人者常陪二社頭一、可レ從二神役一、而散二在國々一以好二梟惡一、充二滿所々一以致二狼藉一、自

忌或當作忘
忌下恐有脫字

三四〇
放生會的立役事

三四一
同居隨兵役事
居恐當作會

三四二
若宮流鏑馬役事

三四三
二所御參詣隨兵役事

三四四
可令如法勤行諸堂年中佛事等事
奉行名據新追式追補

所原作在據同上改
云々原作者意改、同上無或是
役所原作所役據新追改
哉新追式追作乎
而同上無

由之企、甚背㆓物宜㆒、早於㆓新加神人㆒者、削㆓其名㆒以隨㆓停止㆒、至㆓本補神人㆒者、忌事以可㆑勤㆓職掌㆒、

一 放生會的立役事　奉行侍所

一 同居隨兵役事

一 若宮流鏑馬役事

一 二所御參詣隨兵役事

以前條々、就㆓巡役㆒被㆓催促㆒之時、充㆔課彼用途於百姓㆒之由、有㆓其聞㆒、於㆓自今以後㆒者、永停㆔止其儀㆒、以㆓地頭得分㆒、可㆑令㆓勤仕㆒之旨、遍可㆑相㆔觸御家人等㆒之由、可㆑被㆑仰㆓侍所奉行人等㆒也、

一 可㆑令㆓如法勤㆔行諸堂年中佛事等㆒事　奉行人(二階堂行一)

諸堂之勤、恆例有㆑限、而供僧等、纔雖㆑有㆓勤修之名㆒、更無㆘抽㆓誠信㆒之志㆖、被㆑補㆓其職㆒之始、雖㆑有㆓法器之淸撰㆒、被㆑補㆓其職㆒之後、多用㆓淺蔦之代官㆒、然之間以㆓尫弱手代㆒、勤㆓嚴重御願㆒、太不㆑可㆑然、禁忌幷現所勞之外者、用㆓代官㆒事、一切可㆑令㆑停㆔止之㆒、兼又供料不法未下相積之由、諸堂有㆓訴訟㆒云々、云㆓雜掌㆒云㆓寺務㆒、乍㆑知㆔行有㆑限之役所㆒、何可㆑遁㆔避應輸之濟物㆒哉、而於㆓引付㆒、雖㆑有㆓其沙汰㆒、猶以不㆓事行㆒者、

面々同上無或當作而

三四五　可令諸堂執務人修造本尊事
本尊事據鏡補

三四六　佛事間事

三四七　六齋日幷二季彼岸殺生禁斷事
身原作着據三二七條改

三四八　鷹狩事

殊可ㇾ有二嚴重之沙汰一之由、重面々可ㇾ被ㇾ仰三下引付一、此上有二不法雜掌一者、隨二奉
行人注申一、可ㇾ被ㇾ改三易其職一矣、

一　可ㇾ令三諸堂執務人修二造本尊一事
准二神社修理之條一、可ㇾ有二其沙汰一、

一　文應奉行政所
佛事間事
堂舍供養之人、報恩追善之家、不ㇾ測二涯分一、多費二家產一、雖ㇾ寄二事於供佛施僧之勤一、
猶莫ㇾ不ㇾ成二民庶黎元之煩一、還可ㇾ招二罪根一、更非ㇾ殖二善苗一、偏是住二名聞一之故歟、付
ㇾ冥付ㇾ顯其有二何益一、自今以後、修二佛事一之人、只專二淨信一、宜ㇾ止二過差一、

一　六齋日幷二季彼岸殺生禁斷事
魚鼈之類、禽獸之彙、重ㇾ命逾二山嶽一、愛ㇾ身相三同人倫一、因ㇾ茲罪業之甚、無ㇾ過二殺生一、
是以佛教之禁戒惟重、聖代之格式炳焉也、然則件日々、早禁二漁網於江海一、宜ㇾ停二
狩獵於山野一也、自今以後、固守二此制法一、一切可ㇾ隨二停止一、若背二禁遏一、有二違犯之輩一
者、可ㇾ加二科罰一之由、可ㇾ被ㇾ仰二諸國守護人幷地頭等一、但至二有ㇾ限神社之供祭一者、
非二制禁之限一、

一　延應奉行一
鷹狩事

三四九 可専守式目事

三五〇 可定置評定衆并引付衆及奉行人起請事

文三抄無下同

同三抄作向恐非

三五一 問注書下事

三五二 問注遅引事

神領供祭之外、可停止之由、御下知先畢、固守此制禁、不可違犯矣、

弘長奉行問注所執事

一 可専守式目事

被定置之後、有違犯事者、随聞食及、可有誡沙汰也、自今以後、固可守此法也、

一 可定置評定衆并引付衆及奉行人起請事

政道之源、以無私為先、誰背此理、然而且為避上之疑、且為顕下之忠、任故武蔵前司入道(泰時)之時例、可被召起請文也、但雖加署判於先年之起請文、於今度者、評定衆以下一同、可令加署判也、

一 問注書下事

問状清書之仁、就訴陳状到来、不申入子細、無是非書上之條、沙汰依違之基也、自今以後、問状本奉行人請取訴陳等、申沙汰之、可書下之、

一 問注遅引事

問注所執事并奉行人等、致緩怠之故也、政道之源、只在此事、云執事云奉行人等、殊存忠勤、可致沙汰也、各随彼勤否可有賞罰、且於奉行人等勤否者、執事可注申之矣、

三五三
京家問注記詮句事

々當衍

三五四
五方引付事

三五五
御家人見參幷庭中訴訟聽斷事

三五六
御儲事

一　京家問注記詮句事
詮句注進之日數、大事三ヶ月、中事二ヶ月、小事一ヶ月、此中可二勤申一也、於二其沙汰之前後一者、可レ就二問注之年々紀一、但大事幷急事者、被レ下二別書下一、雖レ不レ守二年紀次第一、可レ有二其沙汰一、問注所執事幷催促之仁等寄合、取二目六一可レ合二評定一、

一　五方引付事
面々引付緩怠之間、訴訟人等有レ歎之由、遍有二其聞一、自今以後、隨二沙汰之躰一、早速可レ令二申沙汰一也、但有二殊子細一令二延引一事者、兼可レ申レ之、徒三ヶ年已上之訴訟、不レ二申沙汰一、拘持之奉行人等、可レ被レ處二罪科一也、且此等子細引付頭人隨レ注三申之一、可レ有二忠否之沙汰一也、若又引付頭人無沙汰、不レ二注申一者、可レ爲二頭人之不忠一、且被レ仰三下引付一條々、一向隨二頭人與奪一、可レ致二其沙汰一之由、可レ被レ仰二五方頭人等一矣、

一　文聽御家人見參幷庭中訴訟聽斷事
以二評定之隙一、常可レ有二其沙汰一、

一　御儲事
御引出物以下、各可レ存二略儀一、

一　銜重彫牙象外居幷檜折敷事
酒宴之時、一切可レ停二止之一、

一　八月一日贈事々
近年有二此事一、早可レ停二止之一、

一　私消息用二厚紙一事
爲二世之費一、爲二人之煩一、一切可レ停二止之一、（大會補）文應奉行長泰

一　造作事
右、儉約可レ止二花美一也、且非二一郭新造一之外者、不レ可レ充二催其用途於百姓等一、但可レ停二止過分支配一之、放生會棧敷止レ檜可レ用レ杉、
延應長泰
私家帳臺、蒔繪幷障子引手組緒可レ停二止之一、同障子緣可レ止レ紫也、雖二寢殿一、於二引手同座一者、可レ用レ革也、懸金寢殿之外可レ用レ鐵、
三枚障子紙散薄、一切可レ停二止之一、
唐垣一切可レ停二止之一、
明障子鎹、榻障子栗形等、止レ銅可レ用レ鐵也、疊雖二寢殿一、不レ可レ用二大文高麗一、可レ用二麁品小文一、且下緣可レ用二麁品紺藍摺布等一、同裏可レ用二麁品布一也、但帳臺間皆高麗

三六一 修理替物用途事
三六二 垸飯役事
所原在人下意移
三六三 五節供事
三六四 物具事
摸原作模意改

一帖者、可レ被レ聽レ之、簾縁入御之時御所之外可レ止レ之、

一　修理替物用途事

一　垸飯役事

兩條、自今以後、充二課百姓一事停二止之一、以二地頭得分一、可レ致二其沙汰一、又私分同可レ守二此儀一、且於二垸飯一者、用二麁菜一可レ止二高盛一也、次政所、問注所、小侍所小舍人、御厩力者等、酒肴正月中止二毎日之儀一、可レ爲二三ケ日一也、

一　五節供事

充二催百姓一事、爲二士民之歎一、自今以後、一向可レ令レ停二止之一也、

一　物具事

上下諸人、蒔繪金銀劔刀并鞍豹虎皮切付、及銀鐙轡可レ停二止之一、於二流鏑馬一者、非二制限一、轡者交レ銀事、中心以下不レ可レ過二三兩一、但貢馬以下御馬御覽之時、用二銀轡一非二制限一、又劔者所々交レ銀事許レ之、但不レ可レ過二五兩一、腰刀目貫非二沙汰之限一、黒漆并貝鞍等同不可虫損餝、雖二銅摸銀一、其躰相同、其實難レ辨、同可レ止レ之、
（後藤）基政 僧侶并兒同レ之、又劔刀一切不レ可レ隨二身之一、
行一 神事并元三出仕晴儀之外、於二總鞦一者、可レ停二止之一、藝行之時、不レ可レ用二總鞦一、雖二

蒔下恐當有繪

長原作馬意改

可意補

於或當作猶

女騎馬一、蒔・鞍銀鐙轡絲鞦可レ止レ之、於レ轡者、交レ銀事同二先條一、

腰充莁卷伏輪金物可レ停二止之一、

行一
腰刀組下緒可レ止レ之、

弘長侍所
行騰於二大斑一者、一切停二止之一、但流鏑馬幷御共之時、非二制限一、郎等以下、殊可レ用二下品行騰一也、

次造行騰事、同可レ止レ之、

文應侍所
建長行一
羽事、於二上品羽一者、郎等以下之輩、不レ可レ用レ之、切生者前々被二定下一畢、同可レ守二彼制一也、

建長行一
次造羽事、一切可レ停二止之一、

色革近年爲二藥染一之由、遍有二其聞一、仰二諸方地頭等幷町屋沙汰人一、可レ停二止之一、

(二階堂)
延應行願
蝙蝠扇可レ停二金銀薄泥繪等一也、但殿上人已上幷可レ然僧侶可レ被レ許レ之、於二畫圖一者、非二沙汰之限一、停二過差一可レ先二麁品一、烏帽子兩三度之外、不レ可レ塗レ之、折烏帽子非二沙汰之限一、又烏帽子懸不レ可レ交二紫絲一、

革襪一切可レ停二止之一、但老人所勞之輩、可レ用二白革燻革一、於不レ可レ用二色革一、

私家燈臺爐棚棙手洗、停二蒔繪一、可レ用二下品金物一也、

錄當作籙

雨原作兩意改

三六五　衣裳事

裏據原イ本補
有恐當作爲

（武藤）延應景頼　私中持幷床子金物、一切可二停止之一、

弘長行一　私胡錄枦手巾付口伏輪木尻金物等、止二金銀一可レ用レ銅、輿外連子外金物組緒非二別仰一之外、可レ停レ之、女房輿外金物、同可レ止レ之、但公卿以上連子非二制限一、又物見雨皮付足金物等、不レ及二沙汰一、虫欠僧輿僧正之外、可レ止二外金物一、且非二僧正法務幷大臣子息一之外、僧侶輿簾革不レ可レ用二遠文五緒一、同人之外、輿外連子外金物、簾垂緒組等、可レ止レ之、

一　延應行方　衣裳事

元三之間、狩衣以二一具一可レ通二用一也、但或有二晴儀一、或有二雨濕事一之時、令レ改二着一者非二制限一、惣正月中、狩衣不レ可レ過二三具一、殿上人以下、不レ可レ着二無文縠幷志之良綾奴袴一、諸大夫以上之外、不レ可レ着二有文狩衣一、五位以下、狩衣裏不レ可レ用二美絹一、引糯粥尋常之時、可レ用二單狩衣一、郎等調度懸、雜色大童子、不レ可レ着二絹裏狩衣一、雜色大童子、一向可レ用二白張一、於二綾唐綾村濃紺淺黄衣一者、可レ停二止之一、至二中童子小舍人童染裝束一者、麁品絹裏非二沙汰之限一、衞府已下小舍人童、停二染裝束一、可レ有二水干袴一、

弘長景頼　元三間、女房衣員數

不下恐當有可

御所女房幷半物五領　同雜仕三領
建長同
至二諸家女房一者、一向不レ可レ着二重衣一、又止レ袴可レ用レ裳、今木同可レ停二止之一、
女房夏時不レ可レ着二捻重一、可レ用二單重一也、
五月五日以前、不レ可レ着二生衣一、
七月七日不レ可レ改二裝束一、中下﨟不レ可レ着二二重一、二重綾幷織物唐延應景類織物衣小袖織生袴者、雖二上﨟一非二別仰一之外、一向停レ之、
延應侍所
又繡物同可レ止レ之、於レ男者、綾唐綾小袖、一切停二止之一、
雜仕裳、不レ可レ用二美絹一、又同袙綿以レ薄爲レ先、
侍所、政所雜仕等、止二二衣一可レ用レ袙也、同景類紅紫衣裳小袖、一切可レ停二止之一、
女房裳、袴、單衣、束帶具及流鏑止之馬、水干、馬長、巫女等裝束非二制限一、
弘長同
上下諸人小袖不・レ過二二重一、
延應行願
茜裏小袖可レ止レ之、
目結二重、紺三重、紺直垂、帷、一切可レ停二止之一、但至二鎧直垂一者、非二制限一、
建長行願
上下諸人直垂、不レ可レ用二細美布一、可レ爲レ先二麁品一、同裏可二停止一、又大口可レ止二美絹一、
延應同
絹木蘭地幷絹直垂、同可レ停二止之一、

僧徒着二綾裘袋一事、非二別仰一之外、可レ停二止之一、

弘長同
凡僧不レ可レ着二綾表袴同奴袴等一、

兒、織物繡絹直垂同裏、公卿子幷孫之外、可レ停二止之一、

力者裝束、不レ可レ着二細美布一、又可レ止レ袙也、

馬長共人幷猿樂田樂、綾羅錦繡打物、金銅風流、可二停止一也、

弘長政所
唐櫃覆幷袋平裹停二止織物繡一、可レ用レ綾矣、

三六六　可禁制絹布類短狹事
肩註新追式追在事書下、作弘長奉行政所

一　可レ禁二制絹布類短狹一事・

近年以來、絹布之類、狹織短截、猥充二足段一之間、併以寸法不足者、商人等之猛惡也、不レ可レ不レ誡、自今以後、短狹物等不レ可レ賣二買之一、若猶背二禁遏之法一者、仰二奉行人等一、殊・レ加二懲肅一、可レ被レ沒二收其物一・矣、

三六七　從類員數事
殊下同上有被
矣同上無

一　弘長行方
從類員數事

四位以上雜色六人　五位四人　六位二人、

檢非違使五位尉、郎等四人、雜色四人、小舍人童一人、調度懸一人、舍人一人、放免五人、此外火長、看督長等如レ恆、

同六位尉郎等三人、雜色二人、小舍人童一人、調度懸一人、舍人一人、放免四人、

可意補

供原作共意改

中意補

三六八

可仰諸國守護地頭等令禁斷海賊次山賊等事

次恐誤字

火長、看督長如レ恆、

文應侍所

馬長雜色、不レ可レ過二六人一、加二髗二人一定、

流鏑馬當色不レ可レ過二六人一、又舍人如レ恆、同的立不レ可レ具二郎等一、

延應行方

御出仕之時、御供人々、從類裝束之外、可レ止下着二直垂一輩上、於レ背二此仰一者、向後可レ被レ除二御供一也、且背二制法一之輩者、奉行人可レ注二申之一、若不二注申一者、可レ被レ行二其科於奉行人一也、

鎌倉中出仕輩、所從不レ可レ過二五人一、

正嘉

又騎馬供人等、不レ可レ過二二人一、違犯之輩、可レ被レ處二罪科一也、奉行人不二注申一者、子細同前、

弘長行方

僧正　從僧三口中童子二人 大童子四人　　僧都　從僧二口中童子二人 大童子四人

法印　准二僧都一、　　律師　從僧一口中童子一人 大童子一人

法眼　法橋准レ之　　凡僧　從僧一口中童子一人 大童子一人

已上、晴日僕從可レ守二此制一、至二于尋常出仕之時一者、不レ可レ及二其員一矣、

一　可下仰二諸國守護地頭等一、令レ禁中斷海賊次山賊等上事

山賊、海賊、夜討、强盜之類、諸國地頭守護等、可レ致二其沙汰一之子細、被レ載二式

々原作之據宜抄改
等同上無

三六九
京上役事
此條宜參看三三三條

今原作令意改
々原作之意改

三七〇
長夫事

三七一（三三五ト同ジ）
早馬事

目一畢、而無沙汰之由、依レ有二其聞一、如レ此惡黨不レ可二見隱聞隱一之旨、雖レ被レ召二起請文於御家人等一、猶以不二斷絶一云々、早仰二國々守護所々地頭等一、殊可レ被レ加二懲肅一、此上猶惡黨蜂起之由、於下有二其聞一所々上者、云二守護一云二地頭一、可レ被レ改二補其職一矣、

一　京上役事　文應同

諸國御家人、恣云二錢貨一云二夫駄一、充二巨多用途於貧民等一、致二苛法譴責於比屋一之間、百姓等及二侘傺一、不二安堵一之由、遍有二其聞一、然則於二大番役一者、自今以後、段別錢三百文、此上五町別官駄一疋、人夫二人、可レ充二催之一、於二此外一者、一向可二停止一也、且今被二定下一之員數以下、於二日來沙汰出來所々一者、就二此員數一可レ加二增之一、至二過分所一者、固可レ守二此法一也、兼又同時長夫事、在京之間、給二與食物一、可レ召二仕之一、但私京上之時者、人夫官駄之外、不レ可レ充二催百姓等一矣、

一　長夫事　同政所

百姓等有二其歎一、一向雖レ可レ被レ止レ之、鎌倉祗候之御家人等、還又可レ有二其愁一、然者、自今以後、同充二給日食一、可レ召二仕之一矣、

一　早馬事

爲原作有據鏡弘長元年二月廿九日條改

有二變急一之時、爲二聞達一也、而近代雖レ非二大事一、以二早速一爲二其詮一、頗爲二人馬之煩一、然者、自今以後、殊重事之外、可レ止二急速之儀一之由、可レ被レ仰二六波羅一矣、

三七二 京上送夫事

此條宜參看三三六條

一 京上送夫事

御物運送之時、不レ檢二知其員數一、就二雜掌申狀一、無二左右一書二出長帳一之條、云二雜掌人等一、云二奉行人一、共以不忠也、自今以後者、檢二知御物多少一、可レ撰二定人夫員數一也、且相二具私物於御物一、令二取下一事、一向可レ令二停止一之由、同可レ被レ仰二下六波羅一也、

三七三 可停止諸人往反路次雜事等事

爲原作有意改

一 可レ停二止諸人往反路次雜事等一事

爲二所之費一、爲二人之煩一、自今以後、可レ停二止彼雜事一、

三七四 鎌倉大番幷隨兵兩役事

一 鎌倉大番幷隨兵兩役事

御家人等、大番勤仕之時、奉行人、或取二其贖一、一向令レ免二除之一、或差二散所輕役一、取二賄賂一之由、前々有二其聞一、自今以後、早可レ令レ停二止之一、次隨兵役事、如二放生會御二所詣一之時、多以催二人數一、有レ限員數之外、同取二其贖一令二免除一云々、一向可レ停二止之一、若猶有二其聞一者、殊可レ有二誡沙汰一矣、

三七五 爲御使上洛輩不可相具訴人幷追從輩事

一 爲二御使一上洛輩、不レ可レ相二具訴人幷追從輩一事

有二殊子細一之時者、不レ及二沙汰一、而雖レ無二指大事一、被レ差二上御使一時、或稱レ有二所

縁一、求二昵近一之輩、或依レ有二訴訟一、思二賄賂一之類、俄以上洛、是併思二追從一、不レ顧二萬端煩費一之由、遍有二其聞一、自今以後、如レ此輩扈從、一向可レ令二停止一也、

三七六
可禁制群飲事
財原作賊意改

一 延應行方 可レ禁二制群飲一事
遠近御家人參上之時、稱二旅籠振舞一、堆二盃盤儲一、號二引出物一、貪二財産一之條、爲レ世有レ費、爲レ人多レ煩、自今以後、可レ令レ停二止之一、且又客人饗應皆存二略儀一、可レ止二過分一矣、

三七七
可禁斷僧坊酒宴并魚鳥會事

一 延應行方 可レ禁二斷僧坊酒宴并魚鳥會一事
成二群飲一及二飽滿一、既背二禁戒一、何好二放逸一、加之、俗人兒童相交之間、專以二肉物一充二用其肴一云々、太背二物宜一、永可レ令二禁制一也、

三七八
兒任官事

一 基改 兒任官事
自今以後、早可レ停二止之一、若有二違犯之輩一者、雖二元服之後一、不レ可レ被レ聽レ之、

三七九
郎等任官事
止原作正據三〇八條改
處下同上有主人於恐是

一 郎等任官事
延應以前拜任之輩、非二沙汰之限一、其後任官之族、不レ止二其號一者、可レ被レ處二罪科一也、自今以後、同可レ守二此禁制一也、

三八〇
不可召仕町人并道々輩事

一 不レ可レ召二仕町人并道々輩一事

一向可ㇾ停ニ止之一、

三八一　在京武士乘車橫行洛中事

一　在京武士乘ㇾ車橫ニ行洛中一事

可ニ停止一之由、御下知先畢、而近年多違犯之由有ニ其聞一、仰ニ六波羅一、可ㇾ令ニ禁制一也、

三八二　鎌倉中乘輿事

上原作下意改

一　鎌倉中乘輿事

一切可ㇾ停ニ止之一、但殿上人以上幷僧侶者、非ニ制限一、又雖ニ御家人等一、年六十以上可ㇾ許ㇾ之矣、

三八三　可停止凡下輩騎馬事

注原作住意改

一　可ㇾ停ニ止凡下輩騎馬一事

雜色、舍人、牛飼、力者、問注所、政所下部、侍所小舍人以下、道々工商人等、鎌倉中騎馬、一切可ㇾ停ニ止之一矣、

三八四　侍所雜仕以下下部等行向御家人宿所被饗應事

一　侍所雜仕以下下部等、行ニ向御家人宿所一、被ニ饗應一事

侍所雜仕、小舍人、朝夕雜色、御中間、贄殿虫ミ執當、釜殿等、正月幷便宜之時、行ニ向諸人宿所一、常求ニ盃酌一、甚以左道也、早可ㇾ停ニ止之一、但行ニ向奉行人之許一事、非ニ制限一矣、

三八五　相模國定使取夫功事

一　相模國定使取ニ夫功一事

被レ召二人夫一之時、加二增其員數一、所レ殘取二夫功一、企二免除一之由有二其聞一、事實者、爲二士民之歎一、自今以後、可レ令レ停二止之一也、若猶不レ止者、殊可レ有二誡沙汰一、

三八六　念佛者事

一　念佛者事
於二道心堅固之輩一者、非二禁制之限一、而或招二寄女人一、常致二濫行一、或食二魚鳥類一、好二酒宴一、如レ此之類、遍有二其聞一、於二件家一者、仰二保之奉行人等一、可レ令レ破二却之一、至二其身一者、可レ被レ追二放鎌倉中一也、

三八七　僧徒裹頭横行鎌倉中事

一　僧徒裹レ頭横二行鎌倉中一事
仰二保之奉行人一、可レ令レ禁二制之一矣、

三八八　着編笠横行鎌倉中事

一　着二編笠一横二行鎌倉中一事
可二停止一之由、同先度被レ仰二下之一、而奉行人等緩怠不二制止一歟、自今以後、固可レ加二禁斷一也、

三八九　囚人食物事

一　囚人食物事
奉行人等、不レ充二囚人食物一之間、多及二餓死一之由有二其聞一、自今以後、仰二侍所一、每旬一度加二囹圄之巡檢一、相二觸沙汰人等一、可レ令レ致二食物之沙汰一矣、

囹原作固意改
人意補

三九〇　可停止鎌倉中迎買事

正嘉蓮佛光成行佛
一　可レ停二止鎌倉中迎買一事

仰二奉行人等一、固可レ令レ加二制止一矣、

三九一 可停止立商人事

一　可レ停三止立商人一事

或徘二徊在家門戸一、或停三立往反路頭一、致二賣買一犯二姧詐一之輩、仰二保之奉行人一、自今以後、可レ制三止之一矣、

三九二 可令催勤鎌倉中諸保夜行事

拘原作希意改

一　可レ令レ催三勤鎌倉中諸保夜行一事

夜行者警衞止レ惡之要也、盜賊之族、恐レ之可レ拘、放火之類、憚レ之可レ止、然則仰二諸保奉行人等一、嚴重可レ令レ催三勤之一也矣、

三九三 可令禁斷人勾引并人賣事

此條宜參看三〇九條之據新追補

一　建長蓮佛光成行佛 可レ令レ禁三斷人勾引并人賣一事

件之輩等、任二本條一可レ被二斷罪一、且稱二人商一事二其業一之輩、鎌倉中并諸國市之間、多以有レ之云々、自今以後、於二鎌倉中一者、仰二保之奉行人一、隨レ注二申交名一、可レ被レ追二放之一、至二諸國一者、仰二守護地頭一、固可レ令レ科二斷之一矣、

三九四 可停止博奕事

放原作族、因原作固並意改

一　延應基政光蓮 可レ停三止博奕一事

盜賊放火之族、多以出來、因レ玆度々禁制殊以嚴重也、而猶有二違犯之輩一云々、仰二保奉行人并國々守護地頭等一、重可レ被レ加二禁遏一、但圍碁象碁者、非二制限一矣、

三九五 私出擧幷擧錢利分事

一　私出擧幷擧錢利分事

不下恐當有可
倍原作陪意改

於二出擧々錢利一者、不・レ過二一倍一之條、前々其沙汰畢、縱雖レ積二年紀一、不レ可レ令二加增一、縱雖レ令レ出二證文一、不レ可レ令二敍用一、若猶有二違犯之輩一者、就二訴訟一仰二奉行人一、可下被レ糺二返文書一、沒中收其物上矣、

三九六
鎌倉中橋修理并在家前々路掃除事

一　鎌倉中橋修理并在家前々路掃除事
仰二保之奉行人一、無二怠慢一、可レ致二其沙汰一、若有二懈怠一者、可レ被レ行二其科於奉行人一矣、

三九七
可禁制棄病者孤子等死屍等於路邊事

一　可レ禁三制棄二病者、孤子等、死屍等於路邊一事
病者、孤子等、令レ棄二路頭一之時、隨二見合一殊可レ加二禁制一、若又偷有下令二棄置一事上者、爲二保々奉行人之沙汰一、可レ令レ送二無常堂一、至二死屍并牛馬骨肉一者、可レ令レ取三棄之一、以二此等之趣一、可レ被レ仰二保奉行人等一也、
以前條々、固守二此旨一、自二來三月廿日一、可レ加二禁制一也、若有二違犯之輩一者、可レ被レ行二罪科一、又奉行人無沙汰不二注申一者、同可レ被レ處二其科一之狀如レ件、

廿恐當作卅
差出書原在日下意改

弘長元年二月廿日
(長時)武藏守平朝臣　判
(政村)相模守平朝臣　判

近條一四八—二〇八　新追六・一八・四五(但、第一・八・三〇條ノミ)　式追五・一三・二六(同上)　三抄(但、第一・一四・一六條ノミ)　近抄(但、第一條ノミ)　宣抄(但、第一九條ノミ)　枝抄(同上)　事紀　【參考】　鏡弘長元年二月廿日條、同廿五日條、同廿九日條

三九八　百姓臨時役事

一　百姓臨時役事

三九九(三六一ト同ジ)　修理替物事

一　修理替物事

四〇〇(三六二ト同ジ)　椀飯役事

一　椀飯役事

不レ可レ充二課百姓一、以二地頭得分一、可レ致二沙汰一之由、可レ被レ下二知在京人幷西國守護人地頭等一、有二違犯輩一者、可レ被二注申一之狀、依レ仰執達如レ件、

長原作安意改

弘長元年二月卅日 38

武藏守(長時)　判

充所缺

相模守(政村)　判

新追三一一・三一二・三一三

四〇一(三九八ト同ジ)　百姓臨時役事
四〇二　不可召仕百姓事
四〇三(三六一ト同ジ)　修理幷替物用途事
四〇四(三六二ト同ジ)　垸飯役事

今年三月九日六波羅殿御下知、幷所下被二副下一候上之同年二月卅日關東御敎書案、同四月一日到來、各寫案獻レ之候、如二御下知狀一者、條々、一百姓臨時役事、一不レ可レ召二仕百姓一事、一修理幷替物用途事、一垸飯役事、以前條々、去二月卅日關東御敎

書如レ此、任下被二仰下一之旨上、早可レ被レ相二觸豐前、肥前、筑前、對馬國々地頭等一也、若有二違背輩一者、可レ令レ注二進交名一之由、所下被二仰下一候上也、然者件條々事、守二御教書幷御下知狀一、可下令二存知一給上候、恐々謹言、

弘長元年
四月二日　少（資能）貳在判

靑方二郎殿

靑方文書一

四〇五 諸國盜賊事

諸國盜賊事、山賊海賊夜討强盜之類、守護地頭等可レ致二其沙汰一之子細、被レ載二式目一了、而無沙汰之由、依レ有二其聞一、不レ可レ見二隱聞隱一之旨、雖レ被レ召二起請文於御家人等一、猶以不二斷絶一云々、殊可レ加二懲肅一也、此上猶惡黨蜂起之由、有二其聞一者、云二守護一云二地頭一、可レ被レ改二易其職一之由、重所レ被二定置一也、早存二此旨一、可レ令レ相二觸肥前、筑前、豐前、對馬國中一之狀、依レ仰執達如レ件、

弘長元年三月廿二日　武藏守（長時）在御判
相模守（政村）在御判

大宰少貳殿（資能）

懲原作徵意改

四〇六　河内國橋島庄地頭代申名主百姓等沽却名々庄田由事

一　河内國橋嶋庄地頭代右衛門尉爲保申、名主百姓等、沽却有限名々庄田由之事、訴狀等副具書遣之、子細見狀、爲住人身、不令知地頭、田地賣買之條、事實者、所行之企、太無其謂、早尋明、糺返彼下地等、可被全所當公事也、且自今以後、可被停止公田沽却之狀、依仰執達如件、

弘長元年十二月廿七日　　相模守（政村）左京權大夫

陸奥左近大夫將監殿（時茂）

新追三六　近本七六

四〇七　自公家被召渡輩事

預以下原接續於事書據新追移

洛原作路據新追イ本改

也新追無

一　自公家被召渡輩事[39]

預人或以私計依預置縁者、還住本所、或任自由横行洛中之由、普有其聞、自今以後、可被停止其儀、且急令申沙汰、可被落居也、又爲召人之身相具數多從類等、令持刀劔云々、太不可然、早可令停止也、

四〇八　山僧請取寄沙汰事

一　山僧請取寄沙汰事

先度被誡仰下之處、近年無沙汰之間、狼藉過法之由風聞云々、直雖經訴訟、無沙汰哉、而如此濫吹、太不可然、如然之時者、云付沙汰之輩、云請取之致沙汰山僧、言上子細於公家、可被召下其身於關東也、

四〇九
武家不相交沙汰事
此條新追目錄註弘長二

一　武家不相交沙汰、自公家被仰下、於狼藉之條者、隨事躰可致其沙汰、

四一〇
籠置惡黨無沙汰所々事
此條新追目錄註弘長二五廿三

一　籠置惡黨無沙汰所々事
於地頭御家人等之領者、尋明子細、可注申、隨其左右、可有誡沙汰、又本所至拘惜件輩之地者、早可被注申、

四一一
西國堺事

一　西國堺事
於仁治以往成敗之地者、今更難被沒收之由、地頭御家人訴申之條、非無子細、仍可有沙汰、

四一二
好召仕惡黨輩事
此條新追目錄註同(弘長二五廿三)下二條亦同

一　好召仕惡黨輩事
爲狼藉之基、早可注申交名、殊可有其沙汰也、

四一三
惡黨跡事

一　惡黨跡事
如前々委細尋明、可注申、

四一四 召人逃失預人咎事
計新追作其

四一五 洛中屋地幷近國買地事
地下新追式追有者
此條下新追式追三抄
有後出日付充所差出
書、但三抄弘長作弘
安非

四一六 惡黨張本事
所原作訴據新追侍篇
改

同新追式追作判

一　召人逃失預人咎事
隨二罪科之輕重一、於二六波羅一可レ有二計沙汰一、

一　洛中屋地幷近國買地事
於二屋地一者、前々少々雖レ有二其沙汰一、自今以後、屋地及買地・共以沒官領之外、不レ可レ及二沙汰一、但於下帶二仁治以往成敗狀一之輩上者、准二西國堺事一、可レ有二其沙汰一、

一　惡黨張本事
殊於下乘二人口一之輩上者、隨二聞及一可レ召二進其身於關東一也、已前條々事書遣レ之、其間子細所レ被レ仰二含重家法師一也、可レ被レ存二其旨一者、所レ仰如レ件、

弘長二年五月廿三日
（長時）武藏守　判
（政村）相模守　同
（時茂）陸奥左近大夫將監殿

近本七七―八六　新追一四六・三〇・一四五・一一〇・一一一―一一三・三七・一一四（但、第五條缺）　式追二四（但、第九條ノミ）　侍篇四九―五四（但、第二・三・五・九條缺）　三抄（但、第九條ノミ）　齋民要術紙背文書

四一七　河手事

四一八　鷹狩流毒禁制

年次據弘長新制註

一　河手事　弘長二　七　一

承久以後、於二所々一致二新儀之煩一之由、有二風聞一、可レ停二止之一、

新追一九九　式追一一三

今年九月一日關東御教書今月十二日到來、寫案獻レ之、子細雖下見レ狀候上、やいかり、ならひにくるみのかわなかし、はしかみなかし、もさきをして江河の魚をとる事、かたく可二停止一之由被二仰下一候、然者守二御教書之狀一、御所領內の住人等にも加二下知一、一向可二停止給一候、恐々謹言、

（弘長三年）十一月十五日　少（資能）貳（花押）

武雄大宮司殿

武雄神社文書六

弘長三年九月十日丁亥、切錢事有二其沙汰一、近年多以出來之由有二其聞一、於二自今以後一者、用二切錢一事可レ停二止之一、存二此旨一普可レ令二下知一之由、被レ仰二左典廐等一云々、其狀云、

四一九
切錢事

切錢事
右、近年多出來之由有二其聞一、於二自今以後一者、用二切錢一事、可レ停二止之一、存二此旨一
普可レ令二下知一之状、依レ仰執達如レ件、
弘長三年九月十日　　武藏守(長時)
　　　　　　　　　　相模守(政村)
加賀前司殿(二階堂行頼)
鏡同日條

四二〇
諸國百姓苅取田稻跡蒔麥事
號田麥據式追補
充所同上缺

一　諸國百姓苅二取田稻一之後、其跡蒔レ麥、號二田麥一、領主等徵二取件麥之所當一云々、租稅之法、豈可レ然哉、自今以後、不レ可レ取二田麥之所當一、宜レ為二農民之依怙一、存二此旨一可レ令レ下二知備後、備前兩國御家人等一之状、依レ仰執達如レ件、
文永元年四月廿六日40　武藏守(長時)　判
　　　　　　　　　　　相模守(政村)　判
因幡前司殿(長井泰重)
新追二〇〇　式追一一四

四二一 鎌倉中諸堂供料事　事下新追式追註文永元
四二二 御分唐船事
四二三 東國沽酒事　事下新追註文永元
四二四 農時不可使百姓事
四二五 百姓臨時所濟事

条々41　文永元年四月日

一 鎌倉中諸堂供料事・
寺用未下之間、多致二無供之勤一云々、寺務并雜掌共以不法也、於二引付一糺二明子細一、早速可レ令二尋沙汰一、

一 御分唐船事
可レ被レ成二御教書於宰府一、自今已後、可レ被レ停二止之一、

一 東國沽酒事・
可レ仰二守護人并鎌倉地奉行一、費レ靡尤甚、永可二停止一、次近年多稱二土榼一運レ自二筑紫一、非レ無二其費一、同可レ停二止之一、

一 農時不レ可レ使二百姓一事
夏三ヶ月間、永私不レ可レ仕レ之、但領主等作田畠蠶養事、爲二先例之定役一者、今更不レ可レ有二相違一、

一 百姓臨時所濟事
有レ限所當之外、臨時徵下事、永可レ停二止之一、

近本八七―九一　新追一五・二六四・二一五（但、第一・二・三條ノミ、第四・五條ハ次ニ重出）　式追一二（但、第一條ノミ、第

四・五條〈次ニ重出〉 事紀

四二六（四二四ト同ジ）
農時不可使百姓事

定役式追作役法

四二七（四二五ト同ジ）
可止百姓臨時所濟事

一 農時不ㇾ可ㇾ使二百姓一事 文永元
夏三ヶ月間、私不ㇾ可ㇾ仕ㇾ之、但、領主等作田畠蠶養事、爲二先例之定役一者、今更不ㇾ可ㇾ有二相違一、

一 可ㇾ止二百姓臨時所濟一事
有ㇾ限所當之外、臨時徵下事、永可ㇾ停二止之一、
以前兩條、存二此旨一、可ㇾ令ㇾ相二觸其國御家人等一之狀、依ㇾ仰執達如ㇾ件、

文永元年四月十二日
武藏守（長時） 判
相模守（政村） 判

某諸國守護人

新追二一六・二一七 式追二二二・二二三

文永二年三月五日甲戌、鎌倉中被ㇾ止二散在町屋等一、被ㇾ免二九ヶ所一、又掘二上家前大路一造ㇾ屋、同被ㇾ停二止之一、且可ㇾ相二觸保々一之旨、今日、所ㇾ被ㇾ仰二付于地奉行人小

野澤左近大夫入道一也、

四二八 町御免所之事 之恐當作々

町御免所之事

一所大町　一所小町　一所魚町　一所穀町　一所武藏大路下　一所須地賀江橋　一所大倉辻

鏡同日條

四二九 重事直斷事

文永三年三月六日、止二三方引付一、重事直聽斷、細事被レ仰二付問注所一畢、

鎌記文永三年　〔參考〕　鏡文永三年三月六日條

四三〇・四三一 諸人訴論事條々

文永三年三月十三日丙午、（中略）又就二諸人訴論事一、有二被レ定之篇目等一、所謂、

一　御評定日々當參奏事

兼日可レ被レ付二名目於勘解由判官（太田康有）一、

一　事書事

御評定之後、執筆之仁、令レ進二草案事書一者、被レ加二一見一、理致无二相違一者、可レ被レ付二對馬前司（三善倫長）一也、

四三二　鷹狩事

供上鏡有右縱鏡在領下

狩原作時據鏡改、新追式追無

判、同並鏡無

某以下七字據鏡補

條々諸本無　年次近條貞式新追式追無、成追又本貞本運本在四三三條事書下、但定字無

廿六成追又本作十六、同イ本貞本運本作廿三

四三三　以所領入質券令賣買事

以上貞式註新式目

一　鷹狩事

供祭之外禁制先畢、仍縱雖レ備二于供祭一、非二其社領一、雖レ爲二其社領一、非二其社官一者、一切不レ可レ仕レ狩之由、可レ令レ相二觸其國中一、若有二違犯之輩一者、慥可レ注二申交名一之狀、依レ仰執達如レ件、

文永三年三月廿八日　相模守(時宗)判

左京權大夫(政村)同

某殿守護人云々

近本九二　新追一六二　式追八八　鏡文永三年三月廿八日條　事紀

條々　文永四年十二月廿六日評定

一　以二所領一入二質券一令二賣買一事

右、御家人等、以二所領一或入二質券一、或令二賣買一之條、爲二侘傺之基一歟、自今以後、不レ論二御恩私領一、一向停二止沽却并入流之儀一、可レ令レ辨二償本物一也、但非御家人之輩

事據新追成追又本補

四三四
以所領和與他人事

被棄破　近條貞式成追又本貞本運本無
事書下　新追式追註文永七五九臨時評式追イ本註文曆非、宜參看四四四條
謂　成追又本運本作論
彼、也　並成追又本無
焉　貞本運本無
以以下三行　近條貞式無
以以下十六字　原大書、據成追又本改
以以下五字　新追式追無
爲以下十九字　新追式追在四三三條事書下、宜參看四四四條
充所　新追式追成追又本無

四三五
離別妻妾知行前夫所領事

年次　諸本缺
返　新追近本作還
歟　式追宣抄無恐非
早　近本無
及　近本近條無
同　貞本運本京本無

事、被レ載二延應制一之間、不レ及二子細一歟、

一　以二所領一和二與他人一事〈被棄破〉

右、閣二子孫一讓二他人一之條、結構之趣、甚非二正義一、不レ謂二御恩私領一、向後可レ被レ召二彼和與之地一也、但以二一族幷傍輩子息一、年來令二收養一者、非二制之限一焉、

以上二箇條、爲二御沙汰煩一之間、被二棄破一畢、文永七五九臨時評

(時茂)陸奥守殿
(時輔)相模式部大夫殿

近本九三・九四　近條六七・六八　貞式二四・二五　新追六五・三四五　式追三八・一七七　成追又本二一・二二　貞本二三　運本二三　京本二三・二四　敦注　蘆抄　三抄(但、第一條ノミ)　近抄(但、同上)

一　離別妻妾知二行前夫所領一事　文永四　十二　廿六

右、有レ功無レ過之妻妾、雖レ被二離別一、前夫不レ能レ悔下レ返所二讓與一所領上之由、被レ載二式目一畢、而離別之後、嫁二于他夫一、猶知二行彼所領一之條、爲二不義一歟、自今以後、於レ嫁二他夫一者、早可レ被レ召下上所二讓得一所領上也、次非御家人之輩女子、幷傀儡子、白拍子、及凡卑女等、誘二取夫所領一、令二知行一者、同可レ被レ召レ之、但爲二後家一有二貞

矣近本近條無

四三六 蒙古國事 事書武篷無

七原イ本作九
武篷守下有平朝臣、
大下有源朝臣並非

充所原イ本缺

四三七 見質事
取原作有據新追改
年次據同上補

四三八 本銭返幷本銭不返及年作等事

節二者、非二制之限一矣、

成追二四　新追三三二　式追一六五　近本九五　近條六九　貞式二六　貞本二四　運本二四　京本二五　蘆抄
敦注　宣抄　枝抄　三抄

一　蒙古國事

蒙古人挿二凶心一、可レ伺二本朝一之由、近日所レ進二牒使一也、早可二用心一之旨、可レ被レ相二觸讃岐國御家人等一状、依レ仰執達如レ件、

文永五年二月廿七日　相模守（時宗）

左京權大夫（政村）

駿河守（北條有時?）殿

新式一三〇　武篷

條々42

一　見質事

不レ可レ取二利分一、可レ辨二本物一也、　文永五　七　一評

一　本錢返幷本錢不返及年作等事

不レ論二年紀遠近一、以二本錢一可二請取一也、

四三九 永年買地事付質券所取流所領事
事下新追式追註文永
四十二廿六評

一　永年買地事付、質券所二取流一所領事
於下賜二御下知及御下文一所々上者、不レ論二年紀遠近一、可レ停三止本主濫妨一、不レ帶二御下文等一所々者、廿ケ年以後、辨二本物直一、可二請取一歟、

四四〇 雖爲本所進止領御家人知行所々事
也新追無

一　雖レ爲二本所進止領一、御家人知行所々事
於二前々御口入分限所々一者、可レ有二御成敗一也、

近本一〇〇—一〇三　新追六七・四七・三四・二〇九　式追二七・二二(但、第二・四條ノミ)　三抄(但、第三條ノミ)

四四一（四三九・四四〇ト同ジ） 賣買質券所領事
年次近條作元亨恐非
評定建追無
右近本建追無
汰下近本近條貞式有
次恐非
本以下建追無
也近條作之
依同上作隨

一　賣買質券所領事　文永五　七　四評定
右、給二御下文一者、不レ及二子細一、雖レ不レ給二御下文一、過二廿ケ年一者、不レ及二沙汰一、本物事先可二糺返一也、次本所進止所職事、依二其所事一、御家人等致二訴訟一之時、於二六波羅一令二執沙汰一分限、有二定准一歟、可レ依二其左右一也、

新追六六　近本九六　近條七〇　貞式二七　建追一六〇　三抄　近抄

四四二 質券田地同作毛事

一　質券田地同作毛事　文永五　八　十評定　時(宗)政(村)御代

田近條無
文永新追式追作永仁
恐非
或上同上有右
或據諸本補
所原作押據諸本改
是諸本作此
甚貞式新追式追作太
至下諸本有件恐是
亦諸本作又
前慶本無恐是
止諸本作退

或不㆑辨㆓本錢㆒之以前、押㆓作所領㆒、或雖㆑辨㆓本物㆒、不㆑請㆓取之㆒、令㆓領作㆒云々、云㆑彼云㆑是甚無道也、然者本主雖㆑押㆓作之㆒、不㆑辨㆓本物㆒之以前者、至㆓作毛㆒者、可㆑爲㆓錢主之進止㆒、亦前錢主雖㆑耕㆓作之㆒、辨㆓本物㆒之後者、於㆓作毛㆒者、可㆑爲㆓本主進止㆒也、

近本一〇四　近條七一　貞式二八　新追七三　式追四一　慶本

首行新追無、時以下
四字貞式無

四四三　以所領入質券令賣買事

以上新追有一次條同

四四四　以所領和與他人事

右二貞式作以上兩三
判據新追貞式補
番上恐當有一

一　文永四年式目三ヶ條内　時（宗）・政（村）御代

以㆓所領㆒入㆓質券㆒令㆓賣買㆒事

以㆓所領㆒和㆓與他人㆒事

右二ヶ條被㆓棄破㆒畢、早可㆑被㆑存㆓其旨㆒之狀、依㆑仰執達如㆑件、

文永七年五月九日

相模守（時宗）判
左京權大夫（政村）判

尾張前司（北條時章）入道殿・番頭人、遣㆓五方頭人㆒狀同㆑之

近本一〇五・一〇六　近條六八・六九　新追六八・六九　貞式二九　三抄　近抄

四四五　國々狼藉事

判近本無

一　國々狼藉事、近年於二本所一圓庄園一、雖レ致二鬪諍合戰一、不レ能二禁制一之間、任二雅意一結二構狼藉一之由、有二其聞一、早申二入子細於本所一、可レ加二炳誡一也者、依レ仰執達如レ件、

文永七年八月廿九日　相模守（時宗）判

左京權大夫（政村）判

相模式部大夫殿（時輔）

新追二二五　近本一〇八

四四六　自寬元々年至康元々年御成敗事

八近本作々
矣同上作焉

一　自二寬元々年一至二康元々年一御成敗事　文永八・八・十評

右、於二自今以後一者、准二三代將軍幷二位家御成敗一、不レ及二改沙汰一矣、

成追二五　貞本二五　運本二五　京本二六　近本一二四　廬抄　敦注　鎌記文永八年

四四七　筑前肥前兩國要害警固事

筑前肥前兩國要害守護事、東國人々下向之程、至二來三月晦日一、相二催奉行國々御家人一、可二警固一之由、關東御教書到來、仍且請二取役所一、且爲レ差二置御家人一、御代官等已打越候畢、不日相二尋于彼仁一、無二懈怠一可下令二勤仕一給上也、恐々謹言、

文永九年
二月朔日　　　　　　　　　　　　　　　　　　(大友)頼泰（花押）

野上太郎殿

野上文書

四四八
蒙御勘當時追討使外馳向輩事

不新追無

九同上作元非
一慶本作二
判據新追補

一　自今以後、有下蒙二御勘當一輩上之時、追討使蒙レ仰不二相向一之外、無二左右一於二馳向之輩一者、可レ被レ處二重科一之由、普可下令レ相二觸御家人等一給上之状、依レ仰執達如レ件、

文永九年二月十一日　　　　　　　　　　(政村)左京權大夫　判

謹上　(時宗)相模守殿

近本一〇九　新追一四七　慶本

四四九
諸國田文事

一當衍、宜參看補註

諸國田文事、爲レ支二配公事一、被レ召二置之處、令二欠失一云々、駿河、伊豆、武藏、若狹、美作國等文書、早速可レ被二調進一、且神社佛寺庄公領等、云二田畠之員數一、云二領主之交名一、分明可下令二注申一給上者、依レ仰執達如レ件、

文永九年十一月[43]廿日　　　　　　　　(政村)左京權大夫在御判

四五〇（四四九ト同ジ）
諸國田文事

四五一
他人和與領事
與下近本有所
累年同上作年來
也同上無

謹上　（時宗）相模守殿

東寺百合文書ア十三至二十

諸國田文事、爲レ支二配公事一、被二召置一之處、令二缺失一云々、安藝國文書、早速可レ令二調進一、且神社佛寺庄公領等、云二田畠員數一、云二領主之交名一、分明可レ被二注申一也者、依レ仰執達如レ件、

文永九年十月廿日　相模守（時宗）判
左京權大夫（政村）判

武田五郎次郎（信時）殿

萩藩閥閲録五八

一　他人和與・領事　文永九　十二　十一評

以二御恩之地一、和二與他人一之條、兩方同心之趣、非レ無二不審一、所詮被レ尋二究其由緒一之時、或爲レ報二累年之芳心一、或爲レ謝二當時之懇志一、兼日契約之條、無二其隱一者、不レ及二子細一、若親昵之儀、無レ所レ據者、可レ被レ召二和與地一也、且存二此趣一、可レ申二沙汰一

之由、可レ相二觸五方引付頭人一之旨、可レ被レ仰二城介(安達泰盛)一歟、

新追三四六　式追一七八(但、缺文アリ)　近本一〇七(同上)　宣抄　枝抄　三抄

四五二　質券所領事

十七近本無恐非

御同上無
改據同上補

一　質券所領事　文永十・七・十二評定

今日以前分事、不レ論二質券見質一、雖レ不レ辨二本錢一、止二錢主之沙汰一、本主可レ全二領知一也、被レ成二御下文一者、不レ及二改沙汰一、但正嘉元年以來御下文者、就二理非一致二越訴一之條、非二制之限一、入質之地者、今年中以後、可レ令レ返レ之、

新追七〇　近本一二五

四五三　奉行人等清撰事

一　奉行人等清撰事

條々　文永十年七　十二評　時(宗)―
義政―御代

引付中事、引付衆奉行人之曲直、頭人加二廉察一、可レ令二申沙汰一、

四五四　問狀御教書事

一　問狀御教書事

引付直可二賦取一、訴狀引付目錄、奉行人參會可レ令レ取也、

四五五　召符事

此條本文缺

一　召符事

四五六 末處分所領相論配分事

也新追式追作之
御據同上補
可付、安堵奉行、于、
並據同上補

四五七 諸人訴訟事

四五八 本御家人并地頭補任所々質券賣買所々等注進事

云意補

一　末處分所領相論配分事

云二相論是非一、云二得分多少一、始終於二引付一可レ有二沙汰一、其訴狀等者、安堵奉行人可レ賦也、同御下文施行事、以二配分狀一可レ付二安堵奉行人一、御下文被二成下一者、安堵奉行可レ下二于給人一、

一　諸人訴訟事

早速可レ有二其沙汰一之由、可レ被レ仰二諸方奉行人一、

以上五ヶ條被レ仰二出之一、

近本一一九―一二三　事紀　新追三三九(但、第四條ノミ)　式追一七一(同上)

今年八月三日　關東御教書、今日十六日到來、寫案獻レ之、如レ狀者、豐前、筑前、肥前、壹岐、對馬國國御家人等事、或本御家人并地頭補任所々　或給二御下知一知行之輩、及就二質券賣買之由緒一、被レ成二安堵一之族、云二其所名字分限一、云二領主之交名一、且紏二明所帯御下文御下知一、且不レ漏二一所一、平均可レ令二注進一之由、所下被二仰下一候上也、然者隨二身所帯證文一、可レ被二上府一候、任二　御教書之狀一、紏二明子細一、可レ令二注進上一候、更不レ可レ有二遲怠之儀一候也、恐々謹言、

（文永十年）十一月十六日　　沙彌（少貳資能）（花押）

山代孫三郎殿

松浦文書一

四五九（四五八ト同ジ）質券賣買所々注進事

當國（安藝）田文事、神社佛寺庄公領等、云二田畠員數一、云二領主之交名一、分明可レ注二申一之由、文永九年十月廿日關東御教書案如レ此、幷質券賣買所々、云二所名字分限一、云二領主交名一、可レ注二申一之旨、去年八月三日同被レ下二御教書一候、所詮任下被二仰下一之旨上、云レ彼云レ此、早速可レ被二注申一候、仍執達如レ件、

文永十一年正月八日　　源（武田信時？）御判

長田郷地頭殿

萩藩閥閱錄五八

四六〇　國々惡黨事

今年八月三日　關東御教書、今日十六日到來、寫案獻レ之、如レ狀者、國々惡黨事、守護人致二緩怠一、御家人等籠之間、不二斷絕一云々、早豐前、筑前、肥前、壹岐、對馬等國々、可レ令二警固一也、此上猶蜂起之由、有二其聞一者、云二守護一、云二御家人一、可レ被

レ改二所職一也、且存二其旨一、且可レ令レ觸二國中一之由、所下被二仰下一候上也、然者早任二御教書狀一、不レ可レ被レ籠二置惡黨於所領内一候、且犯科人令二見在一候者、即時可レ被レ召二渡其身一候、此上猶被二違犯一候者、可レ令レ注二進-言-上子細於 關東一候、恐々謹言、

(文永十年)十一月十六日　　(少貳資能)沙彌(花押)

大島彌次郎殿

來島文書

四六一 他人和與領事
領　貞本運本京本無
年次　新追三四四條近本貞本運本無成追作同日
非　地成追イ本宣抄作狀
但　貞本京本作又
兄　上同上有爲
收　新追近本作取

一　他人和與領事　　文永十一　六　一評

右、閣二子孫一讓二他人一之條、結構之趣、非レ無二奸略一、不レ謂二御恩私領一、向後可レ被レ召二彼和與地一也、但・兄弟叔姪之近類者、非二禁制之限一、又雖レ爲二傍官并遠類之子息一、年來爲二猶子一令二收養一者、不レ及二子細一矣、

式追一七六　新追三四四・三四七(重出)　成追二七　近本一二　貞本二六　運本二六　京本二七　蘆抄　敦注
宣抄　枝抄　三抄　近抄　事紀

四六二
依當知行仁罪科被召所領事
年次近本作同日
其運本京本無恐非
可下近本有令

一　依當知行仁罪科被召所領事　文永十一　六　一

右、一期知行之輩、依罪科被召所領之間、未來之領主、雖無其誤、永侘傺之條、爲不便歟、若繼母兄弟幷他人等、爲一期之領主、有罪科、被召彼所領之時者、可充給向後之領主、但祖父母父母之後、子孫可知行之所者、雖爲一期知行之仁罪科、可被收公也、

成追二六　近本一一三　貞本二七　運本二七　京本二八　蘆抄　數注　事紀

四六三
蒙古人禦戰事
岐原作伎意改
依原作仍意改

蒙古人襲來對馬壹岐、既致合戰之由、覺惠（少貳資能）所注申也、早來廿日以前、下向安藝、彼凶徒寄來者、相催國中地頭御家人幷本所領家一圓地之住人等、可令禦戰、更不可有緩怠之狀、依仰執達如件、

文永十一年十一月一日

武藏守（義政）在判
相模守（時宗）在判

武田五郎次郎（信時）殿

東寺百合文書ヨ一至十二

四六四　蒙古人防禦事

蒙古人襲二來對馬壹岐一、致二合戰　之間、所レ被レ差二遣軍兵一也、且九國住人等、其身縦雖レ不二御家人一、有下致二軍功一之輩上者、可レ被二抽賞一之由、普可レ令二告知一之状、依レ仰執達如レ件、

文永十一年十一月一日

武藏守（義政）在判

相模守（時宗）同

大友兵庫頭入道殿[44]

大友文書一

四六五　蒙古警固結番事

蒙古警固結番事、以二使者民部次郎兵衛尉國茂一、令レ啓候、被二聞食一候て、可下令二披露一給上候、恐々謹言、

（文永十二年）
二月四日　大宰少貳經資在判

進上　竹井又太郎殿

蒙古警固結番事

春三ヶ月　筑前國
　　　　　肥後國

夏三ヶ月　肥前國
　　　　　豐前國

秋三ヶ月　豊後國
　　　　　筑後國

冬三ヶ月　日向國
　　　　　大隅國
　　　　　薩摩國

文永十二年二月日

比志島文書一

四六六
長門國警固事

安原作案意改

長門國警固事、御家人不足之由、信乃判官入道行一（二階堂行忠）令レ言上一之間、所レ被レ寄二周防、安藝一也、異賊襲來之時者、早三ヶ國相共、可レ令レ禦戰一之状、依レ仰執達如レ件、

建治元年五月十二日　武藏守（義政）在判
　　　　　　　　　　相模守（時宗）在判

武田五郎次郎（信時）殿

東寺百合文書ヨ一至十二

四六七
長門國警固事

長門國警固事、無勢之由、被レ聞二食一之間、所レ被レ寄二周防、安藝、備後一也、且四箇國結番、警二固要害之地一、且異賊襲來者、相共可レ令二防戰一之状、依レ仰執達如レ件、

建治元年五月廿日　　　　武藏守(義政)在判
　　　　　　　　　　　　相模守(時宗)在判

武田五郎(信時)二郎殿

東寺百合文書ゐ四十一―五十一

四六八
蒙古牒使來着時事

守意補

蒙古牒使來二着長門國一之時、地頭御家人護二催促一所々事、甚無二其謂一、可レ辨二申所存一之由、可レ令二相觸一之狀、依レ仰執達如レ件、

建治元年六月十八日　　　　武藏守(義政)在判
　　　　　　　　　　　　　相模守(時宗)在判

武田五郎(信時)二郎殿御方

東寺百合文書ゐ四十一―五十一

四六九
西國新關河手等事

西國新關河手等事、可二停止一之由、先日被二下知一之處、有二違犯所一云々、甚猛惡也、重可レ被二下知一之狀、依レ仰執達如レ件、

建治元年六月廿日　　　　武藏守(義政)御判

相模守(時宗)御判

陸奥左近大夫將監殿(義宗)

菅浦文書二

四七〇　異賊襲來可致忠節事

異賊去年襲來之時、或臨二戰場一不二進闘一、或稱レ守二當境一不二馳向一之輩、多有二其聞一、甚招二不忠之科一歟、向後若不レ致二忠節一者、随レ令二注申一、可レ被レ行二罪科一也、以二此旨一普可レ令レ相二觸御家人等一之状、依レ仰執達如レ件、

建治元年七月十七日

武藏守(義政)在判

相模守(時宗)同

大友兵庫頭入道[45]殿

大友文書一

四七一　門司赤間以下所々關手事

門司赤間以下所々關手事、皆悉可二停止一之由、可レ被二下知一之状、依レ仰執達如レ件、

建治元年九月廿七日

武藏守(義政)御判

相模守(時宗)御判

陸奥(義宗)左近大夫將監殿

菅浦文書二

四七二
諸人越訴事

一　諸人越訴事（建治元年十月以前）46

右、越後守(北條實時)并秋田城介(安達泰盛)奉行之時、被二棄置一之輩、永不レ可レ有二其沙汰一之由、先年被レ定畢、而申二給御書下一之族、有二其沙汰一之間、自二五番引付一、以二尚持光行等一、被レ申二入子細一之處、件書下者所二掠給一也、自今已後、可レ令二停止一之旨、被二仰出一畢、

甲斐國小原庄事沙汰之時、有二此沙汰一云々、

近本一二

四七三
異國征伐用意事

明年三月比、可レ被レ征二伐異國一也、梶取水手等、鎮西若令二不足一者、可レ省二充山陰山陽南海道等一之由、被レ仰二大宰少貳經資一了、仰二安藝國海邊知行之地頭御家人、本所一圓地等一、兼日催二儲梶取水手等一、經資令二相觸一者、守二彼配分之員數一、早速可レ令レ送二遣博多一也者、依レ仰執達如レ件、

建治元年十二月八日　　　　武藏守(義政)

相模守（時宗）在判

武田五郎次郎殿（信時）

東寺百合文書ア六十三―七十

四七四・四七五　異國發向用意條々

異國發向用意條々

一　所領分限、領内大小船呂數、并水手梶取交名年齢、可㆑被㆓注申㆒、兼又以㆓來月中旬㆒、送㆓付博多津㆒之様、可㆓相構㆒事、

一　渡㆓異國㆒之時、可㆓相具㆒上下人數年齢、兵具、固可㆑被㆓注申㆒事

以前條々、且致㆓其用意㆒、且今月廿日以前、可㆘令㆓注申㆒給㆖、若及㆓遁避㆒者、可㆑被㆑行㆓重科㆒之由、其沙汰候也、仍執達如㆑件、

建治二年三月五日　前出羽守（大友頼泰）（花押）

野上太郎殿

諸家文書纂十　野上文書

四七六　醫陰兩道輩棄本道爲御家人養子知行御領事

一　醫陰兩道輩、棄㆓本道㆒、爲㆓御家人養子㆒、知㆓行御領㆒事

道陵遲之基也、自今以後、可レ令二停止一也、
建治二年七月七日評定、奉行人嶋田民部五郎、依二稲荷神主宗木工助孫子俊繼事一、有二此儀一、俊繼爲二横尾次郎兵衛尉俊重養子一、傳二領俊重跡一云々、

近本一一四　新追三三七　式追一六九　事紀

令新追式追無
也同上作之
七同上作二
定、人並同上無
五郎同上作丞
年次及奉行名同上在
前行末尾爲細註
云々同上作之間有此
制

四七七 異國用心事

異國用心事、以二山陽南海道勢一、可レ被三警二固長門國一也、於二地頭補任之地一者、來十月中、可レ差二遣子息一之由、被二仰下一畢、早催二具安藝國地頭御家人并本所一圓之地住人等一、可レ令レ警二固長門國一之状、依レ仰執達如レ件、

建治二年八月廿四日　武藏守（義政）
相模守（時宗）在判

武田五郎次郎（信時）殿

東寺百合文書リ六十一―七十二

四七八 諸人官途事

建治三年六月十六日（中略）諸人官途事、自今以後罷二評定之儀一、准二御恩沙汰一、直被二聞食一、内々可レ有二御計一之由被レ定了、且前々名國司御免之時、諸大夫者不レ及二成功

沙汰﹄、侍者進﹂成功﹂之條、御沙汰之趣不﹂一准﹄歟、爲﹂被﹂全﹂公益﹄、向後者不﹂論﹂諸大夫侍﹄、平均可﹂被﹂召﹂功要﹄之由、同被﹂定了、

建治三年記

四七九 兵粮料所幷在京武士拜領所々事

建治三年十月廿五日、晴、御寄合山内殿、孔子一二
相大守（時宗） 康有（太田） 業連（佐藤） 頼綱（平）
京都本所領家等被﹂申兵粮料所幷在京武士拜領所々、可﹂被﹂返付﹂之由事、有﹂御沙汰﹄、中書（業連）申﹂之

建治三年記

四八〇 鎌倉中御願寺事

一 鎌倉中御願寺事　弘安元　三　八評
校﹁量寺用之分限﹄、可﹂分﹁付下地﹄也、

新追一六三　式追八九

四八一 石清水放生會以前殺生禁斷事

一 石清水放生會以前殺生禁斷事

鵜原作鵜據近本改

技同上作伎

四八二（四八一ノ施行）石清水放生會以前殺生禁斷事

判近本無

左辨官下　五畿內諸國

右、左大臣（二條師忠）宣、奉レ勅、漁獵鷹鵜之制者、格符前後之誡、而愚怯之民、偏背二嚴制一、放逸之輩、剰爲二技藝一、匪二啻身後之罪因一、殆多二眼前之感報一、云レ彼云レ是、可レ懺可レ禁、就中、放生會以前、自二八月一日一至二于十五日一、專爲二每年例事一、下二知京畿諸國一、殊加二禁遏之施行一、須レ全二飛沈之生命一、若令二違犯一者、慥仰二所部官司一、任レ法禁斷、但於二神社有レ限供祭一者、不レ在二制限一矣、

弘安二年十二月十五日　大史小槻宿禰（有家）　判

權右中辨平朝臣（忠世）

新追四　式追三　近本一一六

一　石清水放生會以前殺生禁斷事　官符案如レ此、早守二符旨一可二施行一之由、可レ被レ下二知河內、攝津、信濃、紀伊、日向國地頭御家人等一之狀、依レ仰執達如レ件、

弘安三年七月廿三日　相模守（時宗）　判

陸奥彥三郎殿（諸國守護人同前）

新追五　式追四　近本一一七

四八三
鎭西警固事

鎭西警固事、蒙古異賊等、明年四月中可襲來云々、早向役所、嚴密可致用心、近年守護御家人、或依所務之相論、或就檢斷之沙汰、多以不和之間、無用心儀之由、有其聞、挿自身之宿意、不顧天下大難之條、甚不忠也、御家人已下軍兵等者、隨守護命、可致防戰之忠、守護人亦不論親疎、注進忠否、可申行賞罰也、相互於背仰者、永可被處不忠之重科、以此旨、可相觸國中之狀、依仰執達如件、

弘安三年十二月八日　　相模守(時宗)在判

大友兵庫頭入道殿[47]

大友文書

四八四
諸人訴訟事

人近條貞式作事恐非事書下近條註弘安四四廿三評錄原作六據近條貞式改

有據貞式補

一　諸人訴訟事

頭人掌目錄、糺年紀可有申沙汰、

次訴陳狀、縱雖爲大事、不可過三問答、

次遁避之輩、禁忌之由、雖令自稱、不申證據者、御沙汰不可有延引也、

以以下廿一字近條貞式無

以前三ヶ條弘安四年卯月廿三日、御評定被㆓仰出㆒了、

近本一一五　近條七三　貞式三〇　事紀

四八五
津料河手事

先以下恐當接續於事書
取新追作領
於同上作出恐非
至原作致據同上改

一　津料河手事

先年被㆑留畢、而近年所々地頭等、押取之間、爲㆓諸人之煩㆒云々、於㆑帶㆓御下知㆒者、不㆑及㆓子細㆒、其外至㆓押取之輩㆒者、可㆑令㆓停止㆒、若違犯者、可㆑有㆓其科㆒之由、可㆑令㆑相㆓觸其國中㆒、猶以不㆓承引㆒者、可㆑令㆑注㆓進交名㆒之狀、依㆑仰執達如㆑件、

弘安四年四月廿四日　相模守（時宗）　判

某殿守護人事也

式追一一五　新追二〇一

四八六―四八九
異國警固條々

條々

一　賊船事、雖㆑令㆓退散㆒、任㆓自由㆒不㆑可㆑有㆓上洛遠行㆒、若有㆓殊急用㆒者、申㆓子細㆒可㆑被㆑隨㆓左右㆒矣、

一　異國降人等事、各令㆓預置㆒給分、沙汰未斷之間、津泊往來船、不㆑謂㆓晝夜㆒、不㆑論㆓

四九〇
恆例臨時公事間事
御內近條缺
納原作內據同上改

大小一、每度加二檢見一、如レ然之輩、輙浮二海上一不レ可レ出レ國、云二海人漁船一、云二陸地分一、
同可レ有二其用意一矣、
一　從二他國一始來入異國人等事、可レ加二制止一矣、
一　要害修固并番役事、如二日來一無二懈怠一可レ被二勤仕一候矣、
條々及二緩怠之儀一者、定後悔候歟、仍執達如レ件、
弘安四年九月十六日　　左近將監（大友親時）（花押）
野上太郎殿
諸家文書纂十　野上文書

御判有レ之
御內48
一　恆例臨時公事間事、或就二政所一、或定二頭人一、被二仰下一之處、給主并寄子等、稱レ令二
對捍一、不レ遣二其道一之條無レ謂、然者頭人并政所先致二沙汰一、可レ注二申子細一、寄子并
給主等、背二彼催促一、致二自由對捍一者、隨二公事之躰一、可レ被レ付二寄子所帶於頭人一、次
政所經二公用一事、於二別納之地一者、可レ被レ落二例郷一、至二例郷一者、可レ付二政所一、但
以二不實一於二注申一者、政所頭人可レ有二其咎一之狀如レ件、

四九一―五二八
新御式目條々
首行近條貞式作條々
同上イ本作新式目
弘以下九字諸本無
舊下近條貞式有可恐
非
被同上無
祈下同上有禱
被同上無
問同上作文
條下同上有每日
申次同上無
事下同上有々
第七條次同上有第十八條御領云々事

弘安六年四月　日

貞式三一　近條七四

新御式目

弘安七五廿　卅八ヶ條

一　寺社領如レ舊・被ニ沙汰付一、被レ專ニ神事佛事一、被レ止ニ新造寺社一、可レ被レ加ニ古寺社修理一事

一　御祈・事、被レ撰ニ器量仁一、被レ減ニ人數一、如法被ニ勤行一、供料無ニ懈怠一可レ被ニ下行一事

一　可レ有ニ御學問一事

一　武道不レ廢之樣、可レ被レ懸ニ御意一事

一　內談三箇條・可レ被ニ聞食一事、

一　被レ定ニ申次番衆一、諸人參上之時急申入、可レ然人々、可レ有ニ御對面一、其外可レ有ニ御返一事・

一　殿中人々、每日可レ有ニ見參一事

一　可レ被レ止ニ僧女口入一事

也同上作之

第十五條貞式缺
人近條無

知食近條貞式作鎌倉
中恐非
行下同上有人
公、々據同上補
第十八條同上在第七
條次
御同上無
條々公方據同上補

致沙汰貞式作被沙汰
付或是
被宜抄無
被以下十字同上作行
國分寺一一宮祭
第廿一條次近條貞式
有第廿五條

一　每物可㆑被㆑用㆓眞實之儉約㆒事

一　殿中人禮儀禮法、可㆑被㆑直事

一　在京人并四方發遣人々進物、一向可㆑被㆓停止㆒也、
其外人々進物、可㆑被㆑止㆓過分㆒事

一　可㆑被㆑止㆓雜掌㆒事

一　可㆑被㆑止㆓造作過分㆒事

一　御行始、御方違之外、人々許入御、可㆑有㆓猶豫㆒事

一　依㆓諸人沙汰事㆒、殿中人、不㆑可㆑遣㆓使者於奉行人許㆒事

一　知㆓食奉行・廉直㆒、可㆑被㆓召仕㆒事

一　可㆑被㆑止㆓臨時公事㆒々

一　御領御年貢、每年被㆑遂㆓結解㆒、可㆑被㆑全㆓御得分㆒事
條々公方

一　九國社領止㆓甲乙人賣買㆒、如㆑舊可㆑致㆓沙汰㆒事

一　自今以後、被㆑止㆓新造寺社㆒、可㆑被㆑興㆓行諸國々分寺一宮㆒事

一　可㆑被㆑行㆓儉約㆒事

隨原作雖、巡恩原作近國、恩勞原作地頭並據同上改

一 闕所隨二出來一、所領替、巡恩、舊恩勞、可レ有二御恩一事

一 越訴事、可レ被レ定二奉行人一事

成同上作載恐非

一 鎮西九國名主、可レ被レ成二御下文一事

第廿五條同上在第廿一條次

人下同上有々

一 在京人幷四方發遣人・所領年貢、可レ有二御免一事

御同上無

貢下同上有事

一 御年貢・定二日限一可二徵納一、若過二期日一者、可レ被レ召二所領一事

一 臨時公事、不レ可レ被レ充二御家人一事

被同上無

一 可レ被レ止二大御厩一事

一 出羽陸奥外、東國御牧可レ被レ止事

一 路次送夫可レ被レ止事

墝上同上有御

日同上作具

一 ・墝飯三日之外、可レ被レ止事

第卅二條與次條同上顚倒

一 御評定初五日、直垂折烏帽子

一 御的七日、直垂立烏帽子

一 屏風、障子繪、可レ被レ止事

一 衣裳繪可レ被レ止事

者並同上無

一 御所女房上﨟者二衣、下﨟者薄衣

於同上無
可下同上有被
者下同上有并
凡下者同上無

一　贊殿御菜於二浦々所々一、不レ可レ取事

一　念佛者、遁世者、凡下者、鎌倉中騎馬可レ被レ止事

新式一―三八　近條九四―一三三（但、重出二ヶ條）　貞式四八―六八　近本二六三―三〇〇　宣抄（但、第二〇條ノミ）　校抄（同上）　三抄（同上）　近抄（同上）

五二九
關東御領事

作貞式新追イ本作地

一　關東御領事、非御家人并凡下之仁、或稱二相傳一號二請所一、或帶二沽券質券等一、多以領作之由、有二其聞一、尋二明越中越後兩國之當知行之交名、田畠在家員數一、可レ被二注申一之狀、依レ仰執達如レ件、

弘安七年五月廿日　　駿河守（業時）　判

尾張入道殿（北條公時）

新式三九　近條一三四　貞式四六九　新追四四　近本三〇一　事紀

五三〇
沽却質券地并他人和與所領事

弘以下七字諸本在次行事書下

并據新追式追補

却下同上有或
時新追作處恐非

一　沽却質券地并他人和與所領事

弘安七　五　廿七評[49]

御家人等、以二所領一或沽却・入二流質券一、或和二與他人一之時、雖レ載二子細於證文一、有

被慶本無恐是致式追無非
濟下新追式追有也

五三一
諸人所領百姓負物事
事書下新追註弘安七五廿七評
有原作在據諸本改
肰者據新追補

年次據第一第二第五條諸本註

五三二
夜討强盜山賊海賊殺害罪科事
年次據新追一本註
議原作儀據新追改

五三三
惡黨由有其聞輩事
年次據三抄註

レ限公事者、相ニ加本領主跡一、可レ被レ致ニ其沙汰一、至ニ年貢等一者、隨ニ分限一可ニ進濟一、

一　諸人所領百姓負物事

就ニ訴人申狀一、被レ懸ニ負人在所一之間、有ニ難澁輩一之時、不レ知ニ子細一之領主、致ニ非分辨一歟、於ニ自今以後一者、或領主、或代官、非ニ加署狀一者、不レ及ニ尋沙汰一、

新式四四・四五　近本三〇六・三〇七　新追三四八・五五　式追一七九（但、第一條ノミ）　慶本

守護人幷御使可ニ存知一條々　50　（弘安七年五月廿七日）

一　夜討强盜山賊海賊殺害罪科事　弘安七　五　廿七

於ニ御家人一者、召ニ進其身於六波羅一、可レ令レ注ニ進所領一、至ニ非御家人凡下輩一者、隨ニ所犯輕重一、可レ有ニ罪科淺深一也、兩人相議、可レ令レ計ニ沙－汰之一、

一　惡黨由有ニ其聞一輩事　弘安七　五　廿七

所犯之條、雖レ無ニ分明證據一、有ニ風聞之說一者、相ニ尋地頭御家人一之處、聞及之由差申者、於ニ御家人一者、可レ令レ召ニ進六波羅一、至ニ非御家人凡下輩一者、同可レ令ニ計沙汰一、

五三四　博奕輩事
事據諸本補

一　博奕輩事
爲二守護人御使沙汰一、可レ加二禁遏一、有二違犯之輩一者、於二御家人一者、可レ被レ召二所領一也、非御家人凡下輩事、同前、

五三五　依難遁罪科捨本在所逃去他國惡黨事
在侍篇無恐非事同原作同事據新追式追改

一　依レ難レ遁二罪科一、捨二本在所一、逃二去他國一惡黨事
國雖レ令レ各二別本在所一、相二觸事由一、先相互召二渡之一、餘黨事同可レ致二其沙汰一、

五三六　就犯人在所可斟酌事
年次據新追一本註此條後新追式追註已上

一　就二犯人在所一可二斟酌一事　弘安七　五　廿七
於二本所一圓之地一者、可レ召二渡犯人一之由、可レ相二觸彼所一、若不二敍用一者、可レ注二申事由一、至二關東御分所一者、守護之綺雖レ無二先例一、於二今度一者、可レ致二其沙汰一、

五三七　獄舍事

一　獄舍事

五三八　官食事

一　官食事

五三九　兵士事

一　兵士事

以上三ヶ條、爲二守護役一可レ致二沙汰一、

近本三一四—三二一　新式五二—五九　新追二三七—二四四　式追一二八—一三五（但、首行「守護人」云々ナシ）　侍篇七七—八一（但、第六條以下缺）　宣抄（但、第一・五條ノミ、第五條節略文）　枝抄（但、同上）　三抄（但、第一・二・五條ノミ）　近抄（但、第二・五條ノミ）　事紀

條々　諸國一同被二仰下一畢、

一　河手事

一　津泊市津料事

一　沽酒事

一　押買事

右四ヶ條、所レ被二禁制一也、於二河手一者、帯二　御下知一之輩者、不レ及二子細一之由、先日雖レ被二仰下一、同被二停止一畢、守二此旨一可レ被レ相二觸越中越後兩國一、若令二違犯一者、可下令二注申一給上之由、被二仰下一候也、仍執達如レ件

弘安七年六月三日　　　沙51二階堂于レ時越中越後守護也 信濃判官入道行一在判 彌在判

肥後宮内左衛門尉殿

近本三〇二―三〇五　近條七九―八二　新追二〇二―二〇五　式追一一六―一一九　貞式三六　新式四〇―四三

條々　弘安七　六　廿五

一　鎮西爲レ宗神領事

甲乙人等、稱二沽却質券之地一、猥管領之由、有二其聞一、尋二明子細一、如レ舊爲レ被二返付一、

首行據式追補

五四〇 河手事

五四一 津泊市津料事

五四二 沽酒事

五四三 押買事

所據近條新追式追貞式補

先日同上無

被新追式追無

越以下六字近條作相模國中新追式追作國中

者據諸本補

令近條新追式追作被

給以下九字同上作之肰依仰

二以下細註二十二字同上無

道下近條有殿

沙彌新追式追近條貞式作駿河守

在同上無

充所同上作信濃判官入道殿

五原イ本作七

五四四 鎮西爲宗神領事

所レ差二遣明石民部大夫行宗、長田左衛門尉敎經、兵庫助三郎政行一也、大友兵庫頭頼泰法師、（安達）越前守盛宗、太宰少貳經資法師可レ爲二合奉行一、或帶二康元前後下知一、或雖レ經二知行年序一、爲二沽却質券地一之條、無二異儀一者、可レ沙二汰付之一、
次平家以後沒收地事
次京都關東被官輩知行事
次甲乙人等押領除レ堺相論事
已上三箇條、可レ尋二明之一、
次社壇修理事
次神事退轉事
或加二修復一、或可レ勤二行之由一、可レ仰二含惣官一、若有二緩怠之輩一者、可レ注二申之旨一、可レ相二觸守護人一、

新追一六五　式追九一（但後尾）　宣抄（但、次平家以後云々以下省略）　三抄

五四五　所領年貢事

縦據近條貞式補

一　所領年貢事　弘安七　六

遠國者、翌年七月以前令二究濟一、可レ遂二結解一、近國者、同三月中可レ遂二結解一、•縦雖

例郷據同上補

五四六
近國諸社修理御祈禱訴訟御寄進所領等於引付可申沙汰事

社式追無
鹿島同上無
日光同上在筥根下

五四七
引付衆幷奉行人事

翫原作勸據新式改
憚下新式近本有于或是

レ無二未進一、期日以前、不レ遂二其節一者、別納之地者、可レ落二政所例郷一、於二例郷一者、可レ令レ改二易所帶一也

新追二〇六　近條七六　貞式三三　宣抄　枝抄　三抄　近抄

一　近國諸社修理御祈禱、訴訟、御寄進所領等、於二引付一可レ申二沙汰一事

弘安七　八　二

一番　伊豆　宇都宮　二番　三島社　熱田六所宮　三番　鶴岡　鹿島　香取
四番　諏訪上下　五番　日光　筥根

右、寺社奉行人可二尋下一有二子細一者、守二此旨一可レ賦二引付一也、既有二沙汰一之分者、本引付可二申沙汰一、

新追一六七　式追九二

一　引付衆幷奉行人事　弘安七　八　三

右、引付衆殊專二清潔一、可レ勵二參仕一、奉行人爲二廉直一致二忠勤一者、尤可レ被二賞翫一、挿二姧心一現二私曲一者、永不レ可二召仕一、仍云二引付衆忠否一、云二奉行人曲直一、頭人不レ憚

十以下細註十四字據貞式近條補

レ人、不レ存二緩怠一、連々可二注申一也、引付外奉行人事、政所問注所執事同可二申沙汰一矣、

近條一三四　貞式八八　新式五一　近本三一三

五四八　評定引付評議漏脱事
議原作儀據貞式新本諸式改
事書下新本諸式註弘安二十十一卌
肰同上無恐非
於同上作出恐非
咎下新本諸式有也

五四九　引付衆并奉行人引汲訴人事

五五〇　引付勘錄事

五五一　付内外致沙汰口入事
進貞式近條作申或是

條々　十一ヶ條新御式目　弘安七・八・十七

一　評定引付評議漏脱事

近日多以有二其聞一、頭人糺二明之一可二申沙汰一、漏脱之條無レ所レ遁者、以二其人一可レ被レ處二罪科一、訴人申狀於二虛誕一者、可レ被レ行二不實之咎一、

一　引付衆并奉行人引二汲訴人一事

背二道理一有二引汲之儀勢一者、頭人隨二見及一可二注申一、

一　引付勘錄事

止二一途三途一、可レ勘二申一途一、

一　付二内外一致二沙汰口入一事

執二進權門狀一之條、被レ載二式目一之處、猥致二口入一、頗背二制法一歟、有二如レ然之輩一者、頭人已下引付衆可レ注二進交名一、

五五二 當參訴訟人事
令同上無
五五三 頭人幷奉行人相互讓子細不申沙汰事
觸下同上有申恐非
觸原作勸意改
訴貞式近條無恐非
云々原作者據同上改
五五四 憚權門不事切事
五五五 安堵奉行事
便下同上有也
成與同上作書上
五五六 表裏證文事
卽同上作則
返據同上補

一　當參訴訟人事
頭人連々注二置交名一、於二貧道無緣幷京下雜掌及遠國之仁一者、急速可二申沙汰一、凡奉行人緩怠、殊可レ令レ加二精好一、

一　頭人幷奉行人、相互讓二子細一、不二申沙汰一事
訴人愁二申頭人一之時者、可レ觸二奉行人一之由返答、觸二訴奉行人一之日者、可レ申二頭人一之旨稱レ之、不二事行一云々、止二此儀一、頭人一向可レ加二催促一、

一　憚二權門一不二事切一事
雖レ爲二理非顯然一、憚二權門一不二事切一之由、令二謳謌一歟、不レ憚レ人、不レ依レ事、無二遲怠之儀一、可レ致二其沙汰一、

一　安堵奉行事
稱レ召二調訴陳狀一、徒送二年月一之條、尤不便、爲二讓狀顯然一者、早成二與御下文一、於下有二子細一事上者、卽可レ賦二出引付一、

一　表裏證文事
貧道御家人等、相二逢富有之輩一、內卽書二渡沽却質劵狀一、外亦誘二取親子契約之讓狀一云々、所存之趣、姧謀之至也、如レ此地者、或返二與本主一、或可レ爲二闕所一、

五五七 頭人退座事
之同上作處恐非
旨同上作儀

五五八 六波羅幷鎭西守護人注進狀事
如此被據同上補
々下同上有令或是
申下原有之據同上削

五五九 雜人利錢負物事
年次據新追補

五六〇 問注所申鎌倉住人利錢事
人下同上有等

一 頭人退座事

頭人訴訟幷退座之沙汰、既被ㇾ賦之分者、可ㇾ渡二他引付一、自今以後、可ㇾ守二此旨一、

一 六波羅幷鎭西守護人注進狀事

訴人雖ㇾ不二參向一、隨二到來一、早速可ㇾ申二沙汰一、以前條々、固可ㇾ守二此旨一、且先々雖ㇾ有下如ㇾ此被二定下一之法上無沙汰歟、今條々・違犯輩事、不二注申一・者、頭人可ㇾ被ㇾ處二緩怠一、

近本一二九—一三九　貞式三七—四七　近條八三—九三　新本（但、第一條ノミ）　諸式（同上）　新追二五七（但、第十一條ノミ）　式追一四六（同上）

一 雜人利錢負物事　弘安七　八　十七

不ㇾ經二訴訟一過二十ヶ年一者、任二式目一不ㇾ及二沙汰一、

一 問注所申鎌倉住人・利錢事

不ㇾ可ㇾ懸二地主一、以二下部一直可ㇾ加二催促一、

弘安七年八月十七日

貞式八九・九〇　近條一三五・一三六　新追五六・六二

五六一 御內領內寺社別當供僧等事

御判有之新追缺
神下原有神據新追削
修造新追作結解
者據同上補

一 御內（御判有之）領內寺社別當供僧等事、以二鎌倉常住僧一被レ補之處、恣貪二佛神・用一、不レ遂二修造一、令レ懈二怠恆例勤一之條、甚不レ可レ叶二冥慮一、自今以後、件僧徒補二彼職一事、一向可レ令二停止一、但住二其所一、興二隆佛法一、勤二行神事一者非二制限一、次同執務之仁、引二募料田一、小破之時不レ加二修理一、及二大破一後、申二賜公物一、可レ遂二造營一之由申レ之者、可レ令レ改二易所職一之狀如レ件、

弘安七年八月　日

近條七六　貞式三四　新追一七

五六二 名主職事

亂原イ本作犯恐非

一 名主職事　條々

父祖其身勤二仕御家人役一之條、帶二守護人之狀等一者、可二安堵一、但於二凡下之輩一者、不レ及二沙汰一、

次不知行過二廿箇年一者、同前、

次康元以後下知狀事、不レ過二廿箇年一者、不レ可レ依二彼狀一、可二安堵一、

次縱雖レ成二給安堵御下文一、領家地頭得分以下所務、守二先例一、不レ可レ違二亂一、

次公文田所以下所職相傳仁事、相二同名主篇一、

次關東六波羅有二沙汰一事、被レ取二調訴陳之状一者、不レ及二尋問一、爲二未斷事一者、可レ糺二明之一、

次地頭職闕所地、同名主職事、可レ尋二問子細守護人一、

條々、急速爲レ有二御沙汰一、以二九州所領一相二分三方一也、於二博多一可二尋沙汰一、頼泰《(大友)》法師、行宗《(明石)》、肥前、筑前、薩摩、盛宗《(安達)》、教經《(長田)》、豊後、豊前、日向、經資《(少貳)》法師、政行、肥後、筑後、大隅、各守二此旨一可二奉行一、云二社領一云二名主一、無二別子細一者、或直返二付之一、或安二堵其身一、先可レ書二與下知之状一、御下文者、追可レ有二御計一也、

次在國之仁者、直可二尋問一、在京之輩者、差二日數一、可レ相二觸正員一之由、可レ召二仰彼代官一、若過二期日一者、可二計沙汰一、

次御家人者、直可二尋沙汰一、散在之輩者、仰二守護人一可レ加二催促一、

此事書、昨日御寄合、令二讀申一候畢、無二相違一之由、御沙汰候、仍進レ之候、恐々謹言、

(弘安七年)九月十日　　尚時52判

明石民部大夫《(行宗)》殿

新追二一四

御新制原在次行倹上意移
三以下十三字原在次行事下意移近本無
張原作帳意改下同

五六三
倹約事
縠原作穀意改
兒原作見據新本改
袙新本作袍非
袙原イ本作袖非

五六四
物具事
付近本無恐非

五六五
疊事
政上原有一意移於次條、宜參看補註
自以下八字原在前行緣字下意移、宜參看補註
自下原註弘安七據近本削

一　倹約事　御新制　三ケ條　弘安七　十　廿二　政所張文

元三狩衣可レ用二一具一、五位以上狩衣可レ用レ縠、止レ單可レ爲二帷淺黄幷地白一、直垂、帷不レ可レ入レ紺、兒女房裳止二精好一可レ用二麁品一、同衣小袖浮線料、綾立文、格子以下懸織綾止レ之、可レ用二筋幷染綾練貫等一、但凡下輩者、不レ可レ許レ之、上童美女止二重袙一可レ爲二薄袙一、力者裝束、止二淨衣一可レ爲二直衣一、凡下輩烏帽子懸足袋可レ止レ之、

一　物具事

鞍具、止二重文一可レ爲二遠文一、色革表敷、水豹皮切付、組緒取付可レ止レ之、太刀鐔神事幷晴時之外、交レ銀事可レ停二止之一、椋、手洗、燈臺、炭取可レ止二金物一、

一　疊事

寢殿之外、可レ止二高麗縁一、

政所御張文　自二明年正月一可レ被レ行53

新式六〇—六二　近本三二二—三二四　新本　諸式　事紀

五六六 所當公事對捍輩事

事書右傍近本註政所御帳文、宜參看前條補註
辨下式追有償
仁諸本無或是
執達原イ本式追イ本作下知或是、宜參看補註
守下同上有平朝臣或是

一　所當公事對捍輩事

右、支二配寄子等一之處、對捍之間、惣領勤二入之一、訴申之時、有二其沙汰一、或以二一倍一令レ辨二償之一、或依二時儀一雖レ被二裁許一、所詮於二前々分一者、以二一倍一可レ致レ辨、自今以後者、未濟之條無レ所レ遁者、以二彼所領一可レ被レ分二付惣領一仁、但惣領寄二事於左右一致レ煩者、可レ被レ仰二付穩便之輩一也者、依レ仰執達[54]如レ件、

弘安七年十月廿二日

左馬權頭平朝臣（貞時）

陸奧守（業時）

新追三二四　式追一五七　新式六三　近本三二五

五六七 安堵御下文事

十廿九鎌記武記作十二廿一
評運本無

一　安堵御下文事　弘安七　十　廿九評

右、不レ可レ准二御成敗一、訴訟出來之時者、就二理非一可レ被二裁許一焉、

成追二八　貞本二八　運本二八　京本二九　蘆抄　敦注　〔參考〕鎌記弘安七年　武記中、弘安七年

五六八 關東御領知行後家幷女子事

一　關東御領知行後家幷女子事　弘安七　十一　廿一

年次成追無貞本作同日
一慶本作二
猶成追作於恐非

右、後家女子令㆓在京㆒之條、不㆑可㆑然之間、向後可㆓停止㆒、若猶背㆓制法㆒者、可㆑被㆑收㆓公所領㆒也、

新追三三三　式追一六六　成追二九　貞本二九　運本二九　京本三〇　蘆抄　敦注　慶本

五六九
鎭西爲宗社領幷名主職事
爲以下恐當接續於事書

一　鎭西爲㆑宗社領幷名主職事
爲㆓尋沙汰㆒、所㆑被㆑差㆓遣御使者㆒也、子細被㆑載㆓事書㆒畢、明石民部大夫行宗相共糺㆓明之㆒、且加㆓下知㆒、且可㆑注㆓進之㆒之狀、依㆑仰執達如㆑件、

弘安七年十一月廿五日　左馬權頭（貞時）判
陸奥守（業時）判

殘兩通同㆑之
大友兵庫入道殿（頼泰）

新追一六六

五七〇
鎌倉中諸堂修理幷寄進所領事

一　鎌倉中諸堂修理幷寄進所領事　弘安七　十一　廿七
五方引付可㆓申沙汰㆒之由、先日被㆓仰下㆒之處、無沙汰云々、修理事者、頭人加㆓見知㆒、

々式追無

嚴密可注申、小破所々、爲別當之沙汰可修理之由、可相觸、所領事、急速可
申沙汰、次法花堂事、爲五番引付頭人奉行、修造營之功間、於五番可有沙汰、

三式追作二

次新釋迦堂事、同前、大慈寺者、可爲三番引付、

新追一九　式追一四　枝抄　三抄(但、一部)

五七一
寺社領事

一　寺社領事　　弘安七　十二　十八

被勘領家地頭得分、彼是無損之樣、可被分付下地也、此旨可尋沙汰之由、
可被仰引付、

新追一六八　式追九三

五七二
造東大寺大勸進聖申周防國三箇所河手事

大式追無非
守意補

一　造東大寺大勸進聖守申、周防國三箇所河手事、雖帶建暦御下知、任諸國之例、
可被停止之、　弘安七

新追一七〇　式追九五

五七三
寺社御寄進所領事
事式追無
退下新追式追有轉
禱下同上有被
向同上作円
件原作之據同上改
且據同上補

一　寺社御寄進所領事（弘安七年？）[55]
令レ興二行佛事神事一、爲二不退・御祈禱一、奉レ寄之處、別當神主一向知二行之一、不レ及二其沙汰一云々、早尋二明年貢之分限一、可レ被レ充二置件用途等一、且鎌倉中急速可レ申二沙汰一之由、可レ被レ仰二引付一、
近本三〇八　新式四六　新追一六四　式追九〇　事紀

五七四
訴訟人代官事
可原作令意改

一　訴訟人代官事（弘安七年？）[56]
爲二證人代官一致二沙汰一之輩、甚不レ可レ然、可二停止一、

五七五
召文問狀事

一　召文問狀事（同前）
引付頭人可レ下二奉書一、

五七六
引付評定事

一　引付評定事（同前）
二方止二寄合之儀一、一方一日廿ヶ條、可二申沙汰一、

五七七
訴訟人輕服事

一　訴訟人輕服事（同前）
或已召二決兩方一、或就二訴訟狀等一、欲レ有二沙汰一之處、難澁之仁、俄構二禁忌一云々、雖二輕服出來一、不レ可レ有二沙汰憚一、

五七八
鶴岡八幡宮幷鎌倉中諸堂供僧事
定或當作合

一　鶴岡八幡宮幷鎌倉中諸堂供僧事　弘安八　四　八
於ニ引付一勘ニ其人一、可レ申ニ定評定一、其後當奉行可レ申ニ御寄合一、

新追一六

新式四七―五〇　近本三〇九―三一二　事紀

五七九
諸人所領百姓等負物事
尋原イ本作辨恐非

一　諸人所領百姓等負物事　弘安八　四　十六
或領主、或代官、非ニ加署狀一者、不レ可レ及ニ尋沙汰一之由、去年雖レ被レ仰ニ下之一、自今以後者、可レ被レ止ニ此儀一也、

新追五七

條々　（弘安七年十一月―八年十一月）57

五八〇
可被崇敬佛神事

一　可レ被レ崇ニ敬佛神一事
九州爲レ宗寺社、破壞以下所、遂ニ檢見、且可レ令レ注ニ進損色一之由、所レ被レ仰ニ使者一也、但於ニ遠所一者、使者檢見爲ニ難治一者、可ニ計沙汰一、

五八一
香椎社造營事
一下原有次據新追削
次條亦同
出原作亡據新式改、
新追作士恐非
尋新式作爲恐非

五八二
肥前國河上社事
米借恐當作未進
徵新式作嚴

五八三
城郭事
次恐當作於

五八四
寄役所致自由合戰事
寄恐當作棄

五八五
兵粮米事
實原作虚據類本改
議原作儀據新式改

五八六
警固結番事

一・香椎社造營事
筑前國怡土庄爲二料所一可二造營一之由、被レ定二下年紀一之處、于レ今不レ終二其功一云々、
云二未作之分限一、云二當社之所出一、可二尋注進一、

一・肥前國河上社事
如二高木伯耆彥六家定代申狀一者、當國段米被二寄附一之處、或奉行人借用、或領主米
借間、有名無實云々、仍云二借用一云二未進一、慥徵二納之一、急速可レ令レ造レ之、

一　城郭事
次岩門幷宰府構二城郭一之條、爲二九州官軍一、可レ得二其構一云々、早爲二領主等之沙汰一、
可レ致二其構一云々、

一　寄二役所一致二自由合戰一事
縱雖二拔群之忠一、不レ可レ被レ行二其賞一、所詮隨二大將命一可レ令二進退一由、嚴密可レ被レ相二
觸九州守護幷御家人以下輩一也、

一　兵粮米事
先々下行無二其實一歟、殊加二談議一可レ令二注進一、

一　警固結番事

費新式作勞

爲二諸人煩費甚一之由、有二其聞一、仍同前、

五八七 兵船事

一 兵船事

海上合戰、更不レ可レ有二其利一歟、同前、

五八八 大隅日向兩國役所今津後濱事

後原作役意改
元下恐當有可

一 大隅日向兩國役所今津後濱事

先度雖レ除レ之、爲二要海一云々、如レ元・警固、

五八九 引付記錄當日可令書事

一 引付記錄當日可レ令レ書事

五九〇 沽却地事

一 沽却地事

於下不レ載二國名字於證文一之地上者、糺二返本錢一、可レ令レ進二退地主一也

近本三八一—三九一　新式一一八—一二八　新追一五八・七・八・二四五—二四九・二六三・三三(但、第一〇條缺)　式追八六・一三四—一三八・二二(但、第一・四—八・一一條ノミ)　侍篇八五—八九(但、第四—八條ノミ)　三抄(但、第一一條ノミ)

五九一 隱置惡黨於所領內輩事

住貞式作仕恐非
知新追作聞
令同上無恐非

可同上無恐非

一 隱二置惡黨於所領內一輩事　　弘安九　二　五

自身者關東參住之間、在國事不二知及一之由、依レ令レ申レ之、前々遁二罪科一歟、於二自今以後一者、令レ隱二置惡黨於所領內一之由、令二露顯一者、自身雖レ不二在國一、可レ被レ召二所領三分一一也、但來二住所領一、百日計居住之族、雖レ爲二惡黨一、不レ可二存知一之間、鎌

爲同上無恐非
咎下同上有仍非
也同上無

五九二 末斷闕所事

知近條作文恐非

五九三 遠江佐渡兩國惡黨事

於新式無

倉參住之仁、不レ可レ及ニ罪科一、至ニ代官一者、爲ニ在國一之間、依レ不レ可レ遁ニ其咎一、永不レ可レ召ニ仕之一、若猶召仕者、主人可レ有ニ其科一也、正員又令ニ在國一者、雖レ爲ニ百日居住之浪人一、可レ被レ改ニ所帶一、

近條一三九　貞式九三　新追二三四　枝抄　三抄　近抄

一　末斷闕所事　弘安九　二　廿四　其沙汰畢

依ニ罪科一可レ注ニ進所領一之由、被ニ仰下一之處、或自然未レ注ニ申之一、或雖ニ注進一、不レ合ニ評定一之分者、本主可レ令ニ安堵一之旨、去年沙汰畢、而無ニ下知狀一者、可レ爲ニ後日之煩一歟、早相ニ觸引付一、可レ令レ成ニ下知一之由、可レ被レ仰ニ問注所一、

貞式九四　近條一四〇

一　遠江佐渡兩國惡黨事

守護人無ニ緩怠一可レ令ニ沙汰一、於ニ御使一者、明春可レ令ニ歸國一也、就ニ白狀一相ニ觸子細於地頭一之處、兼日逐電之由依レ令レ申、不レ及ニ其科一歟、此日來經廻之惡黨令ニ逃散一云々、其所地頭致ニ清廉沙汰一者、何可レ令ニ退散一哉、是又領主雖レ難レ遁ニ其科一、自今

次近本無
次以下侍篇爲別條
迎新式作逆非
三新式作二
前判上近本有御、後
判作同
判並侍篇無

五九四
鎮西輩訴訟事
年次比文作□□九七
廿二
人同上無恐非
猶原作於據同上改
企同上作令
訴下同上有云々
谷下同上有河内
進下同上有縱
爲同上無恐非

以後者、至二如レ此所一者、地頭可レ有二罪科一、次押買、迎買、沽酒以下事、禁制條々、先度被二仰下一畢、云レ彼云レ是、於二違犯之輩一者、可レ令二注申一、不二注進一者、守護人可レ有二其科一之狀、依レ仰執達如レ件、

弘安九年三月二日

相模守(貞時)判
陸奥守(業時)判

新追二三〇　式追一二七　新式六四　近本三二六　侍篇八三　新本

一　鎮西輩訴訟事　弘安九　七　十六

守護人可レ令二尋沙汰一之由、先日被レ仰畢、雖レ然猶地頭御家人、寺社別當神主供僧神官、所々名主庄官以下企二參訴一、於二自今已後一者、非二別仰一之外、不レ可レ參二關東六波羅一、令二住國一可レ致二異國警固一、有二訴訟一者、少貳入道(經資)、兵庫入道(大友賴泰)、薩摩入道(宇都宮通房)、澁谷(重郷)・權守入道寄合、可レ令二尋成敗一、若於レ國難二裁許一者、可レ令二注進一、雖レ爲二越訴一、尋究可二注申一、關東居住輩訴二申鎮西族一者、令二下向一可レ經二沙汰一、於二關東一不レ可レ有二其沙汰一、

新追二五九　式追一四八　比志島文書(比文)一(但、蟲損多シ)

五九五（五九四ト同ジ）
鎮西輩訴訟事

鎮西輩訴訟事、守護人可レ令二尋沙汰一之由、先日被二仰下一畢、而尚地頭御家人、寺社別當神主供僧、所々名主庄官已下、令レ參二訴關東一云々、於二自今以後一者、非二別仰一之外、不レ可レ參二關東六波羅一、有二訴訟一者、兵庫入道（大友賴泰）、少貳入道（經資）、薩摩入道（宇都宮通房）、河内權守（澁谷重郷）入道寄合、可レ令二裁許一、於レ國難二成敗一者、可レ注二進子細一、雖レ爲二越訴一、早尋究可二注申一也、但奉行人中有二敵對事一者、殘人々可レ令二尋沙汰一、以二此旨一可レ令二相觸一之狀、依レ仰執達如レ件、

弘安九年七月十八日　　相模守（貞時）在判
　　　　　　　　　　　陸奥守（業時）同

大友兵庫頭入道殿（賴泰）

大友文書一

五九六
鎮西御家人所領事
年次比文無子下原有不據同上削

一　鎮西御家人所領事58　　弘安九　七　廿五

異國警固不二落居一之程者、不レ可レ讓二女子一、無二男子一者、以二親類一爲二養子一、・可レ讓レ之、

新追二六〇　比志島文書〔比文〕一（但、蟲損多シ）

五九七
後家改嫁事
年次比文無
式目追加同上作追加
式目

一　後家改嫁事　弘安九　七　廿五

至二内々之密儀一者、縦雖レ有二風聞之説一、非二沙汰限一之由、被レ載二式目追加一畢、依レ之普雖レ令二現形一、稱二密儀一不レ及二其沙汰一、於二自今已後一者、不レ致二所領成敗一、雖レ不レ行二家中之雑事一、有二不調之聞一者、任二本式目一可レ有二其科一、

式追一六七　新追三三四　比志島文書〔比文〕一　宣抄（但、節略文）　枝抄（同上）　三抄（同上）　近抄（同上）

五九八
所領賣買并請所事

一　所領賣買并請所事

以二御恩之地一、相二逢甲乙人一、或令二沽却一、或號二請所一令二充行一之間、其地荒廢云々、向後可レ令レ停二止之一、令二違犯一者、可レ被レ改二所帯一矣、

弘安九年八月　日

貞式九六　近條一四二

五九九
蒙古合戰勳功賞事

蒙古合戰勳功賞事、交名并田數注文遣レ之、早遂二検注一、守二注文一可レ令レ分二付之一、屋

敷在家畠地等者、追二田數分限一、可レ令二省充一、次神社佛寺免田幷甲乙人給分、河海野畠山等者、暗難二配分一、然者所出幷所務之故實、分明可レ令二注進一、彼狀到來之時、面々可レ成二御下文一也、但於二今年所當一者、令二收納一、可レ注二申員數一狀、依レ仰執達如レ件、

弘安九年十月十九日　相模守（貞時）
陸奥守（業時）

兵庫頭入道殿（大友頼泰）
大宰少貳入道殿（經資）

六〇〇　異賊防禦事

大友文書一

異賊防禦事、鎭西地頭御家人、幷本所一圓地輩、從二守護之催一、且令レ加二警固用意一、且可レ抽二防戰忠功一之由、先度被二仰下一畢、而被レ定二鎭西奉行人等一之間、若不レ從二守護命一之族出來歟、如レ然之輩、縱雖レ致二合戰一、不レ可レ有二其賞一、可レ被レ處二不忠一也、早存二此旨一、可レ令レ相二觸薩摩國中一之狀、依レ仰執達如レ件、

弘安九年十二月卅日　相模守（貞時）在判

陸奥守（業時）　在判

島津（忠宗）三郎左衛門尉殿

島津家文書之一

六〇一　異賊防禦結番事

異賊防禦事、去年十二月卅日關東御教書、今月廿五日到來、案文如レ此、早可レ被レ存二此旨一也、且今年殊有二異國用心一之間、肥前國中地頭御家人、本所一圓預所等、六番所レ令二結定一也、三月九月可レ被レ參二勤役所一候、仍執達如レ件、

弘安十年正月廿九日　前遠江守（北條爲時）（花押）

龍造寺三郎兵衛入道殿

村田隆長所藏文書

六〇二　御厨事

一　御厨事　弘安九　閏十二　九

御厨并宇佐神領、被レ止二相傳領主知行一、被レ附二社家一畢、而宇佐領既被レ返二本領主一之上者、御厨領主等不レ可レ有二相違一歟、仍如レ元被レ返二本主一、任二先例一可レ從二神役一之由、可レ被レ仰二下之一、

新追一七一　式追九六

仍式追無

六〇三 要人之外自身可下向事

身下或當有可
由下或當有被

潤當作閏

［　］要□之仁者、可□遣二子息親類一、其外（?）者自身・下向之由・定了、而未二下向一之輩有レ之云々、可レ令二注申一之由、同可レ相二觸守護人一、（此條四八二頁補遺參照）

弘安九年潤十二月廿八日

比志島文書四

六〇四 諸人奉行事

一　諸人奉行事

面々被二仰付一之處、初雖レ似レ有二其沙汰一、終及二緩怠一之間、還有二其嘲一歟、自今以後、不レ遣二其道一者、可レ令レ處二奉行人於罪科一也、

弘安九年閏十二月　日

近條一四四　貞式九九

六〇五 鎭西神領幷名主等所領事

一　鎭西神領幷名主等所領事　弘安九

如二日來一無二相違一各可二領掌一、縱雖レ有二御使下知一、先如レ元可レ令二沙汰付一、但非分押領幷新儀濫妨事者、各寄合尋明、可レ令二注進一之由、可レ被レ仰二少貳入道（經資）、（大友賴泰）兵庫入道、

（宇都宮通房）薩摩入道、（澁谷重郷）河内權守入道等一、

新追二五八　式追一四七

六〇六
諸御領不作河成事

一　諸御領不作河成事　在御判　（弘安九年？）59

給主等就レ申二子細一、加二檢見一之處、閣二前々不作河成一、向當不レ遂二其節一之間、田數減少、公損之基也、自今以後、如レ然訴訟出來之時者、可レ被レ遂二實檢一也、次前々檢見所々、同可レ有二其沙汰一矣、

貞式九五　近條一四一

六〇七
讒者事

一　讒者事　（弘安九年？）60

右、欲レ損レ人之族、挿二奸心一致二讒訴一歟、於二如レ然之輩一者、永不レ可二召仕一焉、

六〇八
口入事

一　口入事　（弘安九年？）

右、或募二權門之威一、或稱二緣者之由一、企二口入一之間、奉行人成二怖畏之思一歟、爲レ世爲レ人、其科不レ輕、有二違犯之輩一者、同不レ可二召仕一矣、

近條一四三・一四四　貞式九七・九八

六〇九
可爲御家人輩事

六一〇
諸人訴訟口入事
年次據武記註
父下同上有母

六一一
依當知行仁罪科被召所領事
所、仁並武記無恐非

一 可レ爲二御家人一輩事 弘安十 五 廿五御沙汰

祖父母帶二御下文一之後、子孫雖レ不レ知二行所領一、爲二御家人一令二安堵一條、先々成敗不レ可二相違一、但依二其身之振舞一、可レ有二許否沙汰一歟、

貞式九一 近條一三七

一 諸人訴訟口入事 （弘安十年五月廿七日）61

不レ謂二親疎一致二口入一之條無レ謂、自今以後者、祖父・、兄弟、夫婦、子孫之外、一向可二停止一也、若令二違犯一者、可レ被レ棄二置件訴訟一歟、

貞式九二 近條一三八 武記中、弘安十年

正應元年六月一日評云、依二當知行仁罪科一、被レ召二所領一事、祖父母之後子孫可二知行一之所者、雖レ爲二一期知行仁之罪科一、可レ被レ收二公之一矣、

鎌記正應元年 武記中、正應元年

六一二 鎌倉中僧徒官位事

一　鎌倉中僧徒官位事　正應元　八

恣昇進之條甚濫吹也、自今以後、不レ蒙二免許一任敍者、可レ被レ懸二其科於師匠一、且寺社供僧違犯者、別當可二注申一也、

新追二八　式追一九　枝抄　三抄

六一三 安堵事

一　御内安堵事　（弘安年中？）[62]

得二本主讓一之輩、申二安堵一之時、成二下文一者定法也、本主存日之間、成二安堵下文一歟、自今以後、一向可レ令レ停二止之一、

貞式三二　近條七五

六一四 未處分跡御下文事

處原作所意改

一　未處分跡御下文事　正應二　三　五

遺領配分之後、被レ返二遺安堵奉行人一之條、不レ可レ然、自今以後、引付奉行人可レ成二御下文一歟、

新追三四三　式追一七五

六一五
地頭亡土民事

一　地頭亡二土民一事　正應三　四　十八
兩條[63]、可レ有二沙汰一否、於二問注所一可二勘申一之由、可レ被レ仰レ之歟、
新追二八二

六一六
遺跡相論時非子息由稱申輩事
年次據鎌記註、武記作正應三□廿八

一　遺跡相論時、非二子息一由稱申輩事　（正應三年四月十八日）
雖レ被レ准二惡口一、自今以後者、不レ可レ有二其咎一歟、
新追三五〇　式追一八一　［參考］鎌記中、正應三年　武記正應三年

六一七
祖父母知行子孫所領事
年次據鎌記註、武記作正應三□廿八

一　祖父母知二行子孫所領一事　（正應三年四月十八日）
敵對之篇、被レ載二式目一之間、不レ及二子細一、無レ故管二領領內一者、被二尋明一可レ有二其沙汰一歟、
新追三五三　式追一八四　［參考］鎌記正應三年　武記中、正應三年

六一八
本所幷國司領家所當年貢事
年次新追爲正應三年十月十六日恐非、宜參看補註

一　本所幷國司領家所當年貢事[64]　正應三　九　十九評
領主等致二未進對捍一之條無レ謂、任下被二定置一之旨上、可レ致二其沙汰一之由、可レ被レ成二

御教書於六波羅一、以二此趣一可レ被レ仰二五方引付一歟、

近本三二七　新式六五　新追一八五

六一九　自康元々年至弘安七年御成敗事
年次近本新式無
右近本無

一　自二康元々年一至二弘安七年一御成敗事[65]　正應三　九　廿九

・右、於二自今以後一者、不レ及二改沙汰一歟、

成追三〇　近本三二八　新式六六　貞本三〇　運本三〇　京本三一　敎注　薗抄　［參考］東京大學法學部所藏周防國與田保古文書

六二〇　讓與兄弟叔姪所領事
還宣抄作返

一　讓二與兄弟叔姪一所領事　正應三　十一　九

稱二和與之地一、本主不レ可二悔還一之由、雖レ有二其沙汰一、自今以後、宜レ任二本主之意一歟、

新追三二二　式追一五四　宣抄　枝抄　三抄

六二一　造作事
首行新式作一新制條々七ケ條正應三廿三

一　造作事

・條々

六二二　修理幷替物用途事

一　修理幷替物用途事

六二三　垸飯役事

一　垸飯役事

右三ヶ條、充二課百姓一事停二止之一、以二地頭得分一可レ致二沙汰一焉、

六二四 五節供事

一 五節供事

右、充二課百姓一事、可レ令レ停二止之一矣、

六二五 可令禁制人賣事

一 可レ令レ禁二制人賣一事

右、稱二人商一專二其業一之輩、多以在レ之云々、可二停止一、違犯輩者可レ捺二火印於其面一矣、

六二六 沽酒事

一 沽酒事

六二七 六齋日二季彼岸等日殺生事

一 六齋日、二季彼岸、自二八月一日一至二十五日一殺生事

右兩條、固可レ令二禁斷一焉、

以前條々、背二制法一之輩者、可レ被レ處二罪科一之由、可レ相二觸尾張國中一、若令二違犯一者、守護地頭同可レ有二其科一之狀、依レ仰執達如レ件、

正應三　・・廿三　　　　陸奥守（宣時）在御判
　　　　　　　　　　　　相模守（貞時）同

出羽二郎左衞門尉殿66・

近本三四六―三五二　新式八三―八九　新追三〇八―三一〇・八六（但、第四・六・七條ナシ、以前條々以下第五條ニ接續ス）
式追四九（但、第五條ノミ）　侍篇八四（同上）　事紀

廿三新追作年、廿或誤字

殿下原註行藤歟據新式新追削、宜參看補註

六二八
改所納物幷年貢結解事
二十原作廿據慶本改

一　政所納物幷年貢結解事　正應三・二・十八
爲二勘定一、問注所器量公人兩輩、可レ被二撰申一歟、
新追四三　慶本

六二九
神社佛寺訴訟事

一　神社佛寺訴訟事　正應三
早速可レ有二沙汰一之由、可レ被レ仰二五方引付一歟、
新追一七二　式追九七

六三〇
鎭西御家人訴訟事
年次據原目錄註

一　鎭西御家人訴訟事　（正應三）
急可レ有二沙汰一、且九、十、十一、十二、四箇月可レ被二事切一歟、
新追二六一

六三一
鎭西輩訴訟事
或以下恐當接續於前行事書

一　鎭西輩訴訟事
・或雖レ抽二軍忠一、奉行人依レ有二阿黨事一、令レ漏二注進一、或所務相論之處、令レ引二汲敵人一

之間、不二注申一之由、訴申輩有レ之、如レ此族訴訟事、尋二究子細一、可レ令二注進一之状、
依レ仰執達如レ件、

正應四年二月三日

陸奥守（宣時）　判
相模守（貞時）　判

尾藤内左衛門入道殿
小野澤亮次郎入道殿

新追二六二

六三二
寺社幷京下訴訟事

一　寺社幷京下訴訟事　正應四　八　廿

急可レ申二沙汰一之由、可レ被レ仰二奉行人幷五方引付一、此上令二延引一者、可レ觸二訴飯沼大夫判官助宗、大瀬左衛門尉惟忠、長崎左衛門尉光綱、工藤右衛門入道杲禪、平左衛門尉宗綱一歟、

新追一七八

杲原作果意改
左據醍醐寺日記保暦
間記等補

六三三
西國御家人事

西國御家人者、自二右大將家御時一、守護人等注二交名一、雖レ勤二大番以下課役一、給二關東

御下文一、令レ領二掌所職一輩不レ幾、依レ爲二重代之所帶一、隨二便宜一、或給二本所領家下文一、或以二神社惣官充文一、令二相傳一歟、雖レ爲二本所進止之職一、無二殊罪科一者、不レ可レ被二改易一之條、天福寛元所レ被二定置一也、然者安二堵所職一、可レ勤二仕本所年貢以下課役、關東御家人役一之由、可二相觸一之狀、依レ仰執達如レ件、

正應五年八月七日 67

(宣時)陸奥守御判

(貞時)相模守御判

(兼時)越後守殿

(盛房)丹波守殿

六三四　異賊警固事

島津家文書

爲二異賊警固一、所レ下二遣兼時々家於鎮西一也、防戰事、加二評定一、一味同心可レ運二籌策一、且合戰之進退宜レ隨二兼時之計一、次地頭御家人、幷寺社領本所一圓地輩事、背二守護人之催促一、不二一揆一者、可レ注二申一也、殊可レ有二其沙汰一之由、可レ相二觸薩摩國中一之狀、依レ仰執達如レ件、

正應六年三月廿一日

(宣時)陸奥守(花押)

相模守（貞時）（花押）

島津（忠宗）下野三郎左衛門尉殿

島津家文書之一

六三五　政務事

一　政務事　正應六　五　廿五評
任㆓先例㆒可㆑被㆑召㆓評定引付衆并奉行人等起請文㆒、且不㆑可㆑取㆓賄賂㆒之由、可㆑被㆑召㆓奉行人誓狀㆒、於㆓無足之輩㆒者、可㆑有㆓御恩㆒、至㆓廉直之仁㆒者、可㆑被㆓賞翫㆒歟、
近本三三〇　新式六八

六三六　庭中事

一　庭中事　（永仁元年五月廿五日？）[68]
被㆑召㆓先事書并本奉行㆒、當日可㆑有㆓御沙汰㆒、論人令㆓當參㆒、可㆓陳申㆒之由申㆑之者、可㆑被㆓聞食㆒歟、
近本三三一　新式六九

六三七　領家地頭中分事

一　領家地頭中分事　（永仁元年五月廿五日）[69]

年次據武記註、鎌記爲五月廿日恐非
頭新式近本無
々據鎌記補近本作御

於二新補地頭一者、被二折中一之處、限二于本補一不二許容一之條、先々沙汰不レ可レ然、向後者、隨二事躰一可レ被二中分一歟、

新追一八七　式追一〇八　新式七〇　近本三三二　〔參考〕鎌記永仁元年　武記永仁元年

六三八　惣領罪科之時各別相傳輩分被混領事
年次據松浦文書註、鎌記爲五月廿日恐非

一　惣領罪科之時、各別相傳輩分被二混領一事 70　（永仁元年五月廿五日）

雖レ不レ帶二安堵御下文一、各別證據分明者、可レ被二返付一之由、可レ被レ仰二本引付一歟、

新式七一　近本三三三　〔參考〕松浦文書一　鎌記永仁元年五月廿日條

六三九　可爲御家人輩事
輩近本無恐非事據新式近本補
行近本無
正以下十一字同上無
五月原作正月據鎌記改

一　可レ爲二御家人一輩事

曾祖父之時、被レ成二御下文一之後、子孫雖レ不レ知二行所領一、爲二御家人一可レ令二安堵一歟、

正應六年五月廿五日　評定 71

吉本一八　新式七二　近本三三四　〔參考〕鎌記永仁元年

六四〇　充給惣領跡混領庶子分事

一　充二給惣領一跡混二領庶子分一事 72　（永仁元年六月―十月）

究式追作決

方原作事意改

六四一　諸人訴訟問狀事

六四二　烽火事

惣領主有二罪科一之時、以二別人一令二改補一之處、庶子等稱レ不レ給二御下文一、無レ尋二究知行實否一、頃年被レ付二惣領一之條、甚爲二不便之儀一歟、各別領知證據分明者、縦雖レ不レ帶二安堵御下文一、於二本引付一重有二其沙汰一、可二返付一之由、被二仰下一之後、三方引付奉行人被二結改一畢、然者、雖レ非二本引付一、於二奉行人現在之方一、可二申沙汰一、但無二奉行人一方、於二一二番分一者、頭人依レ無二相違一、猶於二本引付一、以二他奉行人一可二糺明一、於二三番一者、被レ改二頭人一、至二四番五番一者、止二其方々一畢、彼三方分者、自二問注所一可レ賦二出引付方一也、

新追三二二　式追一五五

一　諸人訴訟問狀事　（正應三年―六年？）73

訴狀爲二非據一者、不レ可レ賦之由、可レ被レ仰二問注所一歟、尋明可レ成二御教書一之旨、可レ被レ仰二五方引付奉行人一歟、

新式六七　近本三二九

とふひの事、（北條兼時）越後國司御奉書案文如レ此、如レ狀者、三月廿六日午尅可レ立之旨、被レ仰二

筑前國ニ畢、肥前國分同時可ニ立繼一之由、可レ相ニ觸島々在所一、若其日雨ふらハ、同廿七日可レ立レ之云々、壹岐島より始て、島々高き所ニ火を可レ被レ立之間、大島ニハ壹岐島の煙を守て、その時をたかへす、たきゝ多とりつみて、あまたたくへき也、たかいに火のひかり煙を守て、たかるへし、大島の火を見て、たかしま(鷹島)にたきつくへき由、被ニ相觸一畢、異國用心御大事也、更々不レ可レ有ニ緩怠之儀一候、仍執達如レ件、

永仁二年三月六日　修理亮(北條定宗)(花押)

大島又次郎殿

來島文書

六四三　弘安合戰與黨人事

二 鎌記爲三年恐非

一　弘安合戰與黨人事

自今以後、賞罰共、不レ可レ有ニ其沙汰一、　永仁二　六　廿九

新追九八　〔參考〕鎌記永仁三年

六四四　弘安七年四月以前成敗事

七 新式一本作十

越訴 武記作訴訟

一　弘安七年四月以前成敗事74　永仁二　七　二評

同時致ニ越訴一、給ニ書下一之輩者、可レ有ニ其沙汰一、

次弘安七年四月以後書下内、先下知無二相違一之由落居并未斷事、可レ被二棄置一也、以前成敗依違之由裁許事、忩可レ有二沙汰一歟、

後鎌記武記作前非
裁許鎌記作越訴

近本三三五　新式七三　［參考］鎌記永仁二年　武記中、永仁元年　東京大學法學部所藏周防國與田保古文書

六四五　御下知以後御敎書可爲一ケ度事

一　御下知以後御敎書可レ爲二一ケ度一事　（永仁二年七月二日？）75

六四六　不可成還御敎書事

一　不レ可レ成二還御敎書一事　（同上）

六四七　法光寺殿御代御成敗并弘安八年沒收地事

一　法光寺殿（北條時宗）御代御成敗并弘安八年沒收地事　（同上）
賞罰共不レ可レ有二沙汰一、

近本三三六―三三八　新式七四―七六　諸式（但、第一條缺）

六四八　本所訴訟事

一　本所訴訟事76
雖レ蒙二裁許一、未レ充二給替於當給人一之間、不レ及二知行一之由、多有二其聞一、預二裁許一之輩、任二先下知之旨一、可レ令レ糺二返之一、但當給人所領一ケ所之外、不二知行一者、有レ御二計替於當給人一之後、本主可レ知二行之一、爲二二ケ所一者、速可レ令二糺返一也、（永仁二年七月同十日評）

計原作許據近本改
日付近本在首行事書下

新式七七　近本三三九　新追一八六　式追一〇七　近條一四　三抄

六四九　所當公事對捍輩事
事據近本新本補
事書下新本註永仁二七五
背下新式近本新本有輩
差以下十二字同上無
領下新本有哉之以下同上無
年次原月錄作永仁七五、恐二脱
署判原在日下意移

一　所當公事對捍輩事

右、公事等庶子對捍之時、惣領經入分以二五十貫一、可レ分二付田一町一之由、先日雖レ被二定下一、爲二惣領一無二其益一之間、庶子依レ不レ憚二難澁之科一、急速公事及二闕如一歟、仍任二舊例一可レ致二一倍辨一之由、可レ被二裁許一、令二違背一者、可レ被レ分二召所領一也、且問狀一箇度之後、可レ被レ成二一倍下知一、其後令二違期一者、差二日限一可レ被二糺返一、猶令二遲引一者、可レ被レ收二公所領一之狀、依レ仰下知如レ件、

永仁二年七月五日

陸奥守平朝臣（宣時）　判
相模守平朝臣（貞時）　判

新追三二五　式追一五八　新式七八（但、脱文多シ）　近本三四〇（同上）　新本（同上）　諸式

六五〇　直被聞食被棄置輩訴訟事
二新式無

一　直被二聞食一被二棄置一輩訴訟事　永仁二　十二　二評　奉行　豐後權守倫景（矢野）　明石民部大夫行宗

不レ可レ有二御沙汰一之由、先日雖レ被レ定レ法、永止二後訴一者、各含二愁欝一歟、企二越訴一事非二制限一、

近本三四一　新式七九　新本

六五一
臨時役事

一　臨時役事[77]　永仁二　十二　廿五評
不レ可レ充二催之一、

六五二
公事支配事

一　公事支配事
任二先度評議之旨一、可レ有二其沙汰一、

六五三
負物事
年次據新追目錄註

一　負物事　（永仁二）
明年至二西收一可レ閣レ之、

近本三四二―三四四　新式八〇―八二　新追二〇七・三二六・五八　式追一五九（但、第二條ノミ）　新本

六五四
可諸國興行事

一　可二諸國興行一事　永仁三　五　廿九評
糺二明寛元之例一、被レ分二付下地一否、可レ有二御沙汰一、

近本三四五　新追二〇八　式追一二〇　新式八三附尾（但、事書年次缺ケ、本文ノミ前條ニ連記）

六五五
警固方々大道末可打止
惡黨事

（端裏書）
「守護代施行　大道警固事」
檢斷沙汰間、令レ警二固方々大道末一、可レ打二止惡黨一由事、今月一日守護所御奉書案

副二御事書内一段并謄固屋在所注文一如レ此、早守二御奉書并御事書及注文等之旨一、可下令レ致二沙汰一給上候、恐々謹言、

永仁四年五月廿日　沙彌寂佛（花押）

謹上　飯田郷内野上惠良兩村地頭御中

野上文書

六五六　關東祗候輩不叶朝用拜任其職事

年次宣抄缺

一　關東祗候輩、不レ叶二朝用一拜二任其職一事　**永仁四**

右、向後可レ被レ止歟、

枝抄　宣抄　三抄

六五七　質券賣買地事

箇原作箇意改

記當作紀

關東御事書法

一　質券賣買地事　永仁五年三月六日　78

右、於二地頭御家人買得地一者、守二本條一、過二廿箇年一者、本主不レ及二取返一、至二非御家人并凡下輩買得地一者、不レ謂二年記遠近一、本主可レ取二返之一、

東寺百合文書京一ー一五

六五八
越訴事

一　越訴事　永仁五　三　六

右、自今以後、可レ停ニ止之一、但有ニ評定一令ニ落居一内、於ニ餘殘事一者、本奉行人可ニ申沙汰一、

六五九
質券賣買地事
年次據新追目錄註
向後吉本作自今已後
分同上無恐非
有諸式無恐非
違下同上有也

一　質券賣買地事79　(永仁五　三　六)

右、於ニ向後一者、不レ及ニ沙汰一、但被レ成ニ安堵御下文幷下知狀一分者、今更不レ可レ有ニ相違一、

六六〇
利錢出擧事
永仁五評據新追補
三六據新追目錄補、
新追作六一非

一　利錢出擧事　永仁五　三　六評

右、不レ及ニ尋成敗一、下知以後、縱雖レ申ニ子細一、非ニ沙汰之限一、

新式九〇—九二　近本三五三—三五五　新追七二・五九(但、第一條ナシ)　式追四〇・三四(同上)　吉本七(但、第二條ノミ)
大本二二(但、第三條ノミ)

自ニ關東一被レ送ニ六波羅一御事書法

六六一(六五八ト同ジ)
可停止越訴事
年次據勝文補
逐原作遂意改
棄原作奇意改下同

一　可レ停ニ止越訴一事　永仁五　三　六

右、越訴之道逐レ年加增、棄置之輩多疲ニ濫訴一、得理之仁猶亘ニ安堵一、諸人侘傺職而此

條々事勝文作擧
箇原作簡意改

六六二（六五九ト同ジ）
［質券賣買地事］
事書下建追註正安二
恐非
或令據新追補
或據同上補
箇原作簡據新追改
有據新追守記補
矣同上無

六六三（六六〇ト同ジ）
［利錢出擧事］
紀原作記據同上改
令據同上補
事書下新追註永仁三
恐非

六六四（六六一―六六三施行）
［越訴質券賣買地利錢出擧事］

由、自今以後可レ停ニ止之一、但逢ニ評議一而未斷事者、本奉行人可レ執ニ申之一、次本所領家訴訟者、雖レ准ニ御家人一、仍云ニ以前棄置之越訴一、云ニ向後成敗之條々事一、於ニ一箇度一者、可レ有ニ其沙汰一矣、

一　質券賣買地事 80

右、以ニ所領一或入ニ流質券一、或令ニ賣買一之條、御家人等侘傺之基也、於ニ向後一者、可レ從ニ停止一、至ニ以前沽却之分一者、本主可レ令ニ領掌一、但或成ニ給御下文下知狀一、或知行過ニ廿箇年一者、不レ論ニ公私之領一、今更不レ可レ有ニ相違一、若背ニ制符一、有下致ニ濫妨一之輩上者、可レ被レ處ニ罪科一矣、

次非御家人凡下輩質券買得地事、雖レ過ニ年紀一、賣主可レ令ニ知行一、

一　利錢出擧事

右、甲乙之輩要用之時、不レ顧ニ煩費一、依レ令ニ負累一、富有之仁專ニ其利潤一、窮困之族彌及ニ侘傺一歟、自今以後不レ及ニ成敗一、縱帶ニ下知狀一、不ニ辨償一之由、雖レ有ニ訴申事一、非ニ沙汰之限一矣、次入ニ質物於庫倉一事、不レ能ニ禁制一、

關東御教書、御使山城大學允同八月十五日京著

越訴并質券賣買地、利錢出擧事、々書一通遣レ之、守ニ此旨一、可レ被レ致ニ沙汰一之狀、

依レ仰執達如レ件、

永仁五年七月廿二日　陸奥守在御判 宣時

相模守在御判 貞時

上野前司殿宗宣

相模右近大夫將監殿宗方

東寺百合文書京一至十五　新追七四・六一（但、第二・三條ノミ）　式追四二・三六（同上）　守光公記〔守記〕永正十四年四月卅日條（但、第二條ノミ）　宣抄（同上）　枝抄（同上）　三抄（同上）　近抄（同上）　建追一六一（同上、節略文）　勝尾寺文書（勝文）　［參考］鎌記永仁五年三月六日條

六六五　買地作毛事

六六六　同地直錢事　違下異式諸式有也恐非

六六七　替錢事　分同上作平　永以下五字據新追式追補

六六八　借物事

一　買地作毛事

一　同地直錢事

兩條、被レ成ニ下知一分、不レ可レ有ニ相違一、

一　替錢事

利分者、任ニ證文一可レ有ニ其沙汰一　永仁五評定

一　借物事

可レ有ニ其沙汰一、

以前四ヶ條去月廿一日內評定（永仁五年三―五月）[81]

近本三五六―三五九　新式九三―九六　新本　諸式　新追三一・三二・五〇（但、第一・二・三條ノミ）　式追三〇（但、第三條ノミ）

六六九　借物幷預物事

一　借物幷預物事（永仁五年三―五月廿一日？）[82]

難ㇾ准㆓負物㆒、仍可ㇾ有㆓其沙汰㆒、

新追四九

六七〇　請所事

一　請所事　永仁五　六　一評云

不ㇾ可ㇾ違㆓沽却之地㆒間、不ㇾ及㆓沙汰㆒、

六七一　賣買地事

一　賣買地事　同評

可ㇾ糺㆓返作毛幷直錢㆒之旨、被㆓裁許㆒之處、不㆓敍用㆒之由、訴申輩有ㇾ之云々、於㆓作毛㆒者、任㆓先下知狀㆒、可ㇾ糺㆓返之㆒、至㆓直錢㆒者、准㆓負物㆒不ㇾ及㆓沙汰㆒、次一年作地事、被㆓裁許㆒之分者、可ㇾ被㆓施行㆒、次構㆓置質劵賣買地㆒之米穀・貨以者下事、買主可ㇾ為㆓進退㆒、

穀下慶本有錢恐是者左傍同上有抹消符恐是

六七二 賣買物直事

一 賣買物直事 同評

雖ㇾ准二負物一、仍可ㇾ有二其沙汰一、

新追三九—四一 式追二五(但、第三條ノミ) 慶本

六七三 替錢事

一 替錢事 永仁五 六 一 内評云

可ㇾ有二尋沙汰一、但可ㇾ加二利分一之由、雖ㇾ載二證文一、不ㇾ足二許容一、以二本物一可二辨償一、

新追四八 式追二八

六七四 借物事

一 借物事 (永仁五年六月一日?)[83]

可ㇾ有二其沙汰一、但可ㇾ加二利分一之由、書二載證文一者、不ㇾ及二沙汰一、

新式九七 近本三六〇 新追五一

六七五 質人事

一 質人事 永仁五 六 一評

於二見質一者、不ㇾ及二沙汰一、至二入質一者、可ㇾ依二劵契一矣、

新追八九

六七六 為訴訟人所生男女子事
同據原目錄補
生意補

一　為訴訟人所生男女子事（永仁五六一）同

妻女懷孕之後經三ヶ月、令賣其父之後、所生之男女子者、被付父哉否事、懷孕實否、假令以着帶為此證歟、以三ヶ月之證據、為其父之由、被定行之條、頗以為髣髴乎、

右以下十四字據吉本補

右條自極樂寺公文所就御尋勘錄

新追九〇　吉本八

六七七 逢縣越訴事

永仁五年九月廿九日評定、逢縣越訴事、為奉行人出仕引付、可沙汰之由、被仰出之、

鎌記 永仁五年

六七八 越訴等事

永仁六年二月廿八日評云、越訴被許之、84 但宗宣（大佛）、宗秀（長井）事切事者、不及沙汰、質券賣買、利錢出擧、向後被許之、

鎌記 永仁六年

六七九 質券賣買地事

一　質券賣買地事　永仁六　二　廿八

或成㆓給御下文幷下知狀㆒、或過㆓知行年紀㆒之地外、不㆑論㆓公私領㆒、可㆑返㆓付本主㆒之由、被㆑下㆓制符㆒畢、今更不㆑及㆓改變㆒、但自今以後者、不㆑能㆓禁遏㆒、任㆓前々成敗之旨㆒、可㆑有㆓沙汰㆒、

新追七五　［參考］鎌記永仁六年二月廿八日條

六八〇 利錢出擧事

一　利錢出擧事　永仁六　二　廿八

不㆑可㆓尋成敗㆒之由、同雖㆑被㆓定下㆒、於㆓向後㆒者、子細同前、

新追六〇　式追三五　［參考］鎌記永仁六年二月廿八日條

六八一 九州大社以下修造事

書意補
被意補

九州大社以下修造遲怠、恆例佛神事淩夷事[85]、去年十二月一日關東御敎書幷事書如㆑此、任㆘被㆓仰下㆒之旨㆖、可㆑令㆓興行㆒之由、相㆓觸薩摩國中院主等㆒、且濫惡不法之輩者、不日可㆑被㆑注㆓申交名㆒也、仍執達如㆑件、

永仁七年二月廿四日　前上總介（實政）在判

（島津忠宗）下野守殿

六八二 庶子公事對捍事

捍原作押意改

正安元年正月十日評、公事間事、庶子無沙汰之時、惣領於二經入分一者、以二用途一倍一可レ辨之旨、先度被二定下一畢、若猶對捍者、可レ被レ收二公所領五分一一云々、

錄記正安元年

六八三 請所事

一 請所事 永仁七 二

寛元以前請所者、不レ可二顛倒一之由、先度雖レ被二定下一、御口入地之外、於二承久以後請所一者、自今以後、可レ爲二本所進止一、

新追四二 新式一三〇

六八四 西國堺相論事

堺新式作境

諸原作法、遣原作遺 並意改

一 西國堺相論事

以二弘安八年六月十一日一、被レ仰二六波羅一條々內、於二領家一人之所一、有二地頭相論事一者、任二舊儀一可レ被二沙汰一、次關東御一門御領與二京都御領一堺事、可レ爲二聖斷一條、不レ可レ違二式目之文一云々、條々諸事、所レ被二書遣一也、早守レ法可レ被二成敗一之狀、依レ仰

御新式無

執達如レ件、

正安二　七　五　　　　陸奥守（宣時）　御判

上總前司殿（實政）　　　相模守（貞時）　同

近本三八〇　新式一一七

條々新式缺

六八五（六八四ト同ジ）西國堺相論事

六八六　讓所領妻女事

六八七　七十以後讓事

86 條々　（正安二年七月五日？）

一　西國堺相論事

任二弘安八年御教書一、可レ致二其沙汰一、且案所レ被二寫下一也、

一　讓二所領妻女一事

任二式目一可レ有二其沙汰一事、

一　七十以後讓事

不レ可レ有二其難一矣、

近本三七三―三七五　新式一一〇―一一二　新追三二八・三五一（但、第二・三條ノミ）　式追一六一―一八二（但、第二條事書及第三條ノミ）　〔參考〕　建追二〇〇

六八八—六九八
條々　壬原作三據近イ本改
評定可、申並據近本補
對問吉本作問答　此條後同上註以上永仁六年
可原作事據近本改
條上近イ本有右事或當作也　判上諸本有御

條々87

正安二　壬七　十九　但馬前司渡之

一　召文事、止二問狀一、御使催促共可レ為二三ヶ度一事
一　召文事、停二止國雜色一、可レ被レ仰二當國守護幷近隣地頭御家人等一事
一　於二引付一、可レ有二御下知取捨一事
一　評定事書、頭付幷繼目封事、當日可レ令レ申二沙汰一事
一　急事外、於二引付座一、不レ可レ書二御教書以下一事
一　自二評定一被二勘返一沙汰事、不日加二談議一、後日評定可レ覆二勘申一事
一　頭人幷開闔仁退座沙汰事、可レ渡二他方引付一事
一　諸人代官、除二退座分限一、可レ令二停止一事
一　對問時一方人數兩三外、堅可レ禁二制一事
一　京下幷無足訴人、及二年序一沙汰事、急速可レ申二沙汰一事
一　淸書仁令レ書二上御下知一者、頭人封レ裏直可レ下二訴人一事
條々諸事、所レ被二書遣一事、早守二此旨一可レ被二成敗一之狀、依レ仰執達如レ件、

正安二年七月五日　　陸奥守(宣時)・判

上總前司(實政)殿　　　　相模守(貞時)・判

新式九八—一〇八　近本三六一—三七一　吉本二三—二六(但、第一・五・七・九條ノミ)　新本

六九九 構不實致濫訴輩事

一　構二不實一致二濫訴一輩事

右、詐僞罪名不レ輕之處、近年致二濫惡一之輩、動企二謀訴一、爲レ世爲レ人、不レ可レ不レ誡、然則訴訟之趣甚奸曲者、可レ被レ沒二收所領一、無二所帶一者、可レ處二流刑一、至二郎從以下一者、可レ召二禁其身一、但隨二事之躰一、可レ有二輕重一歟、

正安二　七　七

新式一一五　近本三七八　新本

七〇〇 鎮西評定衆可致忠勤事

一　評定衆殊可レ致二忠勤一之處、多以不參云々、甚無二其謂一、於二如レ然輩一者、嚴密可レ被二注進一之狀、依レ仰執達如レ件、

正安二　七　七　　　　陸奥守(宣時)・判

判上新本有御　　　　相模守(貞時)・判

（實政）
上總前司殿

新式一一六　近本三七九　新本

七〇一
牒使來着時在所幷問答法事

一　牒使來者着時、在所幷問答法事

任二先例一可レ令二斟酌一矣、異賊防禁條々、以二大藏五郎入道惠廣、依田五郎左衛門尉

者恐衍
異以下恐當改行

行盛一、所二仰遣一也者、依レ仰執達如レ件、

判上近本新本有御

正安二年七月十日

（宣時）
陸奥守・判
（貞時）
相模守・判

（實政）
上總前司殿

新追二六五　新式一〇九　近本三七二　新本

七〇二
豐後國津々浦々船事

豐後國津々浦々船事、爲レ被レ鎭二海賊一、不レ論二大小一、隨二船見在一、輙難二削失一之樣、

彫ニ付在所幷船主交名於彼船一、來月中可レ被レ注ニ申員數一、且有二海賊之聞一者、守護地

頭沙汰人等、構二早船一、不レ廻二時剋一、可レ令二追懸一、然者、乘人者縱赴二陸地一、雖レ令二

逃脫一、至レ船者、令二棄置一之時、船主之所行歟、他人之借用歟、尋ニ明之一者、可二露

顯一之故也、又追懸之時、乍二知及一、不二合力一之輩者、可レ被レ注二進交名一、仍執達如レ件、

正安三年三月廿七日　前上總介（實政）（花押）

下野彥三郎左衛門尉殿（島津久長）

島津家文書之一

七〇三　所領配分事　年次據鎌記武記註

一　所領配分事（嘉元々年六月十二日）88

不レ論二老若一、不レ依二病有無一、令二配分一之時者、可レ書二下外題於讓狀一、次月卿雲客事、如レ元加二斟酌一可二申沙汰一也、

新追三四二　式追一七四　吉本一四　［參考］鎌記嘉元々年　武記中、嘉元々年

七〇四　殺害刃傷打擲事　年次新追式追無、宜參看補註　年月日新式無

一　殺害刃傷打擲事89

侍所方　乾元二年六月十二日評定

被レ載二式目一之上者、不レ及二子細一、至二凡下之輩一者、殺害者被レ處二斬罪一、刃傷者被レ遣二伊豆大嶋一、打擲者禁獄可レ爲二六十日一歟、

吉本一　新追九九　式追五四　新式一三六　宣抄　枝抄　近抄　三抄

七〇五
夜討強盜山賊海賊等事
年次吉本無而宣抄無恐非
人下慶本追記及恐是所宣抄無

一　夜討強盜山賊海賊等事　乾元二　六

彼輩可㆑被㆓斷罪㆒之旨、被㆓定置㆒歟、而大略被㆑處㆓流刑㆒之間、或於㆓配所㆒致㆓惡行㆒、或歸㆓本國㆒犯㆓重科㆒、依㆑之、預人等重者被㆑分㆓召所領㆒、輕者被㆑行㆓過怠㆒、匪㆓啻惡黨等倍增㆒、剩御家人・侘傺歟、至㆓無㆑所㆑遁之輩㆒者、可㆑處㆓斬罪㆒之旨、可㆑被㆓仰下㆒歟、但於㆓御家人㆒者、經㆓評議㆒可㆑有㆓斟酌㆒歟、

新追一一八　吉本二　宣抄　枝抄　三抄　慶本

七〇六
竊盜事
年次據原目錄註其下式追有身

一　竊盜事　（乾元二）90

或配流、或禁獄、爲㆓御家人之煩㆒之條、同前、仍於㆓初度㆒者、可㆑捺㆓火印於其・面㆒、及㆓三ヶ度㆒者、可㆑被㆑誅歟、但至㆑侍者雖㆑爲㆓一ヶ度㆒、可㆑被㆑處㆓遠流㆒歟、

新追一一六　式追六五　吉本三　宣抄　枝抄　三抄

七〇七
博奕事

一　博奕事　（乾元二）

年次據原目錄註
者下吉本有依時

七〇八
放火人事
人新追一二七條無
年次據原目錄註
可據新追一二七條宣
抄補
由下恐當有可
歟下吉本有子細同前

七〇九
勾引人事
年次吉本無
盜同上作竊恐非

於㆑侍者、可㆑有㆓斟酌㆒歟、至㆓凡下㆒者、一二箇度者、被㆑切㆑指、及㆓三箇度㆒者、可㆑被㆑遣㆓伊豆大嶋㆒也、

新追一五七　式追八五　吉本六

一　放火人事　（乾元二）

可㆑准㆓盜賊㆒之由、被㆓仰下㆒歟、

新追一二三・一二七（重出）　吉本四　宣抄

一　勾引人事　乾元二

爲㆓賣買㆒專㆓其業㆒之輩、准㆓盜賊㆒可㆑有㆓其沙汰㆒、向後守㆓此法㆒、可㆑被㆓施行㆒、先日罪名分輩、惡黨、殺害、謀書以上重科之外、竊盜、刄傷、博奕、謀略以下輕罪、不㆑謂㆓年紀之遠近㆒、悉可㆑被㆓厚免㆒歟、

新追一二三　吉本五

關東御下知內要段

七一〇 公私修理替物事
制原作副意改
十據若狹守護代貞房遵行肰補、宜參看補註

一 公私修理替物事

右、臨時課役不レ可レ充二土民一之由、被レ載二制符一畢、向後爲二地頭役一、不レ可レ譴二責土民一、

嘉元二年二月十二日[91]

相模守（師時）御判

左京權大夫（時村）御判

駿河守殿（北條宗方）

東寺百合文書ツ自一至十

七一一 麥地子事

修理替物幷麥地子事[92]、御教書如レ此、早任下被二仰下一之旨上、可レ令レ相二觸若狹國地頭御家人一狀如レ件、

嘉元二年二月十八日

（北條宗方）在御判

東寺百合文書ツ自一至十

七一二 被成安堵御下文所領事
背原作有據武記改
濫同上作謀或是
然者原作就之據同上改
於原作至據同上改

延慶二年五月廿七日評云、被レ成二安堵御下文一所領事、右背二御下文一恣押領之條、太以奸濫也、然者於二所領一者、任二御下文外題一、可二沙汰付一、至二相論一者、就二理非一可

㆑被㆓成敗㆒、自今以後、若背㆓此制法㆒者、可㆑被㆑收㆓公所領㆒、無㆓所帶㆒者、可㆑被㆑處㆓流刑㆒矣、

鎌記延慶二年　武記中、延慶二年（但、節略文）

七一三　苅田狼藉事

延慶三□二評云、苅田狼藉事、於㆓向後㆒者、付㆓檢斷之沙汰㆒、嚴密加㆓制止㆒、可㆑注㆓申子細㆒之由、可㆑被㆑相㆓觸守護人㆒也、

武記中、延慶三年

七一四　路次狼藉事

正和四、路次狼藉事、於㆓檢斷㆒可㆑有㆓沙汰㆒之旨、六廿三自㆑評被㆑仰㆓出之㆒、[93]

武記中、正和四年

七一五　守護注進狀事

文保元五廿五評云、守護注進可㆑載㆓起請之詞㆒云々、自㆓關東㆒被㆑仰㆑之、

武記中、文保元年

七一六　麥地子事

當年麥地子事、去年十一月十七日關東御敎書、幷今年三月廿九日鎭西御施行案文如

㆑此、早任㆘被㆓仰下㆒之旨㆖、不㆑可㆑被㆑充㆓課士民㆒候、仍執達如㆑件、

元亨二年四月一日　　　　　大宰少貳（貞經）（花押）

三奈木志賀次郎殿

志賀文書　二

七一七　國領地頭等可濟年貢事

事書宣抄缺
年次貞本運本無
二成追又本作七
京宣抄作未非
可被成追又本貞本運本無恐非
状下成追又本有歟
時據成追又本補
者同上無或是
所據同上補

一　國領地頭等可㆑濟㆓年貢㆒事　元亨二　正　十二

右、臨㆓西收之期㆒者、致㆓急速之沙汰㆒、翌年二月可㆑令㆓皆濟㆒、縱又雖㆓京進㆒不㆑可㆑過㆓六月㆒、若抑留之由、雜掌訴申者、遂㆓結解㆒可㆓辨償㆒之旨、可㆑被㆑下㆓奉書㆒、不㆓敍用㆒者、託㆓使者㆒可㆑催㆓促之㆒、即及㆓參對㆒請㆓勘定㆒者、可㆑遣㆓其道㆒之由、可㆑成㆓下知状㆒・、結解難澁之輩者、任㆓申請員數㆒可㆓成敗㆒、猶對捍者、重以㆓使者㆒尋㆓問實否㆒、未濟之條無㆑所㆑遁者、可㆑改㆓所職㆒・於㆓催促幷究濟期日㆒者、且依㆓其地遠近㆒、且就㆓未進多少㆒、隨㆓事躰㆒可㆓斟酌㆒也、

次前國司時未濟分事、自今以後者、可㆑辨㆓于先司㆒矣、

次同所領請所事、前々蒙㆓下知㆒預㆓御口入㆒地之外者、可㆓顚倒㆒、但康元々年以前者、雖㆑爲㆓私和談㆒、不㆑可㆑有㆓相違㆒、弘安七年以後者、縱帶㆓裁許状㆒、宜㆑任㆓國司之意㆒

焉、

新追二八三　成追又本三〇　貞本三一　運本三一　京本三二　蘆抄　敦注　宣抄（但、節略文）　枝抄　三抄

一　訴論人禁忌事　（元亨二年正月十二日・同日）

右、就二御使催促一、企二參上一之輩、稱二禁忌一自由歸國之條、甚不レ可レ然、於二向後一者、奉行人則令レ披二露事由一、可レ隨二彼左右一、無二其儀一令二下國一者、不レ及レ遣二召符一、以二難澁之篇一、可レ被二裁許一也、

次當參輩事、奉行人遣二使者一之後、號二禁忌一不レ承二許否一、經二日數一者、可レ處二違背一之條同前、

成追又本三一　貞本三二　運本三二　京本三三　蘆抄　敦注　東大寺文書（東文）第四同九十二

年代未詳

一　令レ逃二雜人一咎分限事

右、拘二置人下人一之處、本主人與二雜人一遂二問注一之日、地頭爲二雜人方人一、以二代官一

七一八
訴論人禁忌事
同日貞本運本東文無
年次據前條註
右東文無
則同上作卽
令下國、遣並同上無
者下同上有重
也下貞本運本有矣
次以下原接續於前行
據東文移
事貞本運本無恐非
條東文作咎恐是
前下原有也據同上削

七一九
令逃雜人咎分限事

雖㆑遂㆓對決㆒、任㆓相傳㆒可㆓召渡㆒之由、蒙㆓御成敗㆒、本主人行向、欲㆓請取㆒之處、乍㆑有㆓
其庭㆒、自㆓後園㆒彼奴令㆓逃失㆒畢、仍差㆓日限㆒、不㆑尋㆓出于其內㆒者、可㆑有㆑咎之由、雖
㆑被㆓仰含㆒、于㆑今不㆓尋出㆒之咎、分限傍例不審候、本主人有㆓道理㆒者、辨㆓其代㆒之外、
不㆑可㆑有㆓別科㆒候、本主爲㆓顯然之僻事㆒者、不㆑及㆓沙汰㆒候歟、

問注所返答　　　　執筆長田

近本一四一　新追三六五　式追一九五

問以下九字新追式追無
注所原作住書意改

七二〇
爲質物被押取子息所從等雜人事

十近本作廿非
自者至年十七字同上脫
人原作入據原一本式追改

一　依㆑不㆑償㆓負累㆒、爲㆓質物㆒被㆓押取㆒子息所從等雜人事
如㆓式目㆒者、奴婢雜人事、無㆓其沙汰㆒過㆓十ヶ年㆒者、不㆑論㆓是非㆒、不㆑及㆓改沙汰㆒云々
者、被㆑押㆓取質人㆒之後、不㆑經㆓訴訟㆒、不㆑致㆓其辨㆒、空過㆓十ヶ年㆒者、件質人可㆑爲㆓
物主之進退㆒也、不㆑過㆓十ヶ年㆒之負物者、致㆓一倍之辨㆒、可㆑被㆑糺㆓返質人㆒歟、

新追九一　式追五一　近本一四二

七二一
西國海賊事

一　西國海賊事94
右、國々被㆓下知㆒之趣、尤神妙、件兵士事者、有㆓對捍之輩㆒者、爲㆓守護人之沙汰㆒、

七二二 篝火夏間可被成燈爐否事

此條本文缺

七二三 大番衆令逃失召人罪科事

七二四 關東御家人召仕輩訴訟事

下蓋誤字

輩原作事意改

可レ被レ注二-進交名一也、於二同船事一者、依二其咎一令二沒收一、令二搦進一之輩、可二充給一也、其子細被レ仰二-含清賢一也、

一 篝火夏間可レ被レ成二燈爐一否事

一 大番衆令レ逃二-失召人一罪科事

右、隨二召人輕重一、可レ行二罪科一之由式目、先日被二定置一畢、然以二其趣一令レ加二下知一事、關東御家人爭不二敍用一哉、可レ計二-行其科一也、若又不二承引一之輩、可レ被レ注二-進交名一也、

近本二二三—二二五　侍篇六四—六六　新追二五五・一四八（但、第二條缺）　式追一四四（但、第一條ノミ）　事紀

一 關東御家人、以二京都住人一、或代官或爲二雜掌一召仕之處、件輩非二其所沙汰一付二他事一、依二下人沙汰一、令レ申二訴訟一事、於二其所事一者、尤可レ令二申沙汰一、以レ被レ召二-仕于代官一、京都輩幷緣者訴訟於二執申一者、不レ可レ及二沙汰一、但身上事者、隨二淺深一依二時儀一、可二計沙汰一也、

近本二三四

七二五 京都狼藉人武士下人等逃籠權門屬諸方致沙汰事
逃原傍書新追式追作引

一 或京都狼藉人、或武士下人、逃二籠權門一之間、依レ令二申沙汰一、自二其所一被レ放之時、彼輩屬二諸方一致二沙汰一事、被レ付二沙汰一之時、其科難レ遁之間、彼狼藉人改二其所一、屬二權門一之條、無二其謂一、所詮付二初所一可レ有二沙汰一、

近本二三五　新追一四九　式追八一

七二六 可抑御下知施行由自貴所被仰事

一 就レ被レ下二御下知状一、令二施行一之處、被レ申二關東一之間、暫可レ抑之由、自二貴所一被レ仰事、善惡就二御下知一所レ令二施行一也、被レ申二子細於關東一條、不レ及二支申一、依レ其不レ能レ抑二施行一之由、可レ被二返答一也、

近本二三六

七二七 侍所京都大番役事
侍所或當爲事書肩註次條亦同

一 侍所 京都大番役事
雖二未役國未役人一、有二其沙汰一、可レ被レ結二延年限一、

七二八 侍所惡黨人事

一 侍所 惡黨人事
可レ被レ鎮二沙汰一之由、可レ被レ仰二守護人一、猶致二緩怠一者、可レ被レ處二罪科一、

七二九 侍所并檢非違所召人事

一 同所并檢非違所召人事

任罪原作浮沈、忩原作怱並意改
汰下侍篇有焉

・任二罪輕重一、忩可レ有二沙汰一・、

近本二六〇―二六二　侍篇七四―七六　新追二二〇・二三五・二三六

七三〇
爲闕所被充行給人地依本主訴訟可被返付否事
一據新本補　處原作儀據新本改
之原作候據同上改
旨原作間意改
及原作改據新本改

・一　爲二闕所一被レ充二行給人一地、依二本主訴訟一可レ被二返付一否事

依レ有二其咎一、被レ處二罪科一、彼所領等被レ充二行給人一之處、捧二召文一稱二本領主一、可二返給一之旨、訴申輩繁多云々、既先領主之時不レ及二訴訟一之上者、無二其理一者歟、所詮先領主任二知行之旨一、可レ被レ下二御下文於當給人一歟、

新式一四三　新本下一五五

七三一
隱田咎事
一原在次行意移
拘惜原作物借意改

・一　隱田咎事

遣二實檢使一、隱田致二露顯一者、年々隨二無沙汰員數一、早速可レ辨二濟之一、若猶令二拘惜一者、不レ論二理非一、於二彼下地一者、可レ被レ沒二收之一矣、

新式一四四　新本上一

七三二
殿中奉公事

一　殿中奉公事

右、他所奉公之仁等、寄二事於左右一、違二背本所一、或參二候自身一、或擧二進子息一、致二奉公一、不レ可レ然之間、永可レ令二停止一也、

近條一四六　貞式一〇〇

七三三　人倫賣買事

也恐當作由

一　人倫賣買事

守二延應　宣下狀一、被二停止一也、去年重被二仰下一畢、然者、不レ可レ違二前々延應例一也、自今以後、一向可レ被二停止一也、

新追八〇　式追四五

七三四　人質事

平原作乎意改

一　人質事

奴婢爲二質物一令レ入二置于人許一事、不レ可レ有二利平一、但可レ依二證文一、於二質所一令レ生レ子者、辨レ錢令レ出二其身一之時者、彼子可レ爲二主人之進退一、

新追八四

七三五　竊盜幷博奕人等事

一　竊盜幷博奕人等事

於二今日以前一者、不レ謂二年紀遠近一、可レ被二赦免一、但且依二贓物一、且随二事躰一、可レ被二
用捨一、

新追一一九

七三六
侍所政所勾引人々賣事
侍所政所或當爲事書
肩註

一 侍所、政所、勾引人、々賣事
件族、任二本條一可レ處二罪科一也、而鎌倉中并諸國市廛間、多有下專二此業一之輩上云々、
至二諸國一者、仰二守護地頭等一、慥可二斷罪一、於二鎌倉中一者、可レ被レ捺二火印於其面一、

新追一二八

七三七
鷹狩事

一 鷹狩事
度々嚴制之處、普違犯之由有二其聞一、令二露顯一之輩者、可レ被レ分二召所領一也、且不
レ謂二敵對之有無一、地頭御家人相互就レ差二申之一、可レ有二其沙汰一、次供祭鷹事、雖レ爲二
神領一、社司之外、固可レ停二止之一、但諏方社御射山五月會頭人事、異二于他一之間、於二
信濃國一者非二制之限一、至二他國一者可レ禁二制之一、次賣買在所事、同前、且嚴密可レ相二觸
諸國守護人一之旨、可レ被レ仰二沙-汰侍所一、次鎌倉中繋レ鷹事、可二停止一之由、同前、

新追一八四　式追一〇六

七三八
諸國守護人非法事
被、致據刑本補
目下恐當有者
謀叛據刑本補

一　諸國守護人非法事
沙汰之法被レ定二式目一畢、而背二彼狀一近年殊致二非法一之由、多有二其訴一、所詮如二式目一、大番催促、謀叛殺害人、付夜討、強盗、山賊、海賊、等事也、此外於レ致二非法一者、可レ注二進交名一也、爲レ國爲レ人不レ可レ不レ誡、此上猶背二式目一致二非法一者、可レ被レ召二守護職一之由、可レ被レ仰二六波羅幷守護人及御家人等一也、

新追一九四　刑政總類本追加［刑本］

七三九
御所修理替物事

一　御所修理替物事政所
兩條不レ可レ充二課百姓一、以二地頭得分一、可レ致二沙汰一、

七四〇
椀飯用途事

一　椀飯用途事

七四一
臨時役事

一　臨時役事同
殊大營之外、一向可レ停二止之一、縱雖レ充二催之一、不レ可レ懸二百姓一、以二地頭得分一、可レ致二沙汰一、

七四二
諸家修理替物事

一　諸家修理替物事同
不レ可レ充二課百姓一、且不二朽損一者、可レ用二古物一、

七四三 五節供事

一 五節供事
不レ可レ充二課百姓一、
新追三一五—三一九 式追一五一・一五二(但、第三・四條ノミ)

七四四 讓與外孫物不可悔返否事

一 讓二與外孫一物、不レ可二悔返一否事
讓二與外孫一之物財、令二悔還一事、法家不レ許レ之歟、如二式目一者、讓二與女子一之所領、向背之時、可レ任二父母之意一之由被レ載レ之、然間和二與外孫一之物准レ之、可レ爲二外祖父母進退一之由雖二相存一、無下被二定下一旨上之間、輙難二是非一歟、然則且依二證文一、且隨二事躰一、可レ有二斟酌一歟、
新追三二三 式追一五六 枝抄 三抄 近條一七

旨原イ本作狀恐非

七四五 和與他人物可悔返否事

一 和二與他人一物、可二悔返一否事[95]
於下相二憑人一之輩上者、不レ可レ對二論本主子孫一之由、被レ載二式目一畢、此外和二與他人一之物、任二法意一不レ可二悔返一歟、是又就二證文一可レ有二斟酌一歟、
新追三四九 式追一八〇 宣抄 枝抄 三抄

第三部　參考資料

一　諸寺諸山僧徒兵具事

當山事、關東御敎書如レ此、諸寺諸山僧徒之兵具者、殊被レ加二禁制一之上、當寺止住之禪侶者、專可レ被レ守二大師御遺誡一之處、違二背彼狀一、偏被レ好二弓箭兵具一之由、都鄙有二其聞一歟、佛法破滅之基、尤以不便、爭不レ被二驚歎一哉、仍所レ差二遣本間左衛門尉忠家、賀島左衛門尉盛能一也、彼兵具等尋二搜坊々一、於二大塔之庭一、可レ令二燒失一候也、仍執達如レ件、

(追筆)「安貞二年」
十一月廿八日　　修理權亮(時氏)(花押)
　　　　　　　　掃部權助(時盛)(花押)

高野山檢校御房

高野山文書之一 寶簡集四十四

二　法師兵具禁制事

寬喜二年四月廿七日、戊子、晴明、宰相明日季御讀經定參之由示送、近日法師兵具禁制、96 惡僧多搦取、爲二河東沙汰一遣二關東一云々、雖二一旦一可レ謂二大切一、但惡徒之富

者定帶二兵具一、而安堵貧法師當二遠行仁一歟、(後略)

明月記同日條

三 爲洛中守護可置武士事

爲二洛中守護一、可レ被レ居二-置武士於縦横大路之末々一候、而當寺領唐橋南大宮東角其便宜候云々、被レ立二-替他所一候哉之由所レ候也、恐々謹言、

嘉禎四年
五月廿四日
(泰時)左京權大夫在判
(時房)修理權大夫在判

東寺執行御房

東寺百合文書イ一之二十四　〔參考〕崎山文書

四 篝屋事

校正了

東寺車宿跡地唐橋南大宮東角篝屋事、寺解謹給候了、於レ篝者、雖下被レ止二大番衆之勤役一候上、以二在京武士一、可二守護一之由、被レ下二關東御教書一候之間、令レ下二知其旨一候、一向非二停止之儀一候、雖レ然、可レ令レ言二-上此由於關東一候、以二此趣一可レ有二御披露一候乎、恐惶謹言、

寛元四年

五　寺社供僧事

正月十九日　　相模守重時　在裏判

東寺百合文書イ一至二十四

寺社供僧事、於㆓亂行之仁㆒者、不㆑可㆑然之間、可㆑被㆓改補㆒也、自今以後、隨㆓聞及㆒無㆓容隱㆒可㆑被㆓注申㆒、若自㆓他所㆒有㆓其聞㆒者、可㆑爲㆓不忠㆒也者、依㆑仰執達如㆑件、

建長二年十一月廿八日　　相模守(時賴)(花押)

陸奥守(重時)(花押)

若宮別當法印御房

鶴岡八幡宮文書

六　贓物事

(懸紙ウハ書)
「(追筆)「明應七七五
于㆑時執事代へ尋□」
(親孝)
蜷川新右衛門尉殿進之候　　諏方信濃守

貞通」

就㆓盜物之儀御法事尋承候㆒、以㆓建長七追加之旨㆒注申候、盜人令㆑賣㆓買贓物㆒者、忽所犯可㆑令㆓露顯㆒之間、竊以㆓贓物㆒入㆓質物㆒、令㆓借用㆒之處、彼盜主見㆓付質物㆒之時、錢主稱㆓世間之通例㆒、不㆑知㆓其仁幷在所㆒之由申㆑之云々、所存之旨甚以不當、於㆓自今

以後一者、入二置質物一之日、可レ令レ尋二知負人交名在所一、若沙汰出來之時、至レ不レ引二手次一者、可レ令レ處二盜人一之旨在レ之、以二彼法一古今御用候、可レ被レ成二其御意得一候、猶期レ面候、恐々謹言、

七月五日　　貞通(花押)

蜷川新右衞門尉殿
進之候

蜷川文書十八集

七　正稅官物所當事

一　新田申者、大檢注之年不也、自二後年一者、所當米令二辨濟一事、皆以先例也、而今於二下司職一、號二新田一、一向押領仕、過分懸二所當一、百姓令二呵責一條、上之爲御之公損申、百姓等歎煩申、旁以無レ術愁傷也、設又雖レ爲二新田一、何自二領家御方一無二御沙汰一哉、既關東御下知、於二正稅官物所當一者、領家專可レ爲二御進退一之御下知狀顯然也、付二惣別一、可レ有二御沙汰一者也、

凡下司內々非法、百姓等於譴責仕事、取レ喩無レ物、公私不法被二停止一者、百姓安寧計、何事如レ之哉、早經二賢政之御沙汰一、擬レ被二停止一之狀如レ件、

正嘉三年三月　日

高野山文書之四 又續寶簡集三十四

八　國々夜討强盜事

□關東代□□□及覺圓能高弘高等狀、蒙二御成敗一、被レ行二其身於罪科一、所領浦部內白魚住人九郎入道行覺、或捧二度々棄破承元三年尋覺讓狀案一、令レ競二論地頭所務一、或父祖等□不レ被二召仕一□相並由及二□論一、好招二罪科一事、（中略）

右、小値賀浦部者、（中略）正元々年十二月七日、國々夜討强盜事、不レ可二見聞隱一之由、可レ召二-進地頭御家人等起請文一之旨、被レ下二關東御敎書一之間、宰府守護所如下被二施行一之狀上者、守二御敎書之旨一、自今以後者、不レ可レ隱二-置惡黨一、不レ可レ有二見聞隱一之由、始レ自二貴殿一、不レ漏二御所領住人等一、可レ書二-給起請文一云々、（中略）者、早停二止非據濫訴一、爲レ被レ行二其身於罪科一、重披陳言上如レ件、

嘉元三年三月　日

靑方文書二

紀伊國阿弖河上庄地頭藤原光信謹言上

欲㆚早被㆑停㆓止預所播磨法橋條々新儀非法㆒、無㆑由糺㆘返所㆑被㆓召取㆒地頭下人幷庄官百姓等㆖、令㆙㆑勤㆓仕八條殿番役㆒間事、

件子細、當庄者、去建久八年　右大將家之御時、親父宗光（湯淺）法師始令㆑補㆓任地頭職㆒之以降、所務之次第、于㆑今無㆓相違㆒知行來之處、預所播磨法橋近年以㆓新儀㆒申㆓下領家　櫻井親王宮數多之御力者㆒、致㆓條々新儀非法㆒之・、無㆑術次第也、

之下恐當有條

九 臨時課役以下事

就㆑中當年者依㆑爲㆓諸國平均之飢饉㆒、自㆓關東㆒、停㆓止臨時之課役㆒、不㆑可㆑禁㆓制山海㆒之由、被㆑下㆓御敎書於諸國㆒之間、或所者開㆓領家之御倉㆒、與㆓粮於百姓㆒、或所者止㆓領家方恆例臨時之公事㆒、被㆑成㆓撫民儀㆒之處、預所自㆓去六月比㆒不㆑下㆓行一塵之粮米㆒、放㆓付御力者㆒、令㆑責㆓採數千物材木㆒之間、依㆑不㆑顧㆓妻子之活計㆒、令㆓餓死㆒之輩不㆑知㆓其數㆒、是併爲㆓預所㆒被㆓苛責㆒故也、（中略）仍粗言上如㆑件、

正元々年十月　日

高野山文書之五又續寶簡集五十七

一〇 差遣御家人於鎭西事

97 蒙古人可㆓襲來㆒之由、有㆓其聞㆒之間所㆑差㆓遣御家人等於鎭西㆒也、早速自身下㆓向肥後國所領㆒、相㆓伴守護人㆒、且令㆑致㆓異國之防禦㆒、且可㆑鎭㆓領內之惡黨㆒者、依㆑仰執達

如レ件、

文永八年九月十三日　　　　相（時宗）模守（花押）

小代右衞門尉子息等　　　　左（政村）京權大夫（花押）

小代文書乾

一一 要害警固幷惡黨沙汰事

肥前筑前兩國要害警固事、幷豐後國中惡黨沙汰事、今年三月廿五日守護所御書下如レ此、子細被レ載レ狀候、早且守レ狀且無ニ左右一不レ可下令レ棄ニ件要害役所一給上候、仍爲ニ其沙汰一、景泰令ニ下向一候也、恐々謹言、

文永九年卯月廿三日　　　　藤原景泰（花押）

野上太郎殿

諸家文書纂十、野上文書

一二 可與立舊御家人跡事

若狹國太良御庄内末武名主中原氏女重言上、（中略）

右、當名者、重代御家人丹生出羽房雲嚴相傳之間、讓ニ與中衞門尉時國一畢、子細見ニ于讓狀一、仍進ニ覽之一、而自ニ本所一御改易之間、空罷過之處、當國舊御家人之跡、任ニ

右大將家御時注文一、可二興立一之由、依レ被レ下二關東六波羅殿御教書一、其數被二興立一、(中略)且舊御家人之跡可レ被二興立一之由、去々年重被レ下二關東六波羅殿御教書一畢、適所レ被二興立一當名、何可レ有二御改易一哉、然者、如レ元爲二返給一、重言上如レ件、

文永十二年二月　日

東寺百合文書京一至十五

一三　蒙古人襲來事

蒙古人襲三來對馬壹岐一、既致二合戰一之由、覺惠(少武資能)注　申之間、所レ被レ差三遣御家人等一也、早來廿日以前、下三向石見國所領一、彼凶徒寄來者、隨二守護人之催促一、可レ令二禦戰一、更不レ可レ有二緩怠一之狀、依レ仰執達如レ件、

文永十一年十一月三日

武藏守(長時)98(花押)

相模守(時宗)(花押)

充所缺

長府毛利文書六

一　小笠原備前守持長申、備中國草間村惣領職付、庶子分同村内宮地條事

就二雅樂修理亮持忠讓與一、(持長爲二持忠之甥一、)守護人非分押領由申レ之、御定、不知行之文書相

一四 叔姪近親文書相傳事

一五 二季彼岸幷六齋日殺生事

一六 近國幷西國浦々關々武士濫妨停止事

文應式目宜參看第二部三二六條

續如何、仍被レ訪二評定衆同奉行人等意見一之處、爲二叔姪近親一、文書相傳事、被レ載二文永追加一之上者、不レ能二左右一之旨、言上訖、然承久以來證文分明也、任二持忠讓與一、可レ被レ成三下安堵於持長一、至二宮地條一者、雖レ帶二貞治御下文一、爲二吉備津宮領一之旨、守護人注進之間、可レ被レ除レ之矣、

永享二年十二月廿三日　　（松田）對馬守貞淸（花押）

御前落居記錄

□月八日被レ遣二守護（淡路）人淡路四郎左衛門入道（長沼宗泰）一關東[御敎書]?者、一、二季彼岸幷六齋日殺生事、右前□處違犯之由有二其聞一、尤招二罪科一歟、可レ令二禁斷一□當社供祭事、如二貞應御下知文永六波羅下知一者、近國幷西國浦々關々者、停三止武士濫妨一、可レ令〔　〕云二論所一、云二篇目一、爲二國各別御下知一之旨、有蓮雖□西國浦々關々之由被レ載レ之、不レ及二子細一矣、次二[季]彼岸六齋日殺生事、弘安關東御敎書明白之旨、有蓮又雖レ號レ之、如二文應式目一者、至レ有レ限神祭之供祭一者、非二制限一云々、旁不レ及二異儀一矣、然則於レ有レ限神祭漁一者、不レ可二違亂一焉、次破三損網一、與二恥辱於供祭人等一之旨、雜掌雖レ申レ之、有蓮論申之上、無下指實證一之間、不レ及二沙汰一矣、仍下知

之狀如レ件、

德治二年十一月廿三日　越後守平朝臣（貞顯）（花押）

賀茂別雷神社文書一

一七　逃死亡跡事

被當作彼

紀伊國阿弖河御庄上村百姓重言上

欲下經二早速御沙汰一被上停二止縱橫新儀一、當地頭殿條々非法上、彌成二阿黨一加二增惡行一無レ術事

右、件非法等、去春委細注進言上之處、百姓於レ令二還住一者、速可二停止一之由、自二地頭方一、再三令レ進レ狀之上者、早企二歸國一、猶子細出來者、依レ被レ仰下下可二言上一之由上、雖レ令二還住一、猶以難堪條々、（中略）

一稱二逃死亡之跡一、押二領若干之公田一、剩依レ被レ充二催其公事課役於僅留レ跡民一、難二安堵仕一、含二愁欝一者也、如二御式目一者、於二逃死亡之跡一者、招二居穩便輩一、可レ召二仕兩方一云々、而當地頭殿違背之條、爭無二其御沙汰一乎、早任二平均御式目一、被レ停二止地頭管領一、欲レ被レ付二平民一焉、（中略）

早被レ停二止被僻事等一、御庄平安百姓安堵樣、爲レ被レ經二御沙汰一、重言上如レ件、

建治元年五月　日

高野山文書之五 又續寶簡集五十六

紀伊國御家人湯淺三郎左衞門次郎藤原宗親重陳申

當國阿弖川庄給主按察阿闍梨不知實名、非㆔啻違㆓背本所代々御契狀㆒、剰又於㆓條々惡行㆒者、一向失㆓陳方㆒上、結句、以㆓關東之平均御式目㆒、號㆓謀書㆒、申㆓請奉行人兵藤圖書入道周東太郎兵衞入道裏封㆒畢、如㆑此重々所犯未㆓贖申㆒以前、雑掌先安㆓堵于庄家㆒、於㆓自餘條々㆒者、追可㆓明申㆒由、恣致㆓逆訴㆒、無㆑謂子細事、

副進

一通　關東平均御式目（前後文書目録四點省略）

右、當庄預所職者、地頭依㆓于別功㆒、賜㆓本所御契狀㆒之後、往年以來宗光、住心、成佛、宗親四代之間、六十餘年令㆓兼帶㆒之條、委載㆓先陳㆒畢、云㆓預所職根本由緒㆒、云㆓任快按察房濫吹惡行㆒、皆以失㆓陳方㆒上、承伏條々、

（十八ヶ條事書略ス）

以前十八ヶ條、(湯淺)宗親立㆓由緒㆒、勒㆓子細㆒、粗令㆓陳申㆒之處、雑掌都以不㆑及㆓一口陳詞㆒

之上者、承伏條勿論、(中略)於二自今以後一者、只任二本所二代之御契状一、以二預所職一、如レ本可レ被レ付二于地頭一者也、抑如二文永五年四月廿五日關東平均御式目一者、請所事、[99]廿ヶ年無二相違一者、今更不レ可レ有二違亂一云々、宗親所二立申一者、規模之肝心、只在二比事一、當職已送二四代之星霜一、知行又經二六十餘年一畢、凡度々勳功、代々奉公、忠勤異レ他之上者、輙難レ被二改易一之上、關東之平均御式條炳焉之處、宗親幸奉レ逢二明時之德政一、爭不レ守二父祖之累跡一哉、爰如二雑掌申一者、彼式目者、一向爲二謀書一之上者、被レ封レ裏天、可二下預一之由、令二申請一之間、奉行人兵藤圖書入道、周東太郎兵衛入道令レ封レ裏了、訴訟習、爲二傍例一令レ尋二進如レ此之御下知案一者傍例也、以二實書一爲二謀書一之由令レ申之條、難レ遁二其咎一哉、(中略)且依二關東平均御式目一、且任二本所代々御契状一、於二預所職一者、地頭之兼帶不レ可レ有二相違一之由、欲レ被二仰下一、將又至二按察房一之者、條々惡行之次第欲レ有レ御二注-進關東一、仍重粗粗陳上如レ件、

建治元年十二月　日

高野山文書之五又續寶簡集五十七(但、前半)　**同上之六**又續寶簡集七十九(但、後半)

一八　請所事

第原作專、注原作任並意改

一九　異國用心事

爲下恐當有有

異國用心事爲・其沙汰、今月拾五日以前、以二子息一可下令レ差二進代官一給上候、恐々

充所缺

謹言、

建治二年三月五日　　於二香椎宮中一可レ有二其聞一乎

前出羽守(花押)
(大友頼泰)

諸家文書纂十二

二〇 異國警固要害石築地事

異國警固之間要害石築地事、高麗發向輩之外、課二于奉行國中一、平均所下致二沙汰一候上也、今月廿日以前相二具人夫一、相二向博多津一、請二取役所一、可レ被レ致二沙汰一候、恐々謹言、

建治二年三月十日

(附箋)
「太宰少貳盛經」
少貳(花押)

深江村地頭殿

深江文書(佐賀文書纂所收)

罸當作討下同

東大寺衆徒等誠惶誠恐謹言

請下殊蒙二天裁一、因二准先例一、任二注進交名一、不日可二召取一由、被上仰二下武家一、當寺領伊賀國黒田庄住人清定康直以下輩、山賊、夜罸、強盜、放火、殺害等惡行露顯上、

二二 諸國山賊以下夜討强盜等事

二三 異國用心事

尾當作雄

敵二對本所一、切二塞路次一、引二逆木一、構二城郭一上、於二狼藉重疊罪科一難レ遁子細狀、

一通　六波羅家狀案當國中惡黨人可二召取一由事（前後ノ副進文書目錄五點省略）

右、謹檢二案內一、諸國山賊以下夜罰强盜等之大犯者、皆是武家成敗之限也、隨而如二弘安三年二月三日六波羅家狀一者、可レ召二取國中惡黨一云々、全無下被レ除二本所一圓地一之所見上、平均可レ有二沙汰一之條、無二子細一歟、（中略）望請　天裁、任二申請一被レ仰下一者、匪二啻令レ斷二絕寺領一庄之惡行一、兼國中惡黨削二名字一者歟、仍不レ堪二欝訴一、衆徒等誠惶誠恐謹言、

弘安五年十月　日　　東大寺衆徒等上

東大寺文書第三回採訪十二

去年十二月八日　關東御教書今日十八日到來、寫案獻レ之、如レ狀者、異國用心事、條々篇目具被レ載二下之一候歟、然者、楯幷石築地上垣楯令レ用二意之一、來月一日以前可レ被レ打二越其要害一候、更々不レ可レ有二遲怠一候、恐々謹言、

弘安四年二月十八日　　少貳（經資）（花押）

武尾大宮司殿

二三　鎮西地頭御家人不可參向事

點當作默

二四　肥前國惡黨幷博奕事

蜜當作密

肥前國御家人松浦一族御厨庄地頭等二十余人、依二所領一圓訴訟事一、可レ令二參上一之由、令レ申候之處、鎮西地頭御家人不レ可二參向一之旨、去弘安八年十月十七日被レ下二御教書一候之間、雖下令二相留一候上、彼輩訴訟難二點止一之由、依下令二歎申一候上、一族中志佐三郎兵衞尉繼法師、有田次郎深法師、山代又三郎榮等令二參上一候、以二此旨一可レ有二御披露一候、爲時恐惶謹言、

弘安十年十一月十一日　　前遠江守平爲時上（花押）

進上　平左衞門（賴綱）入道殿

松浦文書一

肥前國惡黨幷博奕事、可レ致二嚴蜜沙汰一之旨、重所レ被二仰下一也、而或令レ隱二置領內一、或憚二傍輩一令二阿容一云々、太無二其謂一、惡黨之由於下令二風聞一之仁上者、不レ見二聞隱一、以二起請文一可レ被二注申一也、仍執達如レ件、

弘安十年二月十八日　　左近將監御判

　　　　　　　　　　　　前遠江守（北條爲時）御判

　　武雄大宮司小二郎殿

　　武雄神社文書三

二五　西國御家人守護役事

薩摩國御家人國分備後次郎惟宗友兼重言上

欲下殊停二止同國新田宮執印四郎忠兼謀陳一、任二曾祖母迎阿彌陀佛大間帳并前々御沙汰例一、給二御擧狀一、進二上關東一、申二入本所一、蒙中安堵御成敗上、當國東鄉大□名主職事、（中略）

右、忠兼陳狀云、（中略）次同狀云、如二友兼所レ進十二月付建長四年（北條時賴）最明寺殿御返事一者、自二本所一被レ補之子細顯然也、致二非分押領一之由掠申趣、奉レ蔑二如本所一之條、爭可レ遁二其科一哉云々、此條、西國御家人者、以二寺社惣官國司領家下文一、准二關東御恩一、令レ勤二仕守護役一之條、爲二先規一之由被二定置一畢、而以二關東御口入地一、一向爲二本所一圓一之由、令二掠申一之條、如二傍例一者、招二罪科一之謀陳也、隨而於二最明寺殿御成敗一者、准二三代將軍家御下知一、難レ被二改替一之由、御式目嚴重之處、忠兼寄二事於本所一、忝令レ忽二緒最明寺殿御沙汰幷同御教書一之條、爭可レ遁二重科一哉、給二關東

勿當作忽

御擧狀一、可レ申二入本所一之由、令二言上一事者、奉レ重二本所一之故也、何奉二忽緒一之由可二掠申一哉、(中略)所詮、被レ停二止忠兼謀陳一、任二本主迎阿大間讓狀幷先々御沙汰例一、給二御擧狀一、言二上　關東一、申二入本所一、爲レ蒙二安堵御成敗一、重言上如レ件、

正應二年十月　日

新田八幡宮文書二

二六　鎭西爲宗社修造事

鎭西爲レ宗社修造事、四月廿五日　關東御敎書幷御事書昨日十六日到來、各案文如レ此、早任下被レ仰下一之旨上、爲レ致二沙汰一、不日可下令二上府一給上也、仍執達如レ件

正應四年六月十七日　(大友親時)前因幡守(花押)

(少貳經資)沙彌(花押)

新田宮執印殿

新田八幡宮文書一

(二階堂)隱岐三郎左衛門尉行雄法師法名行存代顯雄與二同孫三郎定氏代妙性一相論薩摩國阿多郡北方高橋鄕事、

二七　後家女子知行之鎮西所領事

諫當作陳

右、訴諫二問答之上、於二引付之座一召決之處、(中略)後家女子知行之鎮西所領者、非二警固要器一之間、可レ被レ收二公一之由、正應年中有二沙汰一之刻、當方者就レ差三下子息道忍一、全二知行一之上、依二彼勞効一、蒙二年貢御免一之間、存二其由緒一、於二高橋鄕分漆拾伍貫文一者、可レ辨二惣領行存一之條、忍昭置文分明之旨、顯雄申之處、以二忍昭所レ給御教書一、號二道忍拜領一之條參差由、妙性雖レ稱レ之、可レ差三下道忍一于レ時在俗之旨御敎書炳焉之間、加二了見一歟、(中略)凡如二彼狀一者、致二懈怠一之輩分、猶惣領可二申給一之由、書載之處、以二行存所帶祖母忍昭置文一、定氏加二謀作難一之條、不レ遁二其咎一歟、然則任二傍例一、就二誠句一、於二當鄕內定氏分領一者、所レ被レ付二于行存一也矣者、依レ仰下知如レ件、

元德元年十二月廿五日

修理亮平朝臣(英時)(花押)

二階堂文書一

二八　無足訴訟人衣食事

永仁三年五月二日、(中略)無足訴訟人衣食事、伊勢入道相共、可二申沙汰一之由、被二仰下一之間、拜諾了、

四日、（中略）安富大藏丞來臨之間、無足訴人衣食事、御沙汰之篇目等申談了、

七月十六日、（中略）御評定以後、無足訴人衣食事、致二內談一畢、

永仁三年記同日條

二九　本所敵對輩事

東寺領大和國平野殿庄雜掌重實重言上

欲下早被レ經二御　奏聞一、仰二憲法奉行一、違　勅惡行本所□違背惡黨人願妙、清重、清氏□□等、任二交名旨一、不日召二取其身一、急速可レ有二誡沙汰一由、重被上レ申二進　院宣於武家一子細事、（中略）

右子細者、（中略）雖レ非二武家御口入之地一、本所敵對之輩出來、打二止年貢一、致二狼藉一之時、就二訴申一、被レ下二　綸旨於武家一、有二誡御沙汰一之條、非レ無二傍例一、且關東御事書炳焉也、何可レ被レ棄二置武家之御沙汰一哉、是併奉行私曲也、所詮早仰二憲法檢斷奉行一、違　勅惡行本所敵對願妙清氏以下惡黨人等、任二交名之旨一、不日召二取其身一、急速可レ有二誡沙汰一之由、重可レ被レ下二　院宣於武家一□御　奏聞、仍重言上如レ件、

永仁六年十月　日

東寺百合文書ネ二十五至三十一

太良御庄所務之間事、蒙レ仰候之間、令二申入一候、（中略）凡如二當時關東御事書一者、召三上論人一、乍レ為二訴人之身一、令二下國一候者、可レ付二論人一云々、又乍レ為二論人一、就二召文一企二上洛一、進二陳状一、やかて令二下國一者、以二難澁之篇一、可レ合二御沙汰一云々、此分不レ令レ申候之間、為レ得二御意一、内々申入候、（中略）

七月十五日　　　　　頼有

（端裏書）
「嘉元二　七　十五日
太良所務事」

三〇　訴人論人令下國事

東寺百合文書エ一至十三

嘉元元年九月日被下禁三制諸國横行人一御教書上偁、號二一向衆一、成レ群之輩、横三行諸國一之由、有二其聞一、可レ被二禁制一云々、因レ茲混二一向之名言一、不レ論二横行不横行之差別一、一向專修念佛及二滅亡一之間、唯善苟依レ為二親鸞上人之遺跡一、且為レ興二祖師之本意一、且為レ糺二門流之邪正一、申三披子細一、忝預二免許御下知一畢、早以二此案文一、披三露于地頭方一、如レ元可レ被二興行一之状如レ件、

三一　諸國横行人禁制事

嘉元二年十二月十六日　　沙門唯善

顯智御房

專修寺文書二

三二　異賊警固結番事

異賊警固番事、就㆓關東御教書㆒、被㆑結㆓番九州於五番㆒内、一番筑前國役一年中、自㆓正月㆒迄㆓同十二月㆒、被㆑勤仕㆒候了、仍狀如㆑件、

嘉元二

十二月晦日　　耀範[100]（花押）

中村彌次郎殿

中村文書

三三　異賊防禦事

異賊防禦事、早居㆓住鎮西所領㆒、凶徒令㆓襲來㆒者、可㆑致㆓防戰忠㆒之狀、依㆑仰執達如㆑件、

嘉元三年六月廿日　　相模守（師時）（花押）

下野彦三郎左衛門尉殿（島津久長）

島津家文書之一

三四 西國并熊野浦々海賊事

西國并熊野浦々海賊事、近日蜂起之由有二其聞一、早致二警固一、可二搦進一之狀、依レ仰執達如レ件、

徳治三年三月廿五日
(宗宣)陸奥守(花押)
(師時)相模守(花押)

河野六郎殿

前田家所藏文書古蹟文徵二

三五 庶子惣領可相並事

肥前國々分寺地頭又次郎長季法師法名淨光與二中津隈六郎判官代法師法名寂妙妻尼明了一相論、異賊警固番役以下事、

右、(中略)而於二徳治以後一者、守二法令一各別之旨、明了雖レ申レ之、庶子惣領可二相並一之由、所レ被レ定者、得二各別讓一之輩、依レ無二分限一、相二加惣領一、令二勤仕一之時、爲レ增二士率之員數一、可二相並一之由、於二鎮西一被レ定畢、不レ可レ勤二別役一之旨、本主令二誡置一之地、難レ依二彼法一之由、淨光所レ申頗有二其謂一歟(中略)者、依レ仰下知如レ件、

正和元年十一月廿二日

率當作卒

三六 西國并熊野浦海賊事

署判原在日付次行意移

實相院文書（肥前）

西海并熊野浦々海賊事、可レ致二警固一之由、先日被二仰下一訖、而鎮西居住云々、早歸二伊與國一、可レ令レ誅二伐賊徒一之狀、依レ仰執達如レ件、

延慶二年六月廿九日

前上總介平朝臣（政顯）（花押）

陸奥守（宗宣）（花押）

相模守（師時）（花押）

河野對馬守殿

南狩遺文編年錄一

東寺領安藝國新勅旨田雜掌賴有謹言上

爲二同國志芳庄一方地頭肥後五郎左衞門尉政行一、違二背　宣旨并關東御事書一、得二當國大嘗會米神部等語一、差二遣人勢於當勅旨田政所一、（中略）彼使者等狼藉之餘、所二納置一奪二取御年貢一上者、被レ召二上政行一、糺二明眞僞一、於二御年貢等一者、悉可二糺返一由被二仰下一、至二其身一者、欲レ被レ行二所當罪科一子細事、（副進文書目錄省略）

三七　大嘗會米事

右、於當新勅旨田者、爲本所一圓御領、嚴重御願之料所也、（中略）就中不限當國一所、被仰下諸國平均宣旨之狀[云]、於建久以後新立庄園、准公田任舊符、充民畝備神護云々、隨又如關東御事書者、除三社并二代御起請地及建久以前庄園云々、（中略）然者早所奪取於御年[貢]?、任員數可糺返之由被仰下、至其身者、爲被處重科、粗言上如件

應長元年六月日

東寺百合文書な十一至十五

三八　神領興行事

□神官重連申、豐前國野仲鄉內千□名田地四段號竹行事

[右田地]?者、爲社領重連相傳之地也、高並小次郎入道[妙][願]買得畢、就神領興行、可[101]被返付[之由]?帶對馬前司公世擧狀、重連依訴申、（中略）妙願爲御家人之上、出家之身也、爲非器之仁、難知行一圓神領旨、重連所申有其謂歟、然則於彼田地者、所被返付社家也者、依仰下知[如][件]、

正和元年十二月二日

前上總介平朝臣（政顯）在判

永弘文書（大分縣史料一所收）

三九
諸國惡黨人事

四〇
淀河尼崎兵庫島渡邊等關所條々事

近衛殿御領丹波國宮田[庄預所]［　　］
欲三急速被二斷罪一、爲二同國大山庄地頭（中略）以下輩一、（中略）重科不レ可レ廻レ踵事、
副進　二通　關東御教書同御事書
諸國惡黨人、以二起請文一可二差申一由、可レ被レ相三觸地頭御家人等一事、
正和四年正月廿七日、（爾餘副進文書目錄省略）
右、（中略）如二去年（正和四年）正月廿七日關東御教書同御事書一者、諸國惡黨人事、於二强竊二盜一付、於二路次一奪三取往反族所持物一、押而令レ乞三取人物一事、者、雖レ爲二風聞之說一、以二起請文一可二差申一之由、相三觸地頭御家人一、可二注進一之旨、可レ下三知守護人一之由、可レ被レ仰二侍所一云々、就レ之、被レ下二御使於國國一、可レ被レ召三取惡黨一之旨、當時御沙汰之最中歟、（下略、但尾缺）
近衛家文書七

淀河尼崎兵庫島渡邊等關所條々事、事書一通遣レ之、能登次郎左衛門尉相共莅二彼所々一、守二事書之旨一、致二嚴密沙汰一、且停三止之一、且可レ被レ注三申子細一也、仍執達如レ件、
正和四年九月十二日
越後守（時敦）在判

大井美作五郎殿

尼崎

一所

東大寺神輿造替料船別百文事

爲二新關一歟、可レ停二止之一矣、

兵庫島

一所

東大寺八幡宮修造料石別一升雜物二百文事

帶二 院宣、關東御教書、六波羅施行一歟、但於二雜物二百文一者、相二尋關務之仁一、無二所見狀一者、可レ停二止之一矣、

一所

同社神輿造替料石別一升雜物二百文事

新關歟、事實者可レ停二止之一焉、

一所

當島修固料上下船四十五文事

如二商人等申一者、於二彼錢貨一者、前々者限二下船一令レ取二一升一之處、近年充二上下船一責二取之一云々、相二尋東大寺關務之仁幷宿所預所地頭代等一、且注二申々詞一、且執二進證文一、可二注申一也矣、

東大寺文書 第四回採訪 册

四一 堺打越事

普當作符

永利如性與二山田八郎次郎道━一能字有レ憚 相論薩摩國薩摩郡石上村荒野堺打越事

右、就二訴陳狀一有二其沙汰一、仰二使節澁谷彌平三爲重同又次郎重幸一、被レ遂二檢見一之處、如性所レ進繪圖與二兩使注進繪圖一令二普合一之間、於二件堺一者、去年元亨四十二月十六日被レ返二付如性一畢、而打越事漏二勘錄一之條、違二傍例一歟、且去文保年中遠州(隨時)被レ伺二申關東一之刻、於二堺相論一者、可レ被レ付二打越一之旨、被レ下二御事書一之上者、不レ可□

入來院家文書（入來文書所收）

四二 海上警固事

海上警固事、自二今年一所二結番一也、安藝國龜頸警固人注文九月分幷事書遣レ之、任二彼狀一、塩谷左衛門入道相共、嚴密可レ致二警固一、且及二緩怠一者、可レ有二其咎一、且召二捕賊徒一者、可レ注二申交名於關東一、可レ存二知其旨一之由、普可レ被二相觸一也、仍執達如レ件、

元應二年八月十七日　(維貞)陸奥守(花押)

兒玉七郎入道殿

毛利元道氏所藏文書

四三
可停止關手河手事

東福寺雜掌眞勝申當寺造營材木運送事、九條入道(忠教)關白家御教書副二訴狀具書一如レ此、於二所々關所等一、可レ停二止關手河手一之由、元應年中被レ成二御教書一之處、攝津國兵庫島幷美作國河下所々關所等、依レ致二亂妨一、有二運送煩一云々、嚴密停二廢違亂一、至二違犯關所等一者、可レ令レ注二進在所一也者、依レ仰執達如レ件、

嘉暦元年十二月廿九日　(守時)相模守(花押)

(維貞)修理大夫(花押)

(貞將)武藏守殿

(範貞)越後守殿

東福寺文書(前田家所藏)

(上略)次於二重名一者、自二襁褓之中一、被レ取二養澁谷次郎左衛門尉賴重後家字竹鶴女一

四四 被養他人之族事

今者號二十町尼一之間、相二續養母名字一、童名號二竹王一之條、一門皆以所二存知一也、爭可レ悕二望實父遺領一哉、且如二元亨元年御事書一者、被レ養二他人一之族者、縱雖レ望二申實父之遺領一、無二讓狀一者不レ及二沙汰一云々、御事書嚴重之上者、雖二未分重名一、不レ能二競望一、何況哉於二處分之地一、且任二新法一、且任二別當次郎丸相傳一、欲二早被レ停二止重名押領一、仍追進言上如レ件、

正中二年六月

寺尾家文書（入來文書所收）

四五 府領興行事

宇佐宮條々

一正宮造營奉行事（本文省略）

一府領興行事

如二請文一者、自二前々一於二引付一有二沙汰一云々、此上者不レ及二子細一、宜レ依二先規一矣、

以前兩條、依レ仰執達如レ件、

九十五代後醍醐御宇 元亨二年六月七日 相模守（高時）判

前武藏守（貞顯）同

太宰少貳殿貞經也

宦恐當作宮

四六　宇佐宮領御家人等知行分事

沒原作役、官原作宦並意改

勤原作對意改

四七　同非御家人凡下輩知行事

四八　同本領令寄進地事

四九　同社壇造營并祭祀事

蜜當作密

宇佐宦領條々 102

一　御家人等知行分事

或爲二代々沒收之地一被レ付二給人一、或被二神官供僧之咎一、被レ成二關東御下文一所々、輙難レ被レ付二社家一、但於二年貢并神役一者、任二先例一可二勤仕一也、若令二難澁一者、可レ被レ處二罪科一之由、可レ相二觸之一、

次自二社家一相傳買得地事、或掠二給安堵御下文一、或雖レ過二知行之年記一、同任二舊規一可レ被レ付二社家一、但雖レ爲二一圓神領一、自二天福寛元以前一、充二其所一勤二來御家人役一之地者、今更不レ可レ有二相違一、子細同前、

一　非御家人凡下輩知行事

或帶二下知狀一、或雖レ過二知行年記一、糺二明本證跡一、可レ被レ沙二汰付社家一、

一　本領令二寄進一地事

凡下輩分可レ令レ注二進之一、

一　社壇造營并祭祀事

嚴蜜可レ申二沙汰一之由、可レ相二觸奉行人大宰少貳貞經一、

五〇 筥崎高良香椎安樂寺領等事

汰原作法、道原作遂並意改

一　筥崎　高良　香椎　安樂寺領等之事

社家雜掌等及二訴訟一者、同可レ令レ致二其沙汰一也、

此沙汰、元亨三年九月八日入門御引付仁兩方被二召合一天、旨趣者奉行人（大保）契道披露被レ申畢、同十六日御評定合テ、年貢者本所雜掌仁可レ請二取之一、於二下知一者、入二理非一可レ番之旨、奉行人披露、仍成云云、

奉行人大保六郎入道契道被レ成レ之、

薩藩舊記 前集

五一 便節事

東大寺衆徒等申、伊賀國黑田庄惡黨覺舜、淸高、道願、佛念等事、就二請文一、重申狀具書如レ此、子細見レ狀、所詮柘植次郎左衞門尉相共、重莅二彼所一、破二却城郭一、任レ法召二進交名人等一、103 載二起請詞一、可レ被レ注二申子細一、若有二緩怠一者、任二關東御事書一、可レ有二其沙汰一也、仍執達如レ件、

元亨四年二月卅日

左近將監（範貞）在判

陸奥守（維貞）──

佐々木三郎（範綱）左衞門尉殿

逐原作遂意改

東大寺文書第一回探訪四

攝津國垂水庄下司日下部氏代覺賢申、當庄百姓淨願今者死去、良尊、覺尊、祐尊以下輩、相語惡黨、追出下司代、致苅田放火刄傷狼藉由事、重申狀具書如此、（中略）不日俣野七郎太郎相共、相催近隣地頭御家人、莅彼所、破却城郭、守先度狀、沙汰居下司代於庄家、於勘解由允以下輩者、任法可召進其身、至逐電族者、尋搜在所、同召進之、向後致狼藉者、雖不被仰下、可相鎮之、次近隣地頭御家人參不事、不注進之條、甚無謂、且付進着到、且載起請之詞、可被注申、若爲使節、猶有緩怠之儀者、守關東御事書、可有其沙汰也、仍執達如件、

元亨四年十一月二日　左近將監（範貞）在判

眞上彥三郎殿（資信）

東寺百合文書ぬ五至七上

東大寺衆徒等申、伊賀國黑田庄惡黨覺舜、淸高、道願、佛念等事、重御教書謹下給候了、任被仰下之旨、柘植二郎左衞門尉相共、莅彼所、破却城郭、可召進

五二
強盜幷海賊出入所々城郭事
蜜黨作密

交名人等一候之處、江州强盜幷海賊出入所々城墎等事、就二關東御事書一、依レ被レ下二嚴
蜜御敎書一、致二沙汰一最中候之間、黒田庄使節事、寺門雜掌頻雖二忩申候一、近日更難
レ遂二其節一候、（中略）所詮如二今度御事書一者、城墎以下惡黨退治事、其國之守護地頭
御家人等、可レ致二嚴密沙汰一之條、明文分明候上者、他國使節之段、旁以可レ蒙二御
免一之旨相存候、可レ爲二何樣一候哉、以二此旨一可レ有二御披露一候、恐惶謹言、
元亨四年五月二日　（佐々木）左衞門尉範綱請文

東大寺文書第一回採訪四

五三
阿波國海賊出入所々事

阿波國海賊出入所々已下□、關東御事書幷六波羅殿御敎?書等案文、謹拜見仕候
畢、任?下被?仰下一之旨上、隨二見聞一可二觸申一候、於二領內勝浦新庄小松島浦船一者、定文唐梅
候畢、此條若僞申候者、
日本國中大小明神御罸、可二罷蒙一之狀如レ件、
元亨四年四月廿七日　預所肥後守經家請文
小山石見守殿

小山文書乾

五四　西國可爲六波羅成敗事

高野山蓮華乘院學侶等訴申事書

條條

一　當院領紀伊國南部庄地頭中務權大輔朝貞、年貢抑留、御下知違背、至極重疊間、御注進上者、於二關東一、不日可レ被下經二御沙汰一、行中所當罪科上子細事、

右、當院領南部庄者、鳥羽　法皇御菩提料所、五辻前　齋院(頌子)一圓御寄附地也、而地頭爲二請所之儀一、正和三四以來、年貢抑留繁多之間、於二六波羅一、重々被レ經二御沙汰一、任二員數勘定一、可レ致二濟納一之旨、八箇度雖レ有二御下知一、敢以不レ令二敍用一、就レ之、違背重疊、越二常篇一之上者、罪責殊是重、地頭改替、何可レ及二豫議一哉之旨、學侶頻雖二訴申一、憚二御一門之權勢一、御沙汰不レ被二遵行一、理訴空送二年序一畢、難堪無レ極之處、結句御一門異レ他之間、罪科輙難レ被レ定、仍以二違背之篇一、可レ有二關東御注進一云々、此條六波羅御沙汰之趣、雖レ令二參差一、已以二別儀一、强被レ成二御注進一之間、就二此御注進一、學侶雜掌定守、去元亨三四、令レ參二住關東一、以二罪科一篇一、急速執御沙汰由、訴申之處、引付御評定云、西國事、可レ爲二六波羅御成敗一旨、先年被レ定二御事書一畢、限二此一事一、關東御成敗之條、御沙汰參差之上者、可レ被レ返二御注進一、早

於二六波羅一可二訴申一云々、　雜掌定守重申云、　此條、　關東御事書旨、　并六波羅御成敗段、　所二訴申一重々事舊畢、　雖レ然、　稱レ難レ被レ准二自餘一、　別儀御注進之上者、　雜掌不レ能二抑申一、　事之艱難雖レ無レ極、　任二御注進一、　凌二遼遠一之處、　關東又無二御成敗一者、　御沙汰之落居、　盡期何時哉、　地頭之非勘、　炳誡誰人乎、　（中略）早可レ被レ加二嚴誡一矣、

（中略）仍條々粗事書之狀如レ件、

正中二年正月　日

高野山文書之二 續寶簡集二十

東大寺衆徒等誠惶誠恐謹言

請下殊蒙二　天裁一、　攝津國三箇津商船目錢、（中略）就二住吉社競望一、　閣二所レ殘三箇年一、　被レ分二半分於他所一條、　爲二難堪欝訴一上者、　早被レ召下返所レ被レ下二件社一　院宣上、　爲二傍輩向後一、　被レ處二彼社務於罪科一子細狀、　（副進文書目錄省略）

右、　謹檢二案內一、　當寺之超二過于他寺一、　當社之卓二躒于餘社一、　事始不レ可レ構、　誰疑レ之哉、　爰攝津國三箇津商船目錢者、　去正和年中之比、　東塔雷火之時、　被レ寄二附彼修理料所一之後、　年紀既滿、　修功事終之刻、　去嘉曆元年十一月日大佛殿拂蕾二月堂法花堂

五五
文永以後新關停止事

烈當作列

四面築垣等、兩國力依レ難レ及、彼三ヶ津商船目錢、自二明年一被レ延二年紀一之旨、被レ仰二下勸進方一之上、同三日被レ成二進同篇綸旨於關東一畢、其比爲二關東御沙汰一、或被レ停二止文永以後新關一之最中也、而件目錢同依レ爲二新關之一烈一、雖レ可レ被レ停二止之一、塔婆造營之年紀只限二今年一之間、延二年紀一可レ被レ付二他料足一之由、依レ被レ下二綸旨一、不レ可二停止一之旨、關東御施行分明也、案文備レ右、就レ之六波羅施行等之次第具書等同備二進之一、凡不レ被レ停下止可レ被二停止一之新關上者、偏爲二當寺造營一、以二別儀一被レ延二年限一之故也、然者、縱當寺之年限馳過者、任二新關停止之法一、雖レ被レ停二止之一、輙非レ可レ被レ付二于他所之料所一、(中略)望請　天裁、任二申請一、被レ經二御沙汰一者、將仰二善政之德化一、欲レ奉レ祈二萬歲之聖運一矣、仍衆徒等誠惶誠恐謹言、

元弘二年三月　日

東大寺文書第四回採訪冊一

五六
津料事

被二衆徒僉議一偁、播磨國福泊雜掌良基明圓等、令レ亂二入攝津國兵庫嶋一、連々致二狼藉一之間、就二當寺之訴一、武家重々其沙汰畢、凡其所之津料、於二他所一不レ可二沙汰一之旨、關東嚴制也、仍去年三月卅日、同五月廿五日兩度成二下知一畢、案文備二進之一、

五七 可披露充文於地下事

可下恐當有注

有令恐當作可有

而近日又相二語所々惡黨一、可レ令二亂入一之由、依レ有二其聞一、雖レ訴二于武家一、其沙汰遲引之間、去廿五日彼惡黨等既亂二入兵庫嶋一云々、惡行狼藉絕二常篇一、言語道斷之次第也、所詮嚴密可レ令二誡沙汰一之由、欲レ被レ成二下　綸旨於武家一、以二此趣一可レ被レ經二御沙汰一之旨、衆議如レ斯、

嘉曆三年二月廿七日

東大寺文書第四回採訪冊一

東大寺年預所下　寺領備前國南北條長沼神崎別名久富三樂新作等沙汰人百姓等所

可二早存知一事、(副進文書目錄省略)

右、寺領等地頭亂入事、以二神人等一具下知畢、先度如二仰下一、被レ補二地頭於寺領一之由、有二關東御下知一者、速可・進之、就二件文章一、忩可二訴申一、庄園知行之法、披二露充文於地下一之條、公家武家一同之法也、無二其儀一令二亂入一者、地下爭可二依用一哉、(中略)所詮先日如二仰下一、寺領地頭補任之由、不レ帶二關東御文一者、更不レ可二敍用一、背二寺命一構二私曲一者、定有令後悔歟旨、依二衆儀一下知如レ件、

元德三年正月十一日

年欠意推

五八 合戰事
陳當作陣

五九 一人被疵之刻從類退散事
嘲原作朝意改

六〇 狼藉事

六一 大塔宮事

五師大法師判

東大寺文書第二回採訪三

關東御事書（元弘三年正月・二月?）104

一合戰事、三方一揆可レ發向一、莅二陳頭一不レ守二約諾一、有下爭二先發一之輩上者、可レ處二不忠之儀一也、

一一人被レ疵之刻、從類退散之條、非レ失二虎夫之名一、可レ招二惡徒之嘲一歟、或子孫或親族、縱殆レ命縱被レ疵　不二引退一可二戰勝一、且雖レ不レ被レ疵　殊抽二忠節一者、隨二其振舞一可レ有二恩賞一也、

一狼藉事、押買押捕不レ可レ不レ誡、仍三方勢分者、高眞（長崎）、高景（工藤）、圓光（安東）各一人、於二其手一可二制止一、若違犯者、於二凡下輩一者、直可レ行二罪科一、於二侍以上一者、可レ注二申事由一、於二罪名一者兼難二定下一、早隨二事躰一可二計沙汰一、次於二兵粮一者、爲二六波羅計一可二下行一也、

一　大塔宮御事

廻二籌策一可レ奉レ捕之由、先日雖レ被レ仰、於二向後一者、須レ奉二誅罰一、縱雖レ爲二諸寺諸

山非職員外之住侶一、縱雖レ爲二凡卑放埒與黨賊徒之彙一、有下致二忠節一之輩上者、可レ充二
賜近江國麻生庄一也、

六二　楠木兵衛尉正成事

一　楠木兵衛尉正成事
於下加二誅戮一之仁上者、可レ被レ充二行丹後國船井庄一、不レ可レ依二其身之不可、品秩之卑
賤一之子細同前、

楠木合戰注文

年代未詳

六三　海賊以下條々事

(上略)兼又、海賊以下條々事、六波羅殿御敎書幷守護(伊豫)人狀案如レ此、請文不レ申者、爲二
寺家一難治御沙汰等もや出來候ハんすらんとて、請文申候了、如二關東御事書一者、雖
レ爲二本所領一、於二海賊出入所々一者、可レ被二收公一之由見候歟、(中略)

四月十九日　　　　實心(花押)

田總左衛門尉殿

東寺百合文書エ一至十三

政所奉行成敗事105

首行新追式追無

六四 飢饉眷養事

一 飢饉眷養、自㆓寬喜三年㆒至㆓同四年秋㆒爲㆓眷養㆒、（貞永元年也、）

六五 所從子息事

一 所從子息事、犯科以前生子者、任㆓男女子之例㆒、可㆑被㆑付云々、

六六 死去事　此條原與第二部二〇九條合爲一條、意移、宜參看其條

一 死去事、付㆓沙汰㆒之後死者、當時賣直可㆑辨也、

近本一四九—一五一前半　新追三五六—三五八　式追一八六—一八八

六七 故武藏前司入道時事切事　此條宜參看第二部二一二條

一 故武藏前司入道殿御時御成敗事切事等、以㆓懸物狀㆒可㆑有㆓御沙汰㆒之旨一段、就㆑之可㆑有㆓內儀㆒歟、又證據兩樣在㆑之、非㆓口傳㆒者難㆑知者也、又事切之時、有㆑被㆑殘㆓子細㆒云々、五十一ヶ條內御沙汰、就㆓式目端書㆒奉行人有㆓意言㆒、（本文意見ト可㆑書歟、）

近本二三八

六八 遠流人國々事　事近本無

一 遠流人國々事

伊豆　安房　常陸　佐渡　隱岐　土佐　以上遠流

信濃　伊與　以上中流

六九
備前國長田庄非御家人輩幷凡下人買得領名事
狀原作條據近本改

越前　安藝　以上近流
延喜式文
此外近代遣國々
上總　下總　陸奥　越後　出雲　周防　阿波
新追一五〇　近本六九

傍例

〔新追　政所篇　沽却商買條　二〕

一　式部十郎左衞門尉職綱申、備前國長田庄非御家人輩幷凡下人買二得領名一事

右、雖レ有二凡下人等申子細一、所詮任下被二定置一之旨上、如レ元職綱可レ令二領知一之狀如レ件、

文永五年二月二日　　（時宗）相模守判
（政村）左京權大夫判

新追三八　近本九八　三抄

七〇 石原左衛門五郎高家與鎌倉住人慈心相論腹卷事
判 式追無
臣下判、彌下判並近本作同

七一 勾引人事
遁 原作通意改

〔新追 政所篇 質券質物條 四〕

一 石原左衛門五郎高家與二鎌倉住人慈心一相論腹卷事

右、訴陳之趣、枝葉雖レ多、所詮、以二件腹卷一、令レ入二置無盡錢質物一之處、慈心抑留之由、高家雖レ申レ之、一倍已後、經二訴訟一之間、非二沙汰之限一矣者、依レ仰下知如レ件、

弘安二年十一月卅日

平 判

散位藤原朝臣 判

沙 彌 判

新追七一 式追三九 近本一二八

〔新追 侍所篇 放火勾引條 三〕

一 勾引人事

千田判官代入道蓮性與二市村小次郎景家一相論、以二蓮性一爲二人勾引一由事 平内左衛門尉 鎌田三郎入道

寛元二年六月五日評定云、景家罪科難レ遁歟、仍可レ亘二橋一所一歟云々、

新追一二六 〔參考〕 鏡寛元二年六月五日條

〔新追 侍所篇　惡口狼藉條 四〕

一　依二狼藉科一被レ召二所領一事　仁治二　五　六

傍例 小林小次郎時重與二本庄四郎左衞門尉時家一相論、所從藤平太男、妻女、馬二疋一疋乘馬、一疋任荷、口付男小次郎、於二路頭一被二搦取一事、

仁治二年五月六日評定昨日依二御神事一延引之故云、依二狼藉之科一、可レ被レ召二所領一所一云々、外記左衞門尉俊平奉行

新追一二九　〔參考〕鏡仁治二年五月六日條

一　傍例 紀伊七郎左衞門尉重經所領丹後國之地頭得分物、以二同所領夫一、令レ運二上鎌倉一之處、件夫丸下二著鎌倉一、於二米町之邊一見二付彼侍逃夫丸一、擬二召捕一之處、夫丸逃走之間、重經下人追懸之刻、入二將軍御所御臺所一、重經下人猶以追懸之間、晝番以下人々群集、云二重經下人一、云二夫丸一、召二取之一、申二事由一之間、御尋之處、子細無二相違一、但主人重經雖レ不レ知二此子細一、追二入御所一之條、緈已爲二勝事一之間、主人猶難レ遁二其科一之由、有二御沙汰一、卽被レ召二重經丹後所領一畢、

此事寬元年中之比（寬元四年十二月廿八日）、武藏前司殿（泰時）御時事歟、云二所領之名字一云二年月一、委可二尋記一也、

新追一三〇　式追七〇　〔參考〕鏡寬元四年十二月廿八日條

七二 依狼藉科被召所領事

重　鏡作景

七三 紀伊七郎左衞門尉重經所領夫丸逃入將軍御所御臺所事

傍例　式追無

晝　原作畫據鏡改、式追作書亦非

年　欠據鏡註

之比　原作也此據式追改

之　同上作主恐非、恐當作云

七四
梶原郎等令取澁谷次郎乘馬口咎事
傍例侍篇作先例條々
近本作先例並大書

一　傍例故大將家御時、梶原之郎等、依下令レ取二澁谷次郎(高重)乘馬口一之咎上、賜二彼下手人二人澁谷次郎一、則斬首畢、

新追一三一　侍篇六八　近本二四八

七五
野本四郎左衞門尉郎等狼藉咎事
傍例諸本無

一　傍例故修理亮殿(時氏)在京之御時、野本四郎左衞門尉之郎等、四方田左衞門尉依二自レ馬引落一之咎一、雖レ給二下手人一、猶貽二欝訴一不レ請二取之一間、野本四郎左衞門尉、彼下手人行二斬罪一、然而四方田左衞門尉猶依レ令二憤申一、野本四郎左衞門尉被レ召二攝津國守護一之上、被レ召二預其身於肥田八郎左衞門尉一畢、

新追一三二　侍篇六九　近本二四九　新式一三二

七六
澁谷小平太自馬令引落下手人事
傍例諸本無
荻諸本作萩

一　傍例當御代、澁谷小平太子息二人、相共罷二行荻野一之處、稱下令レ乘二被レ盜馬一之由上、本間左衞門尉後見一人、本間御母之郎等一人而小平太自レ馬令二引落一之間、依二彼咎一賜二件下手人於小平太一之間、即令レ斬レ首畢、

新追一三三　式追七一　侍篇七〇　近本二五〇

七七
武藏國新羽鄕地頭大見肥後三郎次郎實村遺領事
傍例式追無〇實慶イ本作定〇事吉本無恐是〇之據同上補

一　傍例武藏國新羽鄕地頭大見肥後三郎次郎實村遺領事相論之時、嫡子頼村與二平氏一番申之處、頼村爲二逆罪之仁一由、依レ申レ之、被レ處二惡口一、被レ付二論所於平氏一畢、

106

新追一三四　式追七二　吉本二〇（但、惡口詞法事ノ項ニ揭グ）　慶本

七八 放埒輩令安堵事

傍例吉本無

左同上作右

宮式追無

同下吉本有寺

子恐當作寺

出恐當作爲

亦吉本作又

時同上作習或是

諸式追無

卽吉本作印、恐當作頓

嘉以下十字據吉本補

七九 武州新羽鄉地頭大見肥後三郎次郎定村遺領事

傍例諸本無

一 傍例

放埒輩令二安堵一事

葦名遠江前司子息次郎左衛門入道(法名忍性)御勘氣之時、同二道于様摺一、諸國流浪之後、令レ入二院壽福寺一畢、子息宮鶴丸、同。子喝食號二越一房一、而敵仁舍弟三郎左衛門尉、彼忍性出二放埒乞食一之間、不レ可レ爲二御家人領一之由、訴申之處、爲二四番御引付雜賀彌四郎入道奉行一、被レ沙二汰之一、依二勘氣一諸國流浪之間、放埒之條、非二沙汰之限一、將亦壽福寺入寺事、彼寺者爲二將軍家御領一之間、被レ准二御家人一之條、被二封佐一之上者、不レ及二子細一、仍忍性父子共預二御裁許一畢、加之、修業難レ遁之時、憑二諸人之愛顧一、助二身命一者通例也、而無二左右一稱二乞食非人一之條、惡口咎依レ難レ遁、三郎左衛門尉被レ召二籠之一、三郎左衛門尉子息企二越訴一、爲二卽宮入道奉行一御沙汰最中也、

嘉元四年八月七日　評定

新追一三五　式追七三　吉本二二(但、放埒輩事ノ項ニ揭グ、)

一 傍例

武州新羽鄉地頭大見肥後三郎次郎定村遺領事

定村嫡子又次郎頼村與二後家平氏一(頼村繼母)相論之時、頼村申云、定村之中陰、追二出籠僧一打二留念佛一之條、逆罪也云々、平氏可レ被レ處二惡口罪科一之由、依レ令二訴申一、被レ付二論所於氏女一畢云々、

正應三宣抄作延應非
三番引付同上無
基原作章據關東評定傳改
條以下五字近本無
八〇 出羽國平泉寺内毛越圓隆寺供僧田事
八一 熊野御領備前小島庄田畠事
八二 三島社領伊豆國糠田郷事
經式追作繼或是
八三 伊勢國道前三郡政所事

正應三
三番引付　奉行島田民部大夫行兼
頭人遠江入道殿（道西俗時基）

新追一三六　式追七四　近本二五四　新式一三三　宣抄　三抄　近抄

〔新追 雑務篇　神社佛寺條 一〕

神社佛寺領不レ依二年紀一御成敗所々　條々五ヶ條

一　出羽國平泉寺内毛越圓隆寺鳥羽院御願六口供僧田三十六町（供別六丁）柏崎在レ之、而地頭四方田三郎左衛門尉景綱父子、四十餘年令二押領一之處、供僧近年訴申之刻、被レ改二押領一、被レ付二供僧一畢、107 奉行雑賀彌次郎云々、

一　熊野御領備前小島庄田畠越境、地頭加治太郎左衛門尉押二領之一、四十餘年之處、以二圓隆寺御下知一爲二傍例一、訴申刻、被レ改二押領一、被レ付二社家一畢、奉行兵庫六郎、

一　三島社領伊豆國糠田郷富士左衛門入道行阿、北條入道殿（時政）御時、掠二給御下文一、及二九十餘年一之處、西大夫盛經訴二申子細一之刻、被レ止二行阿之押領一、當御時盛繼預二御下知一畢、
奉行　三島左衛門尉

一　伊勢國道前三郡政所者、雖レ經二七十年一、依二申狀子細一、本所蒙二御成敗一畢、

八四 下總國萱田神役御厨事

一 下總國萱田神役御厨者、雖レ送二數百歲一、依レ爲二神領一、預二御成敗一畢、

新追一七三—一七七 式追九七—一〇一 近本二五五—二五九 宣抄 三抄 枝抄(但、第一條ノミ)

八五 若宮供僧訴申相模國長尾地頭備中前司頼綱事

一 若宮供僧訴申相模國長尾地頭備中前司頼綱事、其身雖レ爲二在京一、以二子息一進二置代官一之間、直可レ被レ尋二彼子息一、

新追一七九

八六 若宮供僧申相模國高田々島幷思津地頭事

關東樣恐當作於關東

一 若宮供僧申相模國高田、々島幷思津地頭在京之間、關東樣有二沙汰一者、令レ違下被二定置一之法上歟、於二京都一可レ有二沙汰一之由被レ仰者、尫弱神人供僧難二上洛一歟、於二鎌倉中寺社分年貢供料一者、爲二東國一者、以二彼所代官一、於二關東一可レ令二明沙汰一之由、可レ被レ仰レ之、

新追一八〇

八七 依爲神領不依年紀付理非被裁許事

依吉本作謂

知原作地據同上改

一 依レ爲二神領一、不レ依二年紀一、付二理非一被二裁許一事

田河左衛門尉隆村與二爲胤一相論伊勢國麻生浦事、爲二周防兵衛大夫泰忠之奉行一、弘安八年二月廿八日如二爲胤所レ給御下知一者、隆村帶二貞永、嘉禎、正應、仁治、建長、正嘉、關東六波羅御下知等一、知行經二年序一之間、如二式目一者、雖レ難レ被二改替一、以二非據領掌一、寄二事於年紀一、押領之條、輙難レ被二許容一之間、所レ被レ停二止隆村領知一也

云々、

八八 駿河國方上御厨内沽却地條々事

一 駿河國方上御厨内沽却地條々事

新追一八一　吉本一九（但、神領年紀等事ノ項ニ掲グ）　宣抄　三抄

如㆓同年（弘安八年ヵ）九月十八月御下知㆒者、買領之後、知行經㆓年序㆒之由、雖㆑申㆑之、社領者不㆑可㆑拘㆓年紀㆒之旨、被㆓定置㆒畢、然則於㆓彼田地㆒者、如㆑元可㆑爲㆓社家進止㆒云々、

新追一八二　宣抄　三抄

八九 遠江國鎌田御厨内田畠事

一 遠江國鎌田御厨内拾八丁四大、畠一町八段二大半事、神領之事者、不㆑拘㆓年紀㆒、於㆓非器輩傳領㆒者、可㆑被㆓停止㆒云々、

新追一八三　宣抄　三抄

九〇 武藏國足立郡地頭職事

〔新追　雜務篇　本新地頭條　六〕

一 武藏國足立郡地頭職事　　弘安五　二　廿一

評定云、當郡爲㆓公領㆒歟、將又爲㆓私領㆒否、不審之間、披㆓見平家跡沒收御領注文㆒之處、當郡事、載㆓彼注文㆒畢、爲㆓公領㆒之條分明也、不㆑及㆓子細㆒、然則守㆓此旨㆒可㆑有㆓沙汰㆒、

九一 所領配分事　事書吉本無

左式追作右
大夫吉本作入道

九二 信濃國御家人赤栖三郎入道遺領事

訖吉本作畢、式追作歟恐非
畢據吉本補、式追作事非

〔新追 雜務篇　未處分財條 十〕

一　所領配分事

二宮尼依二罪科一被レ召二所領一畢、而尼死去之後、子息三郎入道申二披無レ過之由一、所二返給一也、爰二男左近入道可レ預二配分一由申之處、不レ相二綺訴訟一之旨、三郎入道雖レ支二申之一、預二配分一畢、

永仁二年四番引付 頭人越後入道（北條顯時） 奉行越前左近大夫

新追三四〇　式追一七二　吉本一一（但、被破後悔法事ノ項ニ掲グ）

一　信濃國御家人赤栖三郎入道遺領事、子息孫太郎與二孫三郎一、兄弟相論之時、被レ成二未分一訖、爰松鶴已下女子等、可レ預二御配分一之由令レ申處、依レ不レ與二訴訟一、被レ棄二置一畢、然而近年被レ破二後悔法一之間、皆預二御配分一者也、

新追三四一　式追一七三　吉本一二（但、前條ニ同ジ）

〔吉本 雖レ爲二評定以後一、就レ備二進證文一、及二御沙汰一傍例事〕

九三 相模國生澤鄉東方相論事

九四 近江國箕浦庄加納與本庄東方堺事

九五 兒玉小次郎跡事

一 相模國生澤鄉東方相論事、次郎太郎光宗與二從父兄弟又次郎宗綱一相論之時、祖母尼妙蓮手跡、問答以後就レ令二備進一、被レ經二御沙汰一、光宗蒙二御下知一訖、

吉本九

永仁二年四番引付（頭人越後入道（北條顯時）奉行越前左近大夫）

一 近江國箕浦庄加納與二本庄東方一堺事

土肥六郎入道行蓮與二舍兄三郎入道々日一、於二六波羅一被レ經二御沙汰一、御注進以後經二八ヶ年一、永仁六年七月十六日重御注進之外、求ヨ出肝心證文一、於二御引付一、依レ申二子細一、被レ付二奉行人彈正忠一畢、仍御沙汰在レ之、

吉本一〇

〔吉本 被破後悔法事所領配分事〕

一 二宮尼依罪科被召所領畢（下略、前出九一條ニ收ム）

一 信濃國御家人赤栖三郎入道遺領事（下略、前出九二條ニ收ム）

一 兒玉小次郎跡事、子細同前、

吉本一一―一三

九六
出家可依年紀事

〔吉本　自由出家事〕

一　出家可レ依二年紀一事

荻窪七郎信能法師法名圓佛與二舍兄八郎師能法師一法名西佛相論之時、不レ蒙二御免一令二出家一之由、圓佛雖二訴申一、西佛出家之後、過二廿ヶ年一之間、非二沙汰之限一、

文永五年六月八日 108　　相模守
　　　　　　　　　　　　陸奥守

吉本一五

九七
猪俣右衛門四郎入道自由出家由事

一　猪俣右衛門四郎入道蓮覺自由出家之由雖レ訴二申之一、前々出家事、不レ及二御沙汰一之由、被二定下一之間、所レ被レ棄二置蓮光訴訟一也、可レ令二存知一之旨、依レ仰執達如レ件、

弘安八年十二月廿四日　　相模守（貞時）
　　　　　　　　　　　　陸奥守（業時）

是ハ越後國御家人也　安江太郎入道殿　　奉行人皆吉四郎（文盛）

吉本一六

九八　大河戸彌三郎入道自由出家事

九九　雖爲執事下知依無仰詞被棄置法事
前下恐當有々

一〇〇　鎌田入道刈田咎事
依據近本補
對同上無恐非

一　大河戸彌三郎入道自由出家事、法名信性舍弟雖レ訴ニ申之一、弘安八年已前之出家、不レ及ニ沙汰一之間、被レ棄ニ置彼訴訟一、彌三郎入道剩立ニ嫡子一畢、

永仁三年八月　日　　二番引付奉行人齋藤

吉本一七

〔吉本 傍例條〕

一　雖レ爲ニ執事御方御下知一、依レ無ニ仰詞一、被ニ棄置一法事、奉行矢野兵庫允、越後國沼河郷内白山寺供僧與ニ地頭備前・司殿御代官一相論、當寺爲ニ公方御祈禱所一之條、北條殿并右京大夫殿御下知炳焉之由、供僧等雖レ申レ之、依レ無ニ仰之詞一、不レ被レ准ニ公方御下知一、被レ棄ニ置供僧訴訟一畢、

吉本二三

（以下諸本篇目無キ分）

一　鎌田入道依下苅ニ村岡武藤對馬入道田一段十歩一之咎上、被レ付ニ鎌田入道田十町於對馬入道一畢、

一〇一
酒匂六郎入道刈田咎事
此條後原有佛地院所進享祿三七十據近本削蓋竄入

一　酒匂六郎入道依下苅ヲ田舎弟田小一之咎上、被レ付二五町於敵人一畢、

一〇二
黑酒左衞門尉刈田咎事
矣近本作畢恐是

一　黑酒左衞門尉依下苅二河越次郎田二段一之咎上、被レ付二三百餘町於河越次郎一矣、
文永六年十一月十四日被レ仰ヲ出之一、

侍篇七一―七三　近本二五一―二五三

一〇三
沼田重尙與伊豫國興島下司尼相論當島事
此條本文缺
年次宜參看補註八六

一　沼田左近太郎重尙法師與二伊豫國興島下司尼一相ヲ論當島一事

近本九六（第二部四三五條「離別妻妾知行前夫所領事」ノ次ニアリ）

條々　（正安二年七月五日？）

一〇四
肥後國臼間野道山次郎惟房與野依越前房憲信相論賄賂事

一　肥後國臼間野道山次郎惟房與二野依越前房憲信一相論賄賂事
任二式目一可レ令二成敗一矣、

一〇五
肥前國五島內盛島前住人良全謀書事
罪科恐當作科罪
旨據新式補
旨下恐當有可

一　肥前國五島內盛島前住人良全謀書事
有二所職一者、可レ被二改替一、無二所職一者、可レ被二罪科一由事、可レ申ヲ入公家一之旨・相ヲ觸六波羅一矣、

近本三七六・三七七（條々五ヶ條ノ中、前三ヶ條ハ第二部六八五―六八七條ニ收ム、）　新式一一三・一一四（同上）

追補　吾妻鏡の幕府立法記事

一 諸國地頭不可交領家所務事

文治二年九月五日戊申、諸國莊公地頭等、忽二緒領家所務一之由依レ有二其聞一、有レ限地頭地利之外不レ可二相交一、乃貢以下不レ可レ存二懈緩一、於二違越輩一者、可レ有二殊罪科一之由、被レ定云々、

二 殺生禁斷事

建久六年八月一日癸丑、至二于放生會之期一、殺生禁斷事、嚴密被二仰下一云々、

三 東國莊園隱居不善輩所々事

建久六年八月廿八日庚辰、東國莊園於下隱二居強竊二盗并博奕等不善輩一所々上者、召二放其所地頭職一、可レ充二賜搦進仁一之旨、被レ仰二下陸奥出羽以下國々一云々、

四 鷹狩停止事

建久六年九月廿九日庚戌、可レ停二止鷹狩一之旨、被レ仰二諸國御家人一、於下違二犯嚴制一之輩上者、可レ有二其科一、但神社供税贄鷹事者、非二御制之限一者、

五 稱荒不作乃貢減少地事

正治元年四月廿七日戊子、仰二東國分地頭等一、可レ新二開水便荒野一之旨、今日有二其沙汰一、凡稱二荒不作等一、於二乃貢減少之地一者、向後不レ可レ許二領掌一之由同被レ定云々、廣元奉二行之一云々、

六 播磨國守護奉行事

正治元年十二月廿九日丁亥、以二小山左衛門尉朝政一補二播磨國守護職一畢、住國家人等相二從朝政一、勤二仕内裏大番一、惣可レ致二忠節一也、朝政可二沙汰一事者、謀反殺害人事許也、相二交國務一、不レ可レ成二敗人民訴訟一、凡觸レ事不レ可レ煩二國中住人一之旨被二仰含一云々、

七 境相論成敗事

正治二年五月廿八日壬午、陸奥國葛岡郡新熊野社僧論二坊領境一、兩方帶二文書一、望二惣地頭畠山次郎重忠成敗一、重忠辭云、當社雖レ在二領内一、秀衡管領之時、令レ致二公家御祈禱一、今又奉レ祈二武門繁榮一之上、重忠難二自專一者、則付二大夫屬入道善信一擧二中之一、仍今日羽林(賴家)召二覽彼所レ進繪圖一、染二御自筆一、令レ曳二墨於其繪圖中央一給訖、所之廣狹可レ任二其身運否一、費二使節之暇一、不レ能レ令二實檢地下一、向後於二境相論事一者、如レ此可レ有二御成敗一、若於下存二未盡由一之族上者、不レ可レ致二其相論一之旨被二仰下一云々、

八 兄弟相論事

建仁二年五月二日乙巳、兄弟相論事、於二向後一者、付二是非一可レ被レ仰二和平一之由、今日被レ定レ之、

九 諸國守護人奉行事

建仁二年閏十月十五日丙辰、諸國守護人等奉行條事、兼日被二定置一之外、動相二交他雜務一之由、間其訴出來、仍今日有二沙汰一、事實者、向後可二停止一、若猶有二違犯之聞一者、可レ改二補其職一之旨、嚴密被二仰下一、廣元朝臣奉二行之一、

一〇 地頭狩獵停止事

建仁三年十二月十五日己酉、爲二尼(政子)御臺所御計一、被レ止二諸國地頭分狩獵一、淸圖書允淸定奉二行之一、

一一 奉行人沙汰遲怠過事

建仁三年十二月十八日壬子、諸人訴論是非、進二覽文書一之後、至二三ケ日一不レ加二下知一者、可レ被レ處二奉行人於緩怠過一之由、儲二其法一云々、

一二 莊園所務可任右大將家例事

元久元年二月廿日甲寅、諸莊園所務等、一事以上、任二右大將家御時之例一、可レ被二沙汰一之旨、遠州(時政)令二下知一給云々、

一三　山海狩漁等國司地頭得分事

元久元年五月八日庚午、就二國司等之訴一有下被レ經二沙汰一之事上、所謂山海狩漁可レ從二國衙所役一事、鹽屋所當以二三分一一爲二地頭分一可レ止二抑留之儀一事、節料燒米可レ爲二國司得分一事、以上三ケ條、且隨二國宣一、且任二先例一、可レ致二沙汰一之旨、被レ仰二付地頭等一、左衞門尉義村、左京進仲業爲二奉行一云々、

一四　諸國地頭所務可任本下司跡事

元久元年十月十八日丁未、諸國莊園鄕保地頭等、寄二事於勳功賞一、構二非例一、濫二妨所務一之由、國司領家訴訟出來之間、今日有二其沙汰一、云二名田一云二所職一、任二本下司之跡一、可レ致二沙汰一、背二御旨一者、可レ改レ職之旨、被二仰下一云々、仲業、清定奉行云々、

一五　莊園年貢納期事

元久二年三月十二日己巳、諸莊園乃貢濟期事、雖レ被レ定レ之、動及二對捍一之間、向後或隨二遠近國一、被レ儲二其期一云々、宗掃部允奉行云々、

一六　芳心和與物不可悔返事

元久二年十一月廿日壬寅、於レ爲二和與芳心物一者、不レ可二改變一之由、今日被レ定、圖書允清定奉二行之一、

一七 伊勢平氏跡新補地頭率法事

元久二年十二月十日壬戌、伊勢平氏跡新補地頭事、今日被レ定二率法一、悉被二施二‐行之一、清定爲二奉行一云々、

一八 前代拜領地無左右不可召放事

建永元年正月廿七日己酉、故將軍御時拜領之地者、不レ犯二大罪一者、不レ可二召放一之由被レ定云々、行村爲二奉行一云々、

一九 侍受領擧任事

承元三年五月十二日甲辰、和田左衛門尉義盛可レ被レ擧二‐任上總國司一之由、内々望二‐申之一、將軍家被レ申二‐合尼御臺所(政子)御方一之處、故將軍御時、於二侍受領一者可二停止一之由、其沙汰訖、仍如レ此之類不レ被レ聽、被レ始レ例之條、不レ足二女性口入一之旨、有二御返事一之間、不レ能二左右一云々、

二〇 將軍室家祗候人奉公事

承元三年十二月一日辛酉、御臺所(政子)御方祗候諸大夫侍等、可レ隨二將軍御出供奉一、又募二彼新恩一、可レ勤二平均公事一之由、今日被レ定レ之云々、

二一　喧嘩闘亂御家人罪科事

承元四年六月三日己未、昨日於二相模國丸子河一、土肥小早河之輩、與二松田河村一族一、有二喧嘩事一、(中略)勇士者收二其身一、可レ奉レ護二國家一之處、近代諍二私武威一、動起二闘亂一、不忠之至、不レ可レ不レ誡之由、如二相州(義時)一有二其沙汰一、向後於レ巧二此儀一者、召二所帶一、永可レ被レ放二御家人之號一旨、以二今夜中一被レ下二御書於雜色一、可レ付二土肥松田等一云々、

二二　神社佛寺領興行事

承元四年八月九日甲子、神社佛寺領興行事思食立、有二不慮顚倒事一否、可二尋注進一之旨、今日被レ下二御書於守護人等一云々、

二三　諸國御牧興行事

承元四年十月十三日戊辰、諸國御牧事、可レ令二興行一之由、可レ相二觸守護地頭等一之旨、今日被二仰出一、武州(時房)奉行也、行光書二下之一

二四　義時知行神社佛寺興行事

建暦元年十二月十七日乙丑、相州(義時)知行之神社佛寺及二興行沙汰一、且有下被二申入一之旨上、日向介奉二行之一云々、

二五
京都大番役緩怠過事

建暦二年二月十九日丙申、京都大番懈緩國々事、就レ被レ尋二聞-召之一、今日有二其沙汰一、於二向後一者、一ケ月無レ故令二不參一者、三ケ月可二懃加一之由、被レ仰二諸國守護人等一、義盛、義村、盛時奉二行之一、

二六
本所沙汰人濫妨不及裁許事

建暦二年六月十五日己丑、常陸國吉田庄地下沙汰人等、濫二妨本所々務一、且任二去文治二年閏七月廿五日故右大將家御下知一、爲二關東御沙汰一、可レ被レ下二彼下地於本所一之旨、訴申之間、爲二廣元朝臣奉行一有二評議一、謂二文治御下文一者、可レ有二計成敗一之間、就レ被レ下二院宣一御沙汰訖、今度無二其儀一也、且非二地頭輩事一、以二本所沙汰人等濫吹事一無二左右一難レ覃二御裁許一之由治定、仍今日載二其趣一被レ出二御返事一云々、

間恐當作旨

二七
鷹狩禁制事

建暦二年八月十九日壬辰、可レ禁二斷鷹狩一由、被レ仰二守護地頭等一、但於二信濃國諏方大明神御贄鷹一者、被レ免レ之由云々、

二八
諸國津料河手事

建暦二年九月廿一日甲子、諸國津料河手等事、可レ被レ止由、日來及二御沙汰一之處、其事爲二得分一所々地頭依レ申二子細一、今日如レ元可レ致二沙汰一之由、面々被二仰下一云々、

二九 關東御分國々雜人訴訟事

建暦二年十月廿二日甲午、下㆓遣奉行人等於關東御分國々㆒、於㆓其國㆒可㆑成㆓敗民庶愁訴㆒之由、有㆓其沙汰㆒、爲㆑被㆑止㆓參訴之煩㆒也、

三〇 鷹狩禁制事

建保元年十二月七日癸卯、可㆑停㆓止鷹狩㆒之旨、被㆑仰㆓諸國守護人等㆒、事度々雖㆑有㆓嚴命㆒、放逸之輩、動有㆓違犯㆒之旨依㆓聞食及㆒、如㆑此云々、但於㆓所處神社貢稅事㆒者、非㆓制之限㆒云々、圖書允淸定奉㆓行之㆒、

三一 關東御領年貢減免事

建保二年六月十三日丙午、關東諸御領乃貢事、自㆓來秋㆒可㆑被㆑免㆓三分一㆒、假令毎年一所、次第可㆑爲㆓巡儀㆒之由、被㆓仰出㆒云々、

三二 諸人官爵執申事

建保二年十二月十二日壬寅、諸人官爵事者、家督之仁存㆓知其官仕勞㆒可㆑執㆓申之㆒、於㆓直進欵狀㆒者、奉行人不㆑可㆑及㆓披露㆒之由、被㆑仰㆓定之㆒、爲㆓廣元朝臣奉行㆒、普相㆓觸之㆒云々、

三三　關渡地頭不可煩旅人事

建保三年二月十八日丁未、仰二諸國關渡地頭一、可レ被レ止二旅人之煩一、但如二船賃用途一者、立二料田一可レ募二其替一云々、

三四　在京御家人洛中守護事

建保三年四月十八日丁未、在京御家人等洛中守護不法事、殊有二其沙汰一、就二忠否一可レ有二賞罰一之旨、今日被レ遣二御書一云々、親廣奉二行之一、

三五　鎌倉中諸商人員數事

建保三年七月十九日丙午、町人以下鎌倉中諸商人、可レ定二員數一之由被二仰下一、朝光奉二行之一、

三六　止准布可用銅錢事

嘉祿二年八月一日甲申、(中略)今日止二准布一可レ用二銅錢一之由被二仰下一、武州(泰時)殊令二申沙汰一給云々、

三七　評定時訴人近々伺候停止事

嘉祿二年十月十二日甲午、(中略)評定之時訴人近々伺候事、向後可レ被二停止一云云、猶有二推參之輩一者、任レ法可レ致二沙汰一之由、尾藤左近將監、平三郎左衛門尉盛綱、南條七郎、安東左衛門尉等被二仰付一、是併依二泰貞狼藉一也、於二彼所帶一、理運之間、被レ付二

家重一云云、

三八 守護地頭可停止市津料等賦課事

安貞元年閏三月十七日丙申、(中略)諸國守護地頭所務之事、任二貞應二年御下知狀一致二沙汰一、市津料、供給雜事、所飼等事、可二停止一、守護所張行事已下條々、被レ觸二仰六波羅一云云、

三九 西國夜討强盜等與黨事

寛喜二年十一月六日癸巳、(中略)如二西國夜討强盜殺害一之與黨等事、自二守護所一二ケ度可二觸遣一、其上無三承引一者、入二使者一可二搦取一之由、可レ加二下知一之旨、可レ被レ仰二六波羅一云々、

四〇 關東祗候人過差禁制

寛喜三年正月廿九日丙辰、關東祗候諸人、可レ止二過差一之由被レ定云々、

四一 他國居住地頭京都大番役事

令吉本作具

貞永元年四月四日甲寅、京都大番事有二其沙汰一、國中地頭中、雖レ令レ居二住他國一、於二先々勤來之輩一者、催二加代官一、可二令勤一之由、被レ仰二守護人等一云々、

四二 夜討强盜成敗事

貞永元年四月廿一日辛未、近日、都鄙夜討强盜蜂起之由、有二其聞一之間、仰二守護人地頭等一、面々不二見隱一不レ可二聞隱一之旨被二仰下一、

四三 夜討强盜等可召渡守護所事

貞永元年八月十三日辛酉、評定、殿下御領攝津國垂水西御牧內萱野鄉有二犯過人一、可レ被レ召二渡守護所一之由、可レ示二達左大辨宰相一之趣、今日被レ仰二六波羅一、凡强盜夜討凶賊等事、雖レ爲二權門領一、雖レ無二使入部一、可レ召二渡守護所一之旨、治定先訖、而可レ出二使廳一之由、寄司等令二存知一云々、向後不レ可レ然之由云々、

四四 六波羅成敗法條々事

貞永元年十一月廿九日乙亥、(中略)今日、六波羅成敗法十六ケ條被レ仰二下之一云々、

四五 在京御家人洛中乘車事

天福元年五月十九日癸亥、在京御家人令二乘車一、往二返洛中一事、又不レ憚二大內舊跡一、以二內野一用二馬場一事、旁依レ有二其恐一、可二停止一之由、今日被レ仰二下之一、

四六 僧徒兵杖事

嘉禎元年正月廿七日辛酉、被レ禁二斷鎌倉中僧徒之兵杖一云々、

四七　在京人等大番警衛可従家督事

嘉禎二年七月廿四日己卯、南都騷動之間、在京人并近國之輩、催ｺ具一族㆒、可㆑抽㆓警衛忠㆒之旨、被㆓仰下㆒先訖、一類不㆓相從㆒之由、近日自㆓諸家㆒依㆓其訴出來㆒、向後大番以下如㆑此役、早可㆑相ｺ從一門家督㆒之旨、今日重被㆑定㆑之、圖書左衛門尉爲㆓奉行㆒、

四八　社寺國司領家訴不可依關東式目事

嘉禎三年六月廿五日甲辰、神社佛寺并國司領家訴事、不㆑可㆑依㆓關東式目㆒之旨被㆑定云々、

四九　洛中篝役事
懸原傍書燒

暦仁元年六月十九日壬戌、爲㆓洛中警衛㆒、於㆓辻々㆒可㆑懸㆑篝之由被㆑定、仍被㆑充ｺ催其役於御家人等㆒云々、

五〇　双六禁制

暦仁元年八月十九日辛酉、(中略)又可㆑止㆓双六㆒之由、被㆓仰下㆒云々、

五一　畿內西國盜賊等不觸本所可召取事

暦仁元年十月十二日癸丑、(中略)今日、畿內西國中莊園鄉保住人、好以㆓强竊博奕刃傷殺害㆒爲㆑業輩事、不㆑嫌㆓神社佛寺權門勢家領㆒、不㆓相觸㆒召ｺ取其身㆒、且可㆑注ｺ進在所㆒之由、被㆑仰ｺ含守護人等㆒云々、

五二
六齋殺生禁斷事

暦仁元年十二月十八日己未、毎月六齋殺生禁斷事、被二仰下一、但河海漁人爲二渡世計一者、非二制止限一之由云々、

五三
年紀以後稱本領出訴事

延應元年二月卅日庚午、御家人所帶事、知行歷二年序一之後、猶稱二本領一、有二訴申輩一之間、爲レ斷二如レ此濫訴一、兼造二式條一之上、今更不レ及二子細一之由、有二御沙汰一云々、

五四
訴論人參決事

延應元年五月十四日癸未、當時之訴論人者、勸農以後、兩方同時可レ令二參決一之由、普以被二觸仰一云々、

五五
京都道々輩付沙汰停止事

延應元年九月十六日壬午、京都道々之輩、號二武士作手一、好二付沙汰一之由、被二聞食及一之間、可二停止一之旨、被レ仰二六波羅一云々、

五六
人倫賣買事

仁治元年五月一日甲子、人倫賣買事、一向可二停止一之旨、今日被二仰下一云々、

五七
任官御家人行幸役用途事

仁治元年九月卅日庚寅、御家人等中任官之輩、不レ勤二行幸役一事、依レ有二其恐一、可レ召二進用途一之由、今日有二評定一、所謂左右衛門尉分人別百疋、左右兵衛尉分人別七十疋、左右近將監分人別三十疋、左右馬允分人別五十疋、內舍人分人別廿疋等也、不レ供二奉行幸等一者、爲二每年役一可二進濟一云々、且加二催促一令レ致二沙汰一、可レ注二進交名一之旨、所レ被レ仰二諸國守護人一也、

五八
掠給問狀輩罪科事

仁治元年閏十月五日甲子、問狀事、問答、訴人等掠申之旨、露顯之時者、可レ處二罪科一之由、面々可レ被レ仰二含之一云々、太宰少貳爲佐、加賀民部大夫康持爲二奉行一云々、

五九
鎌倉篝役事

仁治元年十一月廿一日庚戌、今日爲二鎌倉中警固一、辻々可レ燒レ篝之由被レ定、省二充保內在家等一、定二結番一可二勤仕一之旨、被レ觸二仰保々奉行人等一云々、

六〇
洛中辻々篝可用意大皷事

仁治元年十一月廿九日戊午、洛中群盜蜂起之由、依レ有二風聞說一、篝屋守護者幷在地人等、有二懈緩御疑一間、今日於二前武州(泰時)御亭一有二評定一、右馬權頭、攝津前司、佐渡前司、秋田城介、出羽前司、大宰少貳、加賀民部大夫等參入、各意見雖二區分一、所詮每二篝

辻一置二大鼓一、於二事出來之時一、隨レ發二其聲一、每二在家一令レ用二意續松一、不レ經二時刻一可レ指二出松明一之由、保官人可二申沙汰一、於下不レ相二從下知一之在家上者、可レ被レ處二罪科一、於二大鼓一者、可レ被レ充二京畿御家人等一云々、以二此趣一可レ被レ仰二遣六波羅一云々、

六一　洛中辻々篝用途事

仁治元年十二月十二日辛未、洛中辻々篝松用途事、被レ定二役所一處、對捍之由、依レ有二其聞一、隨二多少一可レ令レ充二造篝屋一、且可レ注二申交名一之由、今日、被レ仰二六波羅一云々、

六二　以田地爲博奕賭事

仁治二年四月廿五日癸未、以二田地一爲二博奕賭一事、於二件所一者、可レ被二召放一之由被レ定、是大宮三郎盛員與二豐嶋又太郎時光一、相二論武藏國豐嶋庄犬食名一、大宮有忠打二四一半一事起也、各相互雖二訴申一、遂被レ收二公彼所領一云々、對馬左衞門尉仲康爲二奉行一、

六三　問注奉行人跡可被充行傍輩事

仁治二年五月十日丁酉、江民部大夫以康問注奉行之間、就レ有二非勘之咎一、被レ召二放所領一所一訖、而可レ有レ御二計于傍輩中一之由、兼日被レ儲二其法一、可レ賜二宮內左衞門尉一云々、是紀伊五郎兵衞入道寂西、與二同七左衞門尉重綱一、相論陸奥國小田保、追入、若

木兩村御下知事也、

六四
雜人訴訟事

仁治二年六月十一日丁卯、雜人訴訟事、相㆓分國々㆒、被㆑付㆓奉行人㆒、而度々雖㆑被㆓相觸㆒、不㆓事行㆒之時、申㆓御教書㆒之間、尩弱訴訟人、數反往還經㆓日月㆒事不便、自今以後、不㆑可㆑申㆓成御教書㆒、以㆓奉行人奉書㆒、可㆑加㆓下知㆒之旨、被㆓仰出㆒云々、

六五
預置謀反人逃失咎事

仁治二年六月十六日壬申、（中略）又諸人預㆔置如㆓謀反人㆒之時、令㆓逃失㆒者、依㆑爲㆓重科㆒、可㆑召㆓放所領㆒、以㆓其所持物等㆒、可㆑被㆑付㆓寺社修理㆒之由、有㆓議定㆒、但逃脫之後三ケ月者可㆓延引㆒、過㆓其期㆒者、隨㆓事躰㆒、殊可㆑有㆓其沙汰㆒之由、仰㆓侍所司㆒、普可㆑被㆓相觸㆒云々、

六六
西國神人等寄沙汰事

仁治二年六月十八日甲戌、近年、西國諸社神人、權門寄人、好㆓寄沙汰㆒、致㆓狼藉㆒、令㆑煩㆓甲乙人㆒之由、依㆑有㆓其聞㆒、今日被㆑經㆓評議㆒、於㆓如㆑然之輩㆒者、相㆓觸本所㆒、召㆓出其身㆒、無㆑所㆑遁者、可㆑召㆓進關東㆒之旨、可㆑被㆑仰㆓遣六波羅㆒云々、

六七
洛中篝續松用途事
仁治二年九月十一日丙申、洛中警衞事、及二嚴密沙汰一、可レ懸二篝於辻々一、續松料物用途、毎年一所別千疋被レ付レ之、於二彼用途辨償之地一者、可レ停二止關東公事幷守護入部一之由云々、

六八
畿內西海惡徒禁遏幷博奕停止事
仁治二年十一月三日丙戌、畿內西海惡徒蜂起之間、可二禁遏一事、諸國可レ停二止博奕一事、及二評議一云々、

六九
酒宴經營過差禁制事
仁治二年十二月一日甲寅、酒宴經營之間、或用二風流菓子一、或衝重外居等畫圖爲レ事、御所中之外、向後一切可レ停二止如レ此過分式一之由、被レ觸二仰諸家一、凡禁二制過差一事、先日雖レ被レ定、經營結構之時、動依レ有二違犯事一、今日重被二仰下一云々、

七〇
奉行人詮句勘錄日數事
寬元元年二月十五日壬戌、御沙汰間詮句勘錄事、大事二箇月、中事者一ケ月、小事者廿日、此日數可レ令二勘進一之由、可二相觸一之旨、被レ仰二含于問注所執事加賀民部大夫一云々、

七一
評定事書不可遲怠事

寛元元年五月廿三日戊戌、（中略）今日、於二左親衛（經時）御亭一、攝津前司、若狹前司等參會、諸人訴論事及二沙汰一、次親衛被レ遣二御書於加賀民部大夫許一、是評定雖二事終一、事書遲々之時、諸人歎申事也、向後付二奉行人等一、引三合事書與二御下知草案一、加二內評定一之後、可レ令二淸書一之由云々、

七二
證文分明時不及對決事

寛元元年七月十日乙酉、諸人訴論事、兩方證文分明之時者、雖レ不レ遂二對決一、可レ有二成敗一之由、被レ仰二問注所一云々、

七三
在京御家人大番役免否事

寛元元年十一月十日壬子、在京御家人等大番役勤仕免否事、有二其沙汰一、假令就二西國所領一、下三向其所一、於二時々指出一者、不レ可レ准二不退在京奉公一、不退祗三候六波羅一者、尤爲二奉公一、可レ免二其役一云々、

七四
遠國雜訴人召文可爲西收以後事

寛元二年六月十七日丙戌、（中略）又於二遠國雜訴人一者、西收以前、不レ可レ被レ成二召文御教書一之旨、被レ儲レ法云々、

七五　奉行人遲參事

寛元二年六月廿七日丙申、(中略)又被㆑讀㆓問注記㆒日、奉行人遲事、自今以後可㆓注進㆒之由被㆓仰出㆒云々、

七六　朝命違背非御家人事

寛元二年六月廿九日己亥、山城國平河兵衛入道募㆓武威㆒違㆓背朝政㆒事、就㆑被㆓仰下㆒、今日評議、被㆑定㆓向後之法㆒云、非御家人輩募㆓武威㆒、雖㆑被㆑下㆓綸旨㆒、申㆓子細㆒不㆑可㆑及㆓沙汰㆒、但於㆓刃傷殺害狼藉事㆒者、尤可㆑有㆓沙汰㆒云々、又罪科未斷之時、所望跡事、被㆓定置㆒之間、向後殊非㆓沙汰限㆒云々、

七七　評定經營儉約事

寛元二年十一月十六日癸丑、評定間、經營事、雜掌人等向後故可㆑存㆓儉約㆒旨、被㆓定下㆒云々、

七八　殺生禁斷事

寛元三年二月五日庚午、可㆑禁㆓制殺生㆒之由、及㆓評議㆒云々、

七九　訴論人忌避問注奉行人事

寛元三年三月卅日乙丑、諸人問注事、被㆑差㆓奉行人㆒之處、一方遁避之由、間依㆑有㆓其聞㆒、自今以後、相㆓觸奉行人㆒、可㆑注㆓交名㆒、就㆓彼狀㆒可㆑有㆓誡沙汰㆒之由被㆓仰出㆒、

加賀民部大夫奉㆓行之㆒、

八〇 召文違背幷奉行人不參咎事

寛元三年五月三日丙申、今日諸人訴訟事、被㆑定㆓其法㆒、所謂被㆑仰㆓下問注所㆒之處、寄㆓事於左右㆒、當參之輩令㆓難澁㆒之條自由也、奉行人催促過㆓五ケ度㆒者、慥隨㆑被㆑注㆓進交名㆒、可㆑被㆑處㆓罪科㆒也、亦奉行人、訴人參對之時令㆓不參㆒、不㆑記㆓申詞㆒者、可㆑註㆓申交名㆒、同可㆑被㆑處㆓其科㆒云々、又諸國守護地頭等、不㆑隨㆓六波羅召文㆒事、三ケ度雖㆑令㆓下知㆒、不㆓參洛㆒者、可㆑被㆑改㆓易所職㆒之由云々、

八一 鎌倉中住人可用意續松事

寛元三年六月七日庚午、鎌倉中民居、每㆑人用㆓意置續松㆒、若夜討殺害人等出來之時者、就㆑聲面々取㆓松明㆒、可㆓奔出㆒之由、被㆑觸㆓仰于保々㆒、清左衛門尉、万年九郎兵衛尉等奉㆓行之㆒云々、

八二 八朔贈物停止事

寶治元年八月一日辛巳、恒例贈物事、可㆓停止㆒之由、被㆑觸㆓諸人㆒、令㆑進㆓將軍家㆒之條、猶兩御後見外者禁制云々、

八三 鎌倉中浪人可追放事

寶治元年八月廿日庚子、仰㆓鎌倉中保々㆒、註㆓浪人㆒可㆓追放㆒之由、有㆓其沙汰㆒云々、

八四 地頭一圓地名主出訴事

寶治元年十一月一日庚戌、(中略)又今日評定、被㆓仰出㆒云、雖㆑爲㆓地頭一圓之地㆒、名主申㆓子細㆒者、依㆓事之躰㆒可㆑有㆓其沙汰㆒云々、

八五 地頭一圓地名主百姓訴訟事

寶治元年十一月十一日庚申、(中略)今日、地頭一圓之地名主百姓訴訟事、被㆑定㆑法云、開發領無㆓過失㆒者、任㆓道理㆒可㆑有㆓御成敗㆒云々、

八六 主從對論禁止事

寶治元年十一月廿七日丙子、(中略)又主從敵對事、不㆑論㆓理非㆒、自今以後不㆑可㆑及㆓沙汰㆒之由被㆑定云云、

八七 西國名主莊官等大番役覆勘狀事

寶治二年正月廿五日甲戌、京都大番役事、西國名主莊官等類中、有㆘募㆓御家人㆒之者㆖、如㆑然之輩、隨㆓守護人㆒雖㆑令㆑勤㆓仕之㆒、可㆑賜㆓各別請取㆒否事、再往及㆓御沙汰㆒、於㆓平均㆒者難㆑被㆑聽㆑之、依㆓其仁躰㆒可㆑有㆓用捨㆒之趣、可㆑被㆑仰㆓六波羅㆒云々、

八八
兄弟相論以父母不可立證人事

寶治二年五月十六日癸亥、兄弟相論之時、以二父母一立コ申證人一事、天野和泉前司子息兄弟等相論之時、以二母堂一雖レ立コ申證人一、自今以後、不レ可レ被二許容一之由、今日及二評定一云々、

八九
謀叛人出擧可致辨否事

寶治二年五月廿日丁卯、就二雜務等事一、有下被二定下一之篇目上、（中略、追加法二六二條に當る）、又謀叛人出擧事、其一類所從者不レ及二沙汰一、至二百姓等分一者、早可レ致レ辨之由、可レ有二御成敗一者、且所レ被レ仰コ遣六波羅一也、

九〇
人勾引事

寶治二年六月五日辛巳、人勾引事、有二其沙汰一、兄弟者不レ可レ爲二人勾引之儀一、以二他人一可レ爲二人勾引一也、其科准二盜犯一云々、

九一
放逸奉行人不可召仕事

寶治二年十一月廿三日丙寅、問注奉行人等、閣二雜務稽古一、酒宴放遊爲レ事、不レ面コ謁訴人一、不レ見コ究證文理非一之間、臨二評定座一之時、預二下問一事等、所二答申一頗令二停滯一、於二如レ然輩一者、不レ可二召仕一之由、普可二相觸一之趣、今日被レ仰コ付大田民部大夫、信濃民部大夫入道行然等一云々、

九二 寶治合戰新恩地頭所務事

寶治二年十一月廿九日壬申、去年募二勳功賞一拜領所々事、仰二新地頭等一、本所國司領家乃貢可レ致二急速沙汰一事、幷不レ可レ充二課臨時役於土民一、凡每事守二先司例一、可レ停一レ止新儀非法一之由云々、

九三 諸國本新地頭所務事

寶治二年十二月十二日乙酉、諸國地頭所務事、重有二其沙汰一、任二國司領家檢注帳一、本地頭者依二先例一、新地頭者守二率法一、可レ致二沙汰一、不レ可レ及二濫行一之由、所レ被二仰出一也、

九四 社寺領地頭新儀停止事

寶治二年十二月廿日癸巳、神社佛寺領事、停一レ止地頭新儀一、可レ致二嚴密沙汰一、兼又大神宮以下爲レ宗之神領等雜掌解者、隨レ令二到來一、不二經宿一可二執申一之由、日來有二其評定一、今日所レ被レ仰一レ付于太田民部大夫、伊勢前司、矢野外記大夫、信濃民部大夫入道、清左衛門尉等一也、

九五 勵精奉行人御恩事

寶治二年後十二月十六日己未、諸人訴論事、於二申沙汰條數多々之奉行人一者、可レ有二

御恩一之由、今日被レ觸二仰之一云々、

九六 西國地頭譜代書生田所等追放可停止事

寶治二年後十二月十八日辛酉、西國地頭等、寄二事於左右一、追二放譜代書生、田所、職人一之由、所々訴出來間、有二其沙汰一、相二尋子細一、慥可レ停二止件濫吹一、若不二敍用一者、可レ注二進其交名一之旨、今日被レ仰二六波羅一、明石左近將監奉二行之一、

九七 關東御分社寺諸職一身兼帶事

寶治二年後十二月廿五日戊辰、關東御分寺社不レ幾、一身兼二帶數ケ所別當神主供僧職等一事、向後被レ停二止之一、平均可レ有二補任沙汰一之旨、及二評議一云々、

九八 六波羅召文違背輩罪科事

建長二年二月五日辛丑、諸國守護地頭御家人等、背二六波羅召符一由事、有二其沙汰一、向後於二如レ此之輩一者、可レ被レ處二罪科一之由被二仰出一云々、

九九 犯科人可搦渡守護所否事

建長二年三月三日己巳、(中略)今日、諸國守護檢斷事、有二其沙汰一、殺害事、如二守護人等申一者、可レ請二取其身一之處、郡鄉地頭等搦二進六波羅一條無レ謂云々、如二地頭等申一者、搦二渡守護所一之處、不レ論二輕重一、卽放免之間、還而依レ有二其煩一、召二進六波羅一

云々、就レ之、被レ仰ニ遣六波羅一云、守護成敗事、被レ定ニ置諸國一之間、可レ被レ加ニ下知一、但地頭等中、若致ニ無道一者、守護人者、就ニ訴申一尋明、可レ被ニ注申一、殊可レ有ニ御沙汰一也云々、

若原作不據寛本改

一〇〇
鎌倉中無益輩可追遣事

建長二年三月十六日壬午、仰ニ鎌倉中保々奉行人等一、注ニ無益輩等之交名一、追ニ遣田舍一、宜レ隨ニ農作勤一之由云々、

一〇一
引付沙汰事

建長二年四月二日丁酉、諸人訴論事、於ニ引付一勘ニ決文書理非一之間、加ニ了見一之處、旨趣爲ニ分明一者、任ニ先規一不レ能ニ對決一、又引付事、巳尅以前可レ始ニ行之一、云ニ頭人一、云ニ奉行人一、莫レ及ニ遲參一、且可レ進ニ覽時付着到一之由、被レ觸ニ仰三方引付一云々、秋田城介爲ニ奉行一云々、

一〇二
鎌倉中凡下等帶刀停止事

建長二年四月廿日乙卯、仰ニ保々檢斷奉行人及地奉行一、凡卑之輩太刀、幷諸人夜行時帶ニ弓箭一事、可レ令ニ停止一之由云々、明石左近將監兼綱傳ニ仰於諸方一云々、

一〇三
御家人衞門尉直任停止事

建長二年四月廿五日庚申、諸御家人任官之間、無二本官一之輩、直可レ任二左右衞門尉一之由望二申之一、向後可レ停二止之一由被二仰出一、淸左衞門尉爲二奉行一、

一〇四
雜人訴訟擧狀事

建長二年四月廿九日甲子、雜人訴訟事、諸國者、可レ帶二在所地頭擧狀一、鎌倉中者、就二地主吹擧一、可レ申二子細一、無二其儀者一、不レ可レ用二直訴一之由、今日被レ仰二遣問注所、政所一、是爲レ被レ禁二直訴之族一也、

直吉本作濫

一〇五
闕所以來所出物事

建長二年五月十四日己卯、罪科人跡事、雖レ爲二闕所一、依二奉行人懈緩一涉レ年之後、被レ付二給人一者、於二闕所以來所出物一者、宜レ令二當給人糺取一之由、被二定下一云々、

一〇六
質人入流分限事

建長二年七月五日己巳、評定、以二本錢三百文一入二流質人一事、有二被レ仰之法一、所謂假令二貫文、一倍之時可レ流レ之、二貫文以下者、不レ可レ依二文書一、納來以レ錢可レ請二取之一由云々、

一〇七
神社等修理事

建長二年七月廿二日丙戌、都鄙神社廢陵事、殊可レ有二興行御計一之由、及二御沙汰一、

於二勅願所事一者、追可レ被レ任二奏聞一、先至二關東御分所々一者、任下被二定置一之旨上、可レ抽二修理之功一、若又及二大破一者、不日可レ令二言上一、隨二其左右一、可レ有二御沙汰一之由、所レ被二仰出一也、是當世別當神主等、只貪二佛物神領一、敢無二興隆之志一之旨、度々評定之時、凝二群儀一如レ此云々、

一〇八
雜人訴訟事

建長二年八月廿六日己未、就二雜人訴訟事一、被レ儲二其法一、是御下知違背濫吹也、慥可二停止一、但敍二用御下知一、言二上鬱訴一者、非二制限一之由云々、

一〇九
訴論成敗可專守式條事

建長二年九月十日癸酉、諸人訴論御成敗事、專守二式條一、不レ可レ有二參差一之由、今日被レ觸二仰引付并問注所、政所一云々、

一一〇
雜人訴訟可徵懸物請文事

建長二年九月十八日辛巳、(中略)今日、雜人訴訟事、被二糺決一之時、爲二僻事一者、以二十貫一可レ被レ充二橋用途一之由、兼召二置請文一、可レ有二沙汰一之由、被レ定云々、

一一一
御家人等大番役勤仕所屬事

建長二年十月七日己亥、京都大番間事、有二其沙汰一、諸御家人等、或褊二惣領主一、或

背二守護人一之間、屬二其方一、可レ令二勤仕一之由、近年頻望申、縡已濫吹之基也、於二向後一者、若隨二守護之催一、若屬二一門上首一可レ勤レ之、任二雅意一事、不レ可レ有二免許一之由云々、

一一二　陸奥等三ケ國博奕禁制事

建長二年十一月廿八日己丑、放遊浮浪之士、寄二事於雙六一、好二四一半一、博奕爲レ事、就レ中陸奥、常陸、下總、此三ケ國之間、殊此態盛也、隨有二風聞之説一、今日有二驚御沙汰一、於二自今以後一者、圍碁之外、至二博奕一者、一向可二停止一之由、所レ被二仰出一也、陸奥國留守所兵衞尉、常陸國宍戸壹岐前司、下總國千葉介等、可レ加二制禁一之由、各含二仰旨一云々、

一一三　召文違背罪科事

建長二年十二月七日戊戌、召文違背罪科事、有二其沙汰一、三ケ度不二叙用一者、以二御使一可レ催二促之一、猶於レ令二難澁一者、隨レ注二申之一可レ有二罪科左右一之旨、所レ被レ觸二三番引付以下方々一也、

一一四　國司領家年貢訴訟事

建長三年四月廿日庚戌、國司領家年貢事、殊可レ致二精誠辨濟一、若春三月已後、就二此

事一本所訴訟出來者、可レ被下地頭於二本所一中分上之由、被二仰出一云云、

一一五　貴所伺候女房稱號事并百姓地頭相論事

建長三年六月十日己亥、貴處伺候於二女房一者、可レ有二領家之號一之旨、被レ定レ之云云、

又曰、百姓與二地頭一相論之事、別差二奉行人一定、委細尋可レ被二聞食一之由云云、

一一六　奴婢子年紀事　雖過原在婦下意改

建長三年七月十日戊辰、今日評定、奴婢子雖レ過二十歳一、夫婦同居、不レ依二年紀一由被二定下一、是青木入道依二所從事一也、

一一七　民間訴訟召文可爲西收以後事

建長三年七月廿日戊寅、諸國民間訴訟於二出來一者、西收以前、召符不レ可レ下之旨、今日政所、問注所等被レ仰云云、

一一八　評定衆着到事

建長三年八月廿三日辛亥、評定衆中所勞於下不二參勤一之輩上、不レ可レ乘二着到一之由有二其沙汰一、不レ令レ辭二其衆一之程者、不レ可二書乘一之旨被二仰出一云云、

一一九　武藏國務等事

建長三年九月五日壬戌、武藏國務條々事、并西海諸國守護地頭沙汰之事等、有二評

定一、是皆可レ救二窮民一之御計也、清左衛門尉、深澤山城前司等爲二奉行一、

二一〇　出擧利錢沙汰事

建長三年九月十七日甲戌、出擧利錢之事、所領於二入流一者、被レ下二御教書一之由、其外相論者、可レ爲二一向問注所之沙汰一之由被レ定云云、

二一一　鎌倉中狹少路等事

建長四年二月十日甲子、鎌倉中狹二少路一之事、無二承之旨一鞍置馬常後立之事、飛脚不實出來之時、於二田舍一立之事、此條々、殊誡及二御沙汰一、保々奉行人等、被二仰付一處也、

二一二　鎌倉中沽酒禁制等事

建長四年九月卅日辛亥、(中略)鎌倉中所々、可レ禁二制沽酒一之由、仰二保々奉行人等一、仍於二鎌倉中所々民家一、所レ注之酒壺、三萬七千二百七十四口云云、又諸國市酒全分可二停止一之由云云、

二一三　鎌倉中酒壺破却事

建長四年十月十六日丁卯、(中略)沽酒禁制殊有二其沙汰一、悉以被レ破二却壺一、而一屋一壺被レ宥レ之、但可レ用二他事一、不レ可レ有二造酒之儀一、若有二違犯輩一者、可レ被レ處二罪科一之

由、固被レ定二下之一云云、

一二四
御家人等奉公賞罰事

建長四年十一月十三日癸巳、(中略)御家人等奉公事、毎日勘レ之、同就二其勤否一、可レ有二賞罰沙汰一之由、被二仰下一云云、

一二五
御教書違背咎事

建長五年八月二日戊申、依二御教書違背之科一、爲二分召一、可レ注二進所帯一由、遍被レ觸二難澁之輩一云々、

一二六
關東新制十三ケ條遵行事

建長五年九月十六日辛卯、(中略)今日被レ定二新制事一、延應法之外、被レ加二十三ケ條一、關東御家人并鎌倉居住人々、可レ停二止過差一條々也、是去七月十二日所レ被二宣下一也、藏人頭宮内卿平時繼朝臣爲二奉行一、依レ之守二宣下之狀一可レ令二遵行一、且自二十月一日一可レ令レ停二止之一、若猶不レ叙二用之一者、且任レ法加二糺斷一、且可レ被レ行二罪科一之旨、被二仰出一云々、

一二七
法家女房裝束事

建長五年十月一日丙午、(中略)又被レ施二行新制法一、今日以後固守二此旨一、不レ可レ違二犯一

之由、所レ被二仰下一也、就レ中法家女房裝束事、五衣練貫以下過差可二停止一事云々、

一二八　鎌倉中雜人并非御家人事

建長六年四月廿七日己巳、鎌倉中雜人并非御家人之輩、不レ從二奉行人成敗一事、殊可レ有二誡沙汰一事、被レ定二其法一、被レ仰二政所一云々、

一二九　西國本新地頭所務事

建長六年四月廿九日辛未、評定、西國莊公地頭等所務事、有二其沙汰一、是本地頭所務者、可レ依二往昔之由緒一、故追二先規之例一、可レ令レ止二新儀非法一也、新地頭者被レ定二率法一之上者、其外全可レ停二止濫吹一也者、存二此趣一可レ加二下知一之由、卽被レ相二觸五方引付一云々、

一三〇　西國堺相論事

建長六年十月二日辛未、西國堺相論事、有二其沙汰一、一向可レ爲二本所御成敗一之間、雖レ有二訴訟一、不レ及二召決一、其中一向關東御領事者、尤可レ有二其沙汰一之由、所レ被レ仰二遣六波羅一也、

一三一　鎌倉中保々奉行事并政所下部等騎乘事

建長六年十月十日己卯、鎌倉中保々奉行條々事、殊不レ可レ有二緩怠之儀一之旨被レ定レ之、

又政所下部、侍所小舍人等可レ止二鎌倉中騎馬一事、同被二仰出一云々、次押買以下事可二停止一事、被レ仰二万年九郎兵衞尉一云々、後藤壹岐前司基政、小野澤左近大夫入道光蓮等爲二奉行一、

一三二 近習要須輩官途事

建長六年十二月廿日戊子、今日評定之間、御家人官途事、就二別仰一及二其沙汰一、是於二近習要須輩等事一者、非二指朝要顯職一者、每度雖レ不レ付二成功一、可レ被レ申二請臨時內給一云々、但依レ人可レ有二御斟酌一歟云々、淸左衞門尉奉二行之一、

一三三 評定衆等外騎馬共人禁制事

建長六年十二月廿三日辛卯、評定衆幷可レ然大名外之輩者、云二出仕一、云二私出行一、不レ可レ具二騎馬共人一、凡非二晴儀一者、僮僕之員可二減定一之旨、普可二相觸一之由、所レ被レ仰二付侍所司等一也、

一三四 御教書違背咎事

康元元年六月五日甲子、於二御教書違背之咎一者、爲レ召二所領一、可レ令二注進一之由、可二下知一之旨、所レ被レ相二觸五方引付一也、

一三五
質券地辨償事

正嘉二年七月十日丁巳、今日評定、差二名字一入二質券一所領事、其所知行之仁、可レ致二其償一歟之由被レ定云々、泉又太郎藏人義信與二安房四郎頼綱一相論下野國栃木郷事、頼綱以二彼郷一依レ入二質券一、已被レ付二給人一畢、然者任二傍例一、加二一倍之定一、於二百貫文錢一者、早可レ沙二汰-渡義信一云々、

一三六
主從對論事

正嘉二年十二月十日乙酉、主從敵對事、自今以後者、不レ論二理非一、不レ可レ有二御沙汰一之旨、被レ定レ之、

一三七
負物事幷訴訟不敍用事

文應元年四月卅日丁卯、(中略)今日評議、負物事、輙不レ及二沙汰一之趣、雖レ被二定置一、尩弱之輩歎申之旨、依レ被二聞食及一、如二先々一可レ有二其沙汰一云々、次訴訟事、不二敍用一三ケ度者、可レ注二進所帶一之旨、可レ成二下御教書一云々、

一三八
鎌倉中狼藉事

文應元年七月十日丙子、鎌倉中保、殊可レ鎮二狼藉一之旨、被レ下二御教書一云々、

一三九
奉行人引付沙汰懈緩事

弘長元年三月五日丁卯、引付沙汰不二事行一之由、訴人等愁訴之趣、達二上聞一之間、今

日有二評議一、向後無二懈緩之儀一早速可二申沙汰一也、於二徒拘持奉行人等一者、頭人就二注申一、可レ被レ處二重科一之旨、被レ觸二仰引付一云々、

一四〇
權門領强盗人召出事

弘長三年十月十日丁巳、被レ行二評定一、六波羅檢斷等事、有二其沙汰一、召二出彼祇候人佐治入道一〈爲二使節一參向、〉於二當座一被二仰合一云々、强盗人事、無二地頭一權門領以下所々、自二守護所一隨二相觸一、可レ被レ召二出之一、不レ然者、可レ被レ追二放彼所一、無二其儀一者、可レ補二地頭一之由、兼可レ被レ申二本所一、次自二地頭補任所々一、不レ被レ召二出强盗人一者、可レ被レ改二易彼地頭職一之旨、相觸之後、可レ被レ注二申之一云云、

一四一
守護沙汰事

文永三年四月十五日戊寅、長門國一宮神人等致二殺害寄沙汰一之由事、守護人資平就レ注二申子細一、有二其沙汰一、并狼藉事可レ令二奉行一之由、資平雖レ申レ之、守護沙汰事、被レ定二式目一畢、而爲二守護之身一、補二國檢非違使一之條不レ可レ然云々、

補註

1　式目第一條の一部を引用したものに左の文書がある。

（前缺、上略）是等子細、被二思慮一者、是非定令レ落二居一歟、縱雖二同日之論一可レ被レ優二寺社一、況於レ有二道理一哉、且見二武家式條一、神者依二人之敬一增レ威、人者依二神之德一添レ運云云、此言誠哉、宜レ在二今度之裁斷一、（中略）者、吹田莊、早爲二本所進退一、永止二千福丸職一、如レ元可レ有二沙汰一之由、欲レ蒙二御成敗一矣、仍滿寺僧綱大法師等一坐同心勒レ狀以解、

建長六年十二月　日　　僧綱大法師等

〔春日神社文書〕第貳卷

又、後出第二部三三七條に「恆例祭祀不レ致二陵夷一、臨時禮奠勿レ令二過差一」とあるのはこの條の一部取意文であり、同三三八條に「有封社者、任二代々符一、小破之時且加二修理一、若及二大破一言二上子細一者、隨二其左右一可レ有二其沙汰一之由、被二定置一畢、」とあるのはこの條後半そのままの引用であろう。猶この條の取意引用文は三柱神社文書、笠置文書（雲出）等に見え、室町時代武家の吉書に引用した例もある。

2　左の文書は式目第五條の文章を引用したものである。

東寺御領若狹國太良庄雜掌謹言上

欲下早蒙二御成敗一、地頭若狹四郎入道定蓮條々非法無レ謂子細事、

一　押二領公田壹町一不レ辨二濟所當米一無道事

右件元者、（中略）且關東貞永元年御式條云、諸國地頭令レ抑二留年貢所當一事、右抑二留年貢一之由、有二本所之訴訟一者、卽遂二結解一可レ請二勘定一、犯用之條無レ所レ遁者、任二員數一可レ辨二償之一、但於二少分一者、早速可レ致二沙汰一、至二過分一者、三箇年中可二辨濟一也、猶背二此旨一令二難澁一者、可レ被レ改二所職一云云、今訴申壹町所當者、不レ可レ及二結解一、自二建長六年一至二于建治三年一、惣以合夕之辨無レ之、所レ積米二百五十五石一斗二升也、早任二御式條之旨一、可二沙汰一之由、欲レ蒙二御成敗一矣、（中略）

以前條々、大概如レ斯、（中略）早、任二寶治元年御式條一、爲レ蒙二御成敗一、勒二在狀一言上如レ件、

建治三年十二月　日

〔東寺百合文書ホ五十六至七十止〕

猶第五條の規定を引用したものに東寺文書之一、東寺百合文書（四一號）、弘安十年十二月日の申狀がある。

3　式目第八條の文章を引用した史料としては、後出第二部九五條に収めた嘉禎四年九月九日評定の追加に、「右、如二式目一者、當知行之後過二廿年一者、任二右大將家之例一、不レ論二理非一不レ能二改替一」とあり、又東寺百合文書ヒ四十九至五十四所收の申狀に左の如く見えるのを擧げることができる。

東寺申

當寺領山城國上桂庄、被レ棄二捐源氏女訴一、任二暦應御奏聞旨一欲レ預二御執奏聞一事、

右當庄者、　後宇多院去正和二年載二宸筆御起請符一、御二施-入當寺一畢、（中略）

一源氏女訴、任二式條年紀法并先例一可レ被二棄捐一事、如二貞永式目一者、當知行之後、過二廿ケ年一者、不レ論二理非一不レ能二改替一云々、雖レ爲二公家領一被レ守二此法一之條、傍例頗多、近則　室町女院御遺領、去元亨四年永嘉門院於二關東一被レ出二御訴訟一之時、奉行、攝津刑部大輔入道道隼、信（濃）前司入道道太、正安四年以來年紀既過二廿ケ年一之由、以二　勅使一日野大納言入道、依レ被レ支二仰之一、被レ棄二捐永嘉門院御訴訟一畢、而當庄者、當寺御寄附以來卅餘年之間、雖レ爲二片時一無二依違之儀一、氏女又曾不レ出二訴訟一、天下擾亂之後、始及二無窮之謀訴一、違二犯其法一之上者、更非二御沙汰之限一者哉、

以前條々、大概如レ斯、（中略）早於二寺訴一者、被レ經二吹擧御　奏聞一、至二賴淸氏女成尋等一者、可レ被レ糺二行謀書以下重科一矣、

康永三年六月　日

猶、高野山文書之四、又續寶簡集三七五號（正平七年？）某訴狀案に、「如二式目一者、當知行以後過二廿ケ年一者、非二沙汰之限一之上者」云々とあるのも一見第八條文章そのものの引用の如くであるが、これは取意文と見るべきであろう。

しかるに石井良助博士は近著「日本不動産占有論」（一〇四頁以下）に於いて、この第八條の事書が不知行年紀について記し、本文後段の「申知行之由云々」も不知行を中心として構成されているにもかかわらず、ひとり本文前段に「當知行之後云々」と當知行を中

心として記していることは不審であり、「當知行」とあるのは本來「不知行」とあつたものが改竄された結果ではないかと推定された後、香取文書纂巻三、大禰宜家藏寛元元年九月廿五日關東下知狀の中で、幕府側が本條を引用して、「但、不知行過㆓廿箇年㆒者、不㆑論㆓理非㆒不㆑能㆓改□沙汰㆒之由、被㆓定置㆒畢、」と記している點を根據として、御成敗式目第八條の「當知行」は元來「不知行」であつた、と斷ぜられた。即ち石井博士によれば、本條は「右不知行之後過廿箇年者」云々という形であつたこととなるが、果して如何であろうか。現存の式目古寫本は凡て第八條の本文を「當知行之後」となし、之を「不知行之後」としたものは一本もない。加うるに石井博士も認めておられるとおり、式目制定後僅かに五箇年なる嘉禎三年八月十七日の追加（第二部九二條所收）は、明らかに「當知行之年紀」とし、右に擧げた翌嘉禎四年九月九日の追加では、本文が當知行になつた本文を引用しているほどであるから、式目制定後十一箇年後の寛元元年の關東下知狀によつて、博士の如く主張するのは、果してどうだろうか。ことに問題の香取文書纂の下知狀は「不知行過廿箇年者」であつて、「不知行之後過廿箇年者」ではない。これを簡單に同じと斷じ去つてよいかという點にも疑問がある。當時の文章表現ではむしろ逆に「當知行之後過廿箇年者」（式目諸本による現形）は「不知行過廿ケ年者」（石井博士引用の香取文書纂）と同意なのではなかろうか。すなわち現存式目諸本の本文のままで、この條は不知行年紀を規定したものと解せられるのではあるまいか。（以上の點については監修者牧博士より有益な教示を得た。）

4　左の六波羅下知狀は式目第十四條の文章を引用したものと認められる。

松尾社領丹波國雀部庄雜掌僧覺秀與㆓地頭左衞門尉大宅光信㆒相論條條、

一地頭名所當年々未進事、

右召㆓決兩方㆒之處、子細雖㆑多、所詮（中略）覺秀重申云（中略）次廿五石事無實也、可㆑被㆑召㆓出切苻㆒之由申㆑之、仍建暦三年、建保二年、同三年切苻等進㆓覽之㆒、然者、地頭名田荒癈事、承久以前廿餘年、同已後十八年、相丼四十年之由地頭申㆑之、承久以前名分所當毎年廿五石之條見㆓切苻㆒、而亂逆以後減㆓切苻㆒、毎年僅不㆑過㆓五六石㆒之間、未進數百石也、□於代官之條無㆓其謂㆒、如㆓御式目㆒者、抑㆓留本所年貢㆒者、雖㆑爲㆓代官之所行㆒主人可㆑懸㆓其咎㆒云々、於㆓件未進㆒者、爲㆓光信之沙汰㆒可㆑令㆓辨償㆒也、三《是》、（中略）自㆓正治二年㆒至㆓于承久三年㆒追㆓地頭所□（務）例㆒不㆑可㆑有㆓新儀㆒、就中至㆓于所當㆒者、日別嚴重御供米也、任㆓承久以前所濟之例㆒、

更不レ可レ有二對捍一、兼又於二彼負累三百餘石一者、早三箇年內可レ令二辨償一焉、（中略）以前十箇條如レ件、

嘉禎四年十月十九日

(時盛)越後守平　（花押）
(重時)相模守平　（花押）

〔東文書一〕

5　左の史料は式目第十五條の文章を引用したもの。

紀伊國阿弖河庄雜掌申

當庄地頭不レ憚二御式條嚴制一、構二謀書一上者、早被レ合二御評定一、欲レ被レ注二申子細於關東一事、

副進

一通　御式條謀書段（中略）

右、（中略）謀書事、如二御式條一者、於レ侍者可レ被レ沒二收所領一云々、此上者尤可レ被二斷罪一者歟、所詮被レ合二御評定一、欲レ被レ注二申子細於關東一、次於二庄家押妨一者、任二傍例一賞二知行一、先可レ停二止地頭之妨一由、欲レ蒙二御下知一、仍言上如レ件、

建治二年六月五日　　雜掌上

〔高野山文書之五、又續寶簡集一一二五號〕

猶この外、第十五條の規定を引用したものには、田代文書二、正應四年六月八日關東下知狀、薩藩舊記前集十、元亨四年八月十日鎭西下知狀、島津家文書（他家文書）元德元年十一月廿九日鎭西下知狀等がある。

6　式目第十九條の文章を引用した史料として左の文書がある。（日附はないが、內容より見て文永十一年の文書？）

若狹國御家人鳥羽右衞門尉國茂謹陳申

爲二同國瓜生兵衞尉範繼妻女中原氏女一被レ停二止種々謀計濫訴一、早任二重代道理一、欲レ充二給末武名一子細事、

件訴狀云、國茂不レ帶二一紙證文一、以二何故一可二望申一哉云々、此條、不レ知二子細一申狀也、其故者、彼末武名者稻庭右衞門尉時國傳二領之一、仍嫡男西迎國茂親父相傳之處、彼範繼同妻女等者、不レ侍(持)二段步所帶一、以二西迎之扶持眷養一繼二身命一之間、依レ爲二便宜一、望二申彼末武名一間、一旦西迎出二預所方一、以二擧狀之計一備二龜鏡狀一之上者、中原氏不レ帶二一紙讓狀一之條顯然也、（中略）其上、如二御式目一者、

不レ論二親疎一眷養輩違二背本主子孫一事、右、憑レ人輩、被二親愛一者如二子息一、不レ然者又如二郎從一、爰彼輩令レ致二忠勤一之時、本主感二歎其志一之餘、或渡二充文一、或與二讓狀一之處、稱二和與□（之）物一對二論本主子孫一之條、結構之趣甚不レ可レ然、求レ媚之時者、且存二子息之儀一、且致二郎從之禮一、向背之後者、或假二他人之號一、或成二敵對之思一、忽忘二先人之恩顧一、違二背本主之子孫一者、於レ得レ讓之所領一者、可レ被レ付二本主子孫一云々、（中略）得二讓狀一輩猶以如レ此、何況不レ得レ讓於二末子一哉（中略）所詮、於二彼末武名一者、縱雖レ爲二範繼幷妻女等之知行一、如二御式目一者、國茂可レ令二知行一之條勿論也、何況不レ令二知行一之上者、旁任二相傳之道理一、爲レ充二給國茂一、披陳言上如レ件、

〔東寺百合文書み三十二至四十八〕

7　式目第四十一條の文章を引用した史料として、第二部七二〇條に收めた年代未詳の追加に「如二式目一者、奴婢雜人事、無二其沙汰一過二十ケ年一者、不レ論二是非一、不レ及二改沙汰一云々者、」とあり、又東寺文書之一、東寺百合文書は一三一號暦應四年八月日若狹太良庄領家方百姓正吉陳狀の中に「如下被二定置一之御式目上者、奴婢雜人事、右任二大將家御時之例一、無二其沙汰一而過二十ケ年一者、不レ論二理非一、不レ及二改沙汰一云々、取レ要召二仕時眞一之條、送二十餘年之春秋一畢、爭可レ令レ違二犯嚴重御式條一哉、」

8　第二部追加法第一條冒頭の「國々守護人幷新地頭……條々事」なる條々書きは一―六條を包攝するものと解したが、これに對して、右の「條々事」の中にさらに「地頭等可存知條々」（四條）と「條々」が再出するのは法文としての形式上異樣であるという理由で、冒頭の條々書きを一―三條だけにかけて、四條以下をこれとは別個獨立の法令と見る解釋が生ずるかもしれない。この解釋は當然「地頭等可存知條々」を四―六條を包攝する條々書きと見る解釋に連なるわけであるが、しかしそう解すると又別個の法文形式上の無理が生ずるのであつて、この無理を解消するには少なくとも(イ)現在の四條の「一」を次行（給分云々）の上に移し、(ロ)「給分……可停止之」の下に「事」を補い、(ハ)現在の五條の「一」を「次」に改めるか、削るか、或いはこの行の末尾に「事」を補うか、以上三點推定に基づく本文改竄を敢てしなければならない上、內容的に見て一―三條は守護人關係の箇條で四條以下が地頭關係であるから、四條以下を獨立させると、冒頭條々書きの「國々守護人幷新地頭」の新地頭に對應する箇條がなくなるという齟齬が生ずる。よつてここには吾妻鏡を傍證史料として、冒頭の條々書きを一―六條にかかるものと解する。

9　一五條の宣旨については、百練抄に「嘉祿元年十月廿九日新制卅六條被二宣下一」と見えている。幕府はこれを奉じて施行した

が、翌二年正月廿六日に至つて改めて以下三ヶ條をとくに抜き出して禁令を重ねたわけである。これは「於二件三ヶ條一者嚴制殊重」きが故である。（第三條の後の施行書きを見よ。）

10　二〇條は、吾妻鏡の地の文章で明らかなように、嚴密には幕府の法令ではなく、北條氏（泰時）が私領に發した同氏の法令であるが、便宜ここに収めた。

11　二一條の日付は頭註の如く諸本の間に異同がある。今その何れが是なるかを決するに先立つて注目すべきは、諸本におけるこの追加を中心とする條文排列の形態である。すなわち條文を内容によつて適宜分類した新編追加は別として、多少とも發布の原形、或いはそれに近い傳來の形態を知りうる多くの追加集、すなわち藤貞幹本式目〔貞本〕、運長本式目〔運本〕、近衞家本追加〔近本〕、近衞家本式目追加條々〔近條〕、御成敗式目追加〔成追〕、京都大學法學部所藏達藏司本〔京本〕、藤崎八幡神社本式目追加〔崎本〕等においては、この條文を中心として、その前に三ヶ條、後に三ヶ條、すなわち合計七ヶ條の同じ條文が同じ順序で排列されている。今事書のみをその順に掲げれば左の如くである。（カッコ内は第二部の條數）

第一條　一　貞應嘉祿以後盜賊跡所領事（三五條）
第二條　一　畿內近國并西國堺相論事（四二條）
第三條　一　依藝能被召仕輩所領事（五三條）
第四條　一　盜賊贓物事（二一條）
第五條　一　所預置召人令逃失罪科事（三四條）
第六條　一　以田地所領爲雙六賭事（五四條）
第七條　一　諸人相論事（九三條）

ところで前掲諸追加集の中、貞本・運本・崎本の三つには右七ヶ條の初めに「追加」という首書があり、さらに第六條と第七條の間に「追評定云」とあつて第七條以下が列擧されている。これは右の第一―六の六ヶ條がまづ或る時期に集められて式目追加の原形を形成し、ついでこれに第七以下が書き加えられて次第に大きな追加集になつて行つたことを語るものであろう。現在見る近本・近條・成追の如き大部の追加集はこうした形のものを原資料として用いていると考えられる。それでは最初の六ヶ條の追加が集められたのは何時であろうかというに、この原形を最もよく傳えると思われる貞本・運本には、第一條の事書の下に「去年八月五日評定」という註記があり、第二條に同じく「去閏九月一日評」、第四條に同じく「去年四月廿日評」、第五條に同じく「去年七月廿日評」とそれぞれ註記されている。（第三・第六の兩條には註記がない。又崎本には全く年次がない。）この「去年」「去」はまさにこの六ヶ條を集錄した時點に立つてのことと考えられる。すなわち第一・二・四・五の諸條は初めこのように「去年…」「去…」という形で年次が註記され、後になつてこれに「寛喜三年」、「嘉禎三年」、「天福元年」の如く特定の年代を付するに至つたものと考えられる。例えば近本は第四條に「天福元四廿二評」と註しているが、天福の改元は四月十五日であり、その報が幕府に達したのは同月廿三日であつて（吾妻鏡）、その前日である四月廿二日に幕府が天福元年を稱する筈がない。すなわちこの註記は全く無稽の作爲か、又は後より溯つての追記か二つの場合の何れかであり、何れにしても制定當時の日付ではあり得ないわけであつて、上記推定に對する一つの傍證になろう。それでは前掲諸條の年付にいう「去年」というのが具體的に何年であるかというに、第二條の「去閏九月一日評」が手がかりとなる。御成敗式目制定以後、最初の閏九月は式目制定のその年貞永元年であり、その次は建長三年である。追加が上記のような形で初めて集められるとすれば、それは建長三年或いはその後ではなくして、貞永元年と考える以外にはあるまい。（吾妻鏡同日の條もこれを立證する。）すなわち初めの六ヶ條は貞永元年閏九月以後十二月迄の間に集められたもので、この時點に立つて追加の年次を記入したものと考える。然らば第一・第四・第五條の「去年」云々は寛喜三年、第二條はいうまでもなく貞永元年、而して第三・第六條は年次に關する註記がないが、貞永元年十二月以前であることは動かせないと思う。以上の推定に從つて各條を次の年次におく。これによつて、京本の年次註記がまさに事實と符合することが知られるのである。

第一條　寛喜三年八月五日　　第四條　寛喜三年四月廿日
第二條　貞永元年閏九月一日　　第五條　寛喜三年七月廿日
第三條　貞永元年十二月以前　　第六條　貞永元年十二月以前

12　三四條の年次については前註參照。

13　三五條の年次についても註11參照。

14　吾妻鏡には「新補地頭所務間事七ヶ條被レ定二其法一云々」とあるが、ここには六ヶ條（三六―四一條）しか見えない。

15　四二條の年次については註11參照。猶、吾妻鏡は貞永元年閏九月一日條の外に同年九月一日條にも「畿內近國并西國境相論事、共以爲二公領一者、尤可レ爲二國司成敗一、於二庄園一者、爲二領家沙汰一經二奏聞一、可レ爲二聖斷一之由被レ定、且以二此趣一被レ仰二六波羅一云々」という記事があるが、これは恐らく閏九月一日條の重出であろう。

16　吾妻鏡には「六波羅成敗法十六ヶ條被レ仰二下之一」とあるが、ここには九ヶ條（四三―五一條）を見るのみである。

17　五三條の年代についても註11參照。

18　五四條の年代も同前。猶、侍所沙汰篇にはこの條文の後に左の四行がある。しかしその日付、充所、差出書は明らかに六波羅充て關東御教書のものであつて、事書にそのまま接續すべきものではない。恐らく他よりの竄入であろう。

寛喜三年六月六日　　武藏守
　　　　　　　　　　相模守
駿河守殿
掃部助殿

19　六六條には次の二つの點で疑問がある。その一つは、文暦元年の改元は十一月五日であつて、「文暦元年正月　日」という日付は納得できないこと、他の一つは、この日付と連署の官途が合わないこと。これによつて日付の部分に何らかの誤りのあることは疑いないが、鎌倉幕府に於て修理權大夫、左京權大夫の相並ぶ時期は嘉禎二年十二月―同四年九月までの一年九ヶ月しかないから、連署の官途を否定しない限り年號の文字を部分的にでも生かすことは困難のようである。とにかくこのままでは事實に合わないという點を明記して、後考を俟つこととする。

20　八九條の年次推定について、この差出書と充所の受領官途と日付の適合するのは寛喜二―天福元及び嘉禎元（文暦二）の五年であるが（文暦元年は重時鎌倉滯在につき不適合）、この年代中では月日の一致する六波羅充て法令が文暦二年に多數見られること（前出七七―八八條）に鑑みて、この條も亦同時のもの、吾妻鏡同日條に「被仰六波羅條々事」の中の一箇條であろう。

21　吉川家文書之二所收元德三年二月日、安藝國宮庄地頭周防四郎次郎親經代行俊越訴狀の事書に「欲下早重被レ下二召文一、被レ召二上同國寺原掃部大夫親盛一、被レ召二返先度掠給未盡御下知一、任二文暦御式目一蒙中成敗上、當庄内八郎丸名承久以後未檢注間事」とある文

暦御式目とはまさにこの九一條をさすものであろう。（文暦二年九月十九日嘉禎と改元。）

22　一三一條以下の六ケ條は、第四條以外には年次の記載がない。しかし第六條の在京武士乗車横行洛中事は次に掲げる一三七條と内容的に同じものであつて、前者が事書で、後者はこれを御教書の形にしたものであるから、後者の日付は移して以て前者の日付とすることができる。又第五條材木請賣事は近本・新追の排列順序及び近本の「已上可停止之」の文言によつて、年次明記ある第四條（雙六云々）と同時と推せられる。問題は前半の三ケ條であるが、近本の排列關係から見て、又吾妻鏡によれば延應二年三月十八日制符（同四月一日條には新制條々）が發せられたとあり、これら三ケ條はまさに制符（新制）とよばれるにふさはしい内容であるのみならず、第三條鷹狩事は一七四條仁治三年正月十五日の追加に明らかに關東新制として引用されている點より見て、これらも亦同時制定の新制の内と推定した。

23　一四〇條はこれとほぼ同じ規定が既に文暦二年閏六月廿一日に出ている（七二條）。兩者を對照すると内容には若干異同があり、或いは文暦の規定をここに至つて改正したと考えられないではないが、宣賢本式目抄〔宣抄〕に收むる延應令、吾妻鏡仁治元年四月廿五日條に收むる規定をこの平林本式目〔平本〕所收のものと比較すると、相互に異同があり、文暦令との相違を明確にし難い。或いは文暦令と同じ規定を重ねたものかもしれない。相互に參照されたい。猶、宣抄所收の分は異同が甚だしいので校異の煩を避けて次に一四一條として重出することとした。

24　一四五條の年次は、鶴岡本式目〔鶴本〕が「延應二五十四評云」に、宣賢本式目抄が「延應二年五月十四日評」に、平林本式目〔平本〕が「延應二年五月廿五日評定云」に作り、吾妻鏡亦同日の條に掲げ、鶴本は前記年次の「十四」の右傍に「廿五イ本」と註している。而して近本には「同日被定了」とあり、御成敗式目追加〔成追〕、京大法學部本追加〔京本〕、東寺百合文書ホ並びに「同日評」と記している。以上によつて年次の異同は比較的古くからあつたことが知られる。新追はこれらの諸説を次々と註記した結果を示すものであろう。今しばらく平本及び吾妻鏡によつて延應二年五月廿五日に從う。

25　一五九條にいう去五月十四日重被定置御式目狀とは、疑いもなく一四三條の延應二年五月十四日敵對于祖父母并父母致相論輩事なる追加である。從つてこの一五九條は延應二年五月十四日以後、而して恐らくこの年（仁治元年）の内であろう。

26　一七〇條は式目第四一條の規定を補充したもの故、貞永元年以降であることは疑いないが、發令年次を確定すべき手がかりがない。しばらく武藏前司入道（泰時）死歿（仁治三年六月十五日）以前と見て、仁治二年以前におく。

27　一七四條にいう關東新制は前出一三三條鷹狩事に當る。

28　二〇九條は近本一五一條にも收められているが、死去事と題する箇條（第三部六六條）の末尾に接續して、一見死去事條の一部であるかのような形になつて、著しく原形が損われているので、ここには最もよく原形を保存すると認められる新追三六二條を以て底本とした。新追三五九條も近本と同じく「死去事」條の末尾に接續している。これを原イ本として利用した。さてこの追加の年次と充名は頭注に大體示した如く諸本の間に異同がある。左にこれを表記する。

底　本	寛元々年七月七日	加賀民部大夫
原イ本・近本	寛元二年七月七日	太田民部
式　追	寛元々年七月七日	太田民部大夫
吾妻鏡	寛元々年閏七月七日	加賀民部大夫

この中吾妻鏡は追加の原文ではなく取意文であつて、差出書に關する記載はないが、その他は全部一致して「左近將監判」という差出書になつている。（底本にはこの五字が誤つて重出している。すなわち二行になつている。）これは文書の性質上當然當時の執權と見るべきであり、寛元元年、二年當時の執權は卽ち北條經時（仁治三年六月より寛元四年四月迄在職）であるが、この間に經時は寛元元年七月八日左近將監より武藏守に任じている。この點によつて原イ本の寛元二年はいうまでもなく、吾妻鏡の寛元々年閏七月の年次も誤りであることが分る。又この追加の内容より見て、充名は問注所執事とすべきであるが、當時の問注所執事は町野康持、彼の官途は寛元二年五月十五日迄加賀民部大夫、それ以後備後守であつて、この點からも寛元二年七月七日は誤りと斷定される。

29　若狹の守護がこの二一〇條の追加を守護代に施行した文書を左に附錄する。

御家人役間事、今年八月□（三）日關東御敎書如レ此、任下被二仰下一之旨上、可下令レ披二露若狹國中一給上、仍執達如レ件、

寛元々年九月一日　相模守（重時）在御判

佐分藏人殿

〔東寺百合文書ノ一至八〕

月の下は蟲損であるが、同文のもので充名を缺く案文が同文書ホ一至廿にあり、それには明らかに「八月三日」になつている。猶、吾妻鏡はこの法令を寛元二年八月三日の條に記しており、左に掲げる東寺百合文書所收の重申狀には「寛元〻二兩度關東御教書」とあり、事實また新追一九七條、近本七一條、及び東寺百合文書ノ一至八、ホ一至廿所收のものはいずれも寛元二年八月三日となつている。しかし元年のものと二年のものを對照して見ると、月日が同じい上に文章も全く同文であるから、この「二年」は「寛元〻年」を書寫の間に誤つたものに相違ない。

若狹國太良御庄內末武名主兵衞尉範繼重言上、

被レ停二止順良房快深非分濫妨一、任二相傳道理一、欲レ蒙二御成敗一末武名事、(中略)

件名者、當國御家人丹生出羽房雲嚴相傳也、(中略)且如二寛元〻二兩度關東御教書一者、御家人相傳所帶、雖レ爲二本所進退一、無二指誤一於レ被二改易一者、任二先度御教書旨一、可レ被レ注二進關東一云々、而範繼無二其誤一之處、御改易之條、無レ術之次第也、範繼無レ咎之上、任二相傳之道理一、欲レ蒙二御成敗一、且不レ被レ下二快深二答陳狀一之間、不レ載二其意一者也、仍重言上如レ件、

文永十一年五月　日

〔東寺百合文書ト六十一至七十五〕

諸國御家人跡爲二領家進止一之所々御家人役事、御家人相傳所帶等雖レ爲二本所進止一、無二指誤一被二改易一者、任二先度御教書之旨一可レ申二子細一候也、其上不二事行一者、可レ被レ注二申關東一候、若又當知行輩其咎出來者、以二御家人役勤仕之仁一可レ被二改補一之由可二執申一候、至二所役一者、任二先例一不レ可二懈怠一之由、可レ被二催沙汰一之旨、可レ令二申沙汰一之狀執達如レ件、

寛元二年八月三日　武藏守

〔東寺百合文書ホ一至廿〕

30　二一二條の適用について近本二三八條に左の如き記事がある。恐らく幕府の奉行邊りの意見であろう。猶、この史料は第三部六七條にも採錄した。

一　故武藏前司入道殿御時御成敗事切事等、以二懸物狀一可レ有二御沙汰一之旨一段、就レ之可レ有二內儀一歟、又證據兩樣在レ之、非二口傳一者難レ知者也、又事切之時、有レ被レ殘二子細一云々、五十一ヶ條內御沙汰就二式目端書一、各奉行人有二意言一、本文意見ト可レ書歟、

31　左に掲げる大友頼泰裁許狀案に「彼芳命當世難レ被二棄置一云々」とあるのは、まさしくこの二二〇條を指すものであろう。

松木三郎時光與二帆足兵衞尉道員一相論野司狩場事、

右、如二時光申狀一者、去建久六年前禪門（中原親能）之時（々脫カ）、光父家時拜二領下作職一、可レ致二忠勤一之由、捧二申狀一之刻、可レ有二尋沙汰一之由、給二御外題一畢、彼芳命當世難レ被二棄置一云々、如二道員陳狀一者、件狩場地頭御代官職事、道員祖父家道存日之比、致二非分望一之間、可レ止二競望一之由、五月五日九月廿二日、已上不記年号 建久六年、同七年、正治元年四ヶ度、自二禪門一給二安堵御下文一畢、於二忠節一者、誰可レ有二勝劣一乎云々者、就二家時之解狀一、可二尋沙汰一之旨外題備進之故、雖レ擬二相尋一、如二道員所レ進下文等一者、可レ停二止家時所望一之由炳焉也、然則道員爲二彼職一、可レ致二奉公一之狀如レ件、

正嘉二年四月五日　前丹後守平朝臣（大友頼泰）在御判

〔大友文書二〕

32　二三九―二四一條は近本・新追・事紀にもあり、後の二ヶ條は式目新篇追加〔式追〕にもあるが、底本とした後日之式條〔後式〕と以上四本との間には文章に異同がある。この異同は單なる轉寫によるものではなく、本來の形に基づくものと認められる。すなわち後式が發布された法文の完全な形を示すのに對して、他の四本は恐らく發布以前の段階における、より簡略な形を示すものであろう。よつて本文には後式を採錄した。しかし後式には猶轉寫の間の誤脫と認められる點が少なくない（特に第二條）ので、その明瞭なものは他本によつて補い、斷定を缺く部分はその旨を注記した。而して他の四本所載の分を近本によつて次に重出した（二四二―二四四）。猶、吾妻鏡寛元二年二月十六日條所載のものは近本以下四本よりも一層簡略な形になつている。次に發布年次は、新追、式追が第三條の事書下に「寛元三二十六」と注し、新追の目錄に左の如くあるによつて、三ヶ條とも寛元三年二月十六日とする。

（新追八一）　一　人倫賣買直物事　寛元三　二　十六

（新追八二）　一　寛喜以來飢饉時養助事　同三二

（新追八三）　一　養子事　同

吾妻鏡はこれを誤つて前年にかけたものであろう。「西國守護人奉行事」（二五〇條、近本・新追等寛元三年五月九日）を吾妻鏡が寛元二年二月十六日條と同三年二月十六日條とに重出している點も參考すべきである。又吾妻鏡には第一條事書「養子事」の上に奴婢

の二字がある。石井良助博士はこれを竄入と見ておられる。（法學協會雜誌五六三八「中世人身法制雜考」㈠一一六頁）

33　二六九條は吾妻鏡寶治二年閏十二月廿三日條に載つているものであるが、同じものの取意節略文が、同書建長二年六月十日條に「有ニ評定一、雜人事被レ定ニ法儀一、所謂百姓與ニ地頭一相論之時」云々と見える。これは吾妻鏡によく見られる同一記事の重出の一例であつて、いずれか一方又は兩方の年次が誤りでなければならない。寶治二年の方は本文所揭の如く追加の原文であるが、その前に附せられた吾妻鏡の地の文「廿三日丙寅、今日雜人訴訟事被レ定ニ其法一、其事書樣」は、干支の次に直ちに「今日」と記す點に於いて明らかに吾妻鏡の體例上異樣であつて、ここに疑いを挿まなければならない。他方建長二年の方は取意文ではあるが、特に疑うべき點を見出し難いので、追加の文章は寶治二年の條に據りながら、年次は敢て建長二年の方を採つた。猶、建長二年の條によれば、この時同じく雜人に關する「懷姙後離別男子可付父」なる規定（次揭二七〇條）も同時に制定された。

34　二七七—二八一條は朝廷より下された宣旨であるが、これが幕府の法令集である近本・新追等に加えられたのは、吾妻鏡建長五年九月十六日條に「今日被レ定ニ新制事一、延應法之外被レ加ニ十三ケ條一、關東御家人幷鎌倉居住人々可レ停ニ止過差一條々也、是去七月十二日所レ被ニ宣下一也、（中略）依レ之守ニ宣下之狀一可レ令ニ遵行一（中略）之旨被ニ仰出一云々」とあるように、幕府によつてこの宣旨が遵行されたからであろう。猶吾妻鏡には十三ケ條と見えるが、今知られるものは以下の五ケ條にすぎない。もつともこの五ケ條の中、第一條は新追所收の分の事書下に「建長五七十二宣旨」とあり、第二條は新追の目錄の事書下に「建長五七十二宣旨」とあり、第三・第四條は同上目錄事書下に「建長五七十二」とあつて、四ケ條とも同時發布の宣旨であることが確認され、底本の首書「建長五年七月十二日　宣旨」が少なくとも第四條までかかることが分るが、第五條については他に傍證がない。唯第五條も前四ケ條と同じく朝廷の宣旨であることは文章の上から明らかであり、底本ではこの五ケ條で宣旨の條文は終り、その次には十二ケ條に亙つて先例（第三部七四條以下參照）が列擧されているので、底本の性質より見て、この第五條もやはり前四ケ條と同時發布のものと認めて、ここに收めた。猶、三浦周行博士は法學論叢十五之二「嘉祿の新制」（新制の研究第三回）において、博士所藏の新篇追加の一本（現在この本の所在は詳らかでない）によつて嘉祿新制の大部分を復原されて、その中に「一可令停廢諸社新加神人事」なる箇條を加えられたが、その文章はここに揭げた建長五年宣旨第四條と事書本文ともに全く同文であつて、それが建長の新制であつて嘉祿の新制でないことは明瞭である。（もつとも三浦博士自身も嘉祿新制の他の箇條中に右箇條とほぼ同趣旨の條文の存する點に疑問をもたれて右の箇條を嘉祿新制と斷ずることを憚られたが、この疑いは當つていたわけである。）

猶、第一條にいう建久二年符とは建久二年三月廿八日の新制（續々群書類從七所收三代制符）の第一條「一、可如法勤行諸社祭祀事」を、又第三條にいう貞觀符とは貞觀十三年九月七日太政官符「應令諸寺三綱檀越禁止秩滿別當恣犯用寺家財物事」（類聚三代格卷三）をさすと考えられる。第四條の校訂には右の太政官符を參照した。

35　底本及び貞應弘安式目（貞式）は初めに「諸國郡鄕庄園……條々」と題して以下の十三ヶ條をこの順序に擧げている。これによつてこの十三ヶ條は同時發布のものとほぼ推測されるが、さらに侍所沙汰篇（侍篇）は首書「諸國郡鄕……條々」がなく、その代り第一條「一重犯……輩事」の前に「十三箇條御式目內」と記して、第一―五・七・九・一一の八ヶ條を擧げており、これによつて、この十三ヶ條が同時のものであることは一層確實となる。猶、吾妻鏡建長四年十月十四日條に一牛馬盜人々勾引事、一放火事、一殺害刄傷人事、一竊盜事、一贓物事、一諍論事、一山賊海賊夜討强盜等事、一密懷他人妻事の八ヶ條が各〻簡單な條文を具して掲げられているが、この中、贓物事と山賊海賊夜討强盜等事とが合してこの十三ヶ條中の第一條となり、他はそれぞれ十三ヶ條中の第五・四・二・三・七・一一條に當つている。恐らく吾妻鏡所載のものは評定の事書乃至はその草案であろう。又同書建長五年十月一日條に「今日奴婢雜人事被レ定レ法、付二田地一召仕百姓子息所從事、雖レ經二年序一宜レ任二彼輩之意一云々」とあるはこの十三ヶ條中の第十條をさすこと明らかである。すなわち吾妻鏡ではこの十三ヶ條中の七ヶ條が建長四年十月十四日條に、一ヶ條が同五年十月一日條に掲げられているのである。底本及び貞式が建長五年十月一日と明記している點より見れば、同四年十月十四日の日付は否定さるべきであつて、この部分は吾妻鏡に屢〻見られる錯簡の一例と見て恐らく誤りあるまい。

36　三〇八條の發令年代は左の史料によつて知られる。

諸人郞從受領幷諸司助事、

築山殿御代已來、堅被二停止一之處、近年猥令レ任條、太以不レ可レ然也、郞從任官事、建長式目分明也、雖レ然、當時都鄙不レ及二其沙汰一之間、不レ能二御制禁一也、於二受領幷諸司助一者、自今已後、不レ請二上裁一、有二令レ任族一者、（云脱カ）仁治御成敗、云二先代御法度一、被レ止二

其名一、至二主人一者、別而可レ被二仰出一也、仍壁書如レ件、

文明十八年十一月四日　〔大内家壁書〕

37　吾妻鏡は弘長元年二月廿日條に「修理替物用途幷垸飯役事充課百姓事」につき定めたことを記し、同月廿五日條には早馬事と京下御物送夫事の二ヶ條（前出三三五・三三六條）について幕府より六波羅に指令した關東御教書各一通を採錄し、同月廿九日條には「關東御分寺社殊可レ興二行佛神事一之由日來有二沙汰一、今日被レ始二行之一」と述べて「諸社神事勤行事」以下五ヶ條の事書を錄した後、「又關東祗候諸人家屋之營作、出仕之行粧以下事、可レ令レ停二止過差一之由被レ定レ之云々、此外嚴制數ヶ條也」と記して、九ヶ條の事書を掲げている。これらは内容的には何れも三三七條以下に掲げた關東新制條々に含まれるものであるから、もとは一つのものと考えられる。それでは何故吾妻鏡にはこのように日付の異なるいくつかの記事が見られるのであろうか。それには先づ關東新制條々の日付を檢討する必要がある。底本には弘長元年二月廿日となつているが、この年はこの日（二月廿日）文應から弘長と改元され、改元の詔書が鎌倉に達したのは同月廿六日である（吾妻鏡）。從つて弘長元年二月廿日という日付は必らずや何かの誤りでなければならない。文字の轉寫の誤りという點から考えると廿を卅の誤りと見るのが最も自然であろう（廿の下に一字脫したと見ることも出來るが。）次に掲げるように（三九九・四〇〇條）、幕府はこの條々中の一部をこの日（二月卅日）六波羅に送付していることも併せ考えるべきであろう。そうすると吾妻鏡の三記事（廿日・廿五日・廿九日）の中では、まづ廿九日のものが最も信據すべきものと見られるのである。廿日の記事に何ヶ條かを定めたとあるのは最も不審であつて、廿九日の記事に「日來有沙汰」とあるように制定までに幾何かの日子を要したではあろうけれど、部分的に制定公布するというのは如何であろうか。これも恐らく卅日（若しくは廿九日）を誤つたものであろう。又廿五日の條に採錄された御教書は「文應二年二月廿五日」と改元以前の日付になつているが、これは新制全文の制定公布に先立つて一部所用の箇條を六波羅に指令したものであろう。ともかくこの時の新制全文は二月廿九日評議決定され、翌卅日公布されたものと考えられる。以上の如く前出三三五・三三六條はそれぞれこの新制條々の三七一・三七二條を、又後出三九九・四〇〇條はそれぞれ新制條々三六一・三六二條を六波羅に送付したものであつて、内容的には新制の重複であるが、形式的には別箇のものであるから、煩をいとわず新制の前後に掲げることとした。（もつとも三三五條は實は三七一條の一部であつて、

兩者全く同じではない。)

猶、條文中、隨所に「建長行一」「延應行願」「弘長政所」などの傍書が見えるが、この年號は同一の規定が他の時期にも發布せられたことを示すものであり、人名、役所名はその時々におけるその條項擔當の奉行人乃至奉行機關を示すものである。かかる新制ごとに倹約規定においてくり返し同一內容のものの發布されることは、三代制符其他公家の新制について十分知られている所である。(法學論叢十四之六—十六之二、三浦周行「新制の研究」參照)

38　三九八—四〇〇條の日付は弘安元年二月卅日付となつているが、この年は二月廿九日建治より弘安と改元されたのであつて、翌日鎌倉で新年號を用いる譯はなく、相模守・武藏守の連署も弘安元年では事實に合わない。日付と連署の何處かに誤字がなければならないが、自然の見方として、連署を生かして日付に誤字を想定すれば、相模守・武藏守が連署に居て、上に「弘」、又は下に「安」の字の年號をもつ年は弘長元・二・三年しかない(外に正安三年があるが、この時は武藏守が上位)。よつてこの日付は弘長元年二月卅日の誤りと考える。この三ケ條中、後の二ケ條は同日付關東新制條々の中に同趣旨の條項がある(第三六一・三六二條)。すなわち後者を六波羅に指令したものが前者新追所收の御教書なのである。第一條(三九八條)については該當條項を見ない。又、次ぎに四〇一—四〇四條として掲げた靑方文書所收少貳資能施行狀案によれば、幕府はこの時九州の三前一島の守護少貳資能に對して、右三ケ條に「不可召仕百姓事」の一條(四〇二條)を加えた計四ケ條の施行を命じている。恐らくこの箇條も六波羅に指令されたであろう。かくて三九八・四〇二の二ケ條は關東新制條々中に該當箇條が見えないわけであるが、これは新制を諸國に施行するに當つて特に付加されたものであろうか。

39　四〇七—四一六條は左の理由によつて一括の追加と見、末尾の弘長二年五月廿三日付關東御教書を全十ケ條を包攝するものと見る。第二條については次掲の如く齊民要術紙背文書の中に弘長二年の追加なる明證があり、第三條は新追の目錄に弘長二年とあり、第五—八條も同じく新追の目錄に弘長二年五月廿三日(乃至その意)の註があり、第九條には新追、式目新篇追加〔式追〕ともに第十條末尾の日付充所差出書と同じものがあり、第一、第五條にはかかる日付の明證はないが、前者は底本及び侍所沙汰篇〔侍篇〕の配列により、後者は底本の配列によつて、何れも第二—四、第六—十の諸條と同時すなわち弘長二年五月廿三日の追加と推定。

蓬左文庫所藏舊金澤文庫本齊民要術（第八巻）紙背文書所收文永八年四月日付越中國石黑庄內山田鄕雜掌申狀の副進文書目錄の中に、「□(一)通　關東御式條狀案弘長二年可停止山僧寄沙汰由事」とあり、而して本文中に、「就レ之案レ之、如二□□□□(關)東御成敗一者、云三付沙汰之□□一、云下請二取之一致二沙汰一之山僧上、言二上子□□□(細於公カ)家一、可レ被レ召二下其身於關東一也云々」とあるのが、右の弘長二年の關東御式條狀案の引用であつて、本文の四〇八條に當ると認められる。

40　四二〇條の參考史料として青方文書一に左の斷簡がある。

今年四月廿六日關東御教書、同六月廿五日到來、寫案獻レ之候、如レ狀者、諸國百姓苅二取田稻一之後、蒔麥［　］

青方文書はもと肥前國五島の中にある青方島に在住した青方氏傳來の文書であつて、鎌倉・南北朝期に屬するものが殊に多く、鎌倉時代のものには、肥前の守護少貳氏が青方氏にあてて施行した鎌倉幕府の法令が數點見えている（例、三一七條・三三一條）。ここに掲げたものは後闕の斷簡であつて、日付、充所、差出書等文書の樣式を知る上に重要な部分が缺けているため、斷定は出來ないが、本文書出しの體裁から察するに、恐らくやはりこの種の施行狀案の一つであろう。すなわち幕府から肥前の守護（少貳氏）充てに下された法令の施行狀案と推定されるのである。もともとこの四二〇條は二毛作の事實を語るものとして中世農業史上重要な史料とされているものであるが、この法令を肥前に施行したと推定すべき史料が存するという右の事實は、この法令の備後備前の文字に注目してその施行地域をことさら限定的に解釋してきた從來の所說に修正をもとめるものと思われる。

41　四二一―四二五條の底本とした近本は首書「條々　文永元年四月日」の後に「鎌倉中諸堂供料事」以下五ケ條をこの順序に配列し、その次に文永三年三月廿八日「鷹狩事」（後出四三二條）を置いている。この「鷹狩事」は御教書の形式になつており、その御教書の文章によつてそれが一箇條單獨に發布された法令であること明らかであるから、條々云々はその前の條迄を、すなわち全五ケ條を包攝すると考えられるのである。新追が第一・三・四條の事書下に「文永元」と註しているのはこれが有力な傍證である。ところで新追は第三・四・五の三ケ條をやはり底本と同じ順序で收錄している（同書二一五―二一七）が、最末條に於て底本との間に大きな異同を示している。すなわちまず底本では事書が「百姓臨時所濟事」であるのに對して、新追では「可止百姓臨時所濟事」となつており、さらに底本では本文が「……可停止之」で終つて第一乃至第四條同樣具體的な規定內容だけなのに對して、新追では、その後に「以前兩條」云々以下日付充所差出書を具した御教書文章が付加されている。これは明らかに底本と新追との間に取材源(原史料)の相違があることを示すものである。第一・二・三條については底本も新追も等しく評定事書に據つたと考えられるが(「於引付…可令尋沙汰」、「可被成御教書於宰府」、「可仰守護人幷鎌倉地奉行」とある點に注意)、第五條は底本が評定事書に據つているのに對して、新追は諸國に公布した御教書を採つているのである。第四條についてはかかる典據の異同は明確にし難いが、新追によれば第五條の終りの御教書文章に「以前兩條」とあつて、第五條の外に一ヶ條がこの御教書に含まれることが分り、その一箇條は底本の排列上、第四條の外には考えられないから、これ又第五條と同樣新追と底本とでは典據が異なると見るべきであろう。ここでは「永」の有無、「定役」と「役法」の違いしか見出されないが、この文字の異同も或いはそれぞれの典據の異同に由來するものかもしれない。すなわち底本は全五ヶ條とも、評定事書に據り、新追は前三條を評定事書に、後二條を施行文書である御教書案文に據つたと考えられるのである。大體これら五ヶ條の中第一は鎌倉中、第二は九州、第三は東國と何れも施行地域の限定があるのに對して、第四・五條にはこれがなく、まさに御教書充所に見える如く遍ねく「諸國」に公布さるべき性質のものであつた。ここに同時制定の五ヶ條がその施行手續上、前三條と後二條とに區別して取扱われるべき根據があつたわけである。ここには近本を底本として全五ヶ條を掲げ、その後に第四・第五條を新追によつて重出した。この二ヶ條はその內容は全く五ヶ條中のものと同じであるが、法文としての形式が違うことを明示するためである。

42　四三七—四四〇條の中、第一條「見質事」には新追に「文永五七一評」の年紀があり、第三條「永年買地事」には同書に「文永四十二廿六評」の年紀がある。早く三浦周行博士は、この第三條が內容的に「以所領入質券令賣買事文永四十二十六《廿三イ》評」(前出四三三條)を修正したものであり、新追の「文永四十二廿六評」という年紀は「前令の實施と其修正との間隔は一旬を出でずして、餘りに接近せるを覺ゆ」と疑問を挾まれ、新追が別に收める「賣買質券所領事文永五七四評定」(次出四四一條)なる法令が右第一條と關連あり、とくにこの法令の前半が第三條と全く同趣旨なる點に注目されて、第三條の「文永四十二廿六評」は何等かの錯誤に出でたものであつて、正しくは翌文永五年七月四日の制定にかかると推定された(法制史の研究所收「德政の研究」七九五頁)。たまたま近年發見された近衞家本追加〔近本〕は「條々」と題して第一條に「見質事」を掲げ、第二に「本錢返」云々事、第三に「永年買地事」、第四に「雖爲本所進止領御家人知行所々事」と列記していて、「永年買地事」を「見質事」と同時制定の法文と見た三浦博士の推定は、近本における法文排列の形式の上からも一層有力な支持を得たわけである。のみならず第四條の「雖爲本所進止領御家人知行所々事」は、上記の如く三浦博士がその前半を第三條「永年買地事」と全く同趣旨なりと斷ぜられた「賣買質券所領事 文永五七四評定」の後半とまさに内容的に一致する。すなわち「賣買質券所領事」は第三・第四の兩條を合せて一丸とした條文に外ならない。これを法令の形式から見ると、第三・第四が評定事書であり、「賣買質券所領事」はこれを修飾したもの、恐らく六波羅に送達するためその他一般公布のために文章を修正し、二ケ條を一つに合せたものであろう。この點からも四三七條以下四ケ條が同時制定の法令であり、さらに「賣買質券所領事」も同時のものと推定されるのである。よつて「賣買質券所領事」は第三・第四條の重出と見て、その次に掲げた（四四一條）。ただこの條文の年紀「文永五七四評定」と四三七條（四ケ條中第一條）に附せられた新追の「文永五七一評」との何れが正しいか、遽かに斷定し難いが、今姑らく後者に從つて掲げ、後考を俟つこととしたい。

43　四四九條の日付は十一月となつているが、左記の施行狀及び請文によれば、それが十月の誤りであること明らかである。

諸國田文事、御教書案（在御判）如ㇾ此、早任㆘被㆓仰下㆒之旨㆖、若狭國分可㆘令㆓注進㆒給㆖、仍執達如件、

文永九年十一月三日　左衛門尉（平）頼綱

澁谷十郎殿

〔東寺百合文書ア十三至二十〕

文永九年十月廿日關東御教書案、同十一月三日相模國司（時宗）御教書案、文永十年三月廿四日到來、謹以拜見仕候了、被㆓仰下㆒候若狭國田文事、於㆓瓜生庄分㆒者、可ㇾ令㆓注進㆒候、恐惶謹言、

三月廿五日　右兵衛尉範□請文

（裏）「在判」

〔東寺百合文書フ十七至四十〕

44　文永十一年當時幕府からこの種の法令の施行を命ぜられる人物を大友氏に求めるとすれば、それは大友氏の惣領で豐後の守護である大友頼泰の外にはない。しかし頼泰は當時未だ出家せず前出羽守を稱していることは野上文書、志賀文書等に明證があり、この官途は弘安四年十二月二日奉書案（右田文書）まで辿ることができる。彼はその後出家して道忍と稱し、幕府御教書などには兵庫入道と稱せられる。出家の初見は弘安七年六月十九日召文（野上文書）、兵庫入道の初見は同年十一月廿五日關東御教書（後出五六九

條）である。（他の例から見て、彼の出家の時期は恐らく弘安七年四月四日北條時宗死後の時期、すなわち時宗死去の報が鎭西に達した時期ではないかと推測される。）從つてこの充名は時間的に事實と合わないわけであるが、この一點を以て直ちに文書全體を僞作として抹殺し得るかといえば、なお躊躇せざるを得ないものがある。大體大友文書は寫しが多く、中には充名を改竄したと覺しきものがあるから、或いはこれもその類いであるかもしれない。姑らく疑いを存しておきたい。なお後出四七〇條・四八三條についても同様である。

45　四七〇條の充所の官途については前註參照。

46　四七二條中の越後守・秋田城介はそれぞれ北條（金澤）實時、安達泰盛をさす。兩人は文永元年十月廿五日同時に越訴奉行に任ぜられた。そして實時は建治元年十月卒し、泰盛は弘安七年四月出家した（關東評定傳）。これによつてこの條文は文永元年よりは數年後（先年とあるによる）、而して兩人を現職名で指稱しているから、建治元年十月以前と見られる。（猶、佐藤「鎌倉幕府訴訟制度の研究」一八八頁參照）

47　四八三條の充所「大友兵庫頭入道殿」が實際の官途と合わないことについては註44を參照。

48　御内とは沙汰未練書に「一御内方者相模守殿（北條高時）御内奉公人事也」とあるように、北條氏（とくにその宗家。當時のいわゆる得宗）をさす。（佐藤「鎌倉幕府訴訟制度の研究」一〇四頁參照）四九〇條に「御内」と傍註のあることは、この法令が嚴密には幕府の法令ではなくて、北條氏の法令であることを示すものである。初行の「御判有之」は當時の得宗すなわち北條時宗の袖判がここに居えられたことを示す。（書止めもこれに對應して「狀如件」となる。）この種の法令は貞應弘安式目その他の追加集諸本にいくつか見えており、吾妻鏡にも見えている。これを鎌倉幕府の法令集たる本書に收めることには若干問題があろうが、この當時における鎌倉幕府と北條氏（とくに得宗）との關係より見て、この種の法令は直接には北條氏の所領・領民を規制するためのものであろうとも、これを單なる領主法と見ることは出來ない、幕府法の一部と見るべきだ、という見地から敢えて本書に收めた。以下五六一條・六一三條等、「御内」或いはこれに類する文字のある法令はすべてこれに同じ。

49　事書制定の年時を示すこの一行は、他本では次行「沽却質券地幷他人和與所領事」という事書の下に註せられている。或いはこの事書下の細註が轉寫の間に誤つて首書されるに至つたとも考えられるが、或いは又五三〇條以下數ヶ條を包攝する意味ではないかとも考えられる。たまたま次の五三一條については新式目〔新式〕は何らの日付を註しないのに、新追はこの五三〇條と同じ「弘安七五廿七評」の七字を事書下に註している。これは後の見解、すなわち新式に見える日付の首書は五三〇條の註が前に移動したものではなく、本來の形を傳えるものであつて、五三〇條以下何ヶ條かを包攝する意味をもつとする見解を裏書きするものではなかろうか。少なくともこの日付は五三〇條だけでなく、その次の五三一條にもかかること明らかである。新式及び近本にはこの五三一條の次に「寺社御寄進所領事」(後出五七三條)があり、その次に「訴訟人代官事」「召文問狀事」「引付評定事」「訴訟人輕服事」の如き訴訟手續に關する追加が續いている。(後出五七四—五七七條)右の日付がこれらにまでかかるかどうか遽かに斷じ難いが、「訴訟人代官事」以下四ヶ條は内容上形式上それだけでまとまつた法令であつて他と區別すべきものの如くであるから、その前の「寺社御寄進所領事」までがこの日付に含まれるのではなかろうか。とまれ右の推定の當否如何にかかわらず、「寺社御寄進所領事」以下年次不記の五ヶ條は、新式の條文排列の順序から見て、大體弘安七年代と見て大過ないと思われるので、その箇所に配した。

50　五三二—五三九條は第一・第二・第五條について、それぞれ新追一本、三冊本式目抄、新追一本が一致して「弘安七五廿七」と註していることによつて、全部弘安七年五月廿七日の法令と見る。但し、新追及び式目新篇追加〔式追〕によれば、第五條の次行に「已上」とあり、又近本は已上の文字はないが、第五條の後に約二行分の空白があるから、首書の「守護人幷御使可存知條々」は第五條迄にかかるのであつて、第六・七・八條はこれに含まれない、すなわちこの三ヶ條は全く前五ヶ條とは別の法令であると見るべきかもしれない。しかし新式・近本・新追が一致して全八ヶ條をこの順序で排列している點は猶これを一括のものと見なすべき有力な根據であり、内容的にも、「守護人幷御使可存知條々」に含まれるものと見て何等差支がない。又かりに別のものであるとしても、新式の排列順序から見て、前五ヶ條と同じ弘安七年代とすべきであるから、年代的には大過ないと思われる。よつて敢えてここに前五ヶ條に付して揭げた。

51　五四三條下の差出所・充所の校異について、佐藤は「鎌倉幕府守護制度の研究」八九頁に於いて考證を施した。

52　五六二條の差出者「尙時」とはどういう人物であろうか。本文末尾の「此事書昨日御寄合令二讀申一候畢」云々の文言よりすれば、彼は寄合に出席して事書を「讀申」し、決定した事書を明石民部大夫（行宗）に送達している點、及び明石行宗は註57にも觸れるように幕府の奉行の一人で、この事書を施行すべく他の二人の奉行とともに九州に派遣された人物であつて、この時はまだ在鎌倉であろうが、これに對して「仍進之候」と書止めている點より見て、この尙時はそれ程地位身分の高い者ではないことが知られる。當時鎌倉幕府で「時」字のつくのは大體北條氏と見てよい程であるが、幾種かの北條氏系圖を見ても「尙時」なる人物は見當らない。上の字を誤寫と見て似通つた字を求めれば「貞時」があるが、前記の推定に從えば「貞時」には比定し難い。しかるに稍〻溯るが、弘長三年の訴訟記錄に「弘長三年四月八日御內談、同五月（中略）同十月（中略）裁許（中略）奉行人尙持」（齊民要術裏文書、第九卷）とあるのが、文字も似ており、地位の上からもほぼ比定しうるのではないかと思われる。しばらく記して後考に備えることとする。

53　「自明年正月可被行」という八字は法令の施行期日を示す文字であるが（自の下にある弘安七の三字については後述）、これを校訂者の意によつて「政所御張文」の下に移した理由下記の如し。これを原形のままに五六五條「疊事」の本文末尾に置いてそのまま解釋すれば、當然これはこの一ケ條だけの施行期日を示すものと解せざるを得ないが、それでは同時に發布された前の二ケ條と對照して見て、法文の體裁上奇異の感を與える計りでなく、この一ケ條だけに施行期日を付記する理由は全く見出し得ない。もし各條を個別に問題にするならば、却つてこの付加規定は第一條「元三狩衣」云々の條にこそ付せらるべきだとさえ考えられる。しかしただそれだけの理由で第一條下の記事が第三條の下に移動したと斷ずるのも如何であろうか。そこで今、この八字が第三條にあつたのでは意味をなさないという點と、文字移動の最もありうべき場合とを考え合わせて見ると、これは本來全三ケ條の施行期日を示すものとして、第三條の後に別行に記されたものと推測するが最も自然である。ところでその次の行の「政所御張文」にも問題がある。この五字は新式目・新井本式目・諸式目には「一政所御帳文」（帳は張の誤り）と一ッ書きになつており、その次の行卽ち次條（本書でも次の五六六條に當る）の事書「所當公事對捍輩事」には一ッ書きがない。又近本ではこれが左の如く次條の事書の肩註になつている。「一政所御帳文所當公事對捍輩事」。（新追・式目新篇追加〔式追〕には全く記載がない。）これで見るとこの五字は次條にかかるものの如くである。且つ次條「所當公事對捍輩事」はその內容上政所と關係ある規定であつて、この點より見ればこの法令が政所に張り出されたとしても怪しむに足りないとも言える。しかし次條はその法令の樣式からいえば關東御教書であり、新追の異本では下知狀の形式であり、その何れとしても政所の張文としての樣式ではない。然りとすればこの五字は次條の頭書（又は事書肩註）ではなくて、前三ヶ條にかかる後書だと考えざるを得ない。そして底本諸本ともにこの五字の上に「一」字があるが、これは次條の事書の上にあつたもの（いわゆる一ッ書き）が前行に移動したものと解すべきであろう。かかる例はさして珍らしいことではない。以上の如く、施行期日を示す八字も「政所御張文」の五字も、ともに新制三ヶ條の後書と考えられる。恐らくもとは前者は後者の下に在つたものが轉寫の間に前者は前行に移動し、後者には次行の「一」字が冠せられるに至つたものであろう。もつともかく考えると、新制三ヶ條の首書にも「政所張文」とあり、後書にも「政所御張文」とあり、同意の記事が重出することとなつて、その點に疑問がもたれるが、近本の如く首書の方のない傳本も存する點より見て、これは恐らくこの記事を首書した傳本と後書にした傳本の合流によつて生じたものと推測されるのである。なお、底本には「自」と「明」の間に「弘安七」の三字があり、諸式目にはこれを傍註にしているが、文意からいえばこれは當然「弘安八」とあるべきであり、何れにしても後人の書入と見るべき文字であつて、この三字を缺く近本こそ原形を傳えるものと言うべきである。

54　五六六條の書止メ文言「仰」の右傍に、底本・式追とも「下知ィ」の註があるが、これは勿論「執達」の右傍に在るべきであつて、兩書所引の異本には書止めが「依仰下知如件」とあつて下知狀形式となつていたことを示す。連署の下位者左馬權頭の下に「平朝臣」とあり、同じく上位者「陸奥守」の下に同上二書が「平朝臣ィ」と傍註していることはこの書止メ文言と對應するものである。すなわち「依仰執達如件」という御教書形式の書止ならば當然連署は官途受領だけで、「平朝臣」はあるべきでなく、「依仰下知如件」ならば連署は官途受領プラス「平朝臣」となり、且つ日附とは別行になるべきである。その點底本が「執達」と書止めながら、左馬權頭の下に「平朝臣」を附したのは明らかに違式であるが、これ或いは陸奥守の分の如く下知狀形式の異本によつて「平朝臣」と傍註したものが、本文に紛れこんだものであるかもしれない。ともかく、以上によつてこの法令については御教書形式のものと、下知狀形式のものと二種の原資料があつたことが認められる。

55　五七三條の年代推定は新式目の條文排列順序による。猶、註49參照。

56　五七四條以下四ヶ條の年代も新式目の條文排列順序によつて推定した。猶、註49參照。

57　五八〇條以下の條々は第一條が弘安七年十一月廿五日の「鎭西爲宗社領并名主職事」（前出五六九條）と關連し、第十一條がやはり右の條及び（弘安七年）九月十日の「名主職事條々」（前出五六二條）の實施に關する規定と考えられること、第四より第九に至る諸條がいわゆる異國警固に關する規定であること等の點によつて、弘安七年十一月幕府が明石行宗外二名の奉行を九州に派遣して鎭西社領興行の事及び名主職の事を執行させた當時の規定と推定する。翌々弘安九年には既に東使は解任されて歸國しており（後出六〇五條參照）、さらにこの第四條「城廓事」は弘安八年十一月のいわゆる岩門合戰以前のものと考えられるから、この條々は弘安七年十一月―八年十一月の間と推定される。（猶、佐藤「鎌倉幕府訴訟制度の研究」二八七頁以下參照）

58　比志島文書は五九四・五九六・五九七の三ヶ條を連記し、後の二ヶ條には年次を記さず、中の條（五九六）の事書を「同御家人所領事」に作つている。

59　六〇六條の年次は典據史料の條文排列の順序により推定。猶、事書下の「在御判」はもと袖判であつて、事書の前に在つたものだろう。そしてかかる様式から見て恐らくこの法令は「御內」の法令であり、袖判の主は北條貞時であろう。（註48參照）

60　六〇七・六〇八條の年次も前條と同じく底本及び近衞家本追加條々〔近條〕の條文排列順序により推定。

61　武家年代記〔武記〕(中)、弘安十年の欄に「五廿七評云、諸人訴訟口入事、祖父母兄弟夫婦子孫外一向可ㇾ止ㇾ之」とあるのは六一〇條として本文に掲げたものの節略文であるが、制定年次の明記あるのは貴重である。

62　六一三條年次推定の根據は註59に同じ。

63　六一五條の本文に「兩條」とあるのに、事書は一ヶ條しかない。恐らく新追の編纂に當つて、法令を內容別に分類排列した際に他の一ヶ條が失われたものであろう。

64　新追には六一八條の事書の下に年次註記がなく、本文の後に次の四行が付記されている。

正應三年十月十六日

陸奧守　判

相模守　判

越後守殿
丹波守殿

右は明らかに六波羅探題充て關東御教書の日付、充所、差出書であるが、本文の様式は評定事書であつて、御教書ではないから、本文と右の四行とはそのままの形で接續するものとは認め難い。恐らく右の四行は他の法文からの竄入であろう。

65　石井良助博士「所務沙汰の研究」（法學協會雜誌五〇ノ二、一〇六頁）によれば、東京大學法學部研究室所藏周防國與田保古文書に「被仰下御式目事」と題して

（正應三九十九御沙汰）一自康元二年至弘安七年御成敗事

於自今以後者、不及改沙汰歟、

とある、とのことである。「康元二年」は「康元〻年」を誤つたものと認め、六一九條と同じものと見て差支えあるまい。これによれば日付は廿九日でなく、十九日となる。（猶、同博士著「中世武家不動産訴訟法の研究」二四四頁參照）

66　六二七條下の充名について。底本にはこの充名の下に「行藤歟」と註記してあるが、二階堂行藤は既に正應元年七月出羽守に任じたことが鎌倉年代記（永仁元年欄）所揭の彼の官歴に見えているから、この註記は當らない。本文末尾の「可相觸尾張國中」と對照すれば、この充名は尾張國の守護と考えられ、尾張守護職の沿革より見て、中條氏がこれに擬せられる。（佐藤著「鎌倉幕府守護制度の研究」四一頁參照）

67　左の文書は特定の事件についての指令であるが、六三三條とほぼ同時であり、内容の上からも六三三條と何らかの關係あるにあらざるかを思わしめるものがある。參考のために左に揭げる。

美作國御家人久世左衞門尉頼連法師（法名道智）代子息唯親與二大炊寮雜掌覺證一相論、下司公文兩職事、道智越訴之處、兩方申詞子細雖レ多、所詮、道智曾祖父貞平入二文治五年景時軍兵注文一以降、勤二仕御家人役一之條、寛喜寛元建長弘長文永弘安關東幷六波羅數通御教書分明也、雖レ爲二本所進止之職一、無二殊罪科一者、不レ可二改易一之條、天福寛元被二定置一畢、然則於二道智一者、如レ元安二堵兩職一、任二先例一可レ勤二仕年貢已下課役關東御家人役一由、可レ相二觸寮家一之状、依レ仰執達如レ件

正應五年八月十日　　　　陸奥守（宣時）御判
　　　　　　　　　　　相模守（貞時）御判
越後守殿（兼時）
丹波守殿（盛房）
〔多田院文書〕

68　六三六條の年次は新式目〔新式〕の條文排列順序により推定。

69　六三七條の年次は鎌倉年代記、永仁元年の欄に左の如くあるのに據る。

五月廿日評云（中略）

同日評云、領家與二地頭一中分事、於二新補地頭一者被二折中一、限二本補地頭一不レ被二許容一之條、先々沙汰不レ可レ然、向後者随二事躰一可レ被二中分一云々、

70　六三八條の年次は鎌倉年代記、永仁元年の欄に左の如くあるのに據る。

五月廿日評云、惣領罪科之時、各別相傳之輩被二混領一事、雖レ不レ帶二安堵御下文一、各別證據分明者可レ被二返付一之由可レ被レ仰二引付一、

而して左記鎭西裁許狀によれば、日付は五月廿五日となる。蓋しこれに從うべきであろう。

　白垣彌藤三宗氏與二山城又三郎榮一相論、筑後國□内八院村田地九段參杖屋敷壹所事

右、兩方申狀雖レ多二子細一、所詮（中略）如二正應元年十月日同□狀一者、（中略）如下號二同六年五月廿五日關東御事書一□（狀カ）上者、惣領罪科之時、雖レ不レ帶二安堵御下文一、各別證據分明者難レ被二混領一云々、唯佛非二惣領主一之上、爲二買地事一之間、頗不レ足二潤色一、就レ中論所爲二唯佛跡一之處、宗氏不レ帶二御下知御下文等一之間、榮□（知）行不レ可レ有二相違一矣者、依レ仰下知如レ件、

永仁六年五月廿六日
　　　　　　　前上總介平朝臣（實政）（花押）

〔松浦文書二〕

71　六三九條の年次については、鎌倉年代記、永仁元年の欄に左の如くあり、

五月廿日評云、惣領罪科之時、各別相傳之輩、被二混領一事、（中略）同日以二父祖四代一爲二御家人一云々、

右の「同日」以下の規定はまさに本文の「可爲御家人輩」云々の條に當るものと認められる。「惣領罪科之時」云々の條は松浦文書によつて、同年五月廿五日の制定にかかることが確かめられるから（前註参照）、その下の「同日」は疑いなく永仁元（改元前につき正應六）年五月廿五日である。吉田家本追加〔吉本〕の正月は五月の誤寫と認められる。猶、次掲鎮西下知狀に正應事書と稱して引かれているものもこの條をさすものであろう。

明海房源意女子大神氏代經方并宇佐宮□可以下神官等與二久保六郎種榮一相論、豐前國□□(下毛)郡黑水吉武兩名地頭職事

右、訴陳之趣枝葉雖レ多、所詮（中略）種榮者其姓大藏氏、神領非器之身、不レ可レ許二知行一云々、如二種榮申一者、當名地頭職事、如二承久二年十二月廿七日御下文一者、停二止大宮司公仲宿禰濫妨一、如レ元以二法橋智仁一領知豐前國下毛郡黑水村慶賀田畠吉武名田以下社領內散在名田畠地頭職事、停二止彼等妨一、如レ本可レ令二領知一、但於レ有レ限神役一者、任二先例一不レ可レ致二懈怠一云々、（中略）加レ之、貫庄今吉元重時重者、(名脱カ)雖レ爲二根本神領一、持輔智仁名給二御下文一讓二禪阿一、同給二御下文一讓二與道惠一之間、種氏以下孫子等當時所二知行一也云々、然者譜代之神領無二御家人一方知行例一之由、經方雖レ申レ之、代々被レ成二地頭職御下文一之地、御家人相傳有二何滯一哉、且源意爲二御家人子孫一、當名相傳不レ可レ有二其難一之由、再三立二申之一、引二申正應御事書一、父祖四代御家人傍例之上者、號二一向御家人一、難二申種榮知行一之條、背二理致一歟、（中略）依レ仰下知如レ件、

文保元年八月廿五日

遠江守平朝臣(隨時)（花押）

〔黑水文書〕

72　六四〇條は前出六三八條（永仁元年五月廿五日制定）の一部改正法規である。すなわち冒頭より四行目「可返付之由被仰下之後」とあるは、右六三八條をさす。六三八條制定後、從前の五番引付制が三番制に變更され、奉行人の編成替えが行われたので、これに伴つて五月廿五日制定の右條文の取扱いを一部改正する必要が生じた。その結果出されたのがこの六四〇條である。三番制變更の時期は、鎌倉年代記同年の欄に「六月引付頭一時村二道鑒三師時」とあるものがそれに當る。（武家年代記は六月五日とす。）ところで鎌倉年代記には右記事に續けて「十月止二引付一置二執奏一、時村、道鑒、師時、惠日、宗宣、蓮瑜、宗秀等也」と記して十月に至つて引付の廢止されたことを傳えているから、この六四〇條は十月以前であること疑いない。恐らく六月引付制改正後間もなくのこ

とであろう。

73　六四一條は武家名目抄職名部九問注所執事の項に引用されて「新式目云諸人訴訟問狀事正應三九十九評」云々と見えていて、武家名目抄の依據した新式目には制定年次が明記せられていた如くであるが、武家名目抄が式目追加の類を引用した箇所を精査すると、その引用態度はかなりルーズであつて、引用箇條に年次の記載なき場合、その直前乃至それに近い箇條の年紀を採つてこれに移したと考えられる例が相當數見出される。從つてこの條の「正應三九十九評」は恐らく本來のこの條にもとづくものではなく、その二ヶ條前の「本所并國司領家所當年貢事正應三九十九評」より借り移したものと考えられる。この外にこの條の年次に關する確たる史料は見出し難いが、しかし新式目のこの前後の部分は大體年代順に排列されており、その順序からすればこの條の前々條が上記の如く「正應三九十九評」、前條が「正應三年九月廿九日」（新式目には年次の記載がないが他本による。前出六一九條）であり、次の條が「正應六五廿五評」（前出六三五條）となつている。よつてこの條は正應三年から六年の間のものと見て大體誤りないと考えられる。

74　鎌倉年代記、永仁二年の欄に、「七二評云、弘安七四以前書下同（內）、先下知無二相違一之由、落居并未斷事、可レ被レ棄二置之一、但以前成敗依違之由越訴事者、可レ有二其沙汰一」と見える。又註65所引石井博士論文（前引と同頁）によれば、東京大學法學部研究室所藏周防國與田保古文書に被仰出御式目として「一弘安七年四月以後成敗事（中略）次弘安七年四月以後書下內、先下知無二相違一之由落居并未斷事、可レ被二棄置一、但以前成敗依違之由裁許事者、可レ有二其沙汰一焉」とあり、日付を永仁七年七月に作るという。永仁七年四月廿五日正安と改元しているから、永仁七年七月という日付はあり得ず、この七年は二年の誤寫であろう。又、新式目〔新式〕の異本（內閣文庫所藏舊和學講談所本、史籍集覽本）は「七」月を「十」に作つているが、これは誤寫にもとづくものであろう。

75　六四五—六四七條は恐らく新式目〔新式〕の排列でこの箇條の前の「弘安七年四月以前成敗事永仁二七二評」（六四四條）と一緒のものであろう。そうでないとしてもこの三ヶ條だけは一括のものであろうが、その第三條の前半は前出六一九條（正應三年九月廿九日）と同意であり、その後半は前出六四三條（永仁二年六月廿九日）とほぼ同意のものと考えられる。すなわち六四三條をちがつた形式で出したものか、或いはそれに關連した規定を出したものであろう。とにかく內容的に見ても永仁二年當時のものと見て矛盾がない。今前條の年次にかけて永仁二年七月二日と推定しておく。

76　六四八條の「同十日評」が何時を示すものか問題であるが、新式目〔新式〕の排列でこの前にある四ヶ條を同時のものと見て、その第一條に明記された「永仁二七二評」を以てこれら四ヶ條の年次と見（前註參照）、六四八條の日付もこれにかかるものと見て、永仁二年七月十日と推定する。

77　六五一―六五三條は底本及び新式目の排列順序と內容の關連性とによつて、大體同時の制定と推察される。新追の目次によれば、第三條は第一條と同年であつて、右の推測は一層强められる。

78　六五七條以下いわゆる永仁の德政令の考定については、史學雜誌六之四所載平出鏗二郎氏の記述以下、井野邊茂雄・中田薫・三浦周行等諸氏の研究を參照したが、就中三浦博士の「德政の研究」（「法制史の研究」所收）に負うところ最も多い。

79　六五九條は、新追七二條によればその條文の後に、

正安二年七月十日　　　陸奧守　判
　　　　　　　　　　　相模守　判
上總前司殿

右の如き三行二十一字があつて、一見正安二年七月十日の追加の如くであるが、これは三浦博士の指摘された如く全く錯誤であろう。本文が極めて簡略な事書であることここに見る如くであり、これが六波羅に送られた時には、さらに文章を修飾增補して、しかも事書のままで送達されたこと六六二條として掲げた東寺百合文書によつて知られる。このような事書にそのまま日付、充所、差出者連署を附して送ることは全くあり得ないことといわねばならない。すなわちこの三行は他よりの竄入と考えざるを得ない。六五九條の年次は新追の目錄に「永仁五三六」とあるを正しいとすべきである。（前註所引三浦博士著書七八九頁參照）

80　六六二條も亦、新追七四條ではこの條文の後に、

正安二年七月五日　　　陸奧守　判
　　　　　　　　　　　相模守　判
上總前司殿

右の三行二十一字があるが、これも前註同様他の追加よりの竄入と考うべきである。守光公記、永正十四年四月卅日條にも、「追加云」と題して六六二條をのせ、その後に「正安二年七月七日」と日付のみを記して充所差出書を記さず、日付の次には、

文永永仁追加大略同レ之

右、管窺如レ斯、仍勘進如レ件

永正十四年四月卅日　　　　少納言清原宣賢

と記している。つまりこれは船橋宣賢の勘答によつたわけである。宣賢式目抄以下の式目抄がやはりこの條を「正安二年七月五日」付で引用しているのは、これらの諸史料のもとづく所が一つであることを知らしめるものである。

81　六六五―六六八條は第三條によつて永仁五年のものと知られるが、内容より考えると、恐らく同年三月六日の德政令の補充規定であつて、この條の後に掲げた同年六月一日の諸條（やはり德政令の補充規定）より以前であろう。從つて第四條下に「去月廿一日」とあるは三・四・五月の間であろう。三浦博士はこれらを六月一日の諸條と内容的に同じものと見て、「去月廿一日」は「去月一日」の誤りかとされたが（註79所引著書七七七頁）、從い難い。

82　六六九條も亦年紀が明らかでない。三浦博士は六六五―六六八の四ケ條同樣永仁五年六月一日令と考えられた。如何にもこの條の前半は前四ケ條中の第四條と全く同じであるから、これを前四ケ條と同時と見ることは妥當であろう。但しその年次を永仁五年六月一日とする點に從い難いこと前註の如くである。

83　六七四條は全く年紀がないが、底本及び近本では前出六六五―六六八條の四ケ條の後にあり、內容的には永仁五年六月一日令と關係あるものの如くである。今しばらく六月一日令の一部と考えてここに置く。

84　左記正安二年三月の文書に見える「越訴事被定法」云々は六七八條をさすのではあるまいか。この年は六七八條制定後丁度二年に當る。從つてもし右の推定が當らずとすると、この二年の間に再度同樣趣旨（越訴制度の再設）の立法がなされたこととなり、あり得ないことではないにしても著しく不自然に感ぜられるからである。

豐前八郎太郎入道阿法代賴秀申、大野太郎基直後家尼善阿抑ニ留大野庄下村內泊寺本證文等一由事、如ニ賴秀申一者、（中略）次如ニ同（善阿）

請文ニ者、越訴事被ㇾ定ㇾ法之上者、被ㇾ聞ニ食一披子細一、欲ㇾ蒙ニ御成敗一、不ㇾ然者預ニ御注進一歟、兩樣付ニ一方一、可ㇾ蒙ニ御裁許一之由、相存候云々、（中略）次作稻事、阿法始中終申ニ子細一之處、善阿不ㇾ能ニ陳答一之條勿論歟、同可ㇾ被ニ糺返一之狀如ㇾ件、

正安二年三月廿五日　　散位（大友貞親）（花押）

豐後國守護代殿

〔志賀文書二〕

85　六八一條を受けた薩摩の守護の施行狀が左の文書である。

九州大社以下修造遲怠恆例佛神事陵夷事、去年十二月一日關東御教書幷御事書、同年二月廿四日御施行如ㇾ此、早守下被ニ仰下一之旨上、可ㇾ被ㇾ致ニ沙汰一也、仍執達如ㇾ件、

永仁七年四月一日　　下野守（島津忠宗）在判

〔薩藩舊記前集卷十國分寺文書〕

86　最初に「條々」とあつて、何ヶ條か一括發令されたものであることが分るが、第一條は弘安八年御教書通りに沙汰すべしと命じて、その御教書の案を添付して下付している點より見て、新たに制定された法令ではなく、既存の法規を指示したに止まる。第二條も亦、御成敗式目の規定通り沙汰すべしとするもの。第三條はそのような先蹤は示されていないが、少なくとも新制定の法文とは受取り難い。このような點から見ると、これは何人かの質問に應えて、幕府が既存の法規乃至は慣習を答示したものと考えられる。底本及び新式目にはこの後に具體的な訴訟裁決に關する指示を與えた二ヶ條があるが、これ亦前三ヶ條と一緒のものであろう。（この二ヶ條は第三部一〇四・一〇五條に收めた。）とすれば、終り二ヶ條の國名（一は肥後、他は肥前）及び最末條の書止文言「相觸六波羅」によつて、この條々が幕府から鎭西探題充てに發せられたものであることはほぼ推測できる。かく考えて關係史料を求めると、前出六八四條の正安二年七月五日付、鎭西探題充關東御教書が、「西國堺相論事」と題して「以ニ弘安八年六月十一日一被ㇾ仰ニ六波羅一條々內」云々と述べているのは、まさにこの條々の第一條と符合するものではないか。そして右六八四條が終りに「條々諸事所ㇾ被ニ書遣一也」と述べた條々とは前記した五ヶ條をさすものではないか。すなわち六八五條以下の三ヶ條及び第三部に收めた二ヶ條が事書で、六八四條はこれを送達する旨の御教書という關係になると考えられる。しかるに建武以來追加二〇〇條に「七十以後讓事不ㇾ可ㇾ有ニ其難一之由、正安二十一七被ニ定置一訖」とあるものが、この第三條をさすものとすれば、この日付はそのまま全五ヶ條の日付と考

えざるを得ず、さきに推定した「正安二七五」と若干の齟齬を生ずるが、元來「十一」「七」「五」は轉寫の間に相互に誤られ易い文字であるから、この二種の日付は元は同一のものの書寫によつて生じた異同ではなかろうか。もしそうだとしても何れを正しとすべきか容易に決め難いが、他に正安二年七月の交、鎭西探題にあてた幕府の法令が多數ある點から見て、この七月頃は鎭西探題の訴訟制度が急速に整備された時期に當つているから、七月の日付を採用する方が穩當であろう。

87　六八八—六九八條の條々は正安二年七月五日付、鎭西探題充になつているが、冒頭「條々」の左傍に「正安二壬七十九」云々の傍註がある。この日付が何を意味するか明らかでないが、條々發布の日付から一ヶ月半を經ている點から考えると、或いは受取者である鎭西探題方における施行手續を語るものではあるまいか。

88　七〇三條については、鎌倉年代記、嘉元々年の欄に次の如く見える。

嘉元元年七月八日評云、最勝園寺入道出仕始、出家以後安堵事、六月十二日御寄合不レ謂二年齢一配二分所領一者、可レ書二下外題於譲狀一、次雲客以上處分事、如レ元可二申沙汰一、云々、

石井良助博士は右の文章に錯誤ありとして、左の如く訂正解讀された。(法學協會雜誌四九ノ八「中世の訴訟法史料二種に於て」)

嘉元元年七月八日評定、最勝園寺入道出家以後出仕始、六月十二日御寄合、安堵事、不謂年齢……(以下右に同じ)

今これに從つて六月十二日の法令とする。

89　七〇四條以下六ヶ條は全部乾元二(嘉元元)年のものであり、その內容もすべて檢斷關係であるが、この中最後の一條すなわち七〇九條「勾引人事」の文中に「先日罪名分輩、惡黨、殺害、謀書以上重科之外、竊盜、刃傷、博奕、謀略以下輕罪」云々とある惡黨は第二條「夜討强盜山賊海賊等事」を、殺害、刃傷は第一條(七〇四)を、竊盜は第三條(七〇六)を、博奕は第四條(七〇七)をそれぞれさしているのではなかろうか。もしそうだとすれば、第一乃至四條の制定されたいわゆる「先日」は恐らく同時であつて、第一條の首書下に註記された「乾元二年六月十二日」がすなわちこれに當るといつてよかろう。そして第六條(七〇九)は同じ乾元二年ながら、六月十三日以後の某時日(乾元二年は八月五日嘉元と改元)となるわけである。第五條(七〇八)については第一乃至四條と一緒の四條のような推測の手がかりは見出せないが、同じ年の內であり、文章の體裁、規定內容より推して、やはり第一乃至四條と一緒の

ものと見てよかろう。さらに考えれば、右のほかに謀書、謀略の規定も同時に制定されたであろうことを第六條から逆推することができる。飜つて第一條の首書「侍所方」に注目するならば、この首書は法令を一ヶ條毎に切り離して内容別に編纂した新編追加〔新追〕には見えないけれども、新式目〔新式〕及び吉田家本追加〔吉本〕には見え、しかもその下に兩書とも同じ評定年月日を註記しているが、この首書及び年次註記の體裁は、檢斷關係（侍所所管）の一連の法令に附せられたものとして、如何にも自然であつて、法令の原形を想察せしめるものがある。

猶、吉本には七〇五條末尾「賍」字の下に、「斷罪者爲死形（マヽ）之文證乎」の十字あり、さらにこの文字の左傍に「是ハ注ナリ本ニハ小書ニアリ」と細註があるが、これらはもとより後人の加筆であつて追加の文章ではない。

90　七〇六條の年次註記「乾元二」は實は新追一一五條の目錄に附せられているものを左記の理由によつて同書の一一六條に移したのである。すなわち一一五條は明らかに建長五年の追加であるから（前出二八四條參照）、これに「乾元二」の註記あることは當然誤りであるが、この誤りは恐らく全くの作爲又は竄入によるものではなく、一一五條・一一六條ともに「竊盜事」という同じ事書であるために、本來一一六條下にあつた年次の註記が傳寫の間に一一五條下に誤り移されたと見るのである。

91　七一〇條の關東御教書案は「嘉元二年二月二日」となつているが、次註に收めた若狹守護代貞房の施行狀案には「今年二月十二日關東御教書」とある上、この時關東御教書を守護代にとりついだ守護北條宗方の施行狀は二月十八日付（次の七一一條に揭ぐ）であつて、宗方は當時在鎌倉であるから、當時の多くの例より見て、在鎌倉守護の施行は關東御教書の日付と接近しているべきだと考えられるから、ここの「二月二日」は必らずや「十」字を脱したものと認むべきである。

92　七一一條は前條をうけた守護の施行である。すなわち、前條が「公私修理替物事」を若狹守護北條宗方に傳達した關東御教書（もちろん要段とある如く節略文であつて、完全な文章ではないが）であり、この條は宗方が右關東御教書を若狹守護代あてに施行したものである。ただ、右の「公私修理替物事」なる追加と同時或いはその前後に「麥地子事」なる追加も發せられたと見えて、宗方の施行はこの二ヶ條を一緒に下達している。「公私修理替物事」についてはすでに關東御教書（前條）があつて、改めて施行狀を揭げる必要はないが、「麥地子事」については他に全く所見がないので、ただの事書だけで内容は分らないが、敢えて揭記して一條を立てることとした。

猶、守護宗方の施行狀をうけた守護代の施行狀を左に掲げる。七一〇條・七一一條及び左記施行狀によつて、法令傳達の過程を知るべきである。

公私修理替物幷麥地子事、今年二月十二日關東御敎書、同十八日御施行如ㇾ此候、任下被ㇾ仰下ㇾ之旨上、可下令ㇾ存ㇾ知其旨一給上狀如ㇾ件、

　　嘉元二年三月八日　　　　左衛門尉貞房在判

　謹上　地頭御家人御中　　　　〔東寺百合文書ッ自一至十〕

93　七一四條は正和四年六月廿三日の制定となつているが、第三部三九條（三四七頁參照）正和四年正月廿七日の諸國惡黨人事なる法令によれば、「強竊二盜付、於路次奪取往反族所持物押而令乞取人物事」とあるが、この「於二路次一奪三取往反族所持物二」はまさにここにいう「路次狼藉」に當るとしなければならない。然りとすれば「路次狼藉」は遲くも正和四年正月廿七日以前に「強竊二盜」に准ずるものとして取扱われているのである。ところで「路次狼藉事、於二檢斷一可ㇾ有二沙汰二」というこの規定は石井良助博士が說かれた如く所務沙汰から檢斷沙汰への管轄移轉を語るものであろうが（法學協會雜誌五七ノ一〇「鎌倉時代の裁判管轄」㈡六三頁）、かかる管轄移轉は犯罪の種別規定乃至その變更（ここでは路次狼藉を強竊二盜に准ずるものと規定する）と同時と見るのが自然であろうから、この場合には路次狼藉の犯罪種別の規定と管轄移轉との間に六ケ月乃至それ以上の隔たりを見るという不自然さが生ずる。或いはこれは一方の日付に誤りがあるのではなかろうか。武家年代記〔武記〕と近衞家文書との何れをとるべきか輕々には決し難いけれど、後者は案文ではあつても當時のものであるから、遙か後代の寫本である武記に勝るとすべきではなかろうか。然りとすれば正和四年正月廿三日路次狼藉の管轄移轉が議定され、同月廿七日路次狼藉人を含む諸國惡黨人檢擧の法令が發布されたということになろう。

94　七二一―七二三の三ケ條は、內容的にすべて幕府より六波羅に與えた指令であること（第二條は事書だけで本文を佚しているが、事書だけでも、それが六波羅の諮問に對する回答であることが分る）、及び底本と侍所沙汰篇〔侍篇〕とが共にこの排列順序になつていることの二點より、同時の發令と推定した。猶右二書は何れもこの三ケ條の前に「本補跡所々檢斷事仁治元十二廿六」（前出一五四

條）を、又その後に仁治二年六月十日付「殺害人事」（前出一六二條）を配しており、この二ヶ條も亦六波羅充幕府指令であるところから、その中間の三ヶ條は前の箇條（仁治元十二十六）と後の箇條（仁治二六十）の何れかに附くのではないかとの推定も一應は可能であるが、これに對する消極的反證として、これら前後二ヶ條はともに吾妻鏡のそれぞれの年次の條に明記されているにも拘らず、中の三ヶ條についてはその何れの條にも記載がないという點が擧げられる。而して第三條（七二三條）に「隨二召人輕重一可レ行二罪科一之由式目、先日被二定置一畢」というところの式目が若し寛喜三年七月の追加（前出三四條）に當るとすれば、これを「先日」と稱する七二三條も亦同じ年の内、從つて七二一―七二三條は寛喜三年ということになろうが、如何であろうか。

95　三浦周行博士は前出六二〇條をこの七四五條を承けたること明らかなりとして、この條を六二〇條以前、すなわち正應三年十一月九日以前に措定されたが（續法制史の研究、一〇八七頁、「鎌倉時代の家族制度」）、この説に直ちに從い難しとされた牧博士の見解を穩當とすべきであろう。（日本封建制度成立史、四九八頁）

96　參考資料第二條の史料では「法師兵具禁制」發布の主體は明らかではない。河東沙汰すなわち六波羅は唯犯人を關東に送遣しただけと解せられるからである。さればとてこれを幕府について否定的に解釋すべき根據もない。姑らく揭げて後考に備えたい。

97　一〇條と同日付に阿多北方地頭充には左の御教書が下されている。

蒙古人可レ襲二來一之由、有二其聞一之間、所レ下二遣御家人等於鎭西一也、早速差二下器用代官於薩摩國阿多北方一、相二伴守護人一、且令レ致二異國之防禦一、且可レ鎭二領内之惡黨一者、依レ仰執達如レ件、

文永八年九月十三日　相模守（時宗）（花押）
左京權大夫（政村）（花押）

阿多北方地頭殿

〔二階堂文書二〕

小代充が「自身下向」を令しているのに對して、これは「差下器用代官」を令している。恐らくこれは二階堂が幕府樞要の地位に在つたがための例外的措置であろう。

98　一三條の署判部分の受領名下の「長時」「時宗」は關東御教書の書式上あるべき文字ではない。恐らく後人の註記が傳寫の間

に誤つて大書されたものであろう。（追記、四刷の際、原本によつて訂正したので、この註は不用となつた）

99　一八條請所事は、その文中にも辯駁している如く、相手方の雜掌はこの法令（式目）を「一向爲二謀書一」と主張して奉行に左の文書を提出しているが、東大寺文書（第四回十三）弘安元年十二月八日六波羅下知狀の中に、「雖二私請所一過二廿ケ年一者、不レ可レ有二相違一之由、近年有二其沙汰一」とあるのと同じ規定であろうから、略ょ信頼してよかろうと思う。

自二地頭方一所レ出文永五年四月廿五日關東御下知、平均被レ下由令レ申候條、尤不審候、爲レ被レ尋二究出所一、可レ被レ封レ裏候、仍執達如レ件、

建治元年十二月十七日　　雜　掌在判　〔高野山文書之五又續寶簡集五十七〕

100　三二條の差出者「耀範」は、肥前櫛田神社緣起所引永仁三年十月四日注進狀案に「大友方使者坂田宮内左衞門入道」と並んで、「筑州方使者千電（竈）大進房耀範在判」と署判している人物と同人であろう。彼はこの注進狀によれば、「本社就レ被レ申二子細談議所一、今月四日巳時以二千電大進房幷坂田宮内左衞門入道二人一、於（爲カ）二使節一、令二撿見一之處」とあつて、談議所より派遣された使者として實撿に當つているのである。この談議所は言うまでもなく、この年三月初代の鎭西探題北條兼時、同時家が關東に歸つた後再設された鎭西談議所（佐藤「鎌倉幕府訴訟制度の研究」三一六頁參照）のことであるから、大友と並ぶ鎭西談議所のメンバーで「筑州」といえば、前筑後守武藤（少貳）盛經以外にあるまいから（中村文書、改正原田記附錄）、耀範は武藤（少貳）氏の代官と知れる。この三二條の警固番役覆勘狀は耀範が筑前の守護武藤（少貳）氏の代官として發給したものと認められる。

101　宇佐宮、香椎宮等九州の大社を對象とする神領興行の法が發せられたのは正和元年末であるらしく、この年以前には全く見えないのに、この年十二月から急激に神領興行法適用に關する訴訟文書、とくに鎭西裁許狀が夥しく現れて、翌々正和三年に及んでいる。三八條として掲げたのはその初見である。この例では「非器之仁」買得地がこの法の適用を受けて本主に返付されているが、他の例では、往古神領として神官相傳の地を延慶二年小田原左衞門入道宗忍從人源馬入道智覺に質券に入置いたのが返付されており、又一圓神領、神官相傳の地を挾間四郎左衞門入道智覺が押領したりとて、同じく神官に返付されており（以上、永弘文書）、他の例では明らかに、「被レ止二武家被官知行一之由」云々と見えている（到津文書）。神領興行の法の具體的内容は、これらの適用例から考え

るべきである。關係史料としては上揭の外に小山田文書（大分縣史料）、北、野中、樋田等諸家の文書、千栗八幡宮、石清水文書等が擧げられる。猶、後出四六―五〇條は或いはこの時のものであるかもしれない。（次註參照）

102　四六―五〇條の宇佐宮領條々は何年の發布にかかるものか明らかでない。末尾の「此沙汰元亨三年九月八日入門」云々はこの條々發布の日付ではなく、何らかの具體的な訴訟事件についてこの條々を適用した時のことをさすものであろう。從つてこの條々は漠然と元亨三年九月以前と見る外はない。猶これより十一年前の正和元年に宇佐宮を含む九州大社神領興行の法が發せられたことがあり（前出三八條參照）、當時の適用例を見ると、この條々と符合する點があつて、或いはこの條々はその時のものかとも考えられるが、一應ここでは別のものとして揭げた。

103　五一條使節事は「若有二緩怠一者、任二關東御事書一、可レ有二其沙汰一也」とあるによつて、使節事に關する法令が發布されたことを推定して揭記した。この六波羅御教書を初見として、この後この種の使節充御教書にはほとんど例外なしに右の文言乃至それと同趣旨のものが記されている。次の十一月二日の御教書は「任レ法可レ召二進其身一」以下が、恐らくこの「使節事」事書の內容を示すものであろうと考えて併載したのである。猶、初見として揭げた佐々木三郎左衞門尉充六波羅御教書の日付には若干疑問がある。それはこの御教書が「元亨四年二月卅日」となつているのに、その端裏書には「御教書案黒田庄事元亨四二四」となつており、又佐々木の相使である柘植次郎左衞門尉充の六波羅御教書には「元亨四年二月廿日」となつているからである。（東大寺文書、一回採訪九。この文書は佐々木充のものが「所詮柘植次郎左衞門尉相共」とある部分を、「所詮佐々木三郎左衞門尉相共」と代えており、連署の下に「御判」とある外、文章全く彼と相同じ。但し一二字蟲損あり端裏書の四は恐らく卅の誤りであろう。佐々木充の「卅日」と柘植充の「廿日」との何れをとるべきか遽かに斷定し難いが、柘植充のものには若干蟲損ある點に鑑みて、佐々木充の方を採用した。何れにしても、この日付は事書初見の日付であつて、事書制定乃至發布のそれではない。

104　五八―六二條は楠木合戰注文の外題の下に「正慶二年分」とあり、同注文の末尾に「正慶二年潤二月二日」と記述年月日が明記されているので、大よその年時は推定できるが、さらに同注文の記事、とくに二月廿二日條によれば、この事書の發せられたのは、正慶二年すなわち元弘三年の正月・二月の間であろう。なお尊經閣叢刊複製本解説（馬杉太郎氏）參照。

105　六四―六八條は追加法令というべきものではなく、恐らくは奉行人の意見乃至は備忘の類いのものであろう。よつてこの第三部年代未詳の部に附收する。なお六六條については註28參照。

106　七七條と七九條とは、本主の名が一は實村、他は定村とあつて齟齬する點を除けば、訴人論人の名、相論の對象が同じく、事件の内容が極めて類似している。かつ年代も、七七條は新追の目錄に「正應三」とあり、七九條には本文末尾に「正應三」とあつて兩者同年である。恐らくこれは元々同一事件であつて、本主の名實村、定村の何れか一方が誤りなのであろう。而してこの二ケ條の關係は、七七條は七九條の節略と見ることもできるが、又より根源的な史料（幕府備用の判決錄の類い）について別々に作られた抄錄と見られないでもない。とまれ吉田家本追加には七七條のみを收め、近衞家本追加及び新式目には七九條のみを收め、新追（及びこれの抄錄と見られる式追）には二ケ條ともに收めている點はこれら追加集の成立とその系統を考える上に一つの參考材料となるであろう。

107　八〇條の年次について。中尊寺經藏文書一所收正應元年七月九日關東下知狀の中に、「爰如二弘長三年御下知狀一毛越寺圓隆寺幷新御堂供僧敎圓等與二柏崎村地頭等一相論事也者」云々とあるのが八〇條の事件に當るのではあるまいか。

108　九六條は文永五年六月八日付で陸奥守、相模守の連署になつているが、この時の執權連署は正しくは相模守（時宗）と左京權大夫（政村）とであつて、ここに見える署判とは合わない。日付・署判の何れかに、或いは兩方に誤りがあると思われる。恐らくは日付に誤りがあるためであろう。

解題

ここにその第一巻を刊行しようとする「中世法制史料集」は例言の初めに明記した如く、中世法制史料の基本的なるものを編集するものである。ここで中世とは一應ほぼ十二世紀の終り鎌倉幕府創設の時期から十六世紀の終り江戸幕府設立期まで、すなわち一般にいうところの鎌倉時代、室町時代、戰國時代、安土桃山時代を包含する時期をさす。ところで何を以て法制史料となし、何を以てその中の基本的なものと見るかということになると、これは至難な問題であつて、もし法制史料なる文字を最も廣義に解するならば、あらゆる史料が何らかの意味で法制史料であるとも言えるわけであり、その中での基本史料といつても、これ亦大きくは中世法を如何なるものとして理解すべきかという問題、細かく言えば研究者一人々々の問題の立て方、關心の所在によつて違つてくるわけである。しかし、法の制定に統一的な中心がなく、多數の法權の主體が同時に並存し、それぞれによつて法の性格內容に大きな差違を有したわが國の中世にあつては、まず法制定の主體、法權の主體によつて法（從つて法制史料）を分類する方法が、極めて常識的ではあるが、やはり法の本質に連なるものを含んでおり、その點であらゆる見方や問題の立て方に優先する價値をもつと考えられる。このような見地からここでは中世法を中世に存在した法權の性格によつて、大まかに幕府法、家法（分國法）、公家法（朝廷法）、本所法等々に分ち、幕府法をさらに鎌倉幕府法と室町幕府法とに分つた。而してもしこのように中世法を法權の主體によつて分類し、その一つとして幕府法なる範疇を立てようとする理解の仕方が認められるならば、そこで最も基本的な史料として最先にとりあげらるべきものは、やはり各法權の主體の制定發布した法令であろう。「中世法制史料集」第一巻が鎌倉幕府法として一應鎌倉幕府の法令及びこれが直接關係史料に限つたのは以上のような理由による。

鎌倉幕府の法令としては、先ず何人も指を御成敗式目五十一ヶ條に屈しなければならない。（それは屢〻幕府の基本法典とすら評價される。）鎌倉幕府に於いては御成敗式目は幕府の基本法規として扱われ、式目以後の法令は式目に追加してこれを補充するものとして「追加」とよばれた。當時におけるかかる明確な區分に基づいてかかる追加法規の一群を今日「追加法」とよんでいる。よつて本書でもこの兩者を區分し、又「追加法」の名稱を採用して、御成敗式目を第一部に、追加法を第二部に置いた。もつとも御成敗式目が鎌倉幕府に於いて有した基本法規としての位置は、室町幕府に至つてもそのまま繼承されたのであつて、御成敗式目は前代同様に本條、本法とよばれ、室町幕府の制定發布した法令はこれ亦前代と同じく追加とよばれたのである。一般に御成敗式目が鎌倉室町兩幕府を通じてその基本法規たる地位を有したと説かれるのは以上の理由によるのであつて、この點を重視するならば、御成敗式目と對立するものは鎌倉室町兩幕府を通ずる追加法ということになり、本史料集に於ける幕府法の部の構成は、大きく御成敗式目と追加法の二本建てとし、追加法を鎌倉幕府と室町幕府に二分するということにもなろう。しかし、御成敗式目が室町幕府に於いても基本法規として重んぜられたということは、十分研究論證された結果ではなく、わずかにこれを語る部分的史料の提示があつたにすぎないことを忘れてはならない。嚴密に言えば、それらの史料はそれぞれが直接語る具體的法規について、御成敗式目が指導的基本法的位置を保つたということを證し、又室町幕府が形式的に御成敗式目にかかる位置を與えたということを推測せしめるに止まり、御成敗式目の室町幕府法に占める實質的位置の研究は今後の課題に屬すると言わなければならない。かかる研究段階において、御成敗式目を鎌倉幕府法、室町幕府法の兩者に先行する普遍的法規たるかの如くに本書を構成することは必らずしも妥當な方法ではない。かたがた鎌倉幕府法、室町幕府法を各一册として、それぞれでまとまりをつけたいという編集上の便宜もあつて、御成敗式目の室町幕府法上の地位については十分の考慮を拂いながらも、ここには御成敗式目を鎌倉幕府法中の一部とするに止め、鎌倉室町兩幕府を通ずる普遍的法規としての地位を示すような構成をとらなかつた。

最後に第三部として、第二部追加法の佚文的史料及び准追加法的史料を收めた。

一 校本 御成敗式目

御成敗式目の制定 御成敗式目は鎌倉幕府の制定にかかる幕府の基本法規であつて、爾後鎌倉室町兩時代を通じて幕府法の根幹とされるに至つたものである。その制定は鎌倉幕府の創設から約半世紀後、承久の亂後十一年目に當る貞永元年（西紀一二三二年）八月十日、四代將軍藤原賴經、執權北條泰時の時代であり、實際の編纂關係者については十三人說・六人說・二人說などの諸說があるが、執權泰時が中心となり評定衆中とくに法理に明るい太田康連、矢野倫重・齋藤淨圓（長定）・佐藤業時らを參加せしめて編纂されたことほぼ確實である。その名稱は、初め關係者の間で「式條」とよばれたが、泰時はこれを「こと〳〵しきやうに覺」えて「式目」と書き改めたということが、泰時が式目について六波羅なる弟重時に與えた同年九月十一日附の消息に見えている。以後單に「式目」とよばれ、又「式條」の稱も行われたが、裁斷の規準をなす基本法規としての內容に卽した「御成敗式目」や制定時の年號を冠した「貞永式目」や京都の公家本所邊で用い始めたらしい「關東式目」などの稱もこの時代に行われたが、後世は主として「御成敗式目」の稱が用いられ、ことに寫本の題名には殆んど一致してこれが記されている。

御成敗式目制定の目的については、やはり泰時が六波羅の重時に與えた八月八日附の消息に「雜務御成敗」すなわち訴訟の裁斷が「おのつから人にしたかうて、輕重なとのいてき候さらんために、かねてしきてうをつくられ候」と述べ、同じく九月十一日附（前引）消息に「かねて御成敗の躰をさためて、人の高下を不レ論、偏頗なく裁定せられ候はんために」と説明しているように、客觀的規範の定立によつて裁判の公平を期する點が直接かつ最も主要な目的であつたことは疑いない。而して幕府創設以來の劃期的な基本法規の編纂が制定者自身の明瞭な意識の下に行われたという事實を歴史的に理解するには、より直接的具體的な動機として、幕府當局者が承久亂後における地頭領家間の所領相論の激增に對處し、併せて濫訴の防止を期せんとしたことを擧げなければなるまい。さらに又前引二通の消息の他の部分で、この式目が公家の律令格式と全く適用範圍を異にし何らのかかわりなきものである旨を、極めて謙抑な表現を用いつつ説いている事實の裏には、武士の法の公家法よりの獨立が語られていると見るべきではなかろうか。

御成敗式目の內容は、その收錄條文數がわずか五十一ヵ條に過ぎないことからでも容易に察せられるように、網羅的な法典ではなく、武家の間に行われた慣習法や將軍賴朝以來の先例などの成文化されたもの、當時裁判の實際上の要請に基づき比較的重要なる事項について新たに制定された法規などであり、これを貫く中心的な法律思想は武家の現實の社會生活を規制した道德的規範、當時のいわゆる「道理」に外ならないことが、泰時の消息中に强調されている。その內容が網羅的な法典でないように、その構成すなわち條文排列も必らずしも整然たる順序を追うものではないけれども、社寺、守護地頭の權限、所領知行、刑事、所領讓與、訴訟手續など大まかな類集と、事柄の重要性乃至は關係訴訟の頻度による順序づけが或る程度行われている。

御成敗式目は幕府の基本法と仰がれて本條、本式目、本法などとよばれた。式目規定の改廢補充は隨次單行法規として制定發布された。これらが式目に追加するという意味で單に「追加」とよばれたことは前述の如くであつて、本書第二部に收めたものがすなわちそれである。

校本の作製　鎌倉時代以來の式目註釋書は別として、式目に關する純學問的研究としては、三浦周行博士「貞永式目」(續法制史の研究所收)、植木直一郎博士「御成敗式目研究」の二つが代表的である。前者は式目の制定事情、式目の内容批判などに數多くの卓見を含み、後者は式目の内容についても周到詳細な考説を含むが、とくに式目傳本（寫本板本）の紹介とその系統論に於いて、すなわち式目の外形的文獻學的研究に於いて劃期的成果を示している。而して植木博士の研究の基礎をなしたものは穗積陳重博士多年の蒐集に成る厖大な式目古寫本・古板本の集積であつて、その數は九百九十部六巻一千五十册に上るという。（植木博士前掲書序文）穗積博士の死後このコレクションは博士の遺志に従つて東京大學附屬圖書館に寄贈された。その規模の大體は、博士の生前大正十一年公けにされた「讀律書屋所藏御成敗式目目錄」（六百七十一部、四巻七百十四册を登載）によつて窺うことができる。

さて植木博士の研究によつて、御成敗式目の後世の寫本には書寫の間に生ずる誤脱以上に故意の改竄すら見られることが明らかになり、ここに式目研究の基礎作業としての本文校訂の必要が改めて注視されるに至つた。式目の校訂本としては昭和六年刊行の大日本史料五篇の八（一二〇頁以下）、貞永元年八月十日條に、菅本を底本として平林本・鶴岡本を以て校異を施したものを載せ、昭和十年の跋ある落合保氏「御成敗式目考異」（本書は石井良助博士の教示によつて知つた。）は同氏私藏鈔本を底本として、前田本（鶴岡本）・平林本・敦賀屋板式目註本・塙本（類從本）・式目聞書本（續類從所收）・清原宣賢式目抄本、以上六種を以て校合している。本書の第一部に收めた「校本御成敗式目」は鶴岡本を底本として、菅本・平林本以下の古寫本古校本古註釋書など計二十一本を用いて對校したものである。これは例言にも示した如く鶴岡本を底本として、對校諸本との異同を忠實に示したものであつて、底本の明らかな誤りを二ケ所諸本によつて訂正し、對校諸本との異同について一部「非」「恐非」など校訂者の判斷を加えた箇所もあるが、校訂者の私見によつて異同を無視し省略した箇所は全くない。これは一に校訂者の現在の諸本調査と研究に於いては、諸本の系統立てと定本の作製を行うまでに至らず、いわば今後の研究の素材として對校の結果をそのままの形で提示しようと考えたからである。尤も諸本の異同を洩れなく掲げるとはいつても、それには自ら限界があつて、例えば諸本の傍書補筆改竄などについては一應例言に示したような規準によつて處理したが、本文との筆蹟の異同判別という點になると主觀によつて判斷を異にするような場合の生ずるのを避け難い。その點諸本との異同を洩れなく忠實に掲げるという方針にそわなかつた點がいく分あるかもしれないが、それは後日の補正を期したい。なお底本では起請が本文の前に在るが、これは本文の對校を主とする便宜上、順序を逆にして本文の後においた。本文の後にある方が古體であり式目の眞の面目を傳えるものと判斷したわけではない。以下對校の基礎となる底本及び對校諸本の選擇理由について説明を加えたい。

底本に鶴岡本を用いた理由。今日最も流布しているのは群書類従本であるが、これが既に後世改竄の跡を存しているとすれば、かかる改竄以前の古體を存し、しかもなるべく書寫正確なる善本を擇ぶべきであろう。今日知られる最古の傳本は菅本であつて、奥書なくて年時は明確に出來ないが、書風より見て鎌倉時代中頃を下らざるものと言われる。しかしその筆法は相當奔放であつて、（上掲大日本史科五六六に一部の寫眞あり）諸本と對校すると明らかに書寫の誤脱と認められる箇所が少なくない。この點底本としては必らずしも適當ではない。次に古いのは鶴岡本・世尊寺本・平林本の三つであろう。この中平林本は康永二年の奥書あり、書寫年時の明記ある最古本であるが、一部に脱文があつて、首尾一貫した底本となし難い憾みがある。他の二本は書風より見て殆んど平林本と同じ頃、すなわち鎌倉後期から南北朝初期にかけてのもので、兩本とも比較的丁寧に書かれているが、世尊寺本は卷首十三行分すなわち第一條と第二條の前半が元々缺けているのを後人の筆で補筆してあつて、一筆で首尾一貫した寫本でない點では平林本と同じである。よつてここには鶴岡本を底本と定めた。この本も一部脱文があるが、本文と同筆で補書されていて、一應本文と同じと見なすことが出來る。この本は早く尊經閣叢刊の一として玻璃版複製本が刊行されていて容易にその面目に接することが出來る。今度その一部を原本より撮影して卷頭圖版（一）に掲げた。

對校に用いた本は例言に掲げた二十種である。この中、古寫本の部は植木博士の紹介された古寫本中の天正以前の十種に運長本・座田本・素眼本・天正十年本の四種と先年石井良助博士の紹介された元亀三年書寫（傳）今川本（法律時報十三ノ一昭和十六年一月號參照）を加えて十五種、板本は最古の板本たる大永板、これにつぐ享祿板及び流布本の代表としての類従本の三種、古註釋書は唯浄裏書、蘆雪本式目抄、岩崎本式目の三種である。右の中大永板は從來享祿板の跋によつて嘗てその存在したことが推知されるに止まり、實物としては享祿板が最古の板本とされてきたが、戰時中はじめて大永板が一本世に出て龍門文庫の所藏に歸し、近年さらに一本が發見され天理圖書館に入つたようである。（ビブリア2五〇頁參照）この度の校勘に當つて東京大學附屬圖書館に架藏される龍門文庫藏本の寫眞複製本を利用した。（巻頭圖版も同じく寫眞複製本による）さてこの種の校勘作業は必らずしも對校本の數の多きを求めるべきではなく、異種異系統の傳本を利用することに努むべきものであろう。この點式目の場合、植木博士によれば式目諸傳本は清原氏系統に非ざる本（武家系統）と清原氏系統の本とに二大別されるが、後者の比較的劃一的なのに比して、前者に屬する傳本には相互間になお大きな異同が見られる。これは一括して武家系統とよばれるものに實は多くの系統の存したことを物語るものであつて、この點を明らかにすることが式目の本文研究上の一つの眼目となると考えられる。それにはいわゆる武家系統の傳本をなるべく豐富に利用して、これに植木博士が闡説された式目古註釋家の系統を參照しつつ研究を進めるべきであろう。これいわゆる武家系統の古寫本を比較的多く用いた理由である。次に清原系統の傳本といわれるものにも、比較的早い頃の寫本には相互の間に若干の出入があり、それが必らずしも無意味とは思われない節もある。この點に注意していわゆる清原系統本の成立過程を明らかにすることができるならば、それは式目の本文變改の具體的意味を把握するよすがともなるであろう。

傳本の系統　植木博士はその研究において、式目第四條の「無贓物者更非沙汰之限」の「贓」字が清原系統の傳本には「財」字となつており、第十八條の「竭忠孝之節」の「忠」字が同じく清原系統の傳本には「志」字となつている點を擧げて、これを清原系統と然らざるもの卽武家系統とを分つ二大標基點とされた。（前掲書四三二頁）佐藤も亦第六條「沙汰出來」の「出」字がいわゆる清原系統の傳本にない點を注意して、これを傳本の系統を考える上の第三の手がかりと見た。（鎌倉幕府訴訟制度の研究二一頁）この種の系統論への手がかりはまだないであろうか。第一部に掲げた諸本校異の結果に基づいて、そうした手がかりと思われるものの所在を次に列擧して今後の研究に備えたいと思う。

條數・行數・文字の位置については本文參照。行數は各條事書を除いて計算。諸本の略稱と具名との對照は例言參照。

（1）2條九行「依」　（2）4條六行「贓」　（3）5條二行「于」有無　（4）同三行「易」有無　（5）6條一行「領」有無　（6）同行「出」有無　（7）同二行「被」　（8）同三行「公」　（9）8條一行「後」下　（10）9條一行「目」　（11）10條二行「刑」　（12）同三行「之」　（13）同四行「者」有無　（14）同五行「次」下　（15）12條三行「被」有無　（16）13條二行「帶」、「領」　（17）同行「可」下　（18）15條事書下註有無　（19）同一行「領」下　（20）同行「可」下　（21）16條六行「爲」有無　（22）同七行「京」上　（23）同十行「畢」下　（24）17條三行「過」　（25）同四行「難」下　（26）18條一行「爰」有無　（27）同三行「敎」上　（28）同四行「儀」下　（29）同五行「忠」　（30）20條事書「先」下　（31）同一行「悔」上　（32）同二行「祖」　（33）21條二行「若」有無　（34）24條一行「亡人」云々　（35）25條二行「如」　（36）同五行「於」　（37）26條二行「子」下　（38）30條三行「事」有無　（39）31條事書「御成敗」　（40）同二行「構」下　（41）34條四行「大」上　（42）同五行「剃除」　（43）同行「于」有無　（44）36條一行「堺」　（45）同四行「界」　（46）39條四行「不在」　（47）40條五行「遍」　（48）41條一行「任」下　（49）41條一行「家」下　（50）43條一行「條」　（51）同二行「帶」　（52）44條一行「功」　（53）同四行「縦」　（54）同條末割註有無　（55）45條一行「謂」　（56）同二行「裁」　（57）48條四行「可」下　（58）49條一行「者」

有無　(59) 51條二行「若」有無　(60) 起請二行「穪」　(61) 同行「理」　(62) 同行「又」下　(63) 同三行「明」　(64) 同四行「事與意」　(65) 同行「評」上　(66) 同七行「設」　(67) 同十二行「雖」下　(68) 同十四行「別」　(69) 同十六行「於」有無　(70) 同行「蒙」下。

以上を通觀してごく大まかに次のようなことが言えるのではあるまいか。

一、底本とソとの親近關係は明瞭であり（この點は式目の體裁からも言える）、さらにホが若干の親近關係をもつ。

二、ロとネとの間に親近關係あり。

三、チ・ヲ・ツの間に親近關係あり、さらにハがこれらと若干の親近性を示す。

四、リ・ヌ・ル・タ・レ・ナの間に深い親近關係あり、又ト・カ・ヨも上記六本と相當の親近性を示す。以上が植木博士のいわゆる清原系統本である。さらにヘも以上と若干の親近關係あり、これが武家系統と清原系統との間の媒介者的位置に在るのではあるまいか。

終りにこの校本があくまで研究の一素材でしかないことをくり返して述べておきたい。校訂者の私見によつて句讀點返點を施すことを避けたのも、これを本文研究の成果として世に問うまでに至つていないからである。よつてかかる白文讀解のための一參考資料として御成敗式目假名抄を附錄した。*この本は曾根研三氏の所藏にかかり、奥書にある通り天文二年書寫の册子本である。式目の假名書き本として珍貴であり、式目の讀法を窺う上の好史料であるが、その書寫がすでに室町末期に屬し、しかも清三位宗尤（船橋宣賢）の相傳と奥書に見えているから、その讀法が清原の家説に依つたことは明らかであり、從つてそれが式目制定當時そのままの讀法を傳えているとは見なし難く、本書によつて式目の讀法が決定されるというものでは勿論ない。式目の正しい讀解は今後の本文校勘及び最古の寫本である菅本や底本に用いた鶴岡本**その他の古寫本に見える四聲點や古訓の研究に俟たなければならないのである。

*本書に収めたものは、曾根氏所藏本を影寫した京都大學國史研究室架藏本に據つている。巻頭圖版も亦同じ。なお、この假名抄では濁音を示す聲點が當該文字の左肩に付いているが、印刷の都合上右傍フリ假名の部分に移した。巻頭圖版參照。
**鶴岡本については、最近池内の發表した「鶴岡本御成敗式目の四聲點並乎古止點について」(史林三八ノ五)參照。

二　追加法

鎌倉幕府の追加法は、恐らくは鎌倉或いは室町幕府の奉行人等が執務の必要から集めたものと見えて、今日に傳わる追加集は大は數百ヵ條を含むものから、小は僅に十ヵ條前後のもの迄相當多數に上り、種々雜多な題名を付せられている。その中には群書類從に收められた御成敗式目追加・侍所沙汰篇、史籍集覽や續群書類從に收められた式目新編追加・新式目、日本古代法典に收められた新編追加など、叢書や史料集に收錄印行されて廣く流布しているものも少なくないが、寫本のままで全く印刷に付されないものも相當あり、その中には昭和十七年牧博士によつて始めて學界に紹介された所謂近衞家本追加・近衞家本式目追加條々、(法學論叢四十六之一、「近衞家本式目追加に就いて」參照。)本書に於いて初めて紹介される後日之式條・吉田家本追加等がある。又前記の如くすでに印行流布しているものの中には、書寫の誤りをそのまま存し、甚だしきは誤植を生ずるに至つたものが少なくない。よつてこれら既存の追加集諸本を一書に集成し、さらに諸史書・記錄・文書等より廣く追加の遺文を採集してこれを補うと同時に、追加の本文に出來るだけ嚴密な校訂を加え誤脫を補訂して、今日に於いて最も信頼すべき追加集を編集したいというのが第二部「追加法」編集の目的である。以下追加法の性質、編集校訂の主要方針及びここに利用した追加集諸本其他の典據史料について簡單に説明したい。

追加法及び追加集の性質　執權北條泰時は承久亂後の濫訴の弊を斷ち、加えて、幕府政治の規準を示す必要から貞永元年八月十日御成敗式目五十一箇條を制定したが、僅かに五十一箇條では萬般の法律事象を處理することは到底不可能であるから、最も必要緊急と認めたもののみを掲げ、足らざる所は他日これを補充修正することとした。御成敗式目の成るや直ちにその一本を六波羅なる重時に送つたが、それに添えた八月八日付の假名消息すなわち所謂「和字の御書」（本書五六頁以下に收錄）の中に「これにもれたる事候はゝおうてしるしくわへらるへきにて候」と述べているのは、御成敗式目を以て完結せる法典と考えていなかつたことを示す。

御成敗式目は本條又は本式目と言われ、式目施行の途上に於いて、その不備を補充したもの、或は新事態に對應して新令を發したものが卽ち式目追加である。思うに式目追加なる名稱は前掲「和字の御書」に「おうてしるしくわへらるへきにて候」と言えるに由來する。幕府自らも式目以後發布の單獨法令を「追加」と指稱したことは、「後家改嫁事」と題する弘安九年七月廿五日の法令（新編追加三三四條、本書第二部五九七條參照）のうちに「被載式目追加畢」（比志島文書所收のものは「式目追加」を「追加式目」に作る）と見えることに依つて明白である。

次に追加法制定發布の手續について考えて見るに、現存の追加中に某年月日の「評定」或は「評」と明記したものが少なからず見出され、又吾妻鏡にも同じ事實を傳えた記事の存する點よりすれば、追加も亦御成敗式目と同じく評定衆の評議を經て制定されるのがその正式手續であつたであろう。かくして制定された法文は通常、簡潔に內容を要約して「……事」という形であらわした部分と、これを說明敷衍した文章とから成り、その形式に卽して當時單に事書とよばれた。（今日古文書學の上で「……事」という部分のみを事書とよび、說明の部分を本文とよぶが、その事書の意ではない。）例えば本書の卷頭圖版に掲げた永仁德政令が關東御事書法と題されているのを參照。かかる事書には「評定」、「評」の代りに「沙汰」と註記したもの、「評定」や「沙汰」に係奉行の名を併記したもの、係奉行の名だけを附記したもの、これらの記載の全くないものなど色々ある。而して事書にもいわば法文の草案ともいうべき簡略なものと、これを敷衍修飾した長文のものとがあり、（又單なる長短のちがいだけでなく、文章表現の變更、すなわち同じ內容を異なつた言い廻しで表現するやり方も見られる。）恐らく法令が評定の席で決定されてから公布に至る迄の間に、その法文（追加）たる事書は二様にも三様にも書き改められたものであろう。（本書二九六頁に掲げた永仁德政令の條文六五八―六六〇と六六一―六六三を比較對照せよ。）

次に追加が愈〻公布される場合にも數種の方式がある。幕府部内に對しては恐らく上記の法文たる事書そのものを公示したのであろうが、六波羅や諸國に對しては、これを告達施行せしめる旨の施行文書が必要であつた。施行文書は通常執權連署兩名連記の關東御教書の形式を用いたが、前記事書と關東御教書との關係は必らずしも一樣ではなく、事書に關東御教書を添付する場合と事書の內容を關東御教書中に盛りこんで後者のみを送達する場合とがあり、時には御教書の代りに下知狀の樣式を用いたこともある。關東御教書の形式をとる追加の中では六波羅充てが斷然多く、その他鎭西探題、諸國守護人（守護代）、特定地域の地頭、社寺の別當充てのもの等がある。これら關東御教書樣式の追加が果して常に評定衆の評定によつたものであつたか否か、それを確かめることは出來ぬ。追加のうち所謂新補地頭の得分率法を定めた貞應二年の宣旨の如きは朝廷の立法であるが、幕府が宣旨を奉じてそのまま關東御教書の內容として令達したものである。

現存する追加集諸本の編纂年代及び編纂の經緯は殆んど明らかにし難い。これらはその成るに隨つて適宜題名が附せられたわけであるが、現存追加集諸本中最も古く流布したと推定される類從本御成敗式目追加は、式目の追加集たることを明確に示した名稱というべきであろう。貞應弘安式目は貞應より弘安に至る式目追加の編纂たることを示す。また、近衞家本追加の如きは單に「追加」とのみ言つている。新編追加及び式目新編追加が「新編」の二字を用いたのは、從來の追加集編纂の方法にとらわれず、新たな方針によつて編纂せる追加集の意味であり、侍所沙汰篇の如きは、當該官署の須要によつて追加法を集成し、以てその名を附したものである。

現存の追加集の中で最も古く流布したと推定されるものは、類從本御成敗式目追加である。藤貞幹本・運長本兩御成敗式目附載の式目追加、敦賀屋版式目注附載の式目追加、藤崎八幡神社本式目追加は、類從本御成敗式目追加と全く同一形態であり、近衞家本の追加及び式目追加條々、大阪市大所藏の式目追加、侍所沙汰篇後半の鎌倉幕府法の部分は、何れも御成敗式目追加とその最初の部分を一にしている。だから御成敗式目追加を以て最も古く流布した追加集の形式であつたと考えるが、追加集の最初の形式を推定せしめるものは京都大學法學部架藏の達藏司本御成敗式目附載の追加であつて、同書は追加・追評定云・追加の三段から成るが、これを類從本御成敗式目追加と對照するに、その法令及び排列の順序の殆ど全く一致するを見れば、初めに追加を三回重ねたものがあつて、御成敗式目追加はそれらを連續せしめたものであることがわかる。そして御成敗式目追加の條數は正應までで僅かに三十ヵ條であるから、追加の一部であつたことは明らかである。而して、實用に供するためには一層多數の追加法を集成したものが必要であるが、凡ての追加法を網羅した追加集が鎌倉時代に作られていたかは甚だ疑わしい。

嚴密に言えば、追加とは御成敗式目發布以後に出された幕府の法令を意味する。然るに、近衞家本追加を初めとして式目追加條々・新編追加・式目新編追加・侍所沙汰篇・貞應弘安式目等の追加集諸本は式目施行以前に遡つて、貞應・嘉祿・寛喜年間の諸法令をもその中に編入してある。今その理由を考えて見るに、これら追加集諸本所收の貞永以前の法令には、守護・地頭に關する法規が尠くない。御成敗式目は守護・地頭の兩職に關する法令を主たる内容とし、殊に御家人の所領たる地頭職に關する訴訟について詳しく規定する。地頭職に關する訴訟の頻發するに至つたのは、承久亂後の新補地頭の設置に基づくもので、訴訟内容は地頭の得分に關聯するものが大多數であつた。承久以前の本補地頭の得分は先例によるから法令の定めはないが、承久亂後の新補地頭の得分は貞應二年六月十五日の官宣旨と、その後これを基として、幕府から發せられた法令によつて定まつているのであるから、式目の施行は直接此等承久以後貞永元年以前の法令に結びつき、式目施行後の追加にして此等式目以前に出された地頭に關する法令に對する追加であるものも尠からず存する。守護に關しても亦同様のことが言える。式目が圓滑に運用され裁判が公正に行われるためには、單に式目及び式目施行以後の追加法令のみでは不十分である。式目以前承久以後の法令をも知悉しなければならない。かかる見地から式目の追加集を編成することになると、式目施行以後の本來の意味に於ける追加法だけを收めたのでは實用上缺ぐるところがある。實用に供し得る追加集を編むには式目以前に遡り、前記の法令をも准追加的法令と見做して收載せねばならぬ。而して當時恐らく式目の運用上喫緊不可缺の法令といえば、まず承久亂以後のものであつたろうから、追加集に收むべき法令の上限も承久亂に置かれたであろう。現存の追加集中に見出される最も古い法令が承久亂直後の貞應元年四月廿六日のそれであること（侍所沙汰篇・新編追加・式目新編追加）は以上の推測を裏書きするものである。

編集校訂の主要方針　右に現存追加集の所收法令の上限が承久亂に劃されていることを述べたが、本書は必らずしもこれに拘われることなく遍ねく鎌倉幕府の制定發布せる法令を採集編序せんことを期した。承久亂以前と以後とに於いて、鎌倉幕府の發展に大きな段階が劃され、從つてその發せる法の内容に大きな變化が認められるけれども、法權の主體としての幕府の根本的性格には何らの變化も認められず、從つて法の性格も亦前後同一と言うべきだからである。唯結果的に承久亂以前の法令は編者の非力の故か採集し得なかつたので、上限は結局現存追加集所收法令の上限たる貞應元年四月廿六日と一致することとなつた。尤も吾妻鏡には承久以前にも幾つかの法令制定に關する記事があるが、それらはすべて吾妻鏡の編者の文章として述べられたものであつて、法令そのものを引載した記事は一つもないという理由で一切これを採用しなかつた。一體吾妻鏡は編纂上の疎漏に基づく誤脱の極めて多い書であつて、法令關係記事の如きも、全く假空のものを作り成した例は見當らないとしても、主として切り繼ぎの疎漏に起因する年次の誤り、同一事實の重出と認むべきものは隨處に指摘されるのである。從つて、例えば單に法令の制定發布の事實を吾妻鏡自身が述べるに止まり、卽ちいわゆる地の文のみ存在して、これに對應する原史料の引載なきものは、それだけでは輕々に信頼し難いのである。よつて本書の編集に當つては、吾妻鏡を利用する上に次のような方針をとつた。すなわち、(イ)吾妻鏡に法文そのものが引載されている場合は原則としてこれを採用する。(この場合も、引載した法文の部分に年次記載がない場合は、吾妻鏡の繫年をそのまま信ずることは危險である。) 次に吾妻鏡には地の文だけで法文の引載なき場合、これをさらに二つに分ち、(ロ)吾妻鏡の記事に照應する法文乃至これに准ずるもの(例、法文の節略)が追加集其他確實な史料に存在する場合は、その記事の所在だけを當該法令の後の[參考]欄に註記し、(例、[參考]鏡…年…月…日條) (ハ)他に全くかかる對應史料の見出せない場合には一切吾妻鏡を採錄せず、後日の研究に俟つこととした。吾妻鏡に對してかかる方針をとつたので、承久亂以前に於ける殆んど唯一の法令關係史料である此書も、法令を引載した部分が皆無であるため、この時期に關する限り全く利用の外におかれたわけである。以上の如く本書の上限は鎌倉幕府の創設に劃せんことを期したが、結果的に貞應元年となつた。又下限も鎌倉幕府の終末期に置いたが、これ亦結果的には元亨元年となつた。

かくして採集し得た貞應元年より元亨元年に至る法令を編年體に排列したのは、この形式があらゆる問題をもつ研究者の共通の利便という觀點から見て最もすぐれているばかりでなく、およそ追加集として最も古い傳統をもつ最も自然の形式だと考えたからである。追加集中最も古體を存する前記達藏司本御成敗式目附載の追加及び類從本御成敗式目追加も時に錯雜はあるが編年體であり、又次卷に收載を豫定される室町幕府の追加集諸本中最古の最善本である前田家本建武以來追加もまさしく編年體である。

次に底本及び對校本の選定について一言すれば、本書は既存の特定の追加集を複刻するのではなく、それら追加集をその含む所の箇々の追加にまで解きほぐし、これを集成し編序したものであるから、或る特定の一本を底本とすべきではなく、又どの一本といえども鎌倉幕府の法令を網羅したものは存在しないから、或る特定の一本を底本と定めようとしても事實上不可能である。底本は當然個々の法令に卽して選定すべく、その選擇の規準は當然「法令の原形乃至はそれに最も近いものはどれか」という原形回復の一點に置くべきであろう。その爲めのより具體的な選擇規準を例言中の凡例(ハ)に列擧したから、ここには再説を避けて、次にこの問題の關連事項を二三述べておきたい。その一つは例言に掲げた底本選擇規準に對する例外的措置である。例えば當該法令の制定發布の經緯や法令の性質を理解する上に重要な記述のある本は、たとえそれが法令の原形保存に於いて多少劣る場合でも、それを底本とした。又吾妻鏡はつとめて底本に選ぶことを避けた。これは主として同書が廣く印行流布して參照し易きによる。第二は同一內容の追加の重出について。法文の樣式には先に説明した如くいくつかの種類があり、同一內容にして異なる樣式の法文が彼此の追加集に見出されるという例が少なくない。これは一つの法令が諸本によつて傳寫される間に相互に異同を生じたという場合とは全くちがい、法文の內容は同じであつても、元々法文の樣式が異なり、從つてその出所が異なるのであるから、例言所揭の規準によつて一を底本とし他を以て校訂するという操作の困難な場合が屢〻生じてくる。よつてかかる場合には諸本校異の形をとらず、同一內容にして異なる樣式の法文を倂び掲げることとした。つまり內容的には一つの法令が重複掲載されるわけであるが、しかし元々兩者それぞれ出所を異にするものであつて單なる重複ではないから、上欄標出の事書番號の下に（……ト同ジ）、（……ノ施行）と註して右の趣旨を明らかにした。（例、二三九―二四一と二四二―二四四、二五五と二五六、六五八―六六〇と六六一―六六三）第三は二箇條以上連續した追加の原形回復の問題である。上に述べた所は主として一箇條每の追加についてその原形を正確に把捉しようとする點に主眼があつたが、これはそれに劣らず重要な問題である。從來鎌倉幕府の追加集として收錄條數の多い點に於て、又書寫の正確さに於いて他の諸本を壓倒するものとして貴重視せられたのは外ならぬ新編追加であつた。この書は後述する如く、法令をその内容によつて分類編集した追加集である點に於いて諸多追加集中に特異な位置を占めるが、又まさにその點に於いて法令の原形破壞という重大な缺陷を有する。すなわち本來數箇條連續して一括の法令として制定發布されたものが、本追加集では屢ゝ一箇條毎に分斷され、それぞれ異なつた位置に排列されるという結果を惹起しており、これによつてその法令の全箇條數及び各條の前後關係などが失われると同時に、實際上の不利益として多數條文の年次が失われたのである。蓋し數箇條連續した法令に於いては、全箇條の冒頭又は末尾にその年次が記されるのが普通だからである。新編追加の有するかくの如き缺陷とくに個別條文の年次缺佚は、法令の原形を傳えていると考えられる他の追加集及び吾妻鏡其他諸史料との比較考證によつて或る程度補い得るのであるが、就中重要な參考資料となるのは、近年はじめて學界に紹介された近衛家本追加である。(四二四頁參照)この書はその收錄條文數において新編追加を凌駕する大部の追加集であつて、これによつて從來不明であつた年次が明らかにされ、法令の原形の確かめられた條文が少なくない。この度本書第二部追加法を編集するに當つては、右の如き追加集諸本及び諸史料の比較考證による法令の原形回復と年次考定に多くの努力が拂われたことをここに特記し、その一例として、第二部三五條に收めた「貞應嘉祿以後盜賊跡所領事」の年次考定を擧げておきたい。この條は本文頭註の如く、「去年八月五日評定」(貞本・運本・成追)、「寛喜三年八月五日」(京本)、「天福元八五評」(新追其他)、「嘉禎三八五」(近本・宣抄等)などと年次の註記がまちまちであり、大日本史料は式目抄によつてこれを嘉禎三年の當該月日の條に收めているが、これは追加集の古體を存すると見られる上記貞本・運本・成追等の「去年八月五日評定」が最も重んぜらるべきである。それではこの「去年」は何時を基點として遡稱したものかと言えば、これら貞本・運本・成追等が右條文を第一條としてその次すなわち第二條に「畿內近國幷西國堺相論事」(第二部四二條)を置き、これに「去閏九月一日評定」と註している點に鑑みて、閏九月の年なる貞永元年であることが分り、從つて第一條の「去年」は貞永元年の前年なる寛喜三年と

考定されるのである。（京本の年次註記はこれと符合する。なお三八二頁補註11參照）

最後に、現存追加集諸本には、嚴密には追加とは見なし難い記事が相當收められている。判決例の類い、奉行人の意見狀又は備忘記錄の如きものその他雜記事がそれである。これらはすべて第二部に收錄せず、判決例はその數が相當數に上るので、これを傍例と題して第三部の末尾に一括排列し、その他は適宜取捨した。（詳細は次の個別解說を參照）

以上のようにして第二部に編年排列せられた法令は七一八條、外に年次未詳二七條、計七四五條である。但し同一內容の法令で樣式の相違により重出したものが二四條、又同一法令の施行文を併掲したもの三條あり、これを差引くと實數七一八條となる。

典據史料略說　書名下に本文で用いた略名を記し、その下に寫本・刊本の所在を記す。

一　新編追加〔新追〕　（寫）前田家尊經閣文庫　（寫）內閣文庫　（刊）日本古代法典

新編とは從來の編年的な追加編集の形態に拘われず新たな形態すなわち篇目を立てて編集せる意であろう。既述の如く鎌倉幕府の追加法集中、近衞家本追加に亞いで條數の多いもので、全三六六ヵ條。この中から室町幕府追加法一ヵ條（第二卷に採錄豫定）、傍例その他第三部に收めたもの二七ヵ條、重複三ヵ條を除いた三三五ヵ條が嚴密な意味での鎌倉幕府追加法の實數である。本書の特色は全體を神社・佛舍・侍所・政所・雜務の五篇に分ち各篇をさらに幾つかの項目に分つて法令を分載した點にあり、この篇目と條文排列そのものが貴重な法制資料と考えられるので、これを新編追加目錄と題して卷頭條文目次の附錄に收めた。* ただ本書がかかる體裁をとつたことは自ら法令の原形を崩す結果を生じ、そのために分載された法令にしてその年次を失うに至つた箇條の少なくないことはさきに一言した如くである。本書は鎌倉幕府の追加法集であるために鎌倉時代に成つたものの如く考えられ易く、事實かかる見解を前提とした議論も存するが、上掲篇目より察するに、恐らく本書の成立は室町時代とすべきであろう。**

本書の古寫本としては前田家尊經閣文庫本がある。乾坤二冊より成り、乾冊に前四篇を、坤冊に後一篇（雜務篇）を収める。附錄に收めた目錄は各册册首に分載されている。又各册の終りに左の如き書寫奥書がある。

（乾册々尾）
「右　追加上卷　　筆立　慶長十一　六　廿一
　　　　　　　　　　　　同七　廿三書終

同校合朱點、同年十月廿三日終、

　　　　　　　　　　　　　　　　梵舜（花押）」

（坤册々尾）
「右追加、關東明鏡之式法、尤可レ謂二至寶一、連々以二愚隙之透一遂二書功一者也、

于レ時慶長十一丙午年十月廿一日　　　　梵舜（花押）

　同年六廿一筆立　十廿一日書終

重而大形及二校合一　同年十一四

」

この本は右奥書にいう如く神龍院梵舜の書寫するところであつて、これによつて梵舜本とよばれ、又前田本ともよばれる。包紙に松雲公前田綱紀の筆で「八幡善法寺之藏書元祿己巳（二年）正月令二感得一之候也」とあるによれば、梵舜書寫の後石清水八幡宮の社家善法寺に傳わり、それより前田綱紀の手中に入つたものである。この寫本は楷書に近い端正な文字で書かれており、その故か比較的誤脫が少ない。夙とに日本古代法典に收められて廣く流布した。

*但し、この目錄は不完全であつて、脫落の箇條があり、又數ヵ條を一括して一條と數えた箇所があつて、實數と合わない。本書では正確に數え改めて新しく條文番號を付した。附錄には梵舜朱記の舊番號をも併記した。

**編者の一人佐藤は鎌倉室町兩幕府の訴訟機關發達史の面から新編追加の篇目を考察して、新編追加の成立を室町中後期（嘉吉以降）と推定した。（昭和十四年東京大學史料編纂所右文會記事）

二　式目新編追加〔式追〕　（寫）宮內廳書陵部（一册本）　（刊）史籍集覽（和裝本）
　　　　　　　　　　　　　（寫）內閣文庫　一册本ト二册本

本書は鎌倉幕府追加法一九七ヵ條を梵舜本の如く篇目を立てて分載し、更に室町幕府追加法として、建武五年後七月廿九日御沙汰以下八四ヵ條を編年體に收載している。その內、鎌倉幕府追加法の部分について言えば、これは前出新編追加の抄出と考えられる。編者の見た古寫本は三本であるが、最善本は內閣文庫本の一冊本である。奥書がないから筆者並に年代は不詳であるが、書風・墨色・紙質等より考えて江戸中期を稍遡るものと推斷される。別に二冊本がある。一冊本二冊本共に淺草文庫舊藏本である。宮內廳書陵部本は舊松岡文庫本で、塙檢校が續類從卷第六百五十五として採錄したもの。內容は內閣文庫一冊本の寫である。續群書類從完成會による大正末年刊行の續類從本は何故か本書を捨てて、梵舜本新編追加を採つている。本書は夙とに明治十六年近藤瓶城が史籍集覽（和裝本）に採錄しているが、その何本に據れるかを明かにしていない。思うに宮內廳書陵部本であろう。改訂史籍集覽本（洋裝本）も亦何故か本書を捨てて、梵舜本新編追加を採錄している。

三　近衞家本追加〔近本〕　（寫）近衞家陽明文庫

京都の陽明文庫に存する二本の式目追加中の一本である。表題には單に「追加」と記している。奥書なく筆者、書寫年時ともに不明であるが、書風より見て恐らく江戸時代中期を遡るものではあるまい。追加の中に間ゝ追加以外の記事を混入しており、今便宜これらを含めて通計すると全三九一ヵ條、その中第六四條は御成敗式目制定の際の泰時消息、六八條は泰時の起請、七〇條は「御教書礼」と題する書札禮の記事、以上三ヵ條（この中前二ヵ條は第一部附錄に收め、後一ヵ條は本書に收めず）を除いた三八八ヵ條が追加の條數であつて、（この中傍例その他二二ヵ條は第三部に收めた）鎌倉幕府追加集諸本中、最大の條文數をもつ追加集である。尤も本書も新編追加の如く卷首に「追加目錄」と題する條文目錄があり、それには一箇條毎に條文番號が附せられておつて、最末は「三百四」條となつているが、この目錄も一部脫落があり、又數ヵ條一連の法令をすべて一ヵ條として數えているため實數と合わない。本書ではこの目錄の番號に拘われず新たに番號を附して利用した。本書の内容及びその價値については前掲牧博士の紹介に詳しいから贅説を避けて、次の三點を附記するに止める。その一は新編追加二八六條（第二部一五二條）の末尾にある「此段雖レ有レ前任レ本書レ之」という割註及びその次行の「五十一ヶ條事、兼日十三人下ニ給目錄一、獻ニ意見狀一、定ニ式目事一畢、外記大夫倫重、兵衞入道淨圓、佐藤内業時下ニ給事書一」という註記が、本書六二條にも見える點である。（但、本書は外記以下も大書し事書の下に「草也云々」の四字がある。）新編追加に據つた古代法典の編者はこれを「此段云々梵舜所注歟」と頭註し、「五十一ヶ條事」云々については「五十一ヶ條云々、是撰ニ貞永式目一之事、錯簡入ニ于此一也」と頭註しているが、いま本書により「此段」云々の附記が梵舜の所注でないことが明かとなり、又「五十一ヶ條事」云々も簡單に錯入と片付けてしまえないものがある。右の如く近衞家本追加も梵舜本新編追加も大體同じ位置にこの「五十一ヶ條事」云々の文と、「此段」云々の註記のある點よりすれば、近衞家本追加乃至はその系統の本が梵舜本新編追加の原據史料（少なくともその一部）となつたことはほぼ推察に難くない。この點本書は追加集諸本の成立とその系統を考える上に貴重な存在というべきである。第二は第六八條に收める嘉禎四年六月の北條泰時の起請であつて、彼が司法の公正を期して諸天諸佛に祈請せるもの。第一部の附錄として收めた。第三に本書は諸多の追加集に比して著るしく多數の訴訟法規を收載しており、本書の一特色とするに足りる。

四　近衞家本式目追加條々（近條）　（寫）近衞家陽明文庫

陽明文庫所藏追加集二本の中の一。「式目追加條々」と題する。奥書なし。卷首に目錄を掲げ條數は凡て二一九ヵ條である。本文各條に番號を附するが、この番號は目錄のそれと一致する。最初に「貞應嘉祿以後盜賊跡事」以下を掲げること、藤貞幹本式目・運長本式目・類從本御成敗式目追加等と一致し（一七頁參照）、四三―一四四條が次掲貞應弘安式目と完全に一致する點注目すべきである。又一四五―二〇五條弘長元年二月廿日關東新制條々は他本には全く見えない史料である。末尾の二〇六―二一六條は應永廿九年の室町幕府の追加。

五　貞應弘安式目〔貞式〕　（寫）史料編纂所　（刊）續々群書類從

史料編纂所に和田英松博士舊藏書入本あり。この本は「慶長十二十一月　源定直」と本奥書あり、その後に「內藤氏所藏慶長古寫本を謄寫し」吾妻鏡以下の諸書諸追加集を以て校合せる旨の和田博士の奥書がある。續々群書類從はこれに據つたもの。なお、三浦周行博士が右和田博士書入本を轉寫したものにさらに詳細な校註及び考案を施された本が東京大學國史研究室の架藏に歸している。編者は右二本に見える和田三浦兩博士の校註及び考案によつて教えられる所少なくなかつた。この追加集は暦仁二年「陸奥國郡鄉所當事」（第二部九九條）以下一〇二ヵ條を收める。近衛家本式目追加條々との密接な關係については前項に述べた。

六　新式目〔新式〕　（寫）內閣文庫（二本）　（刊）續群書類從　（刊）史籍集覽

內閣文庫に二本あり、一は外題に「新式目」とあり、「秘閣圖書之章」の印記あるもの、他は「新御式目」なる外題あり、「淺草文庫」「和學講談所」の印記あるもの。又東京大學國史研究室には三浦周行博士が右秘閣本の轉寫本に淺草文庫本及び諸追加集を以て校合を加え考案を施された本がある。本書は弘安七年五月廿日附の新御式目卅八ヵ條以下全一四四ヵ條を收める。冒頭の條々の首部に記された「新御式目」という題名がそのまま全體の書名となつたものであろう。さて本書の條文數は上記の如く一四四條であるが、他の追加集や關係史料を參照しつつ各條の年次及び排列關係を檢討すると、本書の構成は大きく次の三部に分たれる。(イ)一―九七條、弘安七年より永仁五年まで、大體年代順に排列、(ロ)九八―一二八條、鎭西充ての一群の追加、(ハ)一二九―一四四條、內容雜多にして排列順序にも統一なし。思うに(イ)の部分が最初に集められたもの、すなわち新式目の原形を傳えるものであり、後日(ロ)がこれに付加され、さらにその後(ハ)が追加されたものであろう。なお、(ハ)の部分の中一ヵ條（一三五條）は康正元年の室町幕府の追加である。

七　類従本御成敗式目追加〔成追〕　同一本〔成追一本〕　同又一本〔成追又本〕　（刊）群書類従

現存の追加集中最も古い流布本と推定されるものは、類従本御成敗式目追加である。次に掲げる八乃至一三の諸本はその排列全く御成敗式目追加に一致し、前掲近衛家本追加及び式目追加條々、大阪市大所藏本式目追加、侍所沙汰篇後半の鎌倉幕府法の部分、貞應弘安式目は、何れも御成敗式目追加とその最初の部分を一にしている。此等諸本の構成を考えるに最も都合のよいのは京都大學所藏の達藏司本御成敗式目の末尾に附載された追加である。既述の如くこれは追加・追評定云・追加の三段から成り、これを御成敗式目追加に對照するとその法令及び列擧の順序が殆ど全く一致するを見れば、初めには追加を三囘重ねたものがあつて、御成敗式目追加はそれらを連結せしめたものであることがわかる。だが、御成敗式目追加の條數は正應年代までで三〇ヵ條であるから、追加の一部分であつたことは明かである。類従本又一本に見える四ヵ條は、恰かも達藏司本御成敗式目附尾の追加中御成敗式目追加に缺けた部分である。故に御成敗式目追加と類従本又一本の二つを合せると達藏司本に一致する。但し御成敗式目追加には達藏司本にない條文が二ヵ條ある。なお、達藏司本は全條數三三ヵ條より成り、そのうち三一ヵ條は鎌倉幕府の追加法、殘り二ヵ條は室町幕府のそれである。

八　藤貞幹本御成敗式目附尾〔貞本〕　（寫）東京大學附屬圖書館

九　運長本御成敗式目附尾〔運本〕　（寫）同右

右二本については植木直一郎博士「御成敗式目研究」（四二八頁）に考説あり。ともに追加三五ヵ條を収めている。

一〇　藤崎八幡神社本追加〔崎本〕　（寫）熊本市藤崎八幡神社

全二〇ヵ條。「天正十六九月廿六日寫レ之畢」と奥書がある。本書は最近の發見にかかり、竹内理三氏によつて昨年はじめて學界に紹介された。（九州文化研究所紀要所載「肥後の古文書」參照）此度竹内氏及び熊本大學の森田誠一氏の御好意によつて寫眞版を利用することができた。

一一　京都大學法學部所藏達藏司本御成敗式目附尾〔京本〕　（寫）京都大學法學部日本法制史研究室

この本については七に於いて述べた。

一二　蘆雪本式目抄附尾〔蘆抄〕　（寫）東京大學附屬圖書館

一三　敦賀屋版式目注附尾〔敦注〕　（寫）同右

右二本についても植木博士前掲書（五五六頁以下）に詳しい。二本とも式目の註釋の後に追加三三ヵ條を収めている。前者にはすでに第一部の終り（三五頁）に掲げた如く天文廿二年の奥書がある。なお、本書の對校には利用しなかつたが、天文六年の奥書ある三河上宮寺本御成敗式目追加も右と同系統である。

以上八乃至一三の五本は前掲七と同一系統に屬する。

一四　大阪市立大學本（舊大阪商科大學本）式目追加〔大本〕　（寫）大阪市立大學

本書は表紙に「式目」と題し、表紙裏に「尾州禮敬（花押）」とあり、筆者並に年代を示す奥書がない。卷首に「式目追加條々　海勝□□（花押）」とある。收載條數四〇ヵ條。

一五　後日之式條〔後式〕　（寫）東京大學國史研究室

三浦周行博士舊藏書入本。內題外題ともに「後日之式條」とあり、左の奥書がある。

以二賴易朝臣藏書一、手自遂二書校一、魚食嶌馬可レ惜、

天保六年四月十日　　（四條）權中納言隆生

この本は恐らく四條隆生書寫本の轉寫であろう。まことに右奥書のいう如く魯魚の誤りが多いが、他に傳本を知らず、又本書そのものを引用した文獻すら見當らないので、校訂困難な點が少なくない。本書は文曆二年七月廿二

日「所職所帯幷境相論之事」（第二部七六條）以下六六ヵ條の追加を收める。而して六二條と六三條との間に「明法勘狀」と題する左の記事あり。

錢出擧利、經二年序一、又雖レ出二作替文書一、不レ得レ過二半倍一、米出擧同雖レ經二年序一、不レ可レ過二一倍一之由、舊格新儀重疊、而不レ叙二用此制一之輩、沒二官其物一、可レ行二罪科一之由、去々年被下（マヽ）宣下畢、勿論事、

嘉祿三年四月十三日　　明法博士大中臣在判

次に全六六ヵ條の後に丁を改めて、「京都雜掌權執印永慶上座慶嚴奏聞申狀幷具書等事文永五年」と題して(イ)文永五年八月日薩摩國新田宮所司神官等解狀及びその具書案八通、(ロ)文永五年十一月日同上所司神官等重解狀、(ハ)文永五年九月廿三日院宣を附收している。この追加集には新編追加其他所收の法令と同じものも若干はあるが、仁治三年正月十五日新御成敗狀二八ヵ條（第二部一七二―一九九條）、寬元二年十月九日追加一六ヵ條（第二部二一七―二三二條）、計四四ヵ條は全く他に見えない所である。これら四四ヵ條は鎌倉幕府諸多の追加に比して文章が全般的に稚拙かつ晦澁であるが、とくに前半二八ヵ條中に「守二關東新制一」（第二部一七四條）、「右關東御教書云」（第二部一七八條）などと見えることによつて、鎌倉幕府の中樞より發せられたものでなく、いわば幕府より受令施行する立場の者なること明らかである。然らばそれは如何なる機關何人であるかというに、後半の寬元二年十月九日追加一六ヵ條中に「掃部頭禪門幷前豐前國司及出雲路桑門成敗事」なる一條あり（第二部二三〇條）、この掃部頭禪門、前豐前國司、出雲路桑門がそれぞれ中原親能、その子大友能直、その子大友親秀に當り、又正嘉二年大友賴泰裁許狀に援用せられた規定がこの條の一部に當る（三八八頁補註31參照）點よりして、この條及びこれを含む寬元二年の一六ヵ條が豐後の守護大友氏の制定するところと知られる。前半二八ヵ條も恐らく同樣であつて、その中に散見する「府中」（第二部一九〇條・一九三條・一九六條）は同氏の治所豐後の府中をさすものであろう。（舊國府の所在地であつて、後年の豐後府內と同じか）以上の如く後

日之式條所收の仁治三年令二八ヵ條、寛元二年令一六ヵ條は豐後守護大友氏の發布にかかると考えられ、從つて幕府法令を施行する旨明記せる箇條以外は大友氏獨自の法令と見るべきが如くであるが、當時における守護一般の權力より見て、これを六波羅鎭西兩探題の發令に准じて鎌倉幕府法の中に含めるのが妥當と考えて、本書當該年月の條に收めた。この追加集中、他の史料に見えない法令は上記仁治三年令、寛元二年令の外に卷首第一條の文曆二年七月廿二日令がある。これも文章稍ゝ晦澁の感あり、書寫の誤脱による外、若干の改竄を經た疑いがあるが、全くの假託とは考えられないので當該年月の條に收めた。又上記嘉祿三年四月十三日明法勘狀は或いは幕府の諮問に對する勘答ではないかと思われるので敢て全文を右に揭げた。又末尾に附收された文永五年薩摩新田八幡宮所司神官解狀及びその關係文書はこの追加集所收の法令と內容的な關連はないが、或いは本書の成立及び傳來と何らかの關係をもつものではなかろうか。今後の研究に俟ちたい。

一六　吉田家本追加〔吉本〕　（寫）吉田良兼氏所藏

澁表紙、外題に「諸國守護人事建武五後七廿九御沙汰」、奥書に「資胤與等忍一校」とあり、末尾に附收された年號略頌が明應で終つている點及び書風より見て室町後期（永正頃？）の書寫であろう。神道長上を以て知られた吉田家の傳本である。所收條文三〇ヵ條。內、一—二六條が鎌倉幕府の追加、終りの四ヵ條が室町幕府の追加。外題の文字は建武以來追加第一條の事書であるが、本文中にはこの箇條は見えない。これは書寫の間に脫落したものか、或いは全く別の本の表紙が誤り附せられたものであろう。（本書は本文中に一部錯簡があるから、後の場合の可能性が强い。）右の如く本書の外題は本文と全然合わないから、これを書名とすることを避けて、便宜傳來所藏者の名を用いて吉田家本追加とした。本書も又これ迄學界に知られなかつた追加集であつて、他の追加集に全く見えない箇條が含まれており、（第三部九三—九九參照）又他に見えるものでも年次其他新たに加うべき記載を有する箇條もあるが、本書の最も注目すべき點、法制史料としての重要性は、鎌倉幕府の追加の部分が內容別に分類排列されている點にある。從來、分類追加集としては新編追加が知られるのみであつたが、本書の分類は新編追加のそれと全く異なつている。のみならず本書所收條文の多くには、その事書の肩に「謀叛殺五」、「盜賊惡十八」、「越境九」、「政務五十六之二」、「都鄙十五」等々の註記があつて、本書に先行する別種の分類追加集の存在を物語つている。すなわちこの吉田家本追加の出現によつて新編追加とは異なる二種の分類追加集（その一はわずかに片鱗を窺い得るにすぎないけれども）の存在が明らかとなつたわけである。以上の如く本書の篇目、條文排列及び事書肩註は貴重な史料であるので、これを吉田家本追加目錄と題して條文目次の附錄に收めた。なお、本書には追加の後に、(イ)「法令五刑」、「自二月至八月不行死罪」云々、「易云背律有功者」云々等の刑事法關係の雜記事、(ロ)年號略頌（元弘三年より明應迄）、(ハ)室町將軍次第（延德二年義政卒去迄）、(ニ)「大臣薨御」（義尙直義）、以上四種の記事を附收している。

一七　侍所沙汰篇〔侍篇〕　（寫）內閣文庫　（刊）群書類從

內閣文庫本は舊淺草文庫本。奥書の類を缺き、筆者並に年時を明かにし得ないが、恐らく江戸中期の書寫であろう。本書は最初に武政軌範のうちの一篇である侍所沙汰篇を記し、その後に侍所檢斷關係の追加を列擧している。本書の題名はこの最初の部分の名稱に由來する。追加の條數は鎌倉幕府追加六二、室町幕府追加一七、計七九ヵ條。新校群書類從にはこの內閣文庫本が校合に用いられている。

一八　武家雲箋〔武箋〕　（寫）彰考館

一名通檄古案。內容は書名の如く武家文書集であつて、その中に鎌倉幕府の追加が一二ヵ條含まれている。追加の外に北條泰時の起請がある點も注目に値いする。

一九　新井白石舊藏本鎌倉執權〔新本〕　（寫）宮內廳書陵部

上下二冊。共に表紙に「鎌倉執權」とあり、冊首に［天爵堂圖書記］、冊尾に［君美］の印記あり、以て白石舊藏本と知られる。內容は上下とも追加集であつて、上册一五五ヵ條、內、前の一三二ヵ條は室町幕府追加、終りの二三ヵ條が鎌倉幕府追加。下册一五五ヵ條、內に北條泰時消息一通、室町幕府追加一ヵ條あり、殘餘の一五三ヵ條が鎌倉幕府の追加。この册の一三一―一五五條は新式目の一―一四三條と一致する。（新式目一四四條は本書上册一條にあり。）但し、本書の所在を知る時期が遲かつたため、本文校訂の上に十分參照し得なかつた。

二〇　諸式目〔諸式〕　（寫）內閣文庫

表紙に「諸式目」とあり。全五四ヵ條、內、前半三〇ヵ條が室町幕府の追加、後半一四ヵ條が鎌倉幕府の追加。

二一　平林本御成敗式目附尾〔平本〕　（寫）平林治德氏　（刊）古典保存會複製

御成敗式目の後に追加一〇ヶ條を載せている。

二二　舟橋（淸原）宣賢式目抄〔宣抄〕　（刊）東京大學附屬圖書館

本書については植木博士「御成敗式目硏究」（五三六頁以下）に詳しい考說あり。編者は古活字版十二行二册本に據り、式目註釋の間に引載された追加六五ヵ條を檢出した。（內一條重出）なお類從本御成敗式目追加の末尾に「宣賢式目抄所引追加」として四七ヵ條が揭げられている。

二三　舟橋（淸原）枝賢奧書式目抄〔枝抄〕　（寫）東京大學附屬圖書館　（刊）續史籍集覽

本書についても植木博士前揭書參照。追加六八ヵ條（內一條重出）を載せている。

二四　三册本平假名式目抄〔三抄〕　（寫）東京大學附屬圖書館

本書についても植木博士前揭書參照。上卷に二八、中卷に二三、下卷に三六、計八七ヵ條の追加を載せている。

二五　近衞家本式目抄〔近抄〕　（寫）近衞家陽明文庫

本書の來由は左記奧書によつて知られる。

右秘抄者、一子相傳之奥義也、勸善懲惡之法如レ指レ掌乎、天下鴻寶國家龜鏡也、不レ出レ巻而知二賢哲之遺法一、豈式制哉、于レ茲丹州太守蓬雲宗勝（松永長頼）於レ予被レ索レ之、不レ能二固辭一、染二禿筆一備二幕下一、爲二他人一勿レ令二容易一矣、

永祿己未（二年）春三月庚子

大外記清原朝臣（舟橋枝賢）（花押）

右貞永式目抄、累代家門所藏之本也、去春有二子細一令レ進二呈大樹（徳川家宣）一、然而更被レ摸二寫一還二恵之一、再鎭二庫藏一、後孫不レ可レ存二容易一也、

正徳改元初冬日

攝政（近衞家煕）（花押）

蓬雲（軒）宗勝の俗名は奥野高廣博士の教示による。（言繼卿記に所見ありと）式目諸條下に掲げられたもの六、巻末に一括附載されたもの三四、計四〇ヵ條の追加あり。但し内二一ヵ條は室町幕府の追加。

二六　武家事紀〔事紀〕　（刊）

山鹿素行著。鎌倉幕府の追加を載錄せるもの二〇二ヵ條を數える。中には吾妻鏡をそのまま抄出したと覺しきものもあるが、間〻近衞家本追加乃至はその系統の追加集を參照したかと思われる點あり、その蒐集は當時としては努めたりと言うべきであろう。但し本の性質上各條の所在を明記するに止めて、本文校訂には利用しなかつた。

二七　吾妻鏡〔鏡〕

本書については特に解題する迄もない。本書の取扱いについてはさきに述べた如く、追加原文（又はその節略文）を引載したと思われるものに限つてこれを採錄した。（四二八頁參照）

二八　鎌倉年代記〔鎌記〕　（寫）京都大學國史研究室　（刊）續群書類從　（刊）史籍集覽

二九　武家年代記〔武記〕　（寫）内閣文庫

刊本は北條九代記となつている。原題なし。本書の朱書に追加制定の記事が多數收められている。

上中下三册あり、その中卷に追加制定の記事を収める。鎌倉年代記裏書と全く同文の記事が多いが、本書にしか見えないものも數ヵ條ある。

以上比較的多數の追加を收めた追加集諸本や諸書について解說したが、その外に御成敗式目の古寫本で式目本文の間に追加が挿入され、或いは本文の後に附收された場合が猶相當あり、古文書の中に追加が付加されている場合や追加が古文書の形で傳わつている場合があり、又後世の編纂物に追加が引載されている場合や當時の記錄に追加の制定に關する記事を見出す場合などがある。この中、式目付收の追加、後世の編纂物については特に說明する迄もない。古文書所收の追加について述べると、先ず訴狀陳狀等にそれぞれの主張を裏づける材料としてすなわちいわゆる具書として添付されたものがある。第二部六五七條、六六一―六六四條に收めた東寺百合文書は周知のように永仁の德政令の法文であるが、これらは何れも康永二年の東寺領山城國上久世庄名主百姓申狀に添付されたものである。又追加が古文書の形で傳わる場合というのは、追加の傳達文書であつて六波羅鎭西兩探題・鎭西奉行・各國守護あて關東御教書（例、四六九條）、及びこれを受けて管內に下達する探題・奉行・守護の施行狀（例、三一七條・四一八條）などである。次に記錄に見える追加制定の記事というのは建治三年記*と永仁三年記**であつて、兩者とも當時の問注所執事の日記として幕府の公的記錄に准ずるものであり、その追加制定記事はそのまま追加の史料と見て大過ないであろう。

*建治三年記は前田家尊經閣文庫に古寫本あり、群書類從に收め、又尊經閣叢刊の複製あり、その性質については國史學五七號、龍肅氏「建治三年記考」參照。

**永仁三年記は東京教育大學所藏、史潮五〇號川副博氏「永仁三年記考證」に內容の考證と全文の複刻がある。

以下一々の典據史料について解說する煩をさけて、書名と所收追加の條數を示すに止める。（カツコ內が條數）

森田清太郎氏所藏文書（四）（前缺のため全貌不明なるも、元々追加集らしい）　鶴岡本式目（四）　宇津江本式目（二）　明應五年本式

目(一)　明應七年本式目(一)　尊朝法親王自筆天正十三年本式目(一)　東大國史研究室本御成敗式條(一)　建武以來追加(三)　東寺百合文書(一七)　島津家文書(七)　比志島文書(五)　大友文書(五)　青方文書(三)　多田院文書(三)　野上文書(二)　武雄神社文書(二)　來島文書(二)　菅浦文書(二)　田代文書(一)　松浦文書(一)　志賀文書(一)　東大寺文書(一)　村田隆長所藏文書(一)　齊民要術裏文書(一)　萩藩閥閲録(二)　薩藩舊記(一)　諸家文書纂(二)　日蓮上人遺文集(一)　大內家壁書(一)　塵添壒囊鈔(二)　建治三年記(二)　永仁三年記(一)

附記——編者の一人佐藤は昭和二十九年十二月法制史學會・東京部會に於いて上記一五・一六の紹介を主として「鎌倉室町兩幕府の法令について」と題する發表を行つた。その席上、石井良助博士よりとくに一五について有益な教示を與えられた。

三　參考資料

第三部に參考資料として收めたのは(イ)追加の佚文史料、(ロ)內容上追加と判斷される准追加的史料、(ハ)既存の追加集に收められた非追加的記事(とくに傍例)、大體以上三種の史料である。

(イ)追加の佚文史料というのは、古文書等の文中に追加の文章又はその趣旨が引用されているものであつて、第一部、第二部に收めた法令に全く見えないものである。さきに第二部の解題で、訴狀陳狀の提出に當つて、法令(追加)を證據書類として添付する例を擧げたが(四四四頁參照)、法令を添付するまでには至らず、單に訴陳狀の文中に法令の全部又は一部を引用し、或はこれを取意節略して揭げることはより多く接する例であり、發布年月日や事書だけで法令を特定する例はさらに多い。裁許狀についてもほぼ同樣であり、その他訴訟關係以外の文書でもこのような形で追加を引用することは必らずしも珍らしいことではない。この種の追加關係史料中、その原文が全く知られないものがすなわち追加の佚文史料であつて、これを廣く採取して第二部の缺を補いたいというのが第三部編集の目的の一半である。但し右の如く他の史料の中に引用されるという間接的な形で存在する追加には、第二部に收めたような追加原文に比して、格段の信憑性の低さがつきまとうと見なければならない。極端な場合には訴陳狀の中に全く虚構の追加を引用する場合も絶無ではなかつたらしく、相手方からそうした意味の反駁を受けている實例がある。又その引用が原文そのままでなく取意節略である場合には、多少とも引用者の主觀の入ることは免れ難い所であり、原文引用にしても部分引用には一部强調による歪曲の可能性が考えられよう。從つてこの種の佚文史料はその一つ一つについての檢討が必要であり、出來うべくんば、本書にも追加を引用した文書の全文とその關係史料（具體的事件の關係史料及び引用された追加の關係史料）を收錄すべきであつたろうが、主として紙幅の都合上、追加を引用した文書そのものも最小限度に省略せざるを得なかつた。又この種の追加には發布年次の明記されるものが極めて少ない。それの記載なき場合はその追加を引用した文書の年次を下限として、その年次に排列し、又條文目次には「（該文書の年次）以前」と註した。なお、第二部所收の追加と內容が同じであつても、明らかに再發布と認められるものは採錄した。これは第二部についても言えることであつて、既存の法令と同趣旨同內容のものが再發布されるということは、單に既存のものが具體的事案に適用されることとは明白に區別さるべきである。又體裁について一言すれば、この種佚文史料採錄の場合には、必要最小限の前後の文章を載せる關係上、どの部分が追加の佚文であるか一見明瞭でない憾みがある。多少ともこの缺點を補う意味で、上欄の題名を當該追加佚文の上に位置するように配慮した。

次は大體關東六波羅御教書など特定者あての幕府の命令であつて、實はそれが一般的な追加の施行文書の一つであることが推測されるもの、又はその內容が追加の參考となるような史料である。幕府が法令を各國守護充に御教書の形で送付する場合、文中に當該國名を記入して、一見あたかもそれがその國限りの命令であるかの如き印象を與えることは屢〻見られるところであり、これらは内容解釋の上に十分の檢討が必要である。とまれこの部分は編集者の主觀によつて最も採否の左右される部分であり、それだけに利用者の嚴密な檢討を願いたい。

　最後に現存追加集に含まれる非追加的記事がある。その大部分は一庄一件に關する裁決例その他、當時先例・傍例などとよばれた記錄である。これらは幕府の奉行邊が式目及び追加の運用に便する目的の下に追加集に附收したものであろう。本書ではこれを第二部に收めた追加とは區別して、一括「傍例」と題して第三部の末尾に收めた。その排列は專ら披閲の便を考慮して、内容別分類追加集なる新編追加及び吉田家本追加の篇目と順序に從い、二者に見えないものは最末に配した。右傍例の外に奉行人の意見乃至は備忘らしい記事が新編追加などに二三散見するが、これらも便宜第三部（六四―六八條）に收めた。

　第三部に收めた資料は、追加の佚文史料、准追加的史料及び雜記事合せて六八ヵ條、外に傍例が三七ヵ條である。傍例は一應論外としてそれ以外の六八ヵ條が多少とも第二部の缺を補いうる史料である。この數は第二部收錄の條數七四五條に比すれば僅かにその一割にも滿たない。ただ年代の點に注目して第二部と比較すると、第二部が寬喜頃から弘安頃までが壓倒的に多く正應以降漸減し、とくに嘉元二年以降が極めて少なく、數字でこれを表せば貞應元―嘉元元の八二年間が七〇九ヵ條、嘉元二―元弘三の三〇年間が九ヵ條であるのに對して、第三部の方は前八二年間が四八ヵ條、後三〇年間が三四ヵ條となり、（但し、この數は追加を引用した文書の年次に依つた箇條を含む）第二部において極めて寥々たる幕末三十年間の法令は第三部によつて或る程度補うことが出來たと言えるのである。

あとがき

長い間われわれが互いに全くあい知ることなく別個に進めて來た中世法制史料に關する基礎的な調査研究の結果が結び合わされて、ようやくここにその第一巻を刊行する運びとなつた。

顧みれば池内は昭和初年京都大學の國史學科に於て故三浦周行先生晩年の講筵に列し、とくに古法制の文獻學的研究なる演習に參じて、鎌倉幕府の法令集なる新編追加所收の法令に年代不明のものの多きこと、これを明らかにすることが中世史研究のための基礎作業であることなどを教えられたのが機縁となつて、大學卒業後長く鎌倉室町兩幕府の法令及び法令集の蒐集と、それによる本文校訂の業に沒頭するようになつた。ことに昭和十一年以降牧健二先生の御指導を仰いで研究計畫を擴充するとともに、日華事變・太平洋戰爭の推移する戰時下の數年間、毎夏上京しては東京大學附屬圖書館・同史料編纂所・宮內省圖書寮（現宮內廳書陵部）・內閣文庫・前田家尊經閣文庫等を訪ねて、古文書古寫本を繙き關係史料の蒐集に努めた想出は今なお眼のあたりよみがえるを覺える。その間一度成稿を見たが、當時の出版事情の下ではこれが刊行は到底期しうべくもなく、徒らに稿を筐底に委する外はなかつた。一方佐藤も亦昭和十四年東京大學の國史學科を卒業後、中世武家法制史を攻究しようとして、法源研究の必要を痛感し、初め主として鎌倉室町兩幕府法々源の研究に、戰後は武家法を中心とした中世法發達史の構想の下に廣く中世諸法源の研究に意を用いて今日に至つた。

兩者の研究があい結ばれるに至つた機緣は、佐藤が應召に際して小島鉦作氏に保管と利用のすべてを託した蒐集史料の一部が、小島氏の御配慮によつて池内の披閲利用するところとなつたことにある。そして終戰による佐藤の歸國後、池内より右事情を報ずる私信が佐藤に送られた時に、二人は初めてこれまでほぼ同じ目的の下に同じような研究を繼續し來つた事實を互いに知りあうと同時に、研究を通じての交わりを結ぶことができたのであつた。ついで一昨昭和二十八年柴田實氏の御斡旋によつて、二人はあい會して右の事實を確かめ合つた上で、これまで二人が別個に行い來つた研究を綜合して協同の業とすることこそ、少なくともわれわれ二人に關する限り最も學問的な成果を期待しうる途であることに意見が一致した。そこで日本法制史學の大先達であられ、ことに池内の研究を久しく指導せられた牧健二先生の監修を仰ぎ、下記の分擔によつて原稿の整理を急いで、昭和二十九年度文部省研究成果刊行費補助金の交付を申請したところ、幸いにもこれが採擇されて、ここにようやく出版の日を迎えることとなつたのである。これまでわれわれが別個に進めて來た研究は、大局的にはほぼ同じ目的をもつ同じ内容のものであつたとは言え、立入つて見れば二者各々その主眼を異にし、いわば不知不識の間に一種の分擔作業を行つていた。すなわち池内は法令集諸善本の蒐集による本文校勘に主力を注ぎ、佐藤は御成敗式目の校勘と既存法令集未收の佚文的法令の採摭に力を傾けてきた。よつて本書の編集に當つては、佐藤は第一部校本御成敗式目及び第三部參考資料を、而して池内は最も困難な第二部追加法を擔當することとした。ただ、池内の夥しい異本を利用して成つた第二部本文の校註は殆んど今日の印刷技術の及び難いところであつたから、佐藤がこれに整理割愛と若干の補訂を施した。以上本書成立の事情を述べ、併せて編者らの責任の所在を明らかにした。

終りに、牧先生には昭和十一年以來殆んど二十年の長きに亙つて終始池内の研究を指導され、本書の刊行に當つては、御多忙中にもかかわらず編者らの願いを容れて監修の勞をとられ、懇篤な序文まで賜わつた。ここに厚く御禮申上げたい。次にわれわれの協同研究の實現に種々の御配慮を煩わした小島鉦作氏、柴田實氏、編集方針その他について御指導頂いた坂本太郎先生、貴重な史料を貸與され、種々御教示御叱正を賜わつた石井良助先生、その他直接間接敎示と援助を與えられた恩師先學同友に對して、又貴重な史料の閲覽利用を許された東京大學附屬圖書館・同史料編纂所・京都大學國史研究室・內閣文庫・宮內廳書陵部・東洋文庫・前田家尊經閣文庫其他所藏者各位、原稿の整理と校正に援助の勞を惜しまれなかつた學友百瀬今朝雄・新田英治の兩君、この困難な出版の實現に御盡力下さつた石母田正氏、そしてこれを敢て引受けられた岩波書店、終始本書の御世話をして下さつた同書店の岡山泰四・波木居齊二・小川光治の諸氏、及び出版助成について種々御迷惑をかけた文部省研究助成課の方々に對して深謝の意を表したい。

なお、佐藤は昭和二十四年以降財團法人風樹會より研究補助金を、又池內は昭和二十八年以降文部省科學研究助成金を、それぞれの研究に對して交付された。この拙ない一書を以てそれぞれの研究報告の一部とすることをお許し願いたい。

昭和三十年八月二十八日

佐藤進一
池內義資　誌

年次成追一本二條在末尾作嘉禎四年九月九日評定宜參看九五條、同本四條近本在事書下
十近本無
追加成追一本四條平本明本作評定近本鶴本作評

九二
廿ヶ年以後訴訟事

事書平本鶴本明本缺ヶ據成追一本四條近本補
故成追一本二條作右可據諸本補
欝原作憤據諸本改
不成追一本平本鶴本明本宇本作已近本宣抄無、並恐非
守式目之趣原在繆下據諸本移
就下成追一本四條近本有當
矣成追一本二條近本無
越以下十五字據成追一本四條平本補
八以下七字據成追一本四條補

補遺

第一巻　鎌倉幕府法

第二部　追加法

嘉禎三年八月十七日追加云、

一　廿ヶ年以後訴訟事

右、如二式目一者、當知行之後、過二廿ヶ年一者、任二故大將家之例一、不レ論二理非一、不レ能二改替一云々、而或構二謀書一、被二押領一之由訴レ之、或掠二給御下文一、知行之條、不レ可レ依二此式目一之旨、欝申之輩、雖レ有二其數一、不レ論二理非一之詞、不レ相二叶此儀一歟、自今以後、雖レ有二文書之紕繆一、過二廿ヶ年一者、守二式目之趣一、不レ顧二理非一、就二・知行之年紀一、可レ有二御成敗一矣、越後國吉田鱧毛淵沙汰之時、被レ加レ之、八ヶ條目之追加、

御成敗式目抜書（内閣文庫本）　成追一本二（但、之條ヨリ此儀歟マデ三十字缺）　成追一本四（但、右ヨリ而マデ三十三字缺）
平本一（同上）　近本一四〇（同上）　鶴本（同上）　明應五年本式目〔明本〕（同上）　宇津江本式目〔宇本〕（同上）
宣抄（同上）　抜抄（同上）　三抄（同上）　近抄（同上）

○按、九二條ヲ右ノ如ク改メル。コレハ、石井良助氏ガ御成敗式目抜書ヲ紹介シテ前校ノ誤リヲ訂サレ

タノニ負ウモノデアル。（國家學會雜誌七〇巻八號「高柳・牧両博士の教えに接して」參照。）但シ、成追一本二條ト他ノ諸本トノ年次ノ異同ハ、ナオ検討ヲ要スル故、同本ニ依ッテ立條セル九五條ハ姑クソノママトスル。

補一　御家人見參幷庭中訴訟聽斷事

補二　薩摩豐後田文事

此條宜參看補遺第三部七條

進　委原作注不子據施行狀改

敕　同上作ニ恐當作猶

國　據考證所引竹田津本補

預　原作領據考證所引平林本注進狀改

追加
一　御家人見參幷庭中訴訟聽斷事

御評定ノ隙ニ、常ニ可レ有ニ其沙汰一、　文應

枝抄

薩摩國田文事、前々雖レ令ニ注進一、委細敕神社佛寺國衙庄園關東御領等、且注ニ分地頭御家人一、且又觸ニ明領主之交名一、來十月中可レ令ニ注申一之狀、依レ仰執達如レ件、

弘安八年二月廿日　　左馬權頭（貞時）在御判

陸奥守（業時）同

嶋津下野前司（忠宗）跡

薩藩舊記前集六權執印文書　〔參考〕　薩藩舊記前集六權執印文書弘安九年正月廿一日藤原久氏大前道調連署施行狀案　禰寢文書四弘安八年十月大隅國御家人佐多村內西方東方本地頭建部定親注進狀

弘安八年十月十六日、自ニ國府一被レ立ニ脚力一畢、

豐後國田代之事、國中寺社佛神領等、幷權門勢家莊園國領公田領家預所地頭辨濟

使等交名之事、

宇佐宮御神領千六百餘町、由原宮御神領二百四十六町、（中略）豐後國莊公幷領主等之事、可㆓委細注進言上㆒由、今年二月廿日雖㆘被㆑成㆓御書㆒候㆖、德政之御使依㆓下向㆒、去正月以來、直人相共昇㆓向博多㆒候間、未㆓尋究㆒處、御使參洛候、其後依㆓兩社造營㆒延引候、此程令㆓歸國㆒、雖㆘致㆓其沙汰㆒候㆖、不㆑能㆓巨細㆒候歟、雖㆑然若急速御用候者、可㆓違期㆒候之間、直人等粗令㆓注進㆒狀一卷、內々爲㆓御存知㆒令㆓進上㆒候、但此狀者無㆓四度計㆒候、追進之時、可㆑被㆓替取㆒候、謹言上、

弘安八年九月晦日　　沙彌道忍（大友頼泰）

謹上　信濃判官入道殿（二階堂行忠）

豐後國圖田帳〔參考〕豐後國圖田帳考證

補三

六波羅施行六ケ國事

今年元應元五月五日、取㆓六波羅施行六ケ國㆒、以㆓孔子㆒、被㆑定㆓政所分三河伊勢志摩、問注所尾張美濃加賀㆒、

鎌記元應元年裏書〔參考〕東大寺文書第四回採訪十三（元應元年）七月十二日東大寺領美濃國茜部庄雜掌朝舜書狀案　三國地誌九十七志摩國伊雜浦惣檢校申狀

補四 三河以下六ヶ國被返六波羅事

補一 西國田文事

今年元應、二（中略）九月二日評定、六ヶ國被レ返二六波羅一、

鎌記元應二年裏書

第三部　参考資料

和泉國久米多寺雜掌快實謹言上

欲下早被レ經二御　奏聞一、被レ進二　綸旨於關東一、召三下訴陳正文幷事書等二、被レ經二覆勘御沙汰一、被レ罪三科奉行人下條次郎左衛門尉祐家二、蒙中安堵御成敗上、同國山直鄕下久米多里地頭武彌五郎入道寂仙寺領亂妨事、

副進（中略）

一通　六波羅御教書案建長元年六月五日和泉國田文可レ注進一由事、（中略）

右當池院者、聖武皇帝之御願、行基菩薩之建立也、（中略）次雜掌所帶御下知之中、無二下久米多里名字一之上者、非二當論所支證一之由、令レ申之間、建長年中、自二關東一被レ召二西國田文一之時、當國分仰二惣官一集二諸鄕保田文一、於二正文一者注三進關東二、至二案文一者、極樂寺殿（北條重時）御代六波羅奉行人兼當國守護代佐治左衛門尉重家封レ裏、而留三置

補二 惡黨制禁事

惣官許一者也、彼田文中、下久米多里之内、有二當寺免田一之由分明也、（中略）
右以前條條如レ斯、（中略）然者早被レ進二 綸旨於關東一、被レ召二下訴陳正文并御事書一、
被レ經二覆勘御沙汰一、被レ行二奉行人祐家於非勘罪科一、可レ停二止地頭亂妨一之由、爲レ蒙二
有道裁許一、粗勒二子細一言上如レ件、

嘉曆三年十一月　日

久米田寺文書三

近衞殿御領丹波國宮田庄雜掌相暹重申
欲下早依二殺害狼藉咎一、沒二收同國大山庄地頭中澤三郎左衞門尉基員所帶一、被中罪科上
子細事、
右宮田庄者、異レ他御家領、守護人入部猶被二停止一畢、況甲乙濫妨哉、（中略）次强賊
者國土之怨敵也、就中建治文永者、故惡黨禁法最中也、有二强盜風聞一者、雖二他領一
爭不二馳向一乎、（中略）所詮殺害事、召二出弘安本訴陳一、續二整當訴陳一、忩被レ逢二御沙
汰一、爲レ蒙二御成敗一、重言上如レ件、

永仁六年六月　日

補三
惡黨沙汰事

近衞家領丹波國宮田莊訴訟文書

子細之間、殺害之條、爲預□□可レ令□下手人之由、基員令ニ承伏申一之處、宮田庄官等申云、彼地頭兄弟□令ニ殺害一之上者、何可レ出ニ他下手人一之由、可レ令レ申哉之旨、令ニ支申一之間、下向使者又同申云、此事爲ニ大訴一、輙可レ請テ取下手人一之由不レ蒙レ仰、爲レ尋テ承實否一也、殺害之條承伏之上者、罪過定爲ニ上裁一歟之由令ニ申、歸洛畢、其時已月迫之間、明春早々可レ被ニ申沙汰一之旨、光蓮令レ申之處、去年正月十六日令ニ死去一之間、折節憚存、暫令ニ猶豫一之處、同五月依ニ越後入道（北條時盛）殿御事一、乍レ懐ニ愁訴一、奉レ相テ待大方御沙汰一、渉ニ年月一畢、爰當世殊如レ此惡行之仁、有ニ誡御沙汰一云々、以ニ夜半一帶ニ弓箭兵杖一、押テ入權門□領一、令レ伐ニ古木一之條、結構之趣、狼藉未曾有之上、剰爲ニ制止一所ニ罷向一之西善主從、忽殺害之條、惡行之至、何事如レ之哉、所詮不日被レ召テ出彼地頭一、欲レ被レ處ニ所當罪過一、仍言上如レ件、

弘安元年十月　日

補四
異國合戰間兵粮米事

補五
諸社職掌人可警固本社事

補六
本所一圓地庄官可向戰場事

弘安四年七月六日、依二異國警固一、鎮西九ヶ國并因幡伯耆[出]?[雲]?石見不レ可レ濟二年貢一、可二點定一、又件國々雖[　]庄園同下知之由、去夜自二關東一令レ申云々、異賊未レ入レ境、洛城欲二滅亡一歟、上下諸人之歎、不レ可レ有二比類一歟、實否猶可レ尋二記之一、

異國合戰之間、當時兵粮米事、[　]要鎮西及因幡伯耆出雲石見中[國]?[衙]?[領]?[公]?家本所一圓得分、并富有之[　]米穀、令二見在一者、可二點[定]一[　][由]、[可][被][　]此旨可下令レ申二入春宮大夫(西園寺實兼)[殿]?[給]?上[之]?状如レ件、

弘安四年六月廿[八]日　相模守(時宗)[　]

陸奥[守]殿(時村)　越後左近大夫將監殿(時國)

壬生官務家日記抄 同日條

弘安四年閏七月九日、藏人佐俊定内々示合云、依二異國事一、諸社職掌人可レ警二固本社一事、并寺社權門領本所一圓地庄官以下、[隨]二武家下知一、可レ向二戰場一事、兩條[可][　][此][事][　]、仍淮據　宣旨大切云々、

廿一日、自二關東一差二遣鎮西一使者兩人今日上洛、異國賊無レ殘誅了之由申上云々、實說猶可レ尋レ之、(中略)諸社職掌人警二固本社一、并本所一圓地庄官可レ向二戰場一事、可

レ被二　宣下一之由、[先]日武家申行候歟、而異賊退散之上者、雖レ不レ可レ及二沙汰一、昨日猶被レ宣二下之一、上卿一上、(二條師忠) 辨經□□□可レ載二去九日一之由、被レ仰二下[宦]一云々、件口宣尋取所二繼書一也、

壬生官務家日記抄 同日條

關東御下知狀 御衣領藥勝寺之書物、改當院二令二相續一者也、 寶龜院

紀伊國三上莊藥勝寺雜掌僧良俊幷淸家與二勢多 又號二勢田村一 半分地頭金持三郎右衞門尉廣親一相論條々

一　當寺敷地方伍町幷當鄕內免田肆町玖段半事

右、訴陳之趣子細雖レ多、所詮(中略)次弘安年中被レ召二諸國田文一之時、於二當鄕一者、稱二御室御領一之間、自二六波羅一、以二齋藤四郎左衞門尉基永法師 法名觀意 俣野八郎法師 法名寂一 一、尋二申御相傳由緖一之處、依レ不二分明一、被レ補二地頭一畢、今以二藥勝寺一號二仁和寺領一之條、無レ謂之由、廣親申之處、(中略)

以前條條、依二鎌倉殿仰一下知如レ件、

永仁七年正月廿七日

補七 [諸國田文事]
此條宜參看補遺第二部二條

一原作二意改

署判原在日下意移

（宣時）陸奥守平朝臣御判
（貞時）相模守平朝臣御判

補八　一宮國分寺事

紀伊續風土記第三輯古文書　藥勝寺村藥王寺藏

注進　高野山鎮守大野社紀伊國一宮事
如ニ去年五月三日關東御教書一者、一宮國分寺事、往古子細、當時次第、并管領仁、
及免田等、分明可ニ注申一云々、
一　往古子細事（本文省略、下同ジ）
一　當時次第事
一　管領仁事
一　免田等事
以前條々、註進言上如レ件、
弘安八歲乙酉九月　日

高野山文書西南院

補九
違勅狼藉事

東寺領大和國平野殿雜掌僧辨性謹言上
欲下重被レ經二御　奏聞一、同國一乘院家御領吉田庄幷安明寺沙汰人百姓等、違二背度々　綸旨一、連々致二刃傷狼藉一、剩及二于違　勅重科一上者、任二傍例一、成二賜　綸旨於武家一、被レ召二出彼違　勅狼藉張本輩一、被中斷罪上子細事、（副進文書目錄省略）
右、彼一乘院家御領吉田庄幷安明寺沙汰人百姓等、云二刃傷打擲一、云二違　勅狼藉一、度々言上事舊了、（中略）所詮、如二關東平均御式目一者、雖レ爲二本所一圓之領一、違　勅狼藉出來者、可レ有二御沙汰一之條爲二顯然一歟、而彼沙汰人百姓、違　勅狼藉之條勿論也、此上者被レ成二下　綸旨於武家一、召二出彼交名人等一、被レ鎭二狼藉一、欲レ令レ備二嚴重御祈禱供料一、仍粗重言上如レ件、

永仁三年三月　日

東寺百合文書と

肥前國鎭守河上社雜掌家邦重陳申
欲下早被レ棄二捐大夫房圓雅奸訴一、且依二大宮司代々社務管領實一、且任二關東鎭西御下知御下文御教書以下證狀一、重蒙中御成敗上、當社免田巨勢庄竈王院那禪房知行田地

補一〇
不帯本御下文輩或安堵或下知狀成賜事

補一一
異賊蜂起間武具兵仗檢見以下事

□（中略）

右、（中略）爰圓雅二同狀云、（中略）

同狀云、如二御式目一者、不レ帯二本御下文一之輩、或捧二父祖讓狀一、掠二給安堵一、或依二私領相論一、被レ成二與御下知狀一事、於二自今以後一者、可レ停二止之一、縱雖レ有二先度狀一、非二沙汰之限一云々、就二此御式目一、所レ被二成下一之如二德治關東御下知幷應長鎭西御下知一者、不レ知二本所一、爲二關東御領一之由、雖レ掠二給御下文一、難レ被レ用之旨分明云々、

取詮

此條家直先祖充二給右大將家御下文一以來、令レ拜二領實治不易御下知、建長御下文一之上者、何可レ引二申件御式目御下知一哉、尤比興之申狀也矣、（中略）

以前條々、大概若レ斯、（中略）重披陳言上如レ件、

元德四年正月　日

河上宮古文書寫（佐賀縣史料集成、古文書編第二卷所收）

押字

唐船歸朝異賊蜂起云々、武具兵仗等爲二檢見一、來月廿五日可レ被二進覽一、次知行分寺社

兔田等事、於二新儀非法一者、一向停二止之一、且令レ修二理寺社一、且可レ致二御祈禱忠一之旨、可レ被レ下二知院主別當神主等一、若令レ違二犯一者、載二起請之詞一、可レ被レ注二甲交名一由候也、仍執達如レ件、

延慶二年二月廿五日　光瑜

正閏史料外編三　乳母屋神社職

唐船歸朝、異賊蜂起由候之間、御判御書下加樣候、隨而令レ修二理寺社一、可レ被レ致二御祈禱忠一候、爲レ其御判御書下具遣候、恐々謹言、

延慶二年二月廿六日　（花押）

一宮神官供僧中

住吉神社文書（長門）

肥前國武雄社大宮司藤原國門謹言上

欲下早鎭西奉行人（太田）信濃前司時連 矢野加賀守倫綱 不二執申一上者、被レ經二御奏事一、任二綸旨院宣關東[御][下]知御教書一、達中理訴上、宰府精撰註進六箇所武雄 阿蘇 住吉 鏡 高良 河上內、最前註進當社、漏二平

補一二
異國合戰恩賞事

均御報賽㆒、愁吟不㆑淺事、（中略）

右當社者、本朝擁護之靈場、異國降伏之尊神也、（中略）重訪㆓故實㆒、至㆓異國合戰㆒者、不㆑謂㆓京家凡下浪人非御家人㆒、令㆑致㆑忠者、可㆑被㆑行㆑賞之旨、被㆓定置㆒之間、不㆑論㆓貴賤㆒、所㆑被㆓恩賞㆒也、誠不㆑被㆑捨㆓一士之功勳㆒之條、令㆑相㆓叶先世之兵法㆒歟、然者上下潤㆑惠、遠近歌㆑德、人倫恩賞已無㆓用捨㆒、神明忠勤爭被㆓棄置㆒哉、雜掌抱㆓理運㆒、多年雖㆑疲㆓長訴㆒、爲㆑仰㆓　上裁㆒、少爲㆔重述㆓短慮㆒、悲哀之至勒㆓事狀㆒、言上如㆑件、

延慶二年六月　日

武雄神社文書三

補一三
國中諸寺社事

寄附　阿彌陀寺免田牟禮令內下地事

右當寺者、重源和尚之草創、國司上人之管領也、寺邊田園者、打㆓牓示㆒、止㆓諸人闖入之煩㆒、散在之免地者、差㆓里坪㆒、爲㆓一向不輸之地㆒、因㆑玆在廳加㆓證署㆒、而誡㆓後昆之狼戾㆒、地頭出㆓避狀㆒、而守㆓前賢之龜鑒㆒、爰彼下作人等、頃年以來、動募㆓武威㆒、對㆓捍士貢㆒、不㆑從㆓寺役㆒之間、擬㆓訴申㆒之刻、國中諸寺社事、守㆓貞永　宣旨御施行、

并正安御下知狀等ハ、可レ沙二汰-付于國衙一之旨、正和二年七月廿日、同三年九月十六日被レ成二關東御教書一、去年八月長州使節被二沙汰付一訖、然者彼下地如レ元所レ令二奉免一也者、早寺僧彌應二國命一、抽二合躰之懇志一、佛陀宜下加二冥助一、有中吏務靜謐擁護上之狀如レ件、

正和五年二月九日　　目代（花押）

阿彌陀寺文書（周防）

補一四
惡黨事

問云、諸國同事ト乍レ申、當國（播磨）ハ殊ニ惡黨蜂起ノ聞ヘ候、何ノ比ヨリ張行候ケルヤラム、

答云、（中略）然ル間、元應元年ノ春ノ比、山陽南海ノ内十二ヶ國ヘ、使者ヲ遣シ、當國分ニハ、飯尾ノ兵衞太夫爲頼、澁谷三郎左衞門尉、糟屋次郎左衞門尉、守護代周東入道相共ニ、地頭御家人ノ起請ヲ以、沙汰有ル間、所々ノ城郭、惡黨ノ在所二十餘ヶ所燒拂、現在セル犯人誅セラレ、惡黨五十一人注進セラレ、上洛國中地頭御家人等ニ仰テ、嚴密ニ可二召捕一由、御教書ヲ成サレ、然レドモ其實ハナシ、亦有名ノ

仁ヲ兩使ニ定メ、地頭御家人ヲ結番シテ、明石投石兩所ヲ警固セラルヽ間、兩三年ハ靜謐ノ由ニテ有シカドモ、奥州維貞下向ノ後ハ彌蜂起シ、正中嘉暦ノ比ハ、其振舞先年ニ超過シテ、天下ノ耳目ヲ驚ス、

峯相記

補一五

惡黨人事

蜜當作密

備前國則安名惣領地頭藤原氏女代盛時謹言上、

欲下早任二御事書旨一、被レ經二嚴蜜御沙汰一、預中御注進上、同國津高郷上村地頭代大森彦三郎、同六郎入道等、引二率數多惡黨人等一、打二入則安名内東菅野一、致二苅田狼藉一刻、押二寄百姓等住宅一、捜二取資財物一、難レ遁二罪科一間事、（副進文書目録省略）

右、於二彼則安名一者、自二伊賀三郎盛光之手一、藤原氏女令二相傳一、當知行于レ今無二相違一之處、大森彦三郎、同六郎入道引二率名譽惡黨人等一、今月廿五日打二入則安名内東菅野三大夫之作一、苅二取地頭正作參段余作稻一、結句押二寄百姓進止彌四郎等之住宅一、捜二取若干財産一之上者、被レ經二急速御沙汰一、且賜二御注進一、且任二御事書之旨一、被レ追二出惡黨人等一、爲レ全二知行一、粗言上如レ件、

元德貳年七月　日

補一六
召文事

薩摩國八幡新田宮雜掌道海重言上

同國宮里導門房背二度々召文一、令二難澁一間、莫禰郡司入道被レ尋二問違背實否一刻、依二新法一重可□相觸由、被二仰出一上者、任二定法一欲レ被レ經二御沙汰一、當宮修造料米事、

副進

一通　□□書案數通先進畢、

右、子細言上先訖、然早急速爲レ被レ經二御沙汰一、重言上如レ件、

元德四年七月　日

新田八幡宮文書四

補遺(二)并訂正

第二部 追加法

補五 謀叛殺害人資財所從等事

追加云、

抑謀叛殺害人資財所從者、守護所可㆓進止㆒也、其跡田畠住宅者、預所地頭相共可㆑令㆑致㆓沙汰㆒也、依㆓鎌倉殿仰㆒、執達如㆑件、

嘉祿三年潤三月十七日

武藏守(泰時)在判

相模守(時房)在判

榮意注御成敗式目(慶應義塾大學圖書館所藏)九條

[參考] 鏡嘉祿三年閏三月十七日條

補六 贓物事

此條年次宜參看自二八二至二九四諸條

一 贓物事(建長五年十月一日?)

可㆑任㆓御式目㆒歟、

鏡建長四年十月十四日條

補七
一宮國分寺事

并據西文補

薩摩國一宮國分寺事、往古子細、當時次第、并管領仁、及免田等、分明可レ令ニ注申一
狀、依レ仰執達如レ件、

弘安七年五月三日　駿河守(業時)在判

島津(久經)下野前司跡

薩藩舊記前集八 國分寺文書

注進　高野山鎮守天野社紀伊國一宮事

如ニ去年五月三日關東御教書一者、一宮國分寺事、往古子細、當時次第、并管領仁、及
免田等、分明可ニ注申一云云、

一　往古子細事（本文省略、下同ジ）

一　當時次第事

一　管領仁事

一　免田事

以前條々、註進言上如レ件、

弘安八年乙酉九月　日

高野山文書寶壽院　高野山文書西南院〔西文〕

長門國一宮住吉社大宮司貞近幷供僧神官等謹言上

欲下早任二先規一、被レ遂二當宮正殿以下造營一、且依二御敬神儀一、被レ付二本神領一宮莊吉母村幷吉永莊於社家一、與二行神事一、致中御祈禱精誠上間事

副進

（中略）

一通　關東御教書　弘安七年五月三日、神領以下可二注進一事、

（中略）

建武三年三月　日

榊原家所藏文書乾

○按、既刊第二刷ニ於テ、右第二史料ニ據ツテ第三部ニ補八條ヲ立テタガ、今、第一史料ニ據ツテ第二部ニ立條シ、關係史料ヲ併載シテ、右ノ補八條ヲ削ル。

左記史料は、第三部一八條の原據條文に當る。但し、充所もし六波羅探題ならば、その官途、年次と合わず。もし差出書と充所に誤りなしとすれば、年次は文永九年二月十五日（時輔被誅）より同十年五月十八日（政村出家）までの間となる。左記年付の五年は九年の誤りではあるまいか。なお後考をまつ。

補八
地頭請所事

五或當作九

（端裏書）「關東平均御下知案文」
諸國地頭請所事、前々者、非二關東御口入之地一所々者、依二雜掌之訴一、雖レ被二顛倒一、所詮自今以後者、雖レ爲二私之請所一、廿箇年無二相違一者、今更不レ可レ有二違亂一、存二其旨一可レ令二下知一之状、依レ仰執達如レ件、

文永五年四月廿五日

相　模　守（時宗）御判
左京權大夫（政村）御判

陸奥左近大夫將監（義宗?）殿

高野山文書正智院二函

訂正　二六〇條は事書と次の三行の座籍規定とは内容照應するけれども、その次の「右差定奉行人」以下は、事書（及び座籍規定の三行）と照應しない。事書及び三行の座籍規定と、「右差定奉行人」以下とは、もと別個の條文であつて、前者に照應する本文・日付、後者に照應する事書がともに失われて、殘存部分が合成されて、一箇條の形をなすに至つたものであろう。從つて「右差定奉行人」以下は二六〇條とは別個に立條すべきものである。その事書は知るに由ないけれど、今かりに「召文難澁事」と題しておく。なお、二六〇條（訴訟人座籍事）の日付も明らかでない。

第三部　參考資料

補一七　奴婢所生子事
紀原作記意改

建長三年己酉七月十日、青木入道下人沙汰之時、追加曰、奴婢子雖レ過二十歳一、夫婦同居、不レ可レ依二年紀一、可レ付二主養一歟、

榮意注御成敗式目（慶應義塾大學圖書館所藏）四一條　〔參考〕　鏡建長三年七月十日條

補一八　鎭西地頭御家人不可參向事

畏令レ啓候、左京權大夫（政村）殿御非常之由承及候、殊以驚歎入候之間、企二參上一可二申入一候之處、依二異國之事一、鎭西地頭御家人等不レ可レ令二參向一之由、被レ下二御教書一候之間、不二參拜仕一候之條、恐存候、仍相親候出田又太郎泰經令レ進二上之一候、以二此旨一可レ有二御披露一候、恐惶謹言、

（文永十年）後五月廿九日　（菊池）藤原武房狀（花押）

進上　平岡左衞門尉殿

齊民要術紙背文書

補一九
大番役用途事

雖原作雜意改

紀伊國阿弖河庄上村間事
宗親(湯淺)重請文甚無二其謂一、廿餘ヶ條非法事、初者一向爲二地頭所務一之由令レ申之處、後者二箇條爲二預所々務一之旨承伏、前後相違、非據已露顯畢、(中略)次八條篝屋役事、被レ准二大番一之上、土民何可二難澁一哉、但大番役事、爲二撫民一、於二六波羅殿一平均被レ定二用途之分限一了、固可レ守二其法一歟、(中略)所詮土民還住當時之肝心也、而召二-給上洛之輩一、可レ加二教訓一之由宗親申レ之、尤不審、安堵之外何可レ有二子細一哉、察二前々之非法一、已插二蠹害之心一歟、無レ罪之百姓不レ及レ被二召渡一、忩企二還住一、可レ勵二農業一之由、直可レ被二仰下一歟、(建治元年三月?)

高野山文書之六一四三六號

出雲國淀本庄號二牛尾庄一雜掌經範與二中澤式部房圓性幷眞繼眞景昌直覺賢一相論、當庄地頭職有無事
右就二訴陳狀一、召二-出引付座一相尋之處、兩方申詞雖レ多二枝葉一、所詮(中略)地頭職之支證繁多之旨、圓性等載二陳狀一之處、永仁御下知狀者、就二兩方和與狀一被二成下一歟、不

被當作令

補二〇
地頭職支證事

補二一
本所一圓地惡黨事

レ足二信用一、御公事以下事者、其身縱雖レ爲二御家人一、以二本所恩補之地一稱二地頭一、不レ・被レ知二本所一、竊掠三給御教書一、雖レ令レ勤三仕其役一、被レ糺三明地頭有無一之日、無二御下文一者、被二弃捐一之條定法也、爭以二彼御教書等一、可レ備二所見一哉之旨、經範同雖レ稱レ之、圓性等勤三仕所役一之條、經範自稱之間、可レ謂二承伏一歟、其上就二地頭之名字一、下知先畢、旁非レ無二潤色一歟、然則於二雜掌之訴訟一者、弃三捐之一、圓性等爲二當庄地頭職一、任二先例一可レ致二其沙汰一、（中略）次以二圓性等一、爲二本所恩顧一之旨、經範載レ狀之上者、可レ被レ處二惡口咎一之由、圓性等雖レ申レ之、爲二枝葉一之間、非二沙汰限一之狀、下知如レ件、

正和元年七月七日

（時敦）越後守平朝臣　判

（貞顯）武藏守平朝臣　判

集古文書廿八

正中元年甲子二月廿九日、（中略）同月日

從二武家一、以二出羽判官一爲二使節一、申三入　公家一條々、關東事書云、

本所一圓地惡黨事

補二二 南都北嶺以下諸寺諸社事

交下恐當有名

補二三 二問答以前可備盡文書事

守護人可ニ召給一之由、雖ニ觸申一、不ニ事行一者、直遂ニ入部一、可レ召ニ捕之一、於ニ其所一者、被レ召ニ上之一、爲ニ公家御計一、可レ被レ宛ニ行朝要臣一之由、可ニ言上一者、

南都北嶺以下諸寺諸社事

子細同前、但於ニ彼所々一者、補ニ地頭一、至ニ有レ限寺社役一者、□別可レ致ニ其沙汰一者、

僧侶住山事

間背ニ制法一有ニ在京之聞一、爲ニ事實一否、可レ尋ニ申之一、

諸社神人名之事

每年可レ被レ注交・之由、先度被ニ仰下一了、子細同前、

就レ之、諸門主僧綱可レ有ニ住山一云云、

華頂要略第八、門主傳十七

□下預候別當(澁谷)次郎丸追進狀、加ニ一見一、謹以返□、凡相ニ究訴陳於三問答一、可レ備ニ盡文書於二問答?以前一旨、御式目嚴重之處、限ニ此一事一、被レ召ニ下同篇狀一之條、御沙汰延引之基候歟、加之、如下所ニ副?進一具書上者、雖下相ニ貽所存一候上、大略本訴同篇□間、不レ能レ言ニ上子細一候、(中略)他人養子事、又以爲ニ不實一之上者、任ニ傍例一、於ニ惟重遺

領相模國吉田庄寺尾村、伊勢國美田大工田、筑前國早良郡長尾郷内田畠屋敷、筑後國永淵庄内畠地、幷薗、薩摩國入來院内塔原一者、急速可レ蒙二未□御裁許一候、以二此旨一可レ有二御披露一候、恐惶謹[言]?、

正中二年七月　日

平（澁谷）重名裏在[判]?

清色龜鑑七

三二條に次の史料を追加する。

追仰

異賊防禦御祈禱事、仰二爲レ宗寺社管領之仁一、可レ抽二懇祈一之由可レ被レ相二觸之一、

異賊防禦條々事、々書一通遣レ之、守二此趣一、嚴蜜可レ被レ致二沙汰一之状、依レ仰執達如レ件、

嘉元二年十二月十日

相（師時）模守御判

左（時村）京權大夫

上（政顯）總掃部助殿

薩藩舊記前集十 國分寺文書

補一二一條に次の史料を追加する。

肥前國小値賀浦部嶋地頭峯源藤五貞代長重陳申

欲㆓早被㆒㆑行㆓其身於罪科㆒、所領浦部内白魚住人九郎入道行覺不㆑顧㆓父祖禮儀㆒、對㆓于地頭貞㆒、或載㆓惡口於訴狀㆒、或構㆓種々不實㆒、以㆓非分身㆒、令㆓掠訴申㆒、無㆑謂佐保白魚所務事

（中略）次被㆑入㆓勳功御配分㆒由事、此條至㆓異賊合戰賞㆒者、無足浪人非御家人凡下輩等、依㆓忠勤㆒被㆓賞翫㆒之上者、不㆑及㆓行覺一人自稱㆒歟、是九（中略）者早任㆓關東代々御下知㆒、被㆑停㆓止地頭敵對行覺濫訴㆒、爲㆑被㆑行㆓其身於不實惡口等罪科㆒、重披陳言上如㆑件、

嘉元二年十一月　日

青方文書一

補　遺（三）

第二部　追　加　法

補九　任官功員數事

私云、追加中云、任官功員數事、中務丞四千疋、內舍人二千疋、治部丞三千疋、民部丞五千疋、刑部丞四千疋、大藏丞三千疋、司丞六千疋、左右近衛將監二千疋、左右衛門尉一萬疋、左右兵衛尉七千疋、左右馬允五千疋、諸國權守二千疋、已上嘉禎四年御在京時被ㇾ定了、

榮意注御成敗式目標注

補一〇　西國京都大番役事

一　西國京都大番役事

本所問注之時、地頭等雖二申請一、不ㇾ及ㇾ被ㇾ差三副武家御使一也、

建長六年十月廿二日

陸奧（長時）左近大夫將監殿

補一　郎等任官事

刑政總類本追加

一　郎等任官事、依レ無二其謂一、延應宣下之時、可レ從二停止一之由被二定下一訖、而如二風聞一者、任二雅意一多令二拜任一云々、背二御制一之條太以奇怪、雖レ須レ被レ處二主人於罪科一、彼時普不レ被二相觸一之間、定不二承及一之由、有二令レ申之輩一歟、仍延應以後任官郎從者早止二其名一、至二自今以後一者、永可レ令レ停二止彼等之任官一、如レ此被二仰下一之後、猶令二拜任一者、可レ被レ處二主人於罪科一也、以二此旨一可下令レ下二知奉行人國々御家人等一給上之由、所下被二仰下一候上也、仍執達如レ件、

建長七年十一月七日　陸奥（重時）守在御判

相模（時頼）守殿

補二　異賊警固事

刑政總類本追加

異賊警固事、可レ爲二平均役一之條、　公家武家之御沙汰嚴重也、而本所進止之社寺莊公幷地頭補任之關東御領等、各募二權威一背二守護催役一、對二捍課役一之由、普有二其聞一、所存之企招二罪科一歟、薩摩國中有二如レ然所々一者、早可レ令レ注二進交名一之狀如レ件、

補一三　鎮西警固事

建治三年九月十九日

鹿兒島大學所藏文書（八田スエノ氏舊藏）

（時宗）相模守在御判

鎮西警固事、蒙古異賊明年春可二襲來一云々、早向二役所一、嚴密可レ致二用心一、且守護御家人等、依二所務論一無二一同之儀一歟、甚不レ可レ然、御家人以下軍兵等者、隨二守護所命一可レ致二防戰忠一、守護人亦不レ論二親疎一注二進忠否一、可レ申二行賞罰一也、於下背二此仰一輩上者、永可レ被レ處二重科一、次本所一圓地間事、可二催役一之由、先日被レ成二御教書一畢、早存二此旨一可レ令レ相二觸薩摩國中一之狀、依レ仰執達如レ件、

弘安六年十二月廿一日

（業時）駿河守在判

（時宗）相模守在判

鹿兒島大學所藏文書（八田スエノ氏舊藏）

○補一三條の關係史料を次に附收する。

鎮西警固事、所二下給候一去年十二月廿一日　關東御教書案如レ此、子細見レ狀、所詮任下被二仰下一之旨上、近日中向二役所一、可レ被レ致二警固一也、此上猶以有二緩怠之儀一者、不忠由可レ令レ注二進關東一候、仍執達如レ件、

弘安七年正月廿三日

（島津久經）前下野守在判

薩摩國地頭御家人幷本所一圓地及收納使　御中

補一四 本所一圓地事

六〇三 鎮西所領知行□事

不恐衍

條々内

一 本所一圓地事

不レ差ニ下代官一、不レ從ニ守護之催一、不レ致ニ合戰一者、可レ被レ補ニ地頭一之由?、可レ經ニ 奏聞一之旨、被レ仰ニ六波羅一了、且可ニ注申一之由、可レ相ニ觸守護人一、

一 鎮西所領知行輩?事

關東要須仁者、可レ下ニ遣子息親類一、其外者自身可ニ下向一之由被レ定了、而未不下向之輩有レ之云々、可ニ注進一由可レ相ニ觸守護人一也、

弘安九年閏十二月廿八日

鹿兒島大學所藏文書(八田スエノ氏舊藏)

〇二七八頁、第二部六〇三條は前缺文であるが、鹿兒島大學所藏文書によつて、そのほぼ全文が知られ、又それが複數の條文中の一條であることが分つた。よつて右のような形でここに收めた。

條々内

補一五
本所一圓地事

一　本所一圓地事
築地以下警固役等事、若有下被レ致二緩怠一之[所]々上者、可レ補二地頭一之由、先度[被仰]?下了、[無]?沙汰何様候哉、分明可レ被二注申一也、
弘安十年三月十一日
鹿兒島大學所藏文書（八田スエノ氏舊藏）

條々被二仰下一内

補一六
本所一圓地事

一　本所一圓地事
警固無二對捍一可レ令二勤仕一之處、無沙[汰]由有二其聞一、早可レ令二注進一也、
正應元年七月十六日　武藏守《(宣時)》在判
相模守《(貞時)》在判
太宰少貳入道殿《(少貳經資)》
鹿兒島大學所藏文書（八田スエノ氏舊藏）

○補一六條の關係史料を次に附收する。
異國警固事、正應元年七月十六日付二關東御教書一、忩可レ被レ向二役所一由、雖レ令二催役一、于レ今不レ被二參勤一候云々、何様事候哉、所詮今月廿日以前不レ被レ致二警固一候者、任下被二仰下一之旨上、可レ令レ注二進關東一候、

仍執達如レ件、

正應二年二月三日　　　　左衛門尉(島津)忠宗在判

薩摩國地頭御家人幷本所一圓地及收納使御中

〔鹿兒島大學所藏文書(八田スエノ氏舊藏)〕

補一七

檢非違使事

洛原作落意改

符原作府意改

一　雖レ爲二武家廷尉一、當時朝役參勤、不レ可レ有二子細一哉、

正應元七追加云、檢非違使事

補任者、翌年令二上洛一、或勤二役朝畏以下之役一、或可レ參二仕賀茂祭一、歸二參關東一之時者、放生會正月等出仕不レ可二解怠一、凡當職之間、京都公事隨二催促一參洛可二勤仕一也、如レ此制分明也、至二高祖父(二階堂)行光一、賀茂祭參向勤仕畢、雖レ然當時就レ無二有職一中絶、頗可レ謂二無念一者也、如何、

先代制符尤以嚴重、在二其職一隨二朝役一之條、理其所レ當也、但近代之儀可レ在二時宜一者哉、

二判問答

補二四
［公事有無事］

第三部　參考資料

若兒玉彌次郎氏元後家尼妙性申武藏國西條鄉伊豆熊名內田漆町貳段畠四町在家參宇名字坪付載ニ沽劵一事、

右彼田畠在家者、西條彌六法師法名西願永仁元年十一月五日限ニ永代一沽却之由、妙性依レ申レ之、被ニ尋下一之處、如ニ西願今年六月廿日請文一者、沽却之條不レ及ニ子細一云云、爰當鄉私領之旨、先々其沙汰畢、然則任ニ西願放劵一、以ニ妙性一可レ令ニ領掌一、次停ヨ止公事一之由雖レ載ニ證文一、如レ被ニ定下一者、不レ足ニ信用一、有無宜レ依ニ先例一者、依ニ鎌倉殿仰一下知如レ件、

永仁三年九月十三日

（宣時）陸奧守平朝臣（花押）
（貞時）相模守平朝臣（花押）

別符文書　［參考］臼田文書　眞壁長岡文書　長樂寺文書

補訂後記

第四刷に當つて

今回の増刷（四刷）に當つて、二刷以後に發見された追加法及び參考資料數條を補遺（二）として卷末に増補したほか、左の方針によつて本文に訂正を加えた。

一、誤植・誤記は能うかぎり象眼もしくは組替えによつて、本文を訂正し、それの困難な箇所は卷末に訂正記事を掲げた。但し、主として第二部追加法に利用した諸法令集の條文番號には、訂正を要するものが若干あるけれども、今回は既刊のままとした。各法令集の條文排列順序・重複條文等を再度精査した上で、訂正を加えたいと思う。

二、第一、第二、第三部を通じて、第一刷刊行以後に知りえた新史料で、典據史料に加えて改訂に資すべきものや、〔參考〕欄に掲げるべきものが少なくない。しかし、それらを全面的に採取することは他日にゆずり、今回は次の範圍内でその一部を採用するにとどめた。

(イ) 新史料によつて、本文の誤りを訂正しうる場合、及び新史料と既刊所掲の典據史料との間に、内容的に重要な異同の認められる場合は、その新史料をあらたに典據史料に加えた。この種の新史料として特記すべきは慶應義塾大學圖書館所藏新編追加であつて、今回、これを〔慶本〕と略稱して、第二部二五條、四三條、五六條等に加えた。この本については阿部隆一氏の解說「本館新收吉田家傳本御成敗式目新編追加について」（昭和三十三年十二月發行、慶應義塾大學圖書館月報41號所收）を參照。

(ロ) 既刊所掲の典據史料底本の原本が發見された場合は、その新史料を採用して底本を改めた。第三部參考資料一三條の底本諸家文書纂を長府毛利文書に改めたのがそれに當る。

このたびの補訂に當つては、百瀬今朝雄・勝俣鎮夫の兩氏が史料の検索照合を引受けて下さつたし、石井進・上横手雅敬・笠松宏至・益田宗・百瀬今朝雄・渡邊澄夫の諸氏には多くの誤記・誤植を指摘していただいた。また、巻末(四七二頁)訂正記事は笠松宏至氏、補遺(二)第二部補七條は石井進氏、同第二部補八條、第三部補二一・二二條は田中稔氏各位の教示に負うものである。史料の閲覧利用については、東京大學史料編纂所、慶應義塾大學圖書館、阿部隆一氏各位の高配を仰いだ。ならびに、記して深謝の意を表したい。

昭和四十四年四月十日

第九刷に當つて

今回の増刷(九刷)に當つて、五刷以後に發見された追加法及び參考資料を補遺(三)として巻末に増補したほか、左の如く本文に補訂を加えた。

一、御成敗式目の鶴岡本その他數本の巻頭に記された前書(「於前々成敗事者」云々)は、本文と區別して取扱い、第一部校本御成敗式目には收めなかつたが、これを本文と一體のものとして取扱うのが妥當と考えられるので(編者池内著『御成敗式目の研究』參照)、今回この前書二十七字とその校異を追補することとした。底本、對校本ともに本文の場合と同じである。

二、その他は、ほぼ前回補訂の方針に從つた。今回新たに利用しえた史料としては、内閣文庫本、刑政總類所收の追加がある(第二部七三八條。なお、第二部の補遺にも二箇條)。この本については、角田紀彥氏の紹介がある(「東京大學史料編纂所報」第9號、「『刑政總類』所收の中世法關係資料について」)。就いて參照されたい。

補遺(三)について一言すれば、第二部追加法の補一〇、一一は前記刑政總類本追加によるもの。補一二—一六及び六〇三條の完文は鹿兒島大學の所藏に歸した八田スヱノ氏舊藏文書によるもの。この史料については五味克夫氏の紹介があり(「日本歴史」一九七四年三月號、「新田宮執印道教具書案その他」)、編者はさらに五味氏より寫眞版を惠まれて、これを利用することができた。補一七は笠松宏至氏「正應元年の追加法」(竹内理三氏編『鎌倉遺文』月報4所載)に負う。また、第三部參考資料の補二四は笠松氏より直接敎示せられたものである。ここに角田、五味、笠松諸氏の敎示に深謝の意を表する。

昭和五十三年八月末日

第十三刷に當って

訂正　一、七九頁、追加法三五條の本文「本主」を「本所」に、同條頭注「主……作所恐非」を「所原作主據成追近條崎本新追侍篇改」に、それぞれ改める(笠松宏至氏の敎示に負う)。

二、一五一頁、追加法二二七條の頭注「證恐當作忠」を「證恐當作請」に改めた。

一九九三年一月

第十五刷に當って

増補　吾妻鏡に見える幕府立法記事の内、追加法と照應する部分は、既に當該追加法の典據欄に〔參考〕として明示したが、殘餘の部分卽ち、照應する追加法の見出しえない記事(解題四六三頁(ハ)に當る)を、新たに、吾妻鏡の幕府立法記事と題して、參考資料に追補した。この補稿は、さきに笠松宏至氏が發表された「『吾妻鏡』〃地の文のみ〃の幕府法」(同氏著『中世人との対話』一九九七年、東京大学出版会刊、所收)に、著者の許可を得て全面的に依據し、これに一、二の私見を加えて成ったものである。

訂正　第二部追加法の一三一、五七二、五七三各條の本文及び校訂註各一部を、同上一九、二〇、一七一、二六二、二七九各條の校訂註各一部を、また同上四四七、七二四兩條本文の返點各一部を、それぞれ改めた。これらも亦、笠松氏の教示に負うものである。

ここに、今回の増補、訂正に當って、笠松宏至氏より與えられた多大の援助と教示に對して、深甚の謝意を表するものである。

二〇〇〇年九月二〇日

■岩波オンデマンドブックス■

中世法制史料集 第一巻
鎌倉幕府法

牧 健二 監修

1955年10月8日 第1刷発行
2005年9月5日 第17刷発行
2019年9月10日 オンデマンド版発行

編 者 佐藤進一《さとうしんいち》 池内義資《いけうちよしすけ》

発行者 岡 本 厚

発行所 株式会社 岩波書店
〒101-8002 東京都千代田区一ツ橋2-5-5
電話案内 03-5210-4000
https://www.iwanami.co.jp/

印刷／製本・法令印刷

ISBN 978-4-00-730921-2 Printed in Japan